篠川 賢
大川原竜一
鈴木正信 編著

国《こく》造《ぞう》制《せい》・部《べ》民《みん》制《せい》の研究

八木書店

はしがき

本書は、先に刊行した『国造制の研究―史料編・論考編―』（八木書店、二〇一三年）の姉妹編である。論考編と史料編からなり、論考編には十五編の論文と三編のコラムを載せ、史料編には部民制（伴造制）に関わる文献目録と史料集を収めた。史料編については「あとがき」でふれており、ここでは論考編について簡単に取り上げたい。

論考編は、前書と同様、国造研究会のメンバーを中心とした論文集である。国造研究会というのは、前書でも述べたが、私が一九九八年から九九年度にかけて中央大学大学院に出講したのを契機に、その時の受講生を中心に始まった研究会である。すでに二十年近く続いており、当時の大学院生も今は中堅の研究者である。

論考編には、国造研究会のメンバーのほかにも、加藤謙吉・三舟隆之両氏から玉稿を寄せていただいた。これも前書と同様である。また今回は、小川宏和・酒井芳司両氏にコラムの執筆をお願いし、快諾を得た。各氏には、心より御礼申し上げる。

論考編の構成は三部立てとしたが、各執筆者の論題は、各自が自由に設定したものである。今回は、六・七世紀における各地域の具体的様相を取り上げた論考が多くなった。

研究会によって刊行される論文集である以上、メンバーが議論を重ね、研究会としての共通理解を示したうえでの論文集が望ましいとの見方もあろう。しかし、国造制・部民制（伴造制）といったような問題について、十名を超えるメンバーが共通理解を得るというのは困難である。本論考編の各論文には、異なった理解に基づいた叙述のみられる場合もあるが、むしろ、そこに意味があるということもできよう。

国造制は、倭政権の地方支配の中心であり、部民制（伴造制）も、倭政権の職務分掌組織であるとともに、地方支配のための制度という性格を有している。日本列島の各地域において、国造制・部民制（伴造制）はどのように浸透し、受け止められていったのか、そしてそれは、地域社会にいかなる影響を与え、変化をもたらしたのか。この問題は、国造制・部民制（伴造制）それぞれの内容や、両者の関係についての共通した理解が得られていない今日においては、大変難しい問題である。

「中央と地方」「中央政権による地方支配」という視点から脱却した地域史研究の必要性が説かれて久しいが、中央政権のあり方が明らかにならなければ、十分な地域史を論ずることはできない。一方、各地域の具体的様相を明らかにすることによって、中央政権の支配制度の内容が見えてくるということもあろう。残された文字資料が限られている六・七世紀史の研究においては、考古学資料の占める位置は大きい。本書には、考古学の立場からの論考や、考古学の成果に依拠した論考も多く収めることができた。

本書の論考編が、今後の当該分野の研究に役立つことを願うばかりである。そのためにも、各論考についての忌憚のない批判をお願いする次第である。

最後になったが、本書の刊行にあたっては、前書と同じく八木書店古書出版部の恋塚嘉氏に大変お世話になった。ここに深謝の意を表する。

篠川　賢

『国造制・部民制の研究』目次

はしがき……篠川　賢　i

論考編……1

第Ⅰ部　総　論　―国造制・部民制研究の前提―……3

1　「大化改新」と部民制……篠川　賢　5

2　国造と伴造についての基本的考察
―「造」の本質から―……大川原竜一　25

3　人制研究の現状と課題
―国造制・部民制の史的前提として―……鈴木正信　45

〔コラム〕矢田部とカラ（韓・辛）矢田部……紅林　怜　62

第Ⅱ部　国造制・部民制の実態と諸相……65
1　国造任命の一試論
—「武蔵国造の乱」を手掛かりとして—……小野里了一　67
2　伴造—伴部制の一齣
—垂仁紀を中心にして—……中村友一　89
3　人制から部民制へ……堀川　徹　111
4　古代駿河中部の氏族とヤマト王権……須永　忍　133
5　古代の東北と国造制に関する一考察……永田　一　151
6　吉士系日下部氏と草壁皇子……渡部敦寛　173
〔コラム〕古代の鵜飼……小川宏和　195

第Ⅲ部　国造制・部民制と地域社会

第Ⅲ部　国造制・部民制と地域社会……199

1「磐井の乱」前後における筑紫君と火君
—西海道地域の首長層の動向と対外交渉—……加藤謙吉 201

2 郷名寺院の諸問題……三舟隆之 225

3「凡河内」考……溝口優樹 245

4 墓制から見た出雲西部における横穴墓被葬者の階層性
—神門郡を中心に—……東　真江 269

5 古墳時代中・後期の相模東部地域の諸様相
—古墳・横穴墓の様相と鎌倉之別の存在形態—……須藤智夫 297

6 東北・関東地方における主要古墳群の動向と国造制……小森哲也 317

〔コラム〕筑紫君磐井・葛子と筑紫国造……酒井芳司 337

史料編

史料編……341
1　部民制（伴造制）関係文献目録……大川原竜一編　343
2　部民制（伴造制）関係史料集……鈴木正信・堀川　徹・紅林　怜編　367
あとがき……大川原竜一・鈴木正信　383
執筆者紹介……385

論考編

第Ⅰ部　総　論

―国造制・部民制研究の前提―

1「大化改新」と部民制

篠川　賢

はじめに

「改新詔」をはじめとする孝徳紀に載る「大化」の諸詔は、国造制・部民制について考える際の基本史料である。かつて筆者は、「大化改新」と国造制の問題については、それらを検討したうえで、旧著においておよそ次のように述べた（篠川賢、一九九六）。

・「東国国司詔」「国司発遣詔」など、「改新詔」第二条を除く孝徳紀の国造関係記事によれば、国造は当時なお地方行政の中心的役割を果たしていたと考えられる。

・「改新詔」第二条の凡条において、郡司の大領・少領（評造）には国造を任命せよとあるのが、評制の施行によって国造制は廃止されたとする見解のほとんど唯一の史料的根拠である。

・しかしそれは、他の孝徳紀の国造関係記事から孤立した内容であり、その信憑性には疑問が持たれる。

・評制の施行によって、国造のクニは再編され、国造とそのクニは存続したのであり、その後は、国造—評造—五十戸造（クニ—コホリ—サト）という三段階の地方行政組織が施行されたと考えられる。

・国造制の廃止が決定されたのは、天武朝末年の令制国の国境画定事業によってであり、その際、現任の国造を解任するのではなく、以後新任の国造は任命しないという方法がとられたと推定される。

これらの点については、今でも改める必要はないと考えている。

一方、「大化改新」と部民制の問題については、同じく旧著において、評制の施行によって部民制は廃止されることになったとする見解（鎌田元一、一九七七。大山誠一、一九七八）が妥当であると述べた。しかしそれは、各地に設置されていた部民（地方伴造の管理下にあった部民）の廃止（公民化）ということについてであり、中央における部民の所有者（王族・中央氏族）の官僚化という点については、十分な検討を行うことができなかった。また、孝徳紀の関係諸詔をいかに解釈するか、自らの見解を提示するという点についても不十分であった。

本稿では、これらの点を果たすことにしたい。検討対象となるのは、「改新詔」第一条、「皇太子奏」、「品部廃止詔Ⅰ」、「品部廃止詔Ⅱ」である。

一「品部廃止詔Ⅰ・Ⅱ」

行論の都合上、まず「品部廃止詔Ⅰ」から取りあげたい。以下、史料の引用は原則として日本古典文学大系本『日本書紀』によるが、引用史料の記号・傍線は筆者の付したものである。

【史料1】「品部廃止詔Ⅰ」（大化二年八月癸酉条）

A原夫天地陰陽、不レ使二四時相乱一。惟此天地、生二乎万物一。万物之内、人是最霊。最霊之間、聖為二人主一。是以、聖主天皇、則レ天御寓、思二人獲一レ所、暫不レ廃レ胸。

B而始二王之名名一、臣連伴造国造、分二其品部一、別二彼名名一。復、以二其民品部一、交雑使レ居二国県一。遂使二父子易

レ姓、兄弟異レ宗、夫婦更互殊レ名。一家五分六割。由レ是、争競之訟、盈レ国充レ朝。終不レ見レ治、相乱弥盛。

C粤以、始二於今之御寓天皇一、及二臣連等一、所有品部、宜三悉皆罷、為二国家民一。

D其仮二借王名一為二伴造一、其襲二拠祖名一為二臣連一。斯等、深不レ悟レ情、忽聞二若是所レ宜、当思、祖名所レ借名滅。

E由レ是、預宣、使レ聴二知朕所レ懐。王者之児、相続御寓、信知下時帝与二祖皇名一、不上レ可レ見レ忘二於世一。而以二王名一、軽掛二川野一、呼二名百姓一、誠可畏焉。凡王者之号、将随二日月一遠流、祖子之名、可下共二天地一長往上。

F如是思故宣之。始二於祖子一、奉仕卿大夫臣連伴造氏氏人等、或本云、名王民。名咸可二聴聞一。今以二汝等一、使仕状者、改二去旧職一、新設二百官一、及著二位階一、以二官位一叙。

Aは、前文であり、始原を回顧し「聖主天皇」による政治をあるべきものとする。Bは、それに対し、現状の問題点を述べた部分であり、「王之名名」（王族）と「臣連伴造国造」（諸氏族）がその「品部」を分割して自らの所有とし、またその「民」と「品部」を交雑して「国県」に居住させ、遂に一家が分裂し争訟が多く相乱れた状態になっているとする。Cは、それゆえに、王族（現天皇である孝徳を含む）と諸氏族の所有している「品部」を廃止し、国家の民とすると述べた部分。Dは、ただその場合、王名・祖名を仮借して氏の名としている諸氏族は、王名・祖名が滅んでしまうと思うであろうとの危惧を述べた部分。Eは、それを受けて、王位が世襲される限り王名は忘れ去られることはないから、そのように思う必要はないとし、むしろ王名を以て軽々しく「川野」に掛け「百姓」を呼ぶことこそ畏れ多いと述べた部分。そして最後のFは、この詔の主旨を述べた部分であり、今後の王族・諸氏族の奉仕のあり方は、「旧職」を改めて、新たに百官・位階を定めその官位によるものとするとしている。

「品部廃止詔Ⅰ」の大意はこのように解してよいと思うが、そう解釈するためには、いくつかの説明が必要であろう。

第一に、Bの傍線部の「王之名名」を王族とし、「臣連伴造国造」とともに、「分二其品部一、別二彼名名一」「以二其民品部一、交雑使レ居二国県一」の主語と解した点である。「始二王之名名一、臣連伴造国造、分二其品部一、別二彼名名一」については、「臣連伴造国造」のみを主語とし、「臣連等は、王の名々をはじめとしてそれらの名々を、自分たちがそれぞれに分ち支配する品部につけるの意」（日本古典文学大系本頭注）のような解釈もある。しかし、Bの傍線部はC・Fの傍線部と対応していることは明らかであり、それらはいずれも王族と諸氏族を指しているとみて間違いない。Cの「始二於今之御寓天皇一」は王族の筆頭としてとくに現天皇（孝徳）をあげたのであり、「臣連等」には当然「伴造国造」も含まれている。なおCでは、天皇個人も「品部」の所有主体とされている点に注意するべきである。Fの「祖子」も、Eに「凡王者之号、将随二日月一遠流、祖子之名、可下共二天地一長往上」とあるように、王族を指していることは明らかであろう。

第二に、「分二其品部一、別二彼名名一」を、王族・諸氏族がその「品部」を分割して自らの所有としているの意に解した点である（平野邦雄、一九七八。神崎勝、二〇一六）。そもそもBは、部民制における現実に存在する問題点を述べた部分であり、「分二其品部一、別二彼名名一」を、王族・諸氏族がその「品部」を、その名（すなわち「品部」の名、諸氏族の場合はそれがウヂの名でもある）に別けるという意味に解したのでは、部民制のあり方を述べただけということになり、問題点にならない。ただ、そのような部民制のあり方そのものを問題点として述べているとの解釈も可能であり、文章そのものの意味としては、むしろそう読むべきかもしれない。しかしその場合でも、そのような部民制のあり方によって王族・諸氏族による「品部」の私的領有化が問題になっているとの認識を示した文章として読まなければならないであろう。

第三に、Bの「其民品部」を「その民と品部」と読んだ点である。これについては「その民の品部」と読む説もあり、文章それ自体としてはいずれの読みも可能であろう。

「その民の品部」と読む論者の一人である鎌田元一は、「品部」は大王以下諸豪族に至るまでが所有する部（べ）一般を指す語であり、部（べ）はまた諸豪族の領有・支配する「部曲」「民部」「民」（カキ）でもあるとし、「部曲（カキ）とは人間集団に対する諸豪族の領有・支配の側面を表現した語であり、品部（べ）とはそれを王権に対する従属・奉仕の側面からとらえた語である」と述べ、両者は同一実体の人間集団を指す語であるとしている（鎌田、一九八四）。「品部」が部（べ）一般を指す語であり、「部曲」（カキ）が諸豪族の領有・支配する人間集団を指す語であることは、鎌田のいうとおりと考えられる。「部曲」の用法については後述するが、「品部廃止詔Ⅰ」の文意からして、「品部」が王族所有の部を含むことは明らかであろう。また、部に設定された人々が、実体としてある豪族（たとえば地方伴造に任じられた豪族）の支配下にある（そのカキである）というのもそのとおりと考えられる。

しかし、そうであるならば、王権（朝廷）の側から「品部」をいう場合、「その民の品部」というような表現、すなわち王権が支配する（朝廷に所属する）「品部」を諸豪族の支配下にある「民」と認めるような表現を使うであろうか。王権（朝廷）の側からすれば、「品部」（べ）と「民」（カキ）とは異なる概念なのであり、「其民品部」は、「その民と品部」と読むのが妥当と考えられる。この詔のこの部分においては、王族・諸氏族が「品部」（べ）と「民」（カキ）とを交雑して「国県」に居住させているのを問題点として述べている、と解すべきであろう。なお、『日本書紀』における「民」の用法が、すべて諸豪族の支配下にある「カキ」を指すわけではなく、単に一般の人々を指す語としても用いられていることはいうまでもない。また、ここにいう「国県」は、単に「一定の地域内」を示す語とも解されるが、国造の「国」（クニ）や稲置の「県」（コホリ）、あるいは新しく設置が命じられた評（コホリ）という、王権（朝廷）側からすれば行政区を指す語と解することも可能であろう。

鎌田は、Bでは「其民品部」を交雑して国県に居住させた結果、父子・兄弟・夫婦がたがいに名を殊にするような状態が生じたとしているのであるから、交雑させられているのは品部それ自体でなければならないとするが、「遂」以下は、「以二其民品部一、交雑使レ居二国県一」を受けるだけではなく、「分二其品部一、別二彼名名一」も受けた文とみるべきであろう。一族が複数の部の伴造に任じられた場合、「一家五分六割」のような状態となるのは、部民制における当然の結果であり、「始二王之名名一、臣連伴造国造、分二其品部一、別二彼名名一」というのも、また「以二其民品部一、交雑使レ居二国県一」というのも、いずれも部民制のあり方そのものである。Bでは、それらを問題点として述べていると解されるのである。

第四に、この詔の主旨をFの「改二去旧職一、新設二百官一、及著二位階一、以二官位一叙」にあるとした点である。この点は、すでに関晃によって論じられているところであるが（関、一九七二）、この詔において「品部」（部一般）の廃止が述べられている（C）ことも確かであり、この詔は、部民制の廃止の方針を前提としたうえで、部民制における現実の問題点に対処するため、新しい官職・位階を設けるという施策（F）を命じた詔といえるのである。

次に、「品部廃止詔Ⅱ」の文意を検討したい。

【史料2】「品部廃止詔Ⅱ」（大化三年四月壬午条）

A惟神 惟神者、謂レ随二神道一。亦謂三自有二神道一也。 我子応治故寄。是以、与二天地之初一、君臨之国也。自二始治国皇祖之時一、天下大同、都無二彼此一者也。

B既而頃者、始二於神名天皇名名一、或別為二臣連之氏一。或別為二造等之色一。由レ是、率土民心、固執二彼此一、深生二我汝一、各守二名名一。又拙弱臣連伴造国造、以二彼為レ姓神名王名一、逐二自心之所レ帰、妄付二前前処処一。前前、猶謂二人人一也。爰以三神名王名、為二人賂物一之故、入二他奴婢一、穢二汚清名一。遂即民心不レ整、国政難レ治。

C是故、今者、随二在天神一、属下可二治平一之運上、使レ悟二斯等一、而将レ治レ国治レ民、是先是後、今日明日、次而続詔。然素頼二天皇聖化一而習二旧俗一之民、未レ詔之間、必当レ難レ待。故始二於皇子群臣一、及二諸百姓一、将賜二庸調一。

Aは、前文であり、神意に随い皇祖以来の政治は「天下大同」にして「彼此」を生ずることはなかったとする（ここにみられる尚古思想は、「品部廃止詔Ⅰ」のAと共通している）。Bは、しかし今はこうであるとして、現状の問題点を述べた部分である（これも「品部廃止詔Ⅰ」の構文と共通している）。すなわち、現状は神名・王名にはじまるそれぞれの「名」（品部の名）が臣連伴造国造のウヂの名となり、それぞれの所有を示す名になっているため、民心は「彼此」に固執して、それぞれの名にこだわっているとする。また拙弱の臣連伴造国造は、ウヂの名となっている神名・王名を勝手に人々や土地に付けているため、それが他人への賂物とされ奴婢となって清名（神名・王名）を穢しており、民心は整わず、国政が困難になっていると述べる。Cは、そのような現状を受けての対策を述べた部分であり、今、かつてのような神意に随った政治を行うにあたり、先後を考え相次いで詔を出そうとしているのであるが、旧俗に慣れた人々はその詔を待てないかもしれないので、とりあえず王族・諸氏族および「百姓」に「庸調」を賜うとしている。

これが「品部廃止詔Ⅱ」の大意といってよいであろう。Bの「始二於神名天皇名名一、或別為二臣連之氏一。或別為二造等之色一」の部分を、「神名・王名にはじまるそれぞれの「名」（品部の名）が臣連伴造国造のウヂの名となり、それぞれの所有を示す名となっている」の意に解したのは、この部分を、「品部廃止詔Ⅰ」のB「始二王之名名一、臣連伴造国造、分二其品部一、別二彼名名一」に対応するとみるからである。またそう解することによって、続く「由レ是、率土民心、固執二彼此一、深生二我汝一、各守二名名一」との繫がりも自然なものと理解できる。ここでも、部の王族・諸氏族による私的領有化が問題点として認識されているといえるのである。単に神名・王名が臣連伴造国造のウヂの名になっているということであるならば、それは部民制のあり方を述べたに過ぎないが、ただ、そのような部民制のあり方そのものを問題点として指摘しているとの解釈も可能であることは、先に「品部廃止詔Ⅰ」のBについて述べたのと同じである。

そして、「品部廃止詔Ⅱ」の主旨が、Cの最後の部分にあることは明らかである。ここではとくに部の廃止が述べられているわけではないが、それは、部民制の問題点を述べたうえでの施策であり、「品部廃止詔Ⅰ」と同様、部民制の廃止の方針を前提とした詔といってよいであろう。なお、ここにいう「庸調」は、律令用語による潤色であろうが、禄（給与）の意であり、次節で取りあげる「改新詔」第一条にいう「食封」「布帛」に対応すると考えられる。またここにいう「百姓」は、神崎勝が説くとおり、下級官人を指す語として用いられているとみるべきであろう（神崎、一九九九・二〇一六）。これも、「改新詔」第一条にいう「百姓」と同じと考えられる。

以上、「品部廃止詔Ⅰ・Ⅱ」の文意について述べてきたが、要するに両詔は、いずれも直接に部の廃止を命じた詔ではなく、当時における部民制の問題点を指摘し、部の廃止の方針を前提としたうえで、部の所有者に対する施策（Ⅰでは新しい官職・位階の設置。Ⅱでは禄の支給）を命じた詔といえるのである。

次に、これらの詔の信憑性の問題である。まずこれらが、当時実際に発せられた詔を、孝徳紀の編者がそのままここに載せた、というようなものでないことは明らかである。「品部廃止詔Ⅰ」のFに「或本云、名名王民」との分注があることは、当時実際に孝徳の発した詔が、編纂時にそのまま資料として残されていたのではないことを示している。またCに、孝徳が自らを「今之御寓天皇」と述べているのも、詔の文章としては不自然といえよう。しかし一方において、右のような分注が付されているということは、ここに書かれた内容について、複数の資料が残されていたことを示すものであり、内容的には、孝徳紀編者の作文ではなく、一定の信憑性を認めてよいと考えられる。

「品部廃止詔Ⅱ」についても、Aに「惟神者、謂レ随二神道一。亦謂三自有二神道一也」、Bに「前前、猶謂二人人一也」の分注がみえることは、この詔が孝徳紀編者の作文ではなく、原資料の文章に基づいていることを示している。

そして、これらの詔に示された内容は、細かな年次は別として、実際に孝徳朝当時において命じられた施策とみてよいであろう。そうみるのが今日における通説でもあるが、なお反対意見は存在し、山尾幸久は、これらの詔を西暦六七〇年代前半のものと主張している（山尾、二〇〇六）。山尾の詳細な議論にここで立ち入ることはできないが、山尾の掲げる通説に対する疑問は、これらの詔に孝徳紀編者の潤色が加わっていることを認めるならば、その多くは解消されるものと思われる。また山尾は、「東国国司詔」の年代も六七〇年代前半とし、『常陸国風土記』の建郡（評）記事に干支で記された年代も事実ではないとするのであるが（山尾、一九九三・二〇〇六）、これらの見解に従えないことは、旧著において述べたとおりである（篠川、一九九六）。

さて、孝徳紀によれば、新しい官職・位階の設置を命じた「品部廃止詔Ⅰ」を受けて、大化三年に冠位十三階、同五年に冠位十九階が制定され、同年には「百官八省」の設置も命じられたとある。冠位十九階が実際に施行されたことは、飛鳥京跡出土の木簡からも確認されるところであり、位階（冠位）の制定は間もなく実現されたとみてよいであろう。

また、官職についても、「百官八省」は潤色であるが、孝徳朝の実例として、「将作大匠」（孝徳紀白雉元年十月条）、「刑部尚書」（『続日本紀』和銅元年閏八月丁酉条）、「衛部」（同養老元年三月癸卯条）、「祠官頭」（『古語拾遺』）などをあげることができる。新しい官職も実際に設置されたのであり、これらの例から推測される官制は、律令制下の二官八省制とは程遠い内容であるが、中央における部の所有者（王族・氏族）の官僚化も、ある程度は進んだと認められるのである。

なお、「品部廃止詔Ⅱ」で命じられた「庸調」（禄）の問題については、次節で「改新詔」第一条の「食封」「布帛」とあわせて取りあげることにしたい。

二 「改新詔」第一条と「皇太子奏」

孝徳紀に載る「改新詔」第一条は、次のとおりである。

【史料3】「改新詔」第一条（大化二年正月朔条）

A罷㆓昔在天皇等所立子代之民・処処屯倉、及別臣連伴造国造村首所有部曲之民、処処田荘㆒。仍賜㆓食封大夫以上㆒、各有㆑差。降以㆓布帛㆒、賜㆓官人百姓㆒、有㆑差。

B又曰、大夫所㆑使㆑治㆑民也、能尽㆓其治㆒、則民頼之。故、重㆓其禄㆒、所㆓以為㆑民也。

Aは、かつての天皇たちが立てた「子代之民」と「屯倉」、さらに「臣連伴造国造村首」が所有する「部曲之民」と「田荘」を廃止し、その代償として「大夫」以上には「食封」、「官人百姓」には布帛を賜与すると述べた部分であり、Bは、「大夫」等の禄を重くするのは民のためであると述べた部分である。

Bは、『漢書』恵帝紀に基づく孝徳紀編者の作文であり、「改新詔」第一条の信憑性が疑われる理由の一つにもなっているが、第一条の主旨がBではなく、Aにあることは明らかである。そして、Aの文意それ自体は簡明である。しかし、その内容をいかに解釈するかは、「子代」「部曲」などの語をどのように考えるかによって異なってくる。「子代」「部曲」の語義・概念をめぐっては多くの議論が重ねられてきたが（野村忠夫、一九七八。武光誠、一九八一)、「改新詔」第一条の「子代」「部曲」に関して、まず参考になるのは次の史料である。

【史料4】「土地兼併禁止詔」（大化元年九月甲申条）

A自レ古以降、毎二天皇時一、置二標代民一、垂二名於後一。

B其臣連等・伴造国造、各置二己民一、恣レ情駆使。又割二国県山海・林野・池田一、以為二己財一、争戦不レ已。或者兼二幷数万頃田一。或者全無二容針少地一。

C進二調賦一時、其臣連伴造等、先自収斂、然後分進。修二治宮殿一、築二造園陵一、各率二己民一、随レ事而作。

D易曰、損レ上益レ下。節以二制度一、不レ傷レ財。不レ害レ民。方今、百姓猶乏。而有レ勢者、分二割水陸一、以為二私地一、売二与百姓一、年索二其価一。従レ今以後、不レ得レ売レ地。勿三妄作レ主、兼二幷劣弱一。

この詔の主旨は、「有レ勢者」（有力な諸氏族）による土地兼併を禁じたDにあるが、B・Cにおいて、部民制における現状の問題点が述べられている。すなわち、Bでは、「臣連等・伴造国造」（諸氏族）はおのおの「己民」を置いて勝手に駆使し、また「国県」を割き取って「己財」として争い、有勢者と弱者が生じているとし、Cでは、その有勢な「臣連伴造等」は、調賦を進上する際には、まず自ら収斂したのちに進上し、宮殿や庭園・陵墓を築造する際には、「己民」を率いて事にあたっているとしている。

ここで注意されるのは、Aにいう「毎二天皇時一、置二標代民一」は、「改新詔」第一条の「昔天皇等所立子代之民」に対応し、Bにいう「臣連等・伴造国造、各置二己民一」は「改新詔」第一条の「臣連伴造国造村首所有部曲之民」に対応すると考えられるという点である。

Bの「己民」は、各氏族（豪族）の私的領有民を指すとみるのが妥当であり、したがって、それに対応する「部曲」も同様に考えるのが自然ということになる。すなわち、「部曲」については、部民化されていない諸豪族の私的領有民とみる説（狩野久、一九七〇。早川庄八、一九七五）が妥当と考えられるのである。部民制下において、部に編成されていない人々が存在したことは、八世紀における無姓・族姓の民の存在からも明らかであろう。

「部曲」の語義・概念については別稿（篠川、二〇一七）で取りあげたところであり、別稿では、「部曲」の廃止（公民化）過程についても、およそ次のように述べた。

・中央氏族（伴造以上の氏）の部曲（私的領有民）は、天智三年（六六四）の「甲子の宣」において、はじめてその掌握が命じられ、その結果掌握された（庚午年籍にそのことが示される形で登録された）部曲は、「天武四年（六七五）詔」において廃止（公民化）された。

・「改新詔」第一条では、中央氏族だけではなく地方豪族の部曲の廃止も命じられており、それは「甲子の宣」「天武四年詔」にない独自の内容を有している。

・しかし、大化二年の段階で、地方豪族を含めた諸豪族の私的領有民（部曲）が掌握されていたとは考え難く、掌握されていない人々を廃止（公民化）するというのは、現実には不可能である。

・このことを理由に、「改新詔」第一条の内容を孝徳朝段階のものではないとする説が唱えられるのであるが、直ちに実現が不可能な場合であっても、その方針を定める（方向性を打ち出す）ということはあり得ると考えられる。

・むしろ、「甲子の宣」は、それ以前に打ち出されていた部曲の廃止の方針に従って、その掌握を命じたものと解すべきであろう。

・「改新詔」第一条において命じられている地方豪族の部曲の廃止については、評制の施行によって実現されるものと認識されていたと考えられる。

・また評制は、孝徳朝全面施行説と段階的施行説の違いはあるが、孝徳朝において実際に打ち出された政策であったことは認められる。

・したがって、「改新詔」第一条において、臣連伴造国造村首の所有する部曲の廃止が命じられたとあるその内容については、孝徳朝当時のものと考えてよいということになる。

・ただし、このことが認められたとしても、「改新詔」第一条のすべてが当時のものとして認められるというのではなく、「子代」の廃止や「食封」「布帛」の賜与については別に検討しなければならない。

以上が別稿の要旨であるが、本稿ではそれを受けて、「子代」および「食封」「布帛」の問題について取りあげることにしたい。

まず「子代」についてであるが、それは、次に掲げる「皇太子奏」の解釈と不可分である。

【史料5】「皇太子奏」（大化二年三月壬午条）

A皇太子使レ使奏請曰、昔在天皇等世、混二斉天下一而治。及二逮于今一、分離失レ業。（謂二国業一也。）属下天皇我皇、可レ牧二万民一之運上、天人合応、厥政維新。是故、慶之尊之、頂戴伏奏。

B現為明神御八嶋国天皇、問二於臣一曰、其群臣連及伴造国造所有、昔在天皇日所置子代入部、皇子等私有御名入部、皇祖大兄御名入部、（謂二彦人大兄一也。）及其屯倉、猶如二古代一、而置以不。

C臣即恭承レ所レ詔、奉答而曰、天無二双日一。国無二二王一。是故、兼二并天下一、可レ使二万民一、唯天皇耳。別以二入部及所封民一、簡二充仕丁一、従二前処分一。自余以外、恐二私駆役一。故献二入部五百廿四口・屯倉一百八十一所一。

Aは、前文であり、かつての「混二斉天下一」の政治は失われてきたが、現天皇（孝徳）のもとで再び「天人合応」の政治が行われようとしているのを慶び尊んで、以下のように奏上すると述べる。ここにも、「品部廃止詔

Ⅰ・Ⅱ」の前文と共通する尚古思想がみとめられる。Bは、これ以前に中大兄皇子が孝徳から受けた諮問の内容を述べた部分であり、それは、「群臣連及伴造国造」(諸氏族)の所有する「子代入部」とその屯倉、および「皇子等」(王族)の所有する「御名入部」(とくに中大兄の所有する「皇祖大兄御名入部」)とその屯倉を、「猶如二古代一、而置以不」という諮問であったとする。Cは、その孝徳の諮問に対する中大兄の奉答を述べた部分であり、天下を治め万民を使役するのは天皇のみであるから、前の処分に従って仕丁は置くが、それ以外は私的に使役できないとして、自らの領有下にある「入部五百廿四口」と「屯倉一百八十一所」を献上すると述べる。

以上が、「皇太子奏」の大意であるといえようが、その内容を理解するためにはさらに立ち入った検討が必要であろう。

まず、「入部」の語義についてであるが、これは「五百廿四口」と人数で示されていることからすると、在地のべ集団ではなく、上番しているトモを指す語とする説(大山、一九七八。武光、一九八四)が妥当と考えられる。また、「子代入部」と「御名入部」が分けて掲げられていることからすると、「子代」と「御名」(御名代・名代)とは異なる概念とみなければならず、さらに、「子代入部」は「群臣連及伴造国造所有」とあり、「御名入部」は「皇子等私有」とあることからすれば、前者は諸氏族の所有下、後者は王族の所有下にあったとみなければならない。皇祖大兄御名入部がとくにあげられているのは、それが現に中大兄の所有下にあったからであり、皇祖大兄(押坂彦人大兄)の「御名」(御名代)は具体的には刑部を指すとみてよいであろう(薗田香融、一九六八)。

「子代」については、本来は御名代(名代)と同様、王族のために置かれた部であるが、この段階では諸氏族の領有下にあったとみる通説的理解に対し、「子代」の「子」は臣下を意味する語であり、「子代」はそもそも王族所有の部ではなく、諸氏族が領有した部であるとする説もある(山尾、一九七六。大山、一九七八。角林文雄、一九八〇）。しかし、名代（御名代）・子代は、いずれも王族の名あるいはその宮の名を負った部とみるべきであり、その形態・構造に違いはなく、「皇太子奏」の段階において、諸氏族の所有下にあったものを「子代」と呼び、王族の所有下にあったものを「御名」（御名代）と呼んだとする説（大橋信弥、一九七九）が妥当と考えられる。

具体的には、額田部・矢田部・刑部など多くの「某部」が存在したが、それらは、本来特定の王族の経済的基盤として置かれた部であり、それらの王族が死去したのちも、それぞれの部の伴造氏族の管理下に置かれて存続し、また必要に応じて、その後それらの部が、再び特定の王族のために充てられる（その場合、その部の伴造氏族がその王族の資養にあたることになる）こともあったと考えられる。なお、額田部は応神天皇皇子の額田大中彦、矢田部は仁徳天皇皇后（応神天皇皇女）の八田若郎女（矢田皇女）、刑部は允恭天皇皇后の忍坂大中姫のためというように、五世紀代の王族のために設置されたと部と説明されることが多い。しかし実際には、これらを含むすべての「某部」は、部称の成立時期から考えて、六世紀以降の設置とみるべきであろう（山尾、一九六八。原島礼二、一九七二・一九七四）。額田部は欽明天皇皇女の額田部皇女（推古天皇）、矢田部は同じく欽明天皇皇子の箭田珠勝大兄（八田王）、刑部は敏達天皇皇子の押坂彦人大兄のために設置された部と考えられるのであり、その後、それぞれの伴造氏族（額田部連、矢田部造、刑部首）の管理下に置かれていたが、刑部は、「皇太子奏」当時は、再び特定の王族（中大兄）のために充てられていたということであろう。

次に、「皇太子奏」のB、すなわち孝徳の諮問を述べた部分に、「猶如二古代一、而置以不」とある点である。この文章からすれば、この諮問以前に、部の廃止に関わる何らかの措置、あるいは方針が示されていたことになる。そして、それを示す『日本書紀』の記事は、「改新詔」第一条のほかにはない。とすると、孝徳は、まず「子代之民」（在地のベ集団）の廃止を命じ、それを受けて中大兄に、「子代入部」（上番しているトモ）の廃止と、現に皇子等の所有下にある「御名」（御名代）の「入部」の廃止を諮問し、とくに中大兄の所有している「御名入部」（上番している刑部のトモ）の名をあげ、その廃止（献上）を迫った、という解釈ができるであろう。

それでは、それに対する中大兄の奉答（C）で、「入部」だけではなく、「屯倉」も献上するとしているのは、どのように解釈されるのであろうか。ここにいう「屯倉」（ミヤケ）は、各地に設置されたベ集団を管理する地方伴造の「屯倉」であり、大化元年八月庚子条の「東国国司詔」に、「若有二求レ名之人一、元非二国造伴造県稲置一、而輒詐訴言、自二我祖時一、領二此官家一、治二是郡県一」とある「伴造」（地方伴造）の「官家」（ミヤケ）に対応すると考えられる。つまり、在地のベ集団からの貢納やトモの上番を差配する拠点としての「屯倉」といえるのであり（仁藤敦史、二〇一二）、その「屯倉」を献上するということは、在地のベ集団も献上することを意味していると考えられる（大山、一九七八）。

難解なのは、Cの「別以二入部及所封民一、簡二充仕丁一、従二前処分一」の部分である。「所封民」については、「改新詔」第一条の「食封」を指すとの見方もあるが、「改新詔」第一条では御名代のことには触れられていない。ただ、御名代廃止の代価として王族に対しても「食封」が給されることになり、それがここにいう「所封民」であると解することは可能であろう。また、「皇太子」である中大兄に与えられた壬生部とみることも可能と思われる。近年では、「大化」当時の「皇太子」の存在を疑問とする見解（荒木敏夫、一九八五）が有力であるが、筆者は、「皇太子」の表記は潤色にせよ、のちの「皇太子」に相当する地位は存在し、中大兄はその地位にあったと考えている（篠川、一九九二b）。「所封民」について、現在の筆者に断案はないが、右のいずれかであるとみておきたい。

「前処分」については、「改新詔」第四条に述べられている「仕丁」の差発基準以外に、それに相当する記事はみあたらない。そこには「凡仕丁者、改下旧毎二卅戸一一人上、以二一人一充レ厮也。而毎二五十戸一一人、以二一人一充レ厮。」とあり、これによれば、「仕丁」（「入部」）を上番させる集団（在地のべ集団）は、それ以前から戸数を以て掌握されていたことになる。このことは、『隋書』倭国伝に八十戸を管掌する「伊尼翼〔冀〕」（稲置）がみえ、欽明紀三十年正月朔条に「田部丁籍」を作成したとあり、大化二年三月辛巳条の「東国国司詔」に国司らの犯として「毎レ戸求索」があげられていることなどを参考にするならば、事実そうであったと考えてよいと思う。

以上のことが認められるならば、中大兄は、自身の所有していた「御名」（御名代）である各地の刑部から現に上番していた「入部」のうち、五十戸に一人の割合の人数分だけはそのまま使役し、加えて「所封民」から五十戸に一人の割合で徴発する仕丁も使役するが、それ以外の「入部」と「屯倉」（全国各地に設置されていた刑部集団）は献上すると答えた、と解釈されるであろう。そしてその「屯倉」は、献上する「入部」に相当するだけの「屯倉」ということ（森公章、二〇〇五）ではなく、各地に設置されたすべての刑部集団のことと解してよいと思う。さきに述べたとおり、「品部廃止詔Ⅰ・Ⅱ」は、王族の御名代を含むすべての部の廃止を前提とした詔と考えられるのであり、この「皇太子奏」も、御名代の廃止を主旨とした問答とみなければならない。

「皇太子奏」は、中大兄が率先垂範して「入部」「屯倉」を献上したのではなく、むしろそれに消極的であった中大兄に対して、孝徳がとくに刑部の名をあげてその献上を催促したものとみられるが（篠川、一九九二a）、いずれにせよ、これを受けて、中大兄以外の王族についても、その所有する「御名入部」（上番しているトモ）と「屯倉」（在地のべ集団）が献上（廃止）されたとみてよいであろう。

また、「皇太子奏」にいう「子代入部」（諸氏族の所有下にあった上番しているトモ）の献上についても、実際に行われたものと考えられる。「子代之民」（在地のべ集団）については、「改新詔」第一条でその廃止が命じられているのであり、その命令も、当時のものと認められるであろう。

一方、「皇太子奏」が孝徳朝当時のものであることは、孝徳と中大兄の問答である以上、疑う必要はなく、さらにその内容について右のように解釈できるのであれば、その時期は、「改新詔」第一条と「品部廃止詔Ⅰ・Ⅱ」の間の問答であったとみるのが妥当ということもいえるであろう。

最後に、「改新詔」第一条の「食封」「布帛」と、「品部廃止詔Ⅱ」の「庸調」についてであるが、全国的な「造籍」「校田」を前提に評制が施行され、貢納・奉仕の拠点として評家（コホリのミヤケ）が設置されたならば、従来の地方伴造のミヤケは、そのコホリのミヤケに統合・集約されたはずである。部の廃止（公民化）にともない、部の所有者に対し、その代価として何らかの形で禄を支払うということは、その具体的形については今後の課題としなければならないが、十分可能であったと考えられる。

「改新詔」第一条と「皇太子奏」の内容は、当時のものとして認められるのであり、「大化改新」（評制の施行）によって、部の廃止は現実に施行されていったと考えられる。そして、「品部廃止詔Ⅰ・Ⅱ」を合わせて考えるならば、部の所有者の官僚化についても、ある程度進んだことが認められるのである。なお付言しておきたいのは、本稿は「改新詔」の信憑性（「原詔」の存在）を認めようとするものではなく、第一条の内容については、当時のものと考えられるとしたものである。

参考文献

荒木敏夫、一九八五『日本古代の皇太子』（吉川弘文館）
大橋信弥、一九七九「名代・子代の基礎的研究」（『日本古代の王権と氏族』吉川弘文館、一九九六年に所収）
大山誠一、一九七八「大化改新像の再構築」（『古代史論叢』上、吉川弘文館）

角林文雄、一九八〇「名代・子代・部曲・無姓の民」（『日本古代の政治と経済』吉川弘文館、一九八九年に所収）

狩野　久、一九七〇「部民制」（『日本古代の国家と都城』東京大学出版会、一九九〇年に所収）

鎌田元一、一九七七「評の成立と国造」（『律令公民制の研究』塙書房、二〇〇一年に所収）

一九八四「「部」についての基本的考察」（『律令公民制の研究』前掲に所収）

神崎　勝、一九九九「百姓制の成立とその展開」（『立命館文学』五五九）

二〇一六「大化改新の実像」（『日本書紀研究』三一）

篠川　賢、一九九二a「乙巳の変と「大化」の新政権」（『日本古代の王権と王統』吉川弘文館、二〇〇一年に所収）

一九九二b「六・七世紀の王権と王統」（『日本古代の王権と王統』前掲に所収）

一九九六『日本古代国造制の研究』（吉川弘文館）

二〇一七「部曲の廃止」（『史聚』五〇）

関　晃、一九七二「いわゆる品部廃止の詔について」（『関晃著作集』二、吉川弘文館、一九九六年に所収）

薗田香融、一九六八「皇祖大兄御名入部について」（『日本古代財政史の研究』塙書房、一九八一年に所収）

武光　誠、一九八一『研究史　部民制』（吉川弘文館）

一九八四『日本古代国家と律令制』（吉川弘文館）

仁藤敦史、二〇一二『古代王権と支配構造』（吉川弘文館）

野村忠夫、一九七八『研究史　大化改新　増補版』（吉川弘文館）

早川庄八、一九七五「律令制の形成」（『岩波講座日本歴史』二、岩波書店）

原島礼二、一九七二「御名代と子代の再検討」（『日本古代王権の形成』校倉書房、一九七七年に所収）

一九七四「御名代について」（『日本古代王権の形成』前掲に所収）

平野邦雄、一九七八「「甲子の宣」の意義」（『大化前代政治過程の研究』吉川弘文館、一九八五年に所収）

森　公章、二〇〇五「民官と部民制」（『弘前大学国史研究』一一八）

山尾幸久、一九六八「日本古代国家の形成過程について」上・下（『立命館文学』二七八・二七九）

一九七六「七世紀前半期の国家権力」（『日本史研究』一六三）
一九九三「大化年間の国司・郡司」（『立命館文学』五三〇）
二〇〇六『「大化改新」の史料批判』（塙書房）

2　国造と伴造についての基本的考察
―「造」の本質から―

大川原竜一

はじめに

部民制（伴造制）は、国造制やミヤケ制とともに、大化以前の王権による人民支配の構造や歴史的特質を解明するために研究され、律令制国家成立以前の政治史や身分制の分析に重要な役割を果たしてきた。

かつて石母田正は、律令制以前の段階において、王権との間に特定の隷属関係を築いた支配者層、および部民制下の人民とを結ぶ、カバネ（姓）の制度によって表れた全国支配体制を「王民制」と定義した。そして「王民制」は、六世紀以来進行しつつあった全国的な階級関係の変動と連関して、それ自体の矛盾によって「公民制」へと転化したとみなした（石母田、一九六二）。狩野久は、この論を発展的に継承して「王民制」を部民制との関連でとらえ、部民制における人格的な隷属関係の特質を論じた。部民制は臣・連・伴造・国造による「王民」の分割所有のかたちをとるところにその特質があり、王権の全国的な人民支配の体制であると改めて位置づけて、「王民」の個別所有化の進行による部民制の矛盾を止揚するべく「公民制」が成立したと考えた（狩野、一九七〇）。また鎌田元一は、部民制とは、諸豪族による人民の所有を前提として実現された王権への従属・奉仕の体制であり、部民制の秩序に包摂された諸集団全体が「王民」と観念されたが、「王民制」はむしろ部民制を否定する契機となり、それを克服するものとして「公民制」が形成されたとした（鎌田、一九八四・一九九四）。

これらの見解に従うならば、部民制は大化以前の王権の政治体制や人民支配すべてに関わるものであり、律令「公民制」の歴史的前提として評価することができる。しかしながら、鎌田は評制の成立に関する論のなかで、王権は大化期に国造一族をはじめとする諸豪族を官人として取り込むことによって「国家的な領域支配」の実現をはかったが、諸豪族の旧来の部に対する支配は大化以後もそれほど違わぬかたちで存続していたととらえている（鎌田、一九七七）。鎌田は、王権による「領域支配」を本質とするミヤケ制が、国造などの各地の豪族の支配領域を割いて全国的規模で設置されたことで、人民の領域的編成への道が切り拓かれたとするが、王権からカバネを受け一定の地域・人民を支配した国造制と部民制との関係が明確にされているとは必ずしもいえず、国評制の成立、ひいては律令「公民制」への複雑な展開は依然として不分明である。大化以前の王権が、いかにして人民を支配したのか、その支配体制が「公民制」の形成とどのように結びつくのかについては、改めて議論する余地がある。

本稿では、上記の課題を考えるために、「造」の本質から伴造と国造との接点を探るとともに、部の存在形態や、国造制と部民制（伴造制）による人民支配の実態を再検討し、大化以前における王権の支配構造とその展開を考察する。

一「造」の本質について

かつて賀茂真淵は、「国造ちふ事は、久迩都久里の、久里の約幾なるを、古に転していふなり、さてその一国を、始めてひらき治たるを、久迩都古」（『祝詞考』下巻「出雲国造神賀詞」）と説いた。すなわち、「国造」とは「一国を、始めてひらき治めた」ものであり、その古訓は「クニツクリ」の「クリ」を約めた「キ」が「コ」に転じたことから派生した「クニツコ」であると解した（賀茂、一七六八）。これに対して本居宣長は、「造」の古訓と語義について「夜都古といへば、甚賤き者の如く聞ゆれども、本然に非ず。君に対へて、臣を云名なり。故君臣の意なる臣をば、書紀などにも皆ヤツコと訓り。（中略）造は、天皇に対へて臣の意なる故に、其部の上たる人を云。」（『古事記伝』七之巻・神代五之巻）と著した。すなわち「ヤツコ」とは君に対する臣を称したもので、「造」は天皇に対する「御臣」を意味するものであるとして、「其国々を治る人を国御臣」であり、また「各其部々を掌る人を伴御臣」であると述べた（本居、一七九八）。

近代に入ると、太田亮は、国造と伴造は相対する称で、それらの「造」という字は「ミヤツコ」または「ツコ」と訓じ、「其の国に住む天皇の子部」の意であるとみなした（太田、一九一七）。喜田貞吉は、他の人に従属して使役される者が「ヤツコ」であるとして、「ミヤツコ」とは「御奴」で「天皇に仕へ奉る奴」の義であるが、必ずしもその意味のみには解しがたく、「宮ツ子」（「子」は人の義）、つまり「宮に属する人」と同じであると論じた（喜田、一九二二）。中田薫は、「造」の訓は「ミヤツコ」または「ツコ」で、「ミヤツコ」は「宮公」（皇宮に属したる重臣）の義であるとし、「ツコ」の訓は、「造」の訓「ツクル」の語尾を省略したものと考察している（中田、一九三三）。また、津田左右吉は、「クニノミヤツコ」が「クニツコ」より古く、「クニツコ」の「ツコ」とは「ヤツコ」の転訛であり、「ツクル」という「造」字の語義と混淆したものと解した。そのうえで、「ミヤツコ」の古訓は、律令制下において朝廷に奉仕した「下級の使役者」である「伴部」の官職名を「伴造（友造、友御造）」、すなわち「トモノミヤツコ」と称したことに従って、奈良時代末か平安時代初めに成立したものであると述べている。そして、「国造」「伴造」は国の首長と伴（部）の首長の称呼であるため、「造」という字は、カミあるいはヌシ、キミという語にあてられたものであり、朝鮮半島の新羅の爵位「造位」や『漢書』百官公卿表にみえる「上造」「少上造」「大上造」などに由来した可能性を指摘している（津田、一九三〇・一九三一）。

「造」の古訓については、蘇我倉山田石川麻呂の女で天智天皇の嬪となった遠智娘の別称が注目される。遠智娘は、『日本書紀』天智七年（六六八）二月戊寅条に「遂納二四嬪一。有二蘇我山田石川麻呂大臣女一、曰二遠智娘一（或本云、美濃津子娘）。生二一男二女一。」とあり、「或本」では「美濃津子娘」と記されていたと録されている。一方で、『日本書紀』大化五年（六四九）三月是月条では「造媛」と別称されていたことが知られる（「皇太子妃蘇我造媛、聞二父大臣、為レ塩所レ斬、傷レ心痛惋。」）。これら両史料を鑑みると、「造」には「美濃津子」の訓があてられていたことが推定される。「美」は万葉仮名でミ甲音、「濃」はノ甲音ないしヌ音、「津」はツ（ヅ）音、「子」はコ（ゴ）甲音やネ音ないしはシ音と発する。また、「美濃」は八世紀以降に国名の正式表記となる新しい技巧的な表記であり、それが使用される以前には、ミ甲音＋ノ甲音の字訓としては、木簡などの出土文字資料により「三野」や「御野」が慣用されていたと推測される。ゆえに『日本古典文学大系』の頭注において指摘されているように、天智七年二月戊寅条にみえる「美濃津子」の訓は、もともと「三野津子」ないし「御野津子」と記されていたが、ヤ音の「野」字がノ甲音と誤読されて「美濃津子」と書き換えられたものであると考えられる。このことから、「造」の古訓は「ツコ」でなく、もとより「ミヤツコ」であったといえる。なお平安時代後期の書写である宮内庁書陵部本（図書寮本）『日本書紀』には、履中三年十一月辛未条の「稚桜部造」に「サクラヘノミヤツコ」という古訓がみえる。

古代において「ヤツコ」とは卑賤の者を指す語ではなく、貴人に仕えるすべての者のことを指し、その語源は「家之子」であるとみなされている（川上多助、一九四〇。平野邦雄、一九六九）。このことは、『古事記』清寧段に

「伊邪本和気、天皇之御子、市辺之、押歯王之、奴末。」とあり、袁祁命が自分の父の市辺押歯王のことを天皇に対する「奴」（ヤツコ）とよんでいる事例から裏づけられる。「ヤツコ」という概念は、いわゆる奴隷階級を指すものではなく、「家」を意味する「ヤ」に、仕える人や属する人を意味する「コ」が組み合わさった、擬制的な家族関係にもとづく臣属を表現した「家之子」の意であると解することができる（吉村武彦、一九九六）。ゆえに「造」（ミヤツコ）とは、「家之子」（ヤツコ）に尊称・美称の接頭語「御」（ミ）がついたもので、「御家」（＝「宮」（ミヤ））に臣隷する者、すなわち王権に仕える人を意味したといえる（早川二郎、一九三五）。これらのことをふまえると、「国造」や「伴造」は、王権に臣隷する立場を由来として成立した語であるととらえられる。

そもそも『日本書紀』においては「国造」と「伴造」は連称されることが多い。大化以前における国造・伴造の位置づけは、つぎの【史料1】「品部廃止詔」にみえる。

【史料1】『日本書紀』大化二年（六四六）八月癸酉条「品部廃止詔」

（前略）始二於祖子一奉仕卿大夫臣連伴造氏々人等或本云、名々王民、咸可二聴聞一。今以二汝等一、使仕状者、改二去旧職一、新設二百官一、及著二位階一、以二官位一叙。（後略）

ここでは「大化改新」における新たな「百官」の設置にあたって、臣・連や伴造は「始二於祖子一奉仕」してきた、改め去るべき「旧職」であると述べられている。また、『日本書紀』清寧元年正月壬子条には、「命二有司一、設二壇場於磐余甕栗一、陟天皇位。（中略）以二大伴室屋大連一為二大連一、平群真鳥大臣為二大臣一、並如レ故。臣連伴造等、各依二職位一焉。」とあり、「臣連伴造等」が「職位」であるととらえられている。この「職位」の実情については、『日本書紀』白雉元年（六五〇）二月甲申条に、「蓋此専由下扶翼公卿臣連伴造国造等、各尽二丹誠一、奉中遵制度上之所レ致也。」とみえることから、伴造や国造は「公卿臣連」とならんで王権を「扶翼」（力をそえて助けること、扶助）する立場であったと位置づけられる。ただし国造・伴造は、上部構造を構成する「公卿」（大夫、マヘツギミ）や、中央豪族である臣・連と異なり、あくまでも王権に臣隷する立場であったことに留意しなければならない。

翻って、『日本書紀』の本文あるいは詔にみえる「臣連国造伴造」や「臣連伴造国造」などという連称表現は、その表記法にいくつか多様性がみられることから、編纂時の改作や修辞を被っている可能性が高い。ゆえに前稿において考察したように、『日本書紀』の本文や詔の連称表現よりは、左記の【史料2】『日本書紀』敏達十二年（五八三）是歳条にみえる「臣連二造」という表現の方が、一次史料から引用された可能性が高く、より当時の実態を反映したものとみなすことができる（大川原、二〇〇七）。

【史料2】『日本書紀』敏達十二年是歳条

（前略）日羅対言、天皇所三以治二天下一政、要須護二養黎民一。何遽興レ兵、翻将失滅。故今合下議者、仕二奉朝列一臣連二造二造者、国造伴造也下及二百姓一、悉皆饒富、令上無レ所レ乏。（後略）

ここにみえる「臣連二造」および「百姓」の諸階層は、「天皇」の「所三以治二天下一政」を被る客体として表現されているように、王権が編成した社会的な身分体系における称呼である。とくに国造・伴造を含む前者は「仕二奉朝列一」と修飾されていることから、「天皇」を頂点とする王権に「仕奉」する階層であったことが分かる。「二造」という表現に改めて注目すると、国造・伴造に共通する「造」こそが、臣・連とともに連称される身分称呼であったと推定される。

ところで、「伴造」の「伴」（トモ）とは、王権に奉仕し、それと隷属関係をもつさまざまな職務の分掌組織であり、かつ諸種の生産物ないし労働力を貢進する「部」（べ）を人格的に体現し、それを代表する人々であると考えられており、「人間（集団）の人間（集団）による人格的な所有（隷属関係）」が、部民制（伴造制）の本質であるとされている（狩野、一九九三）。かつて津田左右吉が述べたように、「部」という語はもともと「トモ」の組織を表記するために用いられ、やがて字音で「べ」とも訓まれるようになったものである（津田、一九二九）。一般に「トモ」と「べ」は二つの実体よりなるとみる考えに対して、鎌田は、「べ」は「トモ」の王権への奉仕を支える基盤として、それと一体の関係をなしており、その全体が王権から「トモ」としてとらえられていたとする。ゆえに「トモ」は王権に隷属し、奉仕義務を負わされた集団全体をさす呼称であり、王権に対する隷属・奉仕の関係は直接には集団を体現する首長と王権との関係として表現されたにすぎないと論じている（鎌田、一九八四）。

この指摘に関わる史料として、渡来系氏族の例ではあるが、『日本書紀』雄略十五年条があげられる。この記事には、「秦民分二散臣連等一、各随レ欲駈使。勿レ委二秦造一。」という状況に対して「詔、聚二秦民一、賜二於秦酒公一。々仍領二率百八十種勝一、奉二献庸調絹縑一、充二積朝庭一。因賜レ姓曰二禹豆麻佐一。」とある。すなわち「秦酒公」という人物が王権から「秦民」を与えられ、そして王権へ「庸調絹縑」を奉献したことによって、「禹豆麻佐」のウヂ名を賜ったという。また、『日本書紀』雄略十六年十月条に、「詔、聚二漢部一、定二其伴造者一、賜レ姓曰レ直一本云、賜、漢使主等、賜レ姓曰レ直也。」とあるように、「漢部」を集めてその「伴造」を設定する際にカバネの賜与がともなっていたのである。両史料から、大化以前において王権は、「部」を人格的に代表する人々を伴造に任じて隷属関係を構築し、かつさまざまな職務の分掌組織として組み込んでいたこと、そして、その伴造に対して「禹豆麻佐」や「漢直」などというウヂ名とカバネを賜与して、社会的な身分体系においてその職分を位置づけていたことが分かる。すなわち「伴造」とは、大化以前において王権と隷属関係をもつ人々の身分称呼の一つである「造」の一種であり、その「造」という語に、さまざまな職務の分掌組織で、かつ「部」を人格的に代表する人々を表す「伴」の語が合わさって表現された称呼であるとみなすことができる。

この伴造の位置づけを、身分体系において並列的な存在である国造に対して敷衍するならば、国造もまた「造」の一種であり、王権と隷属関係を構築することによって、職務を課されると同時にウヂ名とカバネを賜与された、特定の人々の称呼であったと考えられる。国造の「国」という語は律令制下の国郡制のような地方行政区画ではなく、むしろ共同体に帰属する人間集団を基礎に形成されたものであることはすでに論じた（大川原、二〇〇七）。「国」は元来、「須佐郷、（中略）此国者雖二小国一国処在。」（『出雲国風土記』飯石郡須佐郷条）や「同天皇在二此村一。（中略）乃得レ見レ国、因曰二国見村一。」（『豊後国風土記』国埼郡伊美郷条）、また、「所三以号二大国一者、百姓之家多居レ此、故曰二大国一。」（『播磨国風土記』印南郡大国里条）とあるように、「百姓之家」という人民の存在と、それらが帰属するところの「郷」「村」といった共同体を基盤に構成・把握された地域社会であるという点からも裏づけられる（鎌田、一九八八）。

国造と伴造はともに「造」の一種であり、伴造は「部」を人格的に体現し、それを代表して王権に仕える人々であるのに対して、国造はその「国」を人格的に体現し、それを代表して王権に仕える人々であるととらえられる。

二　国造制・伴造制による地域支配

国造や伴造が各地において王権の支配に従事していたことは、つぎの【史料3】から確認できる。

【史料3】『日本書紀』大化元年（六四五）八月庚子条「東国等国司詔」

（前略）若有二求レ名之人一、元非二国造・伴造・県稲置一、而輙詐訴言、自二我祖時一、領二此官家一、治二是郡県一。汝等国司、不レ得三随レ詐便牒二於朝一。審得二実状一而後可レ申。（後略）

当該史料は、「大化改新」の政策によって東国へ派遣された「国司」による実状調査に関わる記事である。掲出部分は、その「東国等国司」に命じた任務遂行上の注意事項の一つであり、詔中には、新たな地域支配制度である評制に関する施策が述べられており、評の官人へ任用を希望する者が詐り申告してきた場合の対処について記されている（薗田香融、一九七一。鎌田、一九七七。早川庄八、一九八四）。その任用資格は、「自二我祖時一」すなわち大化以前から国造・伴造・県稲置に任じられて「官家」（ミヤケ）を預かり、「郡県」（コホリ）を治めて王権へ奉仕してきたこととされている。この史料にみられる国造・伴造・県稲置としての「我祖時」以来の王権への「仕奉」とは、前節でみた【史料1】「品部廃止詔」の「始二於祖子一奉仕」と通底する観念であり、国造・伴造・県稲置は、王権によって編成された身分であったと改めて位置づけられる。

「ミヤケ」は、「御宅」「三宅」とも表記されるように、「宅」（ヤケ）に尊称・美称の接頭語「御」（ミ）を付したものである。「ヤケ」とは、多義的機能をもつ王権の政治的軍事的拠点を指す語とみなされる「ヤ」（家・屋）と、「カ」（処）との合成である「ヤカ」の音が転化したものであり、「家」の「処」（＝場所）を意味する語である（舘野和己、一九七八。吉田孝、一九八三）。各地の国造・伴造・県稲置は、ミヤケを管理して王権の支配に従事することで「仕奉」してきたといえ、王権は国造・伴造・県稲置を通じて、一定の人民を支配していたのである（米沢康、一九五五）。ただし県稲置は国造・伴造とともに王権の支配に従事する立場ではあったが、国造の下位に位置づけられていたため、王権と人格的な隷属関係を直接的には築いておらず、「造」ではなかったのである。このように王権は隷属下に入った各地の首長層のもとにミヤケを設けることで支配を強化し（三原康之、二〇〇七）、国造制や部民制（伴造制）によって人民支配の確立を進めたといえる（舘野、一九九九・二〇〇四）。

そもそも部民制（伴造制）とは、王権に対して各種の貢納・奉仕をさせるための制度であり、先述したように、各種の貢納・奉仕を義務づけられて編成された「部」と、それを人格的に体現し代表して職務に従事した「伴」で構成されていたと考えられる。王権が各地において部の編成およびそれらからの収取が可能であったのは、そこに首長層の支配が存在していたためであることに留意しなければならない。この点については、つぎの二つの事例を取りあげる。

【史料4】『日本書紀』雄略十七年三月戊寅条

詔二土師連等一、使レ進下応レ盛二朝夕御膳一清器上者。於レ是、土師連祖吾笥、仍進二摂津国来狭々村、山背国内村・俯見村、伊勢国藤形村及丹波・但馬・因播私民部一。名曰二贄土師部一。

【史料5】『日本書紀』安閑元年閏十二月壬午条

（前略）於レ是、大河内直味張、恐畏求レ悔、伏レ地汗流。啓二大連一曰、愚蒙百姓、罪当二万死一。伏願、毎レ郡、以二钁丁春時五百丁、秋時五百丁一、奉二献天皇一、子孫不レ絶。藉レ此祈レ生、永為二鑑戒一。蓋三嶋竹村屯倉者、以二河内県部曲一為二田部一之元、於レ是乎起。

【史料4】は、贄土師部の編成を伝えた史料である。ここでは、贄土師部は伴造たる土師連氏の統率下に置かれ、「応レ盛二朝夕御膳一清器」を生産・貢納するために新たに編成されたことが記されており、土師連の祖の吾笥が各地の「私民部」を貢進したとある。

後者の【史料5】は、後段の「蓋三嶋竹村屯倉者、以二河内県部曲一為二田部一之元、於レ是乎起。」という評言から分かるように、三嶋竹村ミヤケの「田部」（耕作民）の起源をうたったものである。この史料には、大河内直氏が毎年春秋二季に五百丁ずつの「钁丁」（季節労働力）を「子孫不レ絶」まで王権へ献じることを贖罪として願い出たとあり、すなわち「田部」は「河内県」の「部曲」によって編成されていたことが確認できる。

「部曲」と「民部」については、両者には性質上の相違はなく、朝廷に従属・奉仕する職業部である「品部」に対して、豪族私有の部とみる通説的な見解がある（井上光貞、一九四八。平野、一九五五）。一方で鎌田は、「部曲」（「民部」、カキ）は人間集団に対する諸豪族の所有・支配の側面を表現した語で、「品部」（「部」、べ）はそれを王権への従属・奉仕の側面からとらえた語であるとして、「品部」とは部一般をさす語で、それはみな王権により所有を認められ諸豪族のもとに組織された「べ」であると同時に、その所有下にある「カキ」（部曲・民部）であり、「べ」と「カキ」とは同一実体の上に重なりあって用いられた概念であると論じた（鎌田、一九八四）。

これらの概念に関しては、つぎの【史料6】と【史料7】が議論の対象とされてきた。

【史料6】『日本書紀』大化二年（六四六）正月甲子朔条

賀正礼畢、即宣二改レ新之詔一曰、其一曰、罷二昔在天皇等所レ立子代之民・処々屯倉、及別臣連伴造国造村首所レ有部曲之民・処々田荘一。仍賜二食封大夫以上一、各有レ差。降以二布帛一、賜二官人百姓一、有レ差。又曰、大夫所レ使レ治レ民也。能尽二其治一、則民頼之。故、重二其禄一、所二以為レ民也。（後略）

【史料7】『日本書紀』大化元年九月甲申条

遣二使者於諸国一、録二民元数一。仍詔曰、自レ古以降、毎二天皇時一、置二標代民一、垂二名於後一。其臣連等・伴造国造、各置二己民一、恣レ情駈使。又割二国県山海・林野・池田一、以為二己財一、争戦不レ已。或者兼二并数万頃田一、或者全無二容針少地一。進二調賦一時、其臣連伴造等、先自収斂、然後分進。修二治宮殿一、築二造園陵一、各率二己民一、随レ事而作。

（後略）

【史料6】は部曲の廃止が命じられた、いわゆる「大化改新詔」の第一条である。この詔について「原詔」が存在したか否かについては措くが（井上、一九六四）、ここでは、王族所有の部をさすとされる「子代之民」と、「臣連伴造国造村首」が所有する「部曲之民」とが対比され、ミヤケとともにその廃止が述べられている。【史料7】にみえる「標代民」は、「毎二天皇時一」に置かれたとあることから、【史料6】の「昔在天皇等所レ立」の「子代之民」と同一であるとみられる。またここで問題とされているのは、「臣連等・伴造国造」が「己民」を設置したこと自体ではなく、それを「恣レ情駈使」している状況である。このことから、「己民」の本質は王権の承認のもとに諸豪族が所有した人々であり、【史料6】の「部曲之民」と同一であると位置づけられる。これら両史料によれば、「部曲」(「民部」)とは、部に編成されて、王権の承認のもと諸豪族に所有された人々であるとみなすことができる。このように天皇や王族のみならず、臣・連・伴造・国造らといった諸豪族は、それぞれに部を所有していたことが分かるが、諸豪族が部を所有しうるのは、彼らが王権に「仕奉」する身分であったからにほかならない。ゆえに「部曲」(「民部」)は諸豪族の私的な隷属民でなく、むしろ王権にその所有を認められた人々であったため、その存在がここで言及されたといえるのではないであろうか。また、ここでは貢進された「調賦」から「臣連伴造等」が各々収めとったとある。前稿で論じたように、「調賦」は国造に関わるものであり、国造は地域の共同体から諸種の物資や労働力の貢進をおこなっていたのである(大川原、二〇〇七)。

ところで国造制成立後に設けられた部は、「藤原部」(『日本書紀』允恭十一年三月丙午条)や「宍人部」(『同』雄略二年十月丙子条)に例示されるように、国造を通して王権に貢進されたとみなされている(石母田、一九七一)。しかしながら、国造が貢進したのは、部そのものではなく、部へと編成される人々であったと考えられる。【史料5】からは、ミヤケは「田部」といった恒常的な労働力を要したことがうかがえるが、春秋二季の「钁丁」を貢進した大河内直氏は国造であったとみられる(吉田晶、一九七三)。ゆえにミヤケを経営するための部へと編成される人々は国造が貢進していたことが推定でき、ミヤケを通じた各地の共同体に対する王権の支配は直接的な収奪関係にまでは発展していなかったといえる。

部へと編成される人々と国造および地域の首長との関係については、六世紀中頃の築造とされる島根県松江市の岡田山一号墳出土大刀の「各田卩臣」（額田部臣）という銘が参照される。この文字内容を鑑みると、額田部臣氏は、カバネ「臣」を共有するという点から出雲国造である出雲臣氏と同族的関係をなしていたと考えられている。その一方で、部が「出雲部」ではなく「額田部」と称されていることから、当該の地域の額田部は、国造出雲臣氏の同族である額田部臣氏の隷属下にあった人々が徴発されたものと推定できる。「毎レ国田部」を要した小墾田屯倉・桜井屯倉や、「毎レ郡钁丁」が付属した難波屯倉など（『日本書紀』安閑元年十月甲子条）、各地のミヤケにおいては、国造を通じて首長層の隷属下にあった人々が貢進され、部へと編成されたとみられる。この関係が成立すると、国造を含む首長層は部を統率する伴造として王権に「仕奉」することとなり、王権に対する職務を果たしていたようである。そして、そのような首長層は、部を人格的に体現し統率する伴造となって王権に「仕奉」したといえる。国造を介さなければ人々を貢進することがかなわなかった首長層は、部が編成され伴造となることではじめて王権との間に直接的な隷属関係をもったと考えられるのである。

このように、各地には複数の部とそれを率いる伴造および国造が存在していたと考えられるが、「品部廃止詔」には、「而始二王之名々一、臣連伴造国造、分二其品部一、別二彼名々一。復、以二其民品部一、交雑使レ居二国県一。遂使二父子易レ姓、兄弟異レ宗、夫婦更互殊レ名。一家五分六割。由レ是、争競之訟、盈レ国充レ朝。終不レ見レ治、相乱弥盛。」（『日本書紀』大化二年八月癸酉条、【史料1】の前略部分）とあり、臣・連・伴造・国造が「其民品部」を交雑して各地において所有した結果、父子・兄弟・夫婦が名を異にするような状況となったとされている。それを部民制（伴造制）の弊害であるとして示されているように、大化期には部民制（伴造制）の進展によって各地の首長層の政治的関係や族的結合が弛緩し、そして首長層の人民支配と秩序に依拠した国造制は後退せざるをえなかったと考えられる（大川原、二〇〇九）。ここにおいて、同詔の後段に「粤以、始二於今之御寓天皇一及二臣連等一所レ有品部、宣三悉皆罷為二国家民一。」と述べられているように、天皇や王族のみならず「臣連等」の所有する部を廃止して、そのすべてを「国家」の民とし、そして前節でふれたように、従来の政治組織を改めて新たな官僚を設けることで、機構によって人民を支配し隷属させる体制の創出へとつながったといえる。

一方で、大化以前の首長層のもとには部に編成されていない私的な隷属民もいたようである。このことは、大化期に出された「東国等国司詔」（『日本書紀』大化元年八月庚子条、【史料3】の前略部分）に「凡国家所有公民、大小所領人衆、汝等之レ任、皆作二戸籍一、及校二田畝一。」とあり、ここでは、編戸の対象とすべき者として「国家所有公民」のほかに「大小所領人衆」があげられている。「国家所有公民」が【史料6】の「子代之民」と「部曲之民」、また【史料7】の「標代民」および「己民」にあたると考えられ、大化期には、部に編成されていた「国家所有公民」も、それら以外の首長層のもとにいた「大小所領人衆」も、すべて「戸籍」を作ることがうたわれているのである。また、【史料7】の『日本書紀』大化元年九月甲申条には、「遣二使者於諸国一、録二民元数一。」と記されているように、すべての人民は「大化改新」の政治的課題として調査・登録される対象となっており、これが評制による人民把握へと展開していったと考えられる。

ところで、評制下の木簡には、つぎのように「五十戸造」と記されたものがみつかっている。

【史料8】飛鳥池遺跡（奈良県高市郡明日香村）北地区出土木簡

・丁丑年十二月三野国刀支評次米

・恵奈五十戸造　阿利麻

春人服ア枚布五斗俵

【史料9】石神遺跡（奈良県高市郡明日香村）出土木簡

・乙丑年十二月三野国ム下評
・大山五十戸造ム下ア知ツ
　従人田ア児安

【史料8】は、現在の岐阜県南西部の地域から送られてきた次米関係の木簡であり、【史料9】は岐阜県中部の地域から送られた同じく荷札の木簡である。このように評制下の木簡のなかには、飛鳥京跡で出土した木簡にみえる「白髪部五十戸」などの、旧来の部をもとに編成された「五十戸」のほかに、「恵奈五十戸」（のちの美濃国恵奈郡絵上郷・絵下郷）や「大山五十戸」（のちの美濃国武芸郡大山郷）など、のちの郷名や地名につながる名を冠した「五十戸」が認められる（奈文研、二〇〇六）。「五十戸造」とは、「五十戸」という集団を統率するとともに、「五十戸」を代表して王権に仕えたため用いられた称呼であったと考えられ、評制の段階においても、大化以前と同様に、王権への臣隷を意味する「造」の身分称呼が用いられていたのである。また、『播磨国風土記』宍禾郡比治里条には「難波長柄豊前天皇之世、分㆓揖保郡㆒作㆓宍禾郡㆒之時、山部比治任為㆓里長㆒、依㆓此人名㆒、故曰㆓比治里㆒。」とあり、これによると、孝徳天皇の時に揖保評から宍禾評が分立した際に、立評とともに「里」（五十戸）の編成がおこなわれつつも、人々は「山部比治」という旧来の伴造との関係性にもとづいてそれまでと変わらない形で把握されていたことがうかがえる。ゆえに、大化期に評制の施行を迎えても、各地の人々は実際にはいまだ首長層のもとに置かれていたものと考えられ、個々の地域においては首長層の族制的な支配秩序が依然として機能していたことが推定できる。

七世紀後半の全国的な評制の施行は、伴造・県稲置という国造以外の首長層をも評の官人とし、旧来の部民制（伴造制）によるタテ割りの収奪体系を止揚して、それら各地の首長層が支配していた人々を評へと編成し、一律に把握することを目的としていたものと考えられるが、人民の領域的編成は歴史的な進展を待たなければならなかったといえる。

おわりにかえて

本稿では、「国造」「伴造」の表記および「造」の本質の分析から、人格的な支配隷属関係における人民支配の側面を重視し、国造と伴造はミヤケを通じて王権の人民支配に従事していたことを再確認した。

ところで部とミヤケの関係については、部の廃止に関わる『日本書紀』大化二年三月壬午条に、孝徳天皇の「其群臣連及伴造国造所レ有、昔在天皇日所レ置子代入部、皇子等私有御名入部、皇祖大兄御名入部謂二彦人大兄一也、及其屯倉、猶如二古代一、而置以不。」という問いに対して、皇太子が「故献二入部五百廿四口・屯倉一百八十一所一。」と答えたという記事がある。部とミヤケが一対で取り上げられていることは興味深く、ミヤケは部を管理する機関としての側面をもち各地に存在したことは想定できる。

大化以前の王権の人民支配において、ミヤケ制は部民制（伴造制）や国造制とともに重要な仕組みであり、律令「公民制」への展開を考える上で、ミヤケの果たした機能は軽視すべきではないと考える。この点を今後の課題として擱筆する。

引用・参考文献

石母田正、一九六三「古代の身分秩序」（『日本古代国家論 第一部─官僚制と法の問題─』岩波書店、一九七三年。のち青木和夫ほか編『石母田正著作集 第四巻 古代国家論』岩波書店、一九八九年に所収）

一九七一『日本歴史叢書 日本の古代国家』（岩波書店。のち青木和夫ほか編『石母田正著作集 第三巻 日本の古代国家』岩波書店、一九八九年に所収）

市　大樹、二〇〇六・二〇〇九「飛鳥藤原出土の評制下荷札木簡」（『飛鳥藤原木簡の研究』塙書房、二〇一〇年に所収）

井上光貞、一九四八「部民の研究」（『日本古代史の諸問題─大化前代の国家と社会─』思索社、一九四九年。のち土田直鎮ほか編『井上光貞著作集 第四巻 大化前代の国家と社会』岩波書店、一九八五年に所収）

一九六四「大化改新の詔の研究」（『日本古代国家の研究』岩波書店、一九六五年。のち土田直鎮ほか編『井上光貞著作集 第一集 日本古代国家の研究』岩波書店、一九八五年に所収）

大川原竜一、二〇〇七「大化以前の国造制の構造とその本質─記紀の「国造」表記と『隋書』「軍尼」の考察を通して─」（『歴史学研究』八二九）

二〇〇九「印波国造と評の成立」（吉村武彦・山路直充編『房総と古代王権─東国と文字の世界─』高志書院）

太田　亮、一九一七「部」（『日本古代氏族制度』磯部甲陽堂。のち『日本上代に於ける社会組織の研究』磯部甲陽堂、一九二九年、『全訂日本上代社会組織の研究』邦光書房、一九五五年に所収）

狩野　久、一九七〇「部民制─名代・子代を中心として─」（『日本古代の国家と都城』東京大学出版会、一九九〇年に所収）

一九九三「部民制と国造制」（『発掘文字が語る古代王権と列島社会』吉川弘文館、二〇一〇年に所収）

鎌田元一、一九七七「評の成立と国造」（『律令公民制の研究』塙書房、二〇〇一年に所収）

一九八四「「部」についての基本的考察」（『律令公民制の研究』前掲に所収）

一九八八「日本古代の「クニ」」(『律令公民制の研究』前掲に所収)
賀茂真淵、一九九四「七世紀の日本列島―古代国家の形成―」(『律令公民制の研究』前掲に所収)
一七六八『祝詞考』下巻(明和五年〔一七六八〕著、寛政十二年〔一八〇〇〕刊行。久松潜一監修・青木紀元編『賀茂真淵全集』第七巻、続群書類従完成会、一九八四年に所収)
川上多助、一九四〇「古代賤民制に就いての一考察」(『日本古代社会史の研究』河出書房、一九四七年に所収)
喜田貞吉、一九二二「みやつこ及びやつこ名義考」(『民族と歴史』八―三)
篠川　賢、一九九〇『部民制』(『日本古代国造制の研究』吉川弘文館、一九九六年に所収)
関　　晃、一九七二「いわゆる品部廃止の詔について」(坂本太郎博士古稀記念会編『続日本古代史論集』上巻、吉川弘文館。のち関晃著作集編集委員会編『関晃著作集　第二巻　大化改新の研究　下』吉川弘文館、一九九六年に所収)
薗田香融、一九七一「律令国郡政治の成立過程―国衙と土豪との政治関係―」(『日本古代財政史の研究』塙書房、一九八一年に所収)
舘野和己、一九七八「屯倉制の成立―その本質と時期―」(『日本史研究』一九〇)
一九九九「ミヤケと国造」(吉村武彦編『古代を考える　継体・欽明朝と仏教伝来』吉川弘文館)
二〇〇四「ヤマト王権の列島支配」(歴史学研究会・日本史研究会編『日本史講座　第1巻　東アジアにおける国家の形成』東京大学出版会)
津田左右吉、一九二九「上代の部の研究」(『日本上代史研究』岩波書店、一九三〇年。のち『日本上代史の研究』岩波書店、一九四七年、『津田左右吉全集　第三巻　日本上代史の研究』岩波書店、一九六三年に所収)
一九三〇・一九三一「大化改新の研究」(『上代日本の社会及び思想』岩波書店、一九三三年。のち『日本上代史の研究』岩波書店、一九四七年、『津田左右吉全集　第三巻　日本上代史の研究』岩波書店、一九六三年に所収)

中田　薫、一九三三「我古典の「部」及び「縣」に就て」（『法制史論集 第三集 債権法及雑著』岩波書店、一九四三年に所収）
中村友一、二〇一三「国造制の本質的意義」（篠川賢・大川原竜一・鈴木正信編『国造制の研究―史料編・論考編―』八木書店）
奈良文化財研究所編、二〇〇六『評制下荷札木簡集成』（東京大学出版会）
早川庄八、一九八四「選任令・選叙令と郡領の「試練」」（『日本古代官僚制の研究』岩波書店、一九八六年に所収）
早川二郎、一九三五「「国造」の語義について」（『日本古代史の研究』白揚社、一九四七年。のち福冨正実・加藤喜久代編『日本古代史研究と時代区分論―早川二郎著作集2』未来社、一九七七年に所収）
原秀三郎、一九六六・一九六七「大化改新論批判序説―律令制的人民支配の成立過程を論じていわゆる「大化改新」の存在を疑う―」（『日本古代国家史研究―大化改新論批判―』東京大学出版会、一九八〇年に所収）
平野邦雄、一九五五「「部」の本質とその諸類型」（『大化前代社会組織の研究』吉川弘文館、一九六九年に所収）
　　　　　一九六九「家人と奴婢」（『大化前代社会組織の研究』前掲）
湊　敏郎、一九八九「私民制から公民制へ」（『姓と日本古代国家』吉川弘文館）
三原康之、二〇〇七「7世紀の田と稲―ヤケ論の視角から―」（『歴史学研究』八三三）
本居宣長、一七九八『古事記伝』（寛政十年〔一七九八〕完成、寛政二年〔一七九〇〕～文政五年〔一八二二〕刊行。大野晋編『本居宣長全集』第九巻、筑摩書房、一九六八年に所収）
森　公章、二〇〇五「民官と部民制―石神遺跡出土の木簡に接して―」（『弘前大学国史研究』一一八）
　　　　　二〇一四「国造制と屯倉制」（大津透ほか編『岩波講座　日本歴史　第2巻　古代2』岩波書店）
吉田　晶、一九七三「凡河内直氏と国造制」（『日本古代国家成立史論―国造制を中心として―』東京大学出版会）
吉田　孝、一九八三「イヘとヤケ」（『律令国家と古代の社会』岩波書店）
吉村武彦、一九九六「古代王権と政事」（『日本古代の社会と国家』岩波書店）

米沢　康、一九五五「コホリの史的性格」(『日本古代の神話と歴史』吉川弘文館、一九九二年に所収)

3　人制研究の現状と課題
―国造制・部民制の史的前提として―

鈴木正信

はじめに

古代の史料には「人」を語尾に付した呼称が散見する。稲荷山古墳出土鉄剣銘に「杖刀人」、江田船山古墳出土大刀銘に「典曹人」とあることは言うまでもない。ほかにも『古事記』や『日本書紀』には「海人」「湯人」などが確認できる。さらには、人姓と呼ばれる酒人公・宍人直などの「人」を含む氏姓も知られる。こうした事例の分析から、先行研究では五世紀代に人制なる制度が存在したことが指摘されてきた。かかる制度が実際に広く行われていたとするならば、それは六世紀以降に展開した部民制（部制）や国造制の前史として位置づけられる。したがって、部民制や国造制の成り立ちを論じる上で、人制の実態解明は避けて通ることのできない課題となる。近年では、人制に言及した論考が立て続けに発表されており、律令以前の支配制度に対する関心の高まりがうかがえる。しかし、史料的な制約もあり、いまだ詳らかでない点も少なくない。そこで本稿では、本書の第Ⅰ部・第Ⅱ部に載録した国造制・部民制に関する各論の前提として、人制に関する研究史を振り返り、その現状を確認するとともに、今後検討すべき課題について簡単な展望を述べたい。

一　人制研究の歩み

人制について言及した論考は多く、すでに先学によって研究史の整理が行われている（湊敏郎、一九七二。前之園亮一、一九七六）。本稿ではこれらも参考にしながら、主要な学説に絞って論点の整理を行いたい。周知のとおり、最初に「某人」を詳しく検討し、人制という制度の存在を明確に論じたのは直木孝次郎である。直木は八世紀以降の史料にみえる「某人」を分類して次のように論じた（直木、一九五八）。

・「某人」と「某」の語を共有する「某（人）＋カバネ」や「某部（某人部）」との間には、「某（人）＋カバネ」―「某人」―「某部（某人部）」という「統属関係」が存在した。

・「某人」は、はじめ大和王権の官職名として用いられていたが、年月が経過するとともにその官職が世襲され、氏姓としての性格を持つ人姓に転化した。

・「某人」は、律令以前においては人制というべき官司制の一部を構成し、特定の職掌をもって勤務しており、その主要部分は律令制下の伴部に継承・編入された。

・伴造が部民を管理して大和王権の職務を分掌することは、四世紀末ないし五世紀初頭にはじまり、五世紀代に盛行し、五世紀末頃までに一定の発展を遂げた。その結果、伴造と部民の間で実務を処理する技能を有する下級官僚が必要になり、「某人」が組織され、人制が成立した。

・人制を指導したのは蘇我氏である。五世紀は大伴氏を中心とする伴造・部民制の時代、六世紀は皇室と結んだ蘇我氏を中心とする人制の時代、七世紀は天皇家を中心とする人制から律令制への移行の時代と言える。

直木説は、「某人」とは実務的な下級官人を組織化したものであるとし、人制という制度の存在を推定した点で大きなインパクトがあったと言える。しかし、直木説の発表後、稲荷山鉄剣銘に「杖刀人首」とあることが一九七八年に判明し、これ以前に確認されていた江田船山大刀銘の「典曹人」とあわせて、五世紀後半の段階にはすでに「某人」が存在していたことが明らかになった。また、一九八三年には岡田山一号墳出土大刀銘に「額田部臣」の文字が刻まれていることが発見され、「某部」という呼称の初見が六世紀後半に位置づけられた。以降は、これらのことを踏まえて議論が展開されることとなった（のちに直木は、人制について再論している〔直木、一九八二〕。そこでは、部民制や人制は欽明朝頃に全面的な採用がはかられ、七世紀初頭には人制よりも部民制の方が主流になったと述べており、人制と部民制の先後関係について慎重な姿勢を示している）。

まず、篠川賢は、部民制に関する検討の中で人制について触れ、以下のように論じた（篠川、一九九〇・一九九六）。

・直木説では部民制から人制への移行を想定したが、金石文により五世紀末段階における「某人」の存在が判明したこと、そして「某部」の初見が六世紀後半に降ることからすれば、むしろ人制から部民制への移行を想定すべきである。

・雄略天皇の時代には、畿内の中小豪族によって構成される内廷的トモ（トノモリ・モヒトリ・カニモリなど）がすでに成立していた。『古事記』『日本書紀』『新撰姓氏録』において、部の成立を雄略朝にかけて説くことが多いのは、この時期にトモの制度が整備・拡充されたためである。ただし、雄略朝のトモは武官と文官を区分するような簡素・原初的なものであり、部の呼称は未成立であった。

・同じ「某人」であっても、金石文に見える杖刀人・典曹人と、八世紀以降の史料に見える倉人・酒人などとを同列にみることはできない。前者は一般的な名称であり、律令制下に継承されなかったのに対し、後者は細分化された個々の職掌に対応した呼称であり、人姓として律令制下の氏姓に継承された。

・杖刀人・典曹人の段階では、豪族自身がトモとして組織されたのであり、その支配下の集団までが杖刀人・典曹人に組織されたのではなかった。当時のトモの制度は、基本的には大王と各地の豪族との統属関係に留まるものであり、豪族配下の集団までは及んでいなかった。

・府官制の導入が、国内における統治組織の形成をうながし、トモを杖刀人・典曹人のように漢語で呼ばせることにつながった。その後、王権の発達にともなうトモの職掌の細分化に応じて「某人」などの呼称が生まれた。さらに一段階遅れて部民制が導入され、トモを支える在地の集団も部として組織された。

前述のとおり、直木説では部民制を人制の前段階に置いていたが、篠川は直木説の発表後に発見された金石文を踏まえて、人制を部民制に先行するものと措定した。また、同じ人制の中でも、杖刀人・典曹人などの段階と倉人・酒人などの段階とを区別すべきとする点は重要な指摘と言えよう。

次に、吉村武彦は、律令以前の政治制度を概論する中で人制について言及し、以下のように述べている（吉村、一九九三・二〇〇〇）。

・五世紀には、大王と仕奉関係を結んだ全国の中央・地方氏族を職務にもとづいて「某人」に編成する人制により政治支配が行われていた。

・一方、部民制は百済から導入され、五世紀末から六世紀前半に施行された。部は王権に奉仕するために派遣されるトモ（伴）と、その維持のために設定されたベ（部）をあわせた支配制度である。

・「某人」という名称は新羅の金石文にも見えるが、元来は中国の制度であり、五世紀の対宋外交を通してもたらされた。

・「某人」の表記には「動詞＋名詞＋人」と「名詞＋人」の二つのタイプがある。また、「某人」は漢語表記・和語読みであったのに対し、部民制は表記・読みとも和語によっていた。百済の部制の影響により列島で部民制が成立したことを契機として、漢語表記から和語表記に変化した。

・中国的人制から百済的部民制への変遷・転換を想定することができ、人制は基本的に部民制の構造に解消された。

吉村説は、やはり直木説とは反対に人制から部民制への移行を説くとともに、その表記および読みを比較して、人制（漢語表記・和語読み）から部民制（和語表記・和語読み）への変化を指摘した点に特徴がある。また、「某者」という呼称も「某人」の事例に含めたことや、人制が部民制の中に解消されたと見る点は、その後の研究に継承されていった。

また、鈴木靖民は、五世紀後半の人制が六世紀以降の部民制につながることや、人制が府官制のもとに組織された可能性を早くに指摘していたが（鈴木、一九八五）、のちに東アジアとの関係の中で以下のように詳しく論じた（鈴木、二〇〇二・二〇〇三）。

・雄略天皇の時代に、王権に仕える杖刀人・典曹人などの「某人」と称される職能ごとの人間集団が全国各地で組織されており、それらを「某人」の首が率いるという人制が形成されていた。「某人」の首と「某人」は、のちにいう伴造とトモの関係に近い。

・人制は元来、中国や朝鮮に存在した制度である。特に朝鮮半島からの多様な技術・技能を持った工人や文筆などの実務者の何回にもわたる集団的渡来が、人制成立の前提となった。そして、それは六世紀以後に部民制へと展開した。

・人制は府官制の下に組織された制度であり、王権を支える下部の支配組織として機能した。ただし、それは倭王讃に始まる府官制の受容によりただちに成立したのではなく、府官制秩序に変化の兆しを見せる四七〇年代から成立しはじめたのであり、生業や職能ごとの集団化がはかられ、宮への奉仕・貢納制度が整備されるにともなって、「某人」の表記・呼称が統一された。

鈴木靖民説の特徴は、列島と東アジアとの関係史を踏まえ、人制を府官制の下部の支配組織として位置づけた点、および朝鮮半島からの渡来系の人々の流入を人制成立の前提として論じた点にある。そして、これを一歩進めて論じたのが、田中史生である（田中、二〇一三・二〇一五）。田中説は以下のようにまとめることができる。

・「某人」は中国に用例があることから、人制が中国に由来することは確実である。ただし、「某人」は北朝系史書（『北斉書』『北史』など）や、新羅や高句麗の金石文に見えるのに対して、南朝系史書（『宋書』『南斉書』『梁書』『陳書』『南史』など）には見えないことから、人制は南宋ではなく華北から朝鮮半島を経由してもたらされた可能性がある。

・「某者」と「某人」が同様の意味をもって通用されていることから、雄略朝段階の人制では職務の分掌によって王権に仕奉する人々を「某人」だけでなく「某者」とも表記していた。それらは各地からの上番者や渡来系技術者を含みながら、地域の有力首長層によって率いられ、複数の専門職務者を複合する組織として機能した。

・府官制は倭王讃の時代に始まり、ヲワケも杖刀人首として天皇に代々仕えたとあるから、人制は雄略朝以前に始まっていた可能性が高いが、その場合でも人制の画期をなす時代は早くて五世紀中葉以降である。

・江田船山古墳出土大刀銘の典曹人は、「作刀者」（刀を作る者）に対応させて「奉事典曹人」（典曹に奉事せし人）

と読むべきであり、「奉事典曹人」たるムリテは「作刀者」や「書者」を大刀の制作に動員した。田中説は、吉村が人制は対宋外交によって列島へもたらされたと推定したのに対して、中国北朝から朝鮮半島を経由して伝来した可能性を指摘した。現存史料による限り、この点は田中説が妥当であろう。

つづいて中村友一は、律令以前における王権の「政事構造」に人制（人称）と部民制がどのように組み込まれていたかを分析し、次のように論じた（中村、二〇一三）。

・人制は「「制度」のように整備されたもの」ではなく、あくまで「集団が単体として捉えられた」ものである。ただし「制度化されていなくても名称は付される」のであり、「人称・人称者」との呼称を用いるべきである。

・「某人」は五世紀段階の金石文に見えるが、「某人部」はあるが「某部人」はなく、残存事例も少ないことから、人制は部民制に「やや先行」する。具体的には人制は五世紀代に遡り、部民制は六世紀初頭頃に開始された。

・「抽象的な名称ほど初源的な編成」である。祭祀に関わる集団（神人など）、貢納・収穫を目的とする集団（宍人など）、それらの管理を目的とする集団（倉人など）のように、「王権の政務に必要」であり、職務上重要で「即効性の高い」ものが「某人」として第一に編成された。ついで、下級の職能者や貢納母体が「某部」に設定されていった。

・部民制は人制を補完する形で成立したのであり、「某人」の一部は「某部」によって置き換えられた。ただし、人制の全てが部民制に解消されたわけではない。

・「某人」と「某（人）部」は「ほぼ同じ階層」であり、「某人」は「某部」の上位にあったのではない。また、「某人部」という呼称は、先行して存在した「某人」を部民制の施行によって再編成した結果であり、人制から部民制へ移行する過渡的な表記である。

・「某人」という呼称は中国・朝鮮の影響を受けているが、「某部」の場合は日本である程度独自に作られた制度に「部」の文字を当てたものであり、中国や朝鮮に類似する例はあっても、それらをそのまま導入したものではない。

これ以前の諸説は人制を制度として理解したのに対し、それに疑問を呈した点に中村説の特徴がある。また、人制の全てが部民制に解消されたわけではないとする点や、抽象的な名称の「某人」が早い段階で編成されたとする点は首肯すべきであろう。

最後に、直近の動向として、ほぼ同時に発表された溝口優樹と平石充の研究を取り上げたい。まず、溝口は次のように述べている（溝口、二〇一五）。

・人制は上番者が大王に対して奉仕する体制であるが、その出身母体にまで奉仕義務が及んではいなかった。金石文に見える「某人首」は上番者の統率者に当たる。「某人」の出身母体が上番者を経済的に支えていた可能性も否定できないが、それは自らの共同体から送り出した上番者本人を支えるものであり、上番者の出身母体が王権に対して奉仕義務を負ったわけではない。

・トモが大王に奉仕する存在であり、その統率者が伴造であるという点からすれば、のちの伴造とトモの関係、および「某部」と呼ばれる集団の原型は、五世紀代にはすでに形成されていたが、それは王権と関係を結んだ人々が上番する制度であり、基本的には人制と同じである。

・「某部」の前身が全て人制の範疇で捉えられるとは限らない。たとえば、宍人部の前身（宍人）は人制に含まれるが、土部の前身集団の呼称は不明であり、人制に含まれるかは判断できない。後者のように、その前身が人制に含まれるかは不明であるが、のちに部民制に継承されるものは「プレ部制」と呼称するのが適切である。

・金石文に見える「某人」（杖刀人・典曹人など）は大まかな内容しか示さないのに対し、後世の史料に見える「某人」（養鳥人や神人など）は細分化された職務内容を示しており、両者は異質である。この差異は両者が編成された「時期差」を示すとは限らず、むしろ各地の有力首長が奉仕した場合には包括的な職務に従事し、それ以下の人々が王権に奉仕した場合には具体的な職務に従事するという「階層差」を示す可能性がある。

・在地の集団を「某部」に編成することと、屯倉の設置は不可分の事象であり、王権が上番者のみを掌握していた人制や「プレ部制」は、のちにミヤケの設置によって上番者の出身母体をも支配に組み込んだ六世紀代の部民制へと発展した。その点で人制と部民制との間には「質的な段階差」が存在する。

一方、平石充は、特に出雲地域を主たる対象として以下のように論じている（平石、二〇一五）。

・人制は、定姓の結果である八世紀の戸籍に見える「某人」（人姓）ではなく、五世紀代の金石文に見える「某人」をもとに考察する必要がある。

・渡来人に象徴されるような王権への集団的技術移転が、人制の前提となった。人制は列島内で独自の展開を遂げているが、本来的には大陸起源の制度であり、大陸・半島の影響のもとに成立した。

・人制とは、職能に基づいて各地から集められた「某人」が、本来的な「地縁的集団」とは異なる「王権中枢」に上番し、上番先で特定地点に集住して職務を果たした制度である。「某人」が帰郷したのち、地域社会に職能民集団が形成された。

・五世紀代の人制と、六世紀代の部民制の間には、労働奉仕の提供による中央生産から地方生産貢納体制への変革、および地方における王権の拠点としての屯倉の成立がある。屯倉の設置によって近畿地方へ上番することなく、各地域において王権に奉仕する体制が形成された。

・人制は、部民制とは質的に異なる「統治組織」であり、その後の王権への奉仕・貢納関係の端緒となった制度である。

人制と部民制の段階差が、在地の集団を王権の支配対象に含めるか否かという点にあることは、前述のとおり篠川や吉村が明確に指摘している。部民制の展開と屯倉設置の密接な関連についても、早くに関晃や菱田哲郎らが述べている（関、一九六五。菱田、二〇〇五）。溝口説・平石説は、こうした先行研究を人制に即してより詳しく論じたものと言える。特に、溝口が部民制の前段階として「プレ部制」なる段階を想定した点や、平石が人制から部民制への移行を中央・地方の生産体制との関連で論じた点は、いずれも傾聴すべきであろう。なお、以上のほかに、八世紀以降の史料に見える人姓を考察対象とした研究が多く見られるが、詳しい検討は別の機会に譲ることとする。

二　人制研究の展望

前章では、人制に関する主要な先行研究を概観した。改めてまとめるならば、人制は中央に出仕するトモを「某人」として組織化する職務分掌の制度であり、それは五世紀代に実施されたこと、一方、部民制は中央のトモに加えて、彼らを輩出した在地の母集団をもベ（部）として組織化する地方支配制度であり、それは六世紀代に実施されたこと、そして、部民制の実施にともない「某人」の一部は「某部」に置き換えられるなどして、人制は部民制の中に解消されていったこと、これらの点は諸氏の間でおおむね共通理解になっていると言える。これを踏まえた上で、今後の課題として以下の三点について若干の見通しを述べたい。

第一に、大陸・半島の史料に見える「某人」との関係である。吉村説以降指摘されているように、「某人」という呼称は中国の文献や朝鮮半島の金石文に見えており、平石説は人制が大陸・半島の影響下に成立した側面を強調している。管見に入った限りでも、『周礼』には庖人・亨人・獣人など計七十以上の「某人」が見えており、ほかにも『北史』に「作書人」「典馬掌食之人」、『北斉書』に「典馬掌食之人」などとある。また、金石文では、高句麗広開土王碑に「守墓人」、新羅迎日冷水里碑に「典事人」、新羅蔚珍鳳坪碑に「立石碑人」、新羅蔚州川前里書石に「作書人」、新羅昌寧真興王拓境碑に「旨為人」、新羅磨雲嶺新羅真興王巡狩碑に「裏内従人」、新羅戊戌塢作碑に「文作人」、新羅南山新城碑に「石捉人」、新羅順興邑内里壁画古墳墨書に「墓像人」などと見える（韓国古代社会研究所、一九九二など）。こうした事例からすれば、大陸（特に華北）や半島から渡来系の人々が日本列島へ到来した結果、日本（倭）においてもトモに対して「某人」という呼称が用いられるようになったことは間違いない。

ただし、その受容に際しては二つのパターンがある。「漁人」「酒人」「宮人」「寺人」「舎人」「倉人」「射人」「虞人」などは、大陸・半島の漢字表記がそのまま受容されている。一方、「杖刀人」「典曹人」は大陸・半島の史料に見えないが、「杖刀」「典曹」という語は『後漢書』『蜀書』『梁書』などに見える。また、『日本書紀』雄略八年二月条には、高句麗の軍士が新羅人を「典馬、典馬、此云于麻柯毘。」にしたとの記述がある。吉村はこの「典馬」も本来は「典馬人」であったと見ているが、「典馬」の語も『魏書』『北斉史』『北史』などに用例がある。ほかにも「典某」という職名は、たとえば『周礼』に「典婦功」「典絲」「典枲」「典瑞」「典命」「典祀」「典同」「典庸器」「典路」が見える。したがって、人制の導入・実施に当たっては、王権のもとに組織化されていたトモの職掌に応じて、大陸・半島で使用されていた「某人」の漢字表記を当てはめる場合もあれば、それに近い漢語に「人」を加える場合もあり、その後、外来の漢字表記では表すことのできない細分化された職掌や、日本独自の職掌を担当するトモが組織化されるにしたがって、大陸・半島には存在しない新たな「某人」が創出されたと考えられる。今後は大陸・半島の「某人」の組織化と比較しながら、日本がいかなる要素を継受し、いかなる要素を独自に創出したのかを明確化する必要があろう。

第二に、「某人」と「某者」の差異についてである。前述のとおり、吉村は「某人」と「某者」を同列に扱った。田中もこれを踏襲しており、その根拠として「墓守人」を「墓守者」と言い換えた例（高句麗広開土王碑）や、「作書者」（『漢書』）が「作書人」（『北史』）とも記された例を挙げている。それに対して、堀川徹は「人」と「者」は同義ではないとした上で、「某者」は基本的には「〇〇する人」という「一般名詞的用法」であり、大王への仕奉は単発的であるのに対し、「某人」は大王への奉仕が恒常的であるとして、王権による集団編成が「某者」から「某人」へ変化したと推測している（本書論考編第Ⅱ部3所収）。

たしかに、神功皇后の新羅出兵時に中臣烏賊津使主が「審神者」に任命されたなど（『日本書紀』神功摂政前紀）、単発的な職務に従事した「某者」も見られる。しかし、堀川自身も『日本書紀』における「人」と「者」の混用を認めているように、『日本書紀』神代下第九段一書第一では「死者」を「死人」と言い換えており、『日本書紀』景行四十年是歳条でも「秉燭者」を「秉燭人」と言い換えている。よって、一般的な用法だけでなく、何らかの職掌を与えられた人物の場合でも「人」と「者」は置換されていることが分かる。さらに、いま述べた「秉燭者」のほか、「挟杪者」（『日本書紀』景行十八年五月壬辰条）、「侍者」（『日本書紀』景行四十年是歳条）、「挟杪者」（『日本書紀』仲哀八年正月壬午条）、「充神者」（『日本書紀』履中五年十月甲子条）、「卜者」（『日本書紀』允恭二十四年六月条）、「御者」（『日本書紀』雄略二年十月丙子条）、「巧手者」（『日本書紀』仁賢六年九月壬子条）、「笛吹者」（『日本書紀』天武十四年九月戊午条）など、大王（ないしそれに準じる存在）に対して恒常的に仕奉した人物を「某者」と表記した例は枚挙にいとまがない。特異な例としては、「宍人者」（『日本書紀』神代下第九段本文一云）のように、「人」と「者」が並記されることもある。

これらのことからすれば、その人物の仕奉形態によって「人」と「者」が明確に使い分けられているかどうかは、なお検討が必要であろう。むしろ、「酒人」は「掌酒」（『日本書紀』崇神八年四月乙卯条）、「海人」は「白水郎」（『日本書紀』允恭十四年九月甲子条）、「手人」は「才伎」（『日本書紀』雄略十四年正月戊寅条）、「佂人」は「侏儒」（『日本書紀』武烈八年三月条など）とも表記されるように、「〇〇ヒト」という和語に対しては、「人」や「者」以外にも様々な表記が存在しており、それらがゆるやかに「人」へ統一されていったと見るのが妥当である。この点については、第一点とも関連するが、大陸・半島における「者」の用例も考慮しなければなるまい。

第三に、「某人」から「某部」への移行についてである。人制と部民制の段階差として、従来は在地の集団も支配の対象に含むか否かという点が指摘されてきたが、それに加えて筆者は集団の編成方法に着目したい。『日本書紀』雄略二年十月丙子条には以下のようにある。雄略天皇が御馬瀬に行幸して狩りをした際、遊猟場に「宍人部」を置こうとした。そこで、皇太后（忍坂大中津姫）は宍膾を作ることに長けた膳臣長野を「宍人部」として献上することを提案した。これを聞いて、天皇はいたく喜んだ。それを見た皇太后は、さらに自身の「厨人」であった菟田御戸部と真鋒田高天を「宍人部」に追加した。その後、大倭国造吾子籠宿禰も狭穂子鳥別を献上し、臣・連・伴造・国造もこれに続いたという。注目したいのは、「宍人部」に追加編入された菟田御戸部と真鋒田高天のことを、皇太后が「我之厨人」と呼んでおり、二人の「厨人」はそれぞれ皇太后に対して個別に仕奉する関係にあったと見られることである。それに対して「宍人部」には、その二人だけでなく、膳臣長野や狭穂子鳥別、さらに臣・連・伴造・国造が献上した人々も含まれる。つまり、「某人」が一定の集団となることで「某部」が編成されているのである。

このことは「某人」の用例からも裏付けられる。『日本書紀』神代下第十段一書第二に見える「俳人」は、具体的には火酢芹命を指している。同様に「漁人」(『日本書紀』神武即位前紀)は珍彦、「海人」(『日本書紀』履中即位前紀)は阿曇連浜子、「海人」(『日本書紀』允恭十四年九月甲子条)は男狭磯、「湯人」(『日本書紀』雄略三年四月条)は廬城部連武彦、「射人」(『日本書紀』欽明十五年十二月条)は筑紫国造、「工人」(『日本書紀』大化三年是歳条)は倭漢直比羅夫、「鍛人」(『古事記』上巻)は天津麻羅、「御食人」(『古事記』上巻)は翠鳥、「守護人」(『古事記』上巻)は火照命、「忌人」(『古事記』神武段)は神八井命、「手人韓鍛」(『古事記』応神段)は卓素、「知醸酒人」(『古事記』応神段)は仁番を、それぞれ指している。このように『古事記』『日本書紀』では特定の個人を指して「某人」と表現した用例が圧倒的に多い。

それに対して、複数の「某人」を表す場合は、「海人八十人」(『日本書紀』応神二十二年三月丁酉条)、「海人八十」(『日本書紀』仁徳即位前紀)、「楽人八十」(『日本書紀』允恭四十二年正月戊子条)のように人数が付されるか、「海人等」(『日本書紀』履中元年四月丁酉条)、「養鳥人等」(『日本書紀』雄略十年十月辛酉条)、「秦人・漢人等」(『日本書紀』欽明元年八月条)、「工人等」(『日本書紀』推古十四年四月壬辰条)、「射人・侏儒(中略)等」(『日本書紀』天武十三年正月丙午条)、「作玉人等」(『古事記』垂仁段)、「耕人等」(『古事記』応神段)のように「等」が付されるか、「諸工人」(『日本書紀』推古十四年四月戊午条)、「葛城之五村苑人」(『古事記』安康段)のように、複数であることを示す語が冒頭に付される。あるいは、「養鳥人」(『日本書紀』雄略十年九月戊子条)と「養鳥人等」(『日本書紀』雄略十年十月辛酉条)、「田人」と「耕人等」(『古事記』応神段)のように、前後で言い換えることで、複数であることが明示される。

これらの諸例を踏まえるならば、「人」という漢字の原義としては、あくまでも王権に奉仕する個人を指すと見られる。したがって、「某人」は天皇（ないしそれに準じる人物）と仕奉関係を結んだ特定個人に対して与えられる呼称であり、そうした複数の「某人」によって編成された集団がのちに「某部」と呼称されるようになったのではなかろうか。かつて直木は、「部」「伴」「友」「侶」など「トモ」と読む漢字に共通する要素として「グループ性」を抽出したが（直木、一九九四・一九九五）、前述した「某人等」の「等」に「とも（ども）」の訓や、「家人部」（『日本書紀』雄略九年五月条）の「部」に「ら」の訓が振られていることは（天理図書館善本叢書和書之部編集委員会、一九八三）、まさにそうした「グループ性」を示すものと言える。このように、基本的には個人的な仕奉関係を示す「某人」がグループ化され、集団での仕奉へと発展した結果、「某部」という呼称が用いられることになったと考えられる。「某人等」「某人＋人数」という表記は、その移行段階を示す表記と理解することができよう。

結語

本稿では、国造制・部民制の史的前提として、人制に関する研究史を振り返るとともに、現状と課題を整理した。第一節では、人制は中央に出仕するトモを編成した職務分掌の制度であり、五世紀代に実施され、のちに部民制の中に解消されていったという点が、現段階の共通理解となっていることを確認した。第二節では、大陸・半島の「某人」との関係、「某人」と「某者」の差異、「某人」から「某部」への移行、以上の三点を今後の課題として挙げ、それぞれ簡単な見通しを述べた。もちろん、ほかにも様々な分析視角があると思われる。今後、議論の深まりを期待したい。なお、筆者は別稿で、八世紀以降の史料に見える「某人」が実際は「某人部」を指す可能性や、

「某人」を輩出した在地の母集団が「某人部」「某部」に編成されると、それらを管掌する地方伴造として某直氏が設置され、さらにその一部が国造に任命されるという経緯を論じたことがある（鈴木正信、二〇一三・二〇一六・二〇一八）。あわせて参照されたい。

参考文献

韓国古代社会研究所編、一九九二『訳注韓国古代金石文』一・二（駕洛国史蹟開発研究院）
篠川　賢、一九九〇「部民制」（『日本古代国造制の研究』吉川弘文館、一九九六年に所収）
一九九六「国造制の内部構造」（『日本古代国造制の研究』前掲に所収）
鈴木正信、二〇一三「大神氏の分布とその背景」（『日本古代氏族研究叢書　大神氏の研究』雄山閣、二〇一四年に所収）
二〇一六『『海部氏系図』の歴史的背景」（『日本古代の氏族と系譜伝承』吉川弘文館、二〇一七年に所収）
二〇一八（予定）「凡直氏と国造制」（加藤謙吉編『日本古代の氏族と渡来人』雄山閣）
鈴木靖民、一九八五「倭の五王の外交と内政」（『倭国史の展開と東アジア』岩波書店、二〇一二年に所収）
二〇〇二「倭国と東アジア」（鈴木靖民編『日本の時代史』二、吉川弘文館）
二〇〇三「百済の府官制と全羅道の前方後円墳」（『倭国史の展開と東アジア』岩波書店、二〇一二年に所収）
関　晃、一九六五「大化前代における皇室私有民」（『関晃著作集』二、吉川弘文館、一九九六年に所収）
田中史生、二〇一三「倭の五王と列島支配」（大津透・桜井英治・藤井譲治・吉田裕・李成市編『岩波講座日本歴史』一　原始・古代一、岩波書店）
二〇一五「倭の五王の対外関係と支配体制」（『島根県古代文化センター研究論集』一四）
天理図書館善本叢書和書之部編集委員会編、一九八三『天理図書館善本叢書　日本書紀　兼右本』一～三（天理大学出

版部）
直木孝次郎、一九五八　「人制の研究」（『日本古代国家の構造』青木書店、一九五八年）
一九八一　「官人制の展開」（井上光貞・西嶋定生・甘粕健編『東アジア世界における日本古代史講座』五、学生社）
一九九四　「友と伴」（続日本紀研究会編『続日本紀の時代』塙書房）
一九九五　「七、八世紀におけるトモの表記について」（『万葉』一五四）
中村友一、二〇一三　「人・部制の成立と展開」（『駿台史学』一四八）
菱田哲郎、二〇〇五　「須恵器の生産者」（上原真人・白石太一郎・吉川真司・吉村武彦編『列島の古代史』四、岩波書店）
平石　充、二〇一五　「人制再考」（『島根県古代文化センター研究論集』一四）
前之園亮一、一九七六　『研究史 古代の姓』吉川弘文館
湊　敏郎、一九七二　「六・七世紀の在地における身分関係」（『姓と日本古代国家』吉川弘文館、一九八九年に所収）
溝口優樹、二〇一五　「人制・部制と地域社会」（『日本古代の地域と社会統合』吉川弘文館）
吉村武彦、一九九三　「倭国と大和王権」（朝尾直弘・網野善彦・石井進・鹿野政直・早川庄八・安丸良夫編『岩波講座日本通史』二 古代一、岩波書店）
二〇〇〇　「古代における漢語・漢文の受容と和語・和文表記」（『駿台史学』一〇九）

〔コラム〕矢田部とカラ（韓・辛）矢田部

矢田部は『古事記』仁徳段によれば、仁徳皇后である八田若郎女（応神皇女）のために定められた御名代とある。しかし、部称の成立時期などを勘案すると、矢田部の設置も六世紀以降と考えるのが妥当であろう。すでに原島礼二の指摘があるとおり、矢田部は実際には欽明の皇子である箭田珠勝大兄皇子（『日本書紀』の表記。『古事記』では八田王）のために設置された部であろう（原島、一九七七）。『日本書紀』によれば、この皇子は欽明の嫡子であったが、欽明十三年に死去し、実弟の敏達がその二年後に立太子したとあり、本来即位する予定であったと推定される。矢田部は、丹後以西の山陰と九州を除くほとんどの国にその分布が知られており、この広範な分布は、矢田部が次期大王のために設置された部とみれば、自然なものとして理解できるであろう。

矢田部の伴造氏族は、『日本書紀』崇神六十年七月己酉条に「矢田部造遠祖武諸隅、一書云。一名大母隅也。」とみえる矢田部造氏と考えられ、その本宗は、天武十二年九月に連のカバネを賜与され、『新撰姓氏録』左京神別に「矢田部連。伊香我色乎命之後也」とみえる。崇神紀の武諸隅は、『先代旧事本紀』「天孫本紀」に饒速日尊の八世孫物部武諸隅連公とみえ、その孫の大別連公が仁徳朝に矢田部連公の姓を賜ったとある。矢田部は、箭田珠勝大兄の死後も存続し、この矢田部造（連）氏によって統括されていたとみてよいであろう。矢田部造（連）氏の本拠地は、のちの大和国添下郡矢田郷付近に比定するのが妥当と考えられる。そこには式内社の矢田坐久志玉比古神社が鎮座し、現在その主祭神は櫛玉饒速日命であり、物部氏系の神社である。

また『新撰姓氏録』には、矢田部の伴造氏族（地方伴造）と思われる山城国神別の矢田部氏、大和国神別の矢田部氏、摂津国神別の矢田部造氏、河内国神別の矢田部首氏などがみえ、このうち山城国神別の矢田部氏は鴨県主と同祖とあるが、ほかはいずれも左京神別の矢田部連氏と同じ物部氏系である。

そして、矢田部で特徴的なのが、カラ矢田部が存在するという点である。いわゆる名代子代の部で、「カラ」を冠する部は、ほかには知られていない。『新撰姓氏録』摂津国皇別には、韓矢田部造氏がみえ、その譜文には次のようにみえる。

上毛野朝臣同祖、豊城入彦命之後也。三世孫弥母里別命孫現古君、気長足比売諡神功。筑紫檀氷宮御宇之時、海中有レ物。差二現古君一遣レ見、復奏之日、率二韓蘇使主等一参来。因レ茲賜二韓矢田部造姓一。日本紀漏。

通常、「カラ」を冠するのは、韓海人部や韓鍛冶部など職掌名をウヂ名とする氏族であり、渡来系の集団につけられた氏族名であると考えられる。ただこの韓矢田部造氏は、右の譜文によれば豊城入彦命を祖とする皇別氏族であり、自らの属する集団が渡来系であったということではない。佐伯有清は、このことについて、「韓人をもって編成された矢田部の伴造氏族であったことにもとづく」とし、その本拠地を後の摂津国八部郡八部郷一帯としている（佐伯、一九八二）。おそらくそのとおりであろう。

カラ矢田部の伴造氏族としては、ほかにも次の例が知られる。「長谷寺縁起文」（『群書類従』二四）などにみえる長谷寺開山の徳道上人は、俗名を辛矢田部造米麻呂といい、播磨国揖保郡の出身である。また「天平十五年九月一日摂津職移」（『大日本古文書』編年巻二―三三八頁）によれば、嶋上郡野身郷に辛矢田部君氏が居住している。カラ矢田部は、ある程度広範に設置されたとみてよいであろう。さらに、彼らが瀬戸内海沿岸の海上交通の要地に分布することも指摘できる。

（紅林　怜）

参考文献

佐伯有清、一九八二『新撰姓氏録の研究　考證篇第二』（吉川弘文館）

原島礼二、一九七七『日本古代王権の形成』（校倉書房）

第Ⅱ部　国造制・部民制の実態と諸相

1　国造任命の一試論
―「武蔵国造の乱」を手掛かりとして―

小野里了一

はじめに

筆者はかつて、筑紫君磐井の乱についての分析を行い、倭王権の支配制度の変質について、具体的には継体大王の即位後、大王と中央有力豪族が主導する形へと外交のあり方が変質し、結果として磐井は外交における以前のような仕奉を否定されたことが、この乱の起きた原因との結論に至った（小野里、二〇一三）。

同様に地方豪族が倭王権と対立し、乱後にミヤケ（本稿では史料の引用以外においては屯倉・官家等は「ミヤケ」と表記する）の設置がなされたものとして『日本書紀』安閑天皇元年閏十二月是月条（以下、『日本書紀』の記事は、『安閑紀』元年閏十二月是月条の様に記す）に武蔵国造の乱がみえる。後掲の【史料1】によれば、「相争国造」とあり、すでに成立していた「武蔵国造」の地位を同族の間で争ったかのように記される。だが、今日通説ともいえる、国造制成立の契機を磐井の乱に求める考えからすれば（篠川賢、一九九六）、継体に続く安閑大王の治天下に起こったこの乱の実態は、初めて武蔵クニ（本稿では国造の支配領域を「クニ」と表記する）を定め武蔵国造を任じる際に生じた乱だと考えるべきであろう（大川原竜一、二〇〇九）。

またこの乱については、書紀編者の史観によってミヤケの設置記事を『安閑紀』に集中するためにここに配されたという考え方もある。しかし磐井の乱後の糟屋ミヤケの設置や、後述する同じく『安閑紀』の伊甚国造による伊甚ミヤケの献上でも明らかなように、国造の任命はミヤケの設置（献上）と不可分なものと考えられ、その記述通り、乱後、該地において国造の任命とミヤケの設置が行われたとみることに問題はない（舘野和己、一九九九。大川原、二〇〇九）。

武蔵国造の乱が継体に続く安閑大王の治天下の出来事であれば、その発生要因として、磐井の乱同様、従来のような仕奉を否定された有力な地方豪族が、倭王権に対して蜂起したという解釈も成り立つと筆者には思われる。その視点から以下小考を述べてみたい。

一　乱の経緯と学説の傾向

【史料1】『安閑紀』元年閏十二月是月条、同二年五月甲寅条

武蔵国造笠原直使主与二同族小杵一、相二争国造一、（使主・小杵、皆名也。）経レ年難レ決也。小杵性阻有レ逆。心高無レ順。密就求二援於上毛野君小熊一。而謀レ殺二使主一。使主覚之走出。詣レ京言レ状。朝庭臨断、以二使主一為二国造一。而誅二小杵一。国造使主、悚憙交レ懐、不レ能二黙已一。謹為二国家一、奉レ置二横渟・橘花・多氷・倉樔、四処屯倉一。是年也、太歳甲寅。

（二年）五月丙午朔甲寅、置二筑紫穂波屯倉・鎌屯倉、（中略）上毛野国緑野屯倉、駿河国稚贄屯倉一。

【史料1】については、武蔵地域における国造の選任にあたり笠原直使主と小杵がその地位を争い、小杵は当時彼地にまで影響力を及ぼしていた東国の有力豪族上毛野君小熊を頼り、もう一方の使主が大王に助けを求めたとい

った図式から、上毛野君と倭王権が対決し、乱後は勝者である使主が武蔵クニの国造に任じられ、横渟以下四ヶ所のミヤケを設置した。一方で翌年の上毛野国緑野ミヤケの設置は、朝廷に誅された小杵の援助をした上毛野君小熊の贖罪献上（または朝廷による懲罰没収）とみるのが通説的理解だろう。

ところで、使主（オミ）・小杵（ヲキ）といった名前は、イザナミ・イザナキの例とも共通するように象徴的な名前にすぎず、仮にこの乱そのものが史実であったとしても、相争った豪族の名前がオミ・ヲキであった可能性は低いと思われる。但し、この当事者の名前の虚構性と、国造の乱としてここに記された様な武蔵の有力豪族による何らかの争乱が六世紀前半に起こったことの史実性は別問題であり、以下筆者は使主・小杵について『安閑紀』に「使主として記された豪族」「小杵として記された豪族」といった意味で使用する。この点は上毛野君小熊についても同様である。

武蔵国造の乱の研究史には大きく二つの傾向がある。一つは武蔵・上毛野地域の古墳分布の変動や副葬品の傾向を手掛かりとして考古学的手法でアプローチを進めるもので、使主・小杵（や小熊）の本拠地はどこかといった点の追求に主眼がある。もう一つは『安閑紀』に記された人名・地名の他に、国造制・ミヤケ制の史的展開に注目して文献史学的手法でアプローチするもので、近年蓄積された倭王権の地方支配制度研究の成果を採り入れつつ、その意義付けを行うものである。

かつては前者の手法を取る研究が盛んで、武蔵地域全体の古墳分布とその編年上の消長現象の中に使主と小杵の対立を読みとろうとする以上、どうしても北武蔵と南武蔵の対立といったように、異なる地域を本拠地とした二系統の首長間の対立とみるのが通説的であった（横浜市、一九五八。甘粕健、一九七〇）。しかし近年多くみられる後者の手法をとる研究では、使主・小杵を同族とみて、国造任命の前提となる在地首長位の継承を争ったとの見解が主流である（舘野、一九九九。伊藤循、一九九九）。また上位首長である使主の統治下にあった下位首長の小杵が従前の支配からの自立・抵抗を試みたとする説もある（佐藤長門、二〇〇九）。

筆者も考古学を専門とするものではない以上、大筋では後者の手法で武蔵国造の乱を考えるが、それでも以下本稿の展開上、笠原直使主・小杵、上毛野君小熊の本拠地がどこであったかを推測しておくことが必要なので、まず前者の成果によりつつ、この問題から考えてみる。

笠原直使主・小杵の本拠地だが、『安閑紀』によれば同族とされているので、両者を支配領域を異にして対立する有力首長とみる必要はなく、共に「笠原直」を名乗ることからは、これが地名「笠原」にカバネ「直」をつけたものであれば、使主・小杵は笠原の地を本拠地とする豪族と理解できる。その場合『和名抄』にみえる「武蔵国埼玉郡笠原郷」の故地とされる埼玉県鴻巣市笠原と隣接する埼玉古墳群がこの一族の奥津城である可能性は極めて高い（城倉正祥、二〇一一）。

この古墳群は五世紀第Ⅲ四半期の稲荷山古墳から七世紀第Ⅱ四半期の戸場口山古墳まで十基の盟主墓が継続し、そのうち八基が前方後円墳だが、主軸方位と墳丘規模の差、中堤別区の有無などから稲荷山（一二〇m）→二子山古墳（一三八m）→鉄砲山古墳（一〇九m）→将軍山古墳（九五m）の系統と、愛宕山古墳（五三m）→瓦塚古墳（七五m）→奥の山古墳（七〇m）→中の山古墳（七九m）の二系統に分けることができる。なお古墳群全体のあり方にまで視野を広げた場合、円墳でありながら直径一〇五mを測る丸墓山古墳の特異性に注目し、その築造時期を六世紀前半に編年し、敗者である小杵の墓とする説もあるが（坂本和俊、一九九六。加部二生、二〇〇一）、その編年自体を疑問視する説もある（城倉、二〇一一）。

一方の上毛野君小熊の本拠地については『安閑紀』二年五月甲寅条の「上毛野国緑野屯倉」が手掛かりとなる。

このミヤケが小熊の倭王権への贖罪献上であれば、その本拠地の一部、または今回の乱での軍事的拠点であった可能性だけでなく、さらには倭王権にとって上毛野への進出を図る上での交通上の要衝だとも考えられる。この点からは、人見西中原遺跡、人見枝谷津遺跡（共に群馬県安中市）で確認された、八世紀初頭を遡る東山道駅路の分岐路と考えられる道路遺構が注目される。このルートは東山道駅路の坂本―野後間で東南方向に分岐し、上野一宮である甘楽郡の貫前神社へと向かうものと推定されているが、同社からさらに東へと進むルートを推定できれば、緑野ミヤケの故地、緑野郡へと至る（川原秀夫、二〇一二）。さらにこのルートと緑野ミヤケの中心地（後述する七輿山古墳周辺）で交差する南北道路を想定できるなら、北は山ノ上碑にみえる「佐野三家」へ、南は道忠の開基とされ緑野寺一切経で有名な上野緑野寺（浄院寺）を経て、武蔵クニへと通じている。この仮説が正しければ、緑野ミヤケは上毛野クニの交通上の要衝に設置されたミヤケであったこととなる。

緑野は『和名抄』の上野国緑野郡で、現在の群馬県藤岡市一帯が故地であり、一四七mの前方後円墳、七輿山古墳はこの乱と関係する古墳とされることも多く、百舌鳥古墳群中の土師ニサンザイ古墳の二分の一の相似形であることを重視してミヤケ経営のために派遣された中央豪族の墓とみる説がある（清水久男、一九九四）。

七輿山は前方部の高さ・幅共に発達し、一部に三重の周堀を持ち、七条突帯を備えた大形の円筒埴輪が周提帯上や墳丘を囲繞するなど、これまでの上毛野地域の古墳とは異なる様相を見て取ることができ、確かにこれらの特徴に注目すれば、『欽明紀』十七年七月己卯条にみえる児島ミヤケの田令を命じられた葛城山田直瑞子を類例とするような、倭王権から派遣された、いわば現地運営監督者とでもいうべき人物を被葬者として想定したくなる。だが肝心の七輿山の発掘調査が行われておらず、その編年根拠は弱い。

七輿山の墳丘規画がそれ以前の上毛野地域の古墳の墳丘規画とは合致しない一方で、継体大王のキサキを出した尾張氏の奥津城とみられる断夫山古墳と合致することから、これを六世紀前半に編年した上で、この古墳は単発的であり、同じ特徴を備えた古墳はそれ以後続かないとする若狭徹の指摘は極めて示唆的である（若狭、二〇〇七）。仮に七輿山の被葬者が中央から派遣された緑野ミヤケの運営監督者であった場合、これに続く人物は派遣されなかったか、この地には葬られなかったこととなる。

視点を変えてみよう。ミヤケのもつ属性を考えた場合、倭王権の地方支配拠点といった官衙的要素を強調する説は有力である（舘野、一九七八）。しかし仁藤敦史が指摘するように、ミヤケには貢納のための農耕の拠点といった要素も備わっていたのであり（仁藤、二〇一二）、中央から派遣された運営監督者がいた場合でも、現地における労働力の徴発といった点を考えてみれば、在地首長（国造など）がその運営にたずさわっていたことは十分に想定でき、むしろ七輿山は緑野ミヤケの運営を負わされた在地首長の墳墓とみるほうが妥当ではないか。若狭が指摘したこの古墳の単発的という面は、「小熊」という人格で『安閑紀』に登場させられた上毛野勢力が倭王権に屈服し、ミヤケの設定とその運営委任をうけいれた象徴として、これまでの奥津城の地を離れた緑野の地に、畿内的要素の強い古墳を築造させられたものと解釈することもできる。

武蔵国造のクニに設置されたミヤケについて考えてみる。『横浜市史』や甘粕の研究以来、両者の支配領域は使主が北武蔵、小杵は南武蔵と見て、勝者使主の本拠地に横渟、敗者小杵の本拠地に橘花・多氷・倉樔のミヤケが設置されたという説が通説的な地位を占めてきたが、両者が同族で共に北武蔵の豪族であった場合、彼らの支配領域から離れた南武蔵の地にミヤケが設置された意味を考えねばならない。近年は四ヶ所全てを南武蔵とする説が有力であるが（川崎市、一九九三）、ミヤケが南武蔵に集中していることをどう考えるか。これは武蔵国造のクニをどうみるかと関わってくる。

ミヤケの献上は自己の支配領域内に収まるものであり、それがいずれも南武蔵に存在したことは武蔵国造のクニが後の武蔵国全域にわたるようなものではなかったことを示すと伊藤循は指摘する（伊藤、一九九九）。武蔵国造の支配領域を南武蔵に限定する考えだが、これは氏が武蔵国造の本拠地を南武蔵と推測し、国造によるミヤケの設置が、自己の支配領域内に収まると仮定するために導かれる結論であって、武蔵国造の支配領域（本稿でいう武蔵国造のクニ）には南武蔵も含まれていたと仮定すれば、国造となった使主が南武蔵にミヤケを設置したと理解することも可能である。

これが磐井の乱同様に当事者への懲罰によるミヤケ設置であれば、小杵（またはその子）から接収したミヤケの所在地＝本拠地や何らかの政事拠点と解釈する必然性があるが、ここでは倭王権側の裁断により国造となった使主がその返礼として献上しているのだから、武蔵国造の支配領域内には南武蔵も含まれていたという理解で問題ないであろう。前述したように筆者は武蔵国造に任じられた笠原直一族の奥津城を北武蔵の埼玉古墳群とみて、その本拠地は北武蔵であったと考えているが、王権主導で進められる国造任命と並行して確定された武蔵国造のクニには新たに南武蔵が含まれ、王権側の要求で交通の要衝であるこの地にミヤケが設定されたとみてよいだろう。

南武蔵では四世紀前半の築造と考えられる白山古墳から三角縁神獣鏡が、五世紀前半の野毛大塚古墳からは複数の甲冑や大量の武具が出土している。これらがその被葬者と倭王権との直接的な結びつきを示すものであれば、南武蔵は伝統的に倭王権の影響力が及ぶ地域だったのかもしれない。このような状況を想定できれば、北武蔵の豪族が国造に任じられた時、すでに倭王権へと服属していた南武蔵も含める形で武蔵国造の支配領域が確立したという清水久男の見解は興味深いのだが（清水、一九九四）、では何故、伝統的に倭王権に服属していた南武蔵の豪族が武蔵国造に任命されずに、北武蔵の豪族が任命されたのかといった疑問が生じよう。

その国造任命については別の疑問もある。それ以前の古墳文化において異なった様相を見せていた南武蔵と北武蔵を、併せて一つの国造のクニとした意味である。これ以前に武蔵国造のクニに匹敵する大きな支配領域を持つ豪族はおらず、それぞれ両地域を治める豪族が並存していた場合「上武蔵国造・下武蔵国造」のように二国造の任命とならなかった理由はどこにあるのだろうか。東国随一の豪族上毛野君の支配領域と接する北武蔵に国造を任命することでそれを押さえ込もうとしたという見方もあるが、筆者は北武蔵の豪族と南武蔵豪族の間には明確な仕奉形態の違いがあり、その差異が由来となって前者は国造に選任されたと考える。節を改めてこの問題を考えてみる。

二　国造の選任方法とその職掌

【史料2—1】『古事記』景行天皇段（以下、『古事記』は『景行記』の様に記す）

凡此大帯日子天皇之御子等、所レ録廿一王、不二入記一五十九王、幷八十王之中、若帯日子命与二倭建命、亦五百木之入日子命一此三王、負二太子之名一。自レ其餘七十七王者、悉別二賜国国之国造、亦和気、及稲置、県主一也。

【史料2—2】『景行紀』四年二月甲子条

夫天皇之男女、前後幷八十子。然除二日本武尊・稚足彦天皇・五百城入彦皇子一之外、七十餘子、皆封国郡、各如二其国一。故当二今時一、謂二諸国之別一者、即其別王之苗裔焉。

【史料3】『景行紀』十二年十二月丁酉条

熊襲梟帥有二二女一。兄曰二市乾鹿文一。乾、此云賦。弟曰二市鹿文一。容既端正。（中略）市乾鹿文、密断二父弦一。爰従兵一人、進殺二熊襲梟帥一。天皇則悪二其不孝之甚一、而誅二市乾鹿文一。仍以二弟市鹿文一、賜二於火国造一。

【史料4―1】『成務記』

故、建内宿禰為二大臣一、定二賜大国小国之国造一、亦定二賜国国之堺、及大県小県之県主一也。

【史料4―2】『成務紀』五年秋九月条

令二諸国一、以国郡立二造長一、県邑置二稲置一。並賜二盾矛一以為レ表。則隔二山河一而分二国県一、随二阡陌一以定二邑里一。

【史料2―1・2―2・4―1・4―2】によれば、景行朝に七十七人の王子を国々の国造・和気（別）・稲置・県主とし、続く成務朝に大国小国の国造を定め、同時に国々の堺を決定し、県には県主・稲置を定めたとする。だがこれは景行朝に各地の服わぬ首魁を平定して王子達を分封し、次の成務朝で各地の王子達の後裔が国造や稲置・県主の地位に就いたという史局の歴史観からくるプロットに過ぎず、その実在性はともかくとして、年代比定をすれば四世紀前半あたりかと想定される景行朝において、王族の分封による国造任命はありえない。記紀には他に①『神武紀』二年二月乙巳条に神武の大和入りに功のあった倭国造と葛城国造の任命記事、②『景行記』の東国国造任命があるが、これは共に論功行賞的な任命として描かれる。同様に『国造本紀』廬原国造条には「志賀高穴穂朝代、以二池田坂井君祖吉備武彦命児思加部彦命一、定二賜国造一」とあり、『新撰姓氏録』右京皇別の廬原公条にも「廬原公、笠朝臣同祖、稚武彦命之後也、孫吉備建彦命、景行天皇御世、被レ遣二東方一、伐二毛人及凶鬼神一、至二于阿倍廬原国一、復命之日、以二廬原国一給レ之」とあることから、廬原国造も奉事根源として、祖の吉備武彦命の論功行賞を伝えていたことが知られる。

注目したいのは【史料3】で、二人の寵妃のうち、謀をめぐらして父を討った姉を誅殺し、妹を国造に任命したとする。二人の候補者の内一方を誅して、もう一方を国造とした伝承は武蔵国造の乱と同様の形であることに注目すれば、この二例のように実際の国造任命でも大王の裁断が下される場面があったことを推測させる。

【史料5】「他田日奉部直神護解」

謹解　申請海上郡大領司仕奉事

中宮舎人左京七條人従八位下海上国造他田日奉部直神護我下総国海上郡大領司尓仕奉止申故波、神護我祖父小乙下忍、難波朝庭少領司尓仕奉支。父追広肆宮麻呂、飛鳥朝庭少領司尓仕奉支。又外正八位上給弖藤原朝庭尓大領司尓仕奉支。兄外従六位下勲十二等国足、奈良朝庭大領司尓仕奉支。神護我仕奉状、故兵部卿従三位藤原卿位分資人、始㆓養老二年㆒至㆓神亀五年㆒十一年、中宮舎人、始㆓天平元年㆒至㆑今廿年、合卅一歳。是以祖父、父、兄良我仕奉祁留次尓在故尓海上郡大領司尓仕奉止申。

他田日奉部直神護解を手掛かりに一つの試案を述べてみる。大化前代より国造の子弟は宮に上番してトネリやユケヒといった職掌を務めていた。この解によれば海上国造氏出身の神護もその伝統に則って上番し、藤原麻呂の位分資人や藤原光明子の中宮舎人を歴任したことがわかるが、都での三十一年のトネリとしての務めを終えて本国に帰るにあたり、郡領の地位を要求している。郡領の前身である国造の任命においてもこのような選任があったのではないか。

筆者は最も初源的な部としては六世紀前半以降の大王宮名を冠する「某宮トネリ・ユキ部」を考えているのだが、このような舎人・靫負は部民制の前段階の人制（稲荷山古墳出土鉄剣銘の「杖刀人（首）」や、江田船山古墳出土鉄刀銘の「典曹人」）と同じく、大王または王族の宮へと上番して務めるタイプである。全ての国造がこのような形で選任されたわけではないだろうが、彼らがその任を終え本拠地に帰るにあたり、国造に任命されることがあったのではないだろうか。

この点を『敏達紀』にみえる火葦北国造刑部靫部阿利斯登を例として考えてみる。

【史料6】『敏達紀』十二年是歳条

是時、日羅被レ甲乗レ馬、到二門底下一。乃進二庁前一。進退跪拝、歎恨而曰、於二檜隈宮御寓天皇之世一、我君大伴金村大連、奉二為国家一、使二於海表一、火葦北国造刑部靫部阿利斯登之子、臣達率日羅、聞二天皇召一、恐畏来朝。

火葦北地域を出身地とする阿利斯登は刑部、つまり忍坂宮に上番して靫部として仕奉を行った人物であるが、その子日羅が大伴金村を「我君」とすることからは次のような関係が推測される。阿利斯登は、磐井の乱後、北部九州の豪族支配に関わることとなった金村の配下に編成されて忍坂宮へと上番することとなり、そこで靫部として仕奉を行ったのであろう。やがて彼は本国に戻るにあたり火葦北のクニの国造に任じられ、その後も子弟の上番を通じて大伴氏との関係を継続し、金村の命を受け百済に使者として派遣されたと考えられる。

前述の海上国造他田日奉部直神護の他、「駿河国駿河郡大領正六位上金刺舎人広名為二国造一」（『続日本紀』延暦十年四月戊申条）、「国造小県郡他田舎人大嶋」（『万葉集』巻二十―四四〇一）など、大王宮への上番を氏姓の由緒とする国造氏が確認できることから、東国国造の子弟が舎人として宮へと出仕したという理解は通説的となっているが（井上光貞、一九八五）、筆者の考えを是とすれば、根源的にはそれは順序が逆のことであり、舎人や靫負として上番していた地方有力豪族の子弟が務めを終えて本拠地に戻る際に、大王から国造の地位を与えられたのである。時代は下る例となるが、国造の流れを汲む郡領子弟が兵衛として上番する国造兵衛も、トネリ・ユケヒとして上番した地方豪族の子弟が国造に任じられた伝統に則ったものと考えてよい。

また『続日本紀』神護景雲二年六月戊寅条に伊勢朝臣老人、筑波采女壬生宿禰少家主、美濃真玉虫、佐位采女上野佐位朝臣老刀自の四名が本国国造へと任命された記事がある。藤原仲麻呂乱後のいわゆる恩賜国造とでもいうべきもので、いずれも地方より上番した国造氏と思われる人物が、その出身地の「本国国造」に任じられたものであるが、これなども淵源には、上番経験者を国造に任命するという旧来からの伝統を踏まえての任官と思われる。天平宝字年間の郡領任命においては、今泉隆雄によって郡領氏族子弟の内、上番経験者を優遇する詔勅が発令されたことが指摘されているが（今泉、一九七二）、これも同様に上番経験のある地方豪族が国造に任命された伝統と関係するものであろう。

三　国造制による倭王権の地方豪族支配

【史料7】『安閑紀』元年四月癸丑条

内膳卿膳臣大麻呂奉レ勅、遣レ使求二珠伊甚一。々々国造等、詣レ京遅晩、踰レ時不レ進。膳臣大麻呂大怒、収一レ縛国造等一、推一レ問所由一。国造稚子直等恐懼、逃一レ匿後宮内寝一。春日皇后、不レ知二直入一、驚駭而顚。慚愧無レ已。稚子直等、兼坐二闌入罪一当二科重一。謹専為二皇后一、献二伊甚屯倉一、請レ贖二闌入之罪一。因定二伊甚屯倉一。今分為レ郡、属二上総国一。

【史料7】は伊甚ミヤケ設置の起源譚としてよく知られるものである。ここに記された膳臣大麻呂と伊甚国造稚子直の関係を考えた時、これも大王の宮へ上番して仕奉をおこなった地方豪族が本国へ戻るにあたり国造に任じられた例に含めて考えることができそうである。

膳臣は大王の食膳のうち海産物を整えることを職掌としたウヂであり、大麻呂は大王宮に近侍した有力豪族であったと考えられる。若き日に地方豪族の子弟として上番した稚子は、出身地が上総伊甚であることから貢納品として海産物を求められ、膳臣の配下に編成されて、在地で支配下にある人民の一定数を膳部（両者の関係が祖の代にまで遡る伝統的なものであるなら、当初は「膳人」であったか）として設定され、以後、海産物の貢納・管理を職掌として仕奉することとなったのである。おそらくはかつて稚子が上番を終え伊甚へと帰国するにあたり、初代伊甚国造への任命と伊甚クニを定めることがおこなわれ、それと同時に倭王権への仕奉の拠点となる伊甚ミヤケが設置され（伊甚ミヤケの設置起源を後宮への乱入の贖罪とするくだりは、紀編者の創作であろう）、稚子と入れ替わる形でその子弟が大王宮へと上番し、このウヂは継続的に膳臣氏の配下に組み込まれて仕奉を行っていたのであろう。

勅をうけた膳臣大麻呂は伊甚国造等に使者を遣わして珠の献上を命じているが、この両者の関係を考えた場合、大伴大連金村の命を受け百済に渡った火葦北国造阿利斯登のそれと変わるところはないといえる。

また【史料7】には「国造等」「国造稚子直等」と記されていることから、国造である稚子を含め、複数の人物が宮へと上っていることがわかる。その人物構成を推測するに、おそらくは国造子弟（次期国造候補者）、上番経験者といった複数名からなる「同族」の上京が命じられたと考えられるが、彼らもまた、伊甚国造のクニに課せられた倭王権に対する何らかの仕奉を負っている人物達とみるべきであろう。この点から少し具体的に、国造のクニの実態を考えてみる。

【史料8】『常陸国風土記』行方郡条

古老曰、難波長柄豊前大宮馭宇天皇之世、癸丑年、茨城国造小乙下壬生連麿、那珂国造大建壬生直夫子等、請二総領高向大夫・中臣幡織田大夫等一、割二茨城地八里、那珂地七里、合七百餘戸一、別置二郡家一。

【史料8】の建評記事では、茨城国造小乙下壬生連麿、那珂国造大建壬生直夫子と、建評申請者を「国造」としているが、天智朝に下る位階もあることからは、その極位・極官が記されていると考えるべきで、建評時点において彼らは国造その人ではなく、一族の有力者が国造の地位にあったと推定される。彼らが孝徳大王の治天下に建評申請者となり得た理由は、麿・夫子ともに「壬生」のウヂ名をもつことを手掛かりに考えると、国造を輩出した一族中の有力者である彼らもまた、茨城や那珂のクニに課せられた部民（この場合は「壬生部」）の設定や貢納・管理らを通じて、それ以前から倭王権との間に仕奉を成立させていたことに求められよう。

同様の視点から先に挙げた【史料5】を読んでみよう。他田日奉部直神護は解の中で自ら海上国造と記している。しかし彼やその祖父が国造の地位にあった可能性は低い。通常、国造の地位にあった者のウヂカバネは「国造のクニ名＋カバネ」が原則であり、海上国造であれば「海上直」となろう。しかし彼は「他田日奉部直」という「職掌（＝他田宮に日奉部として仕奉）に因んだ名＋直」というウヂカバネを名乗っている。

ここから考えられるのは、神護は海上国造（＝海上直）の一族で、海上クニの成立後は、彼の祖は代々同クニ内に設定された他田舎人としての上番や、貢納民の管理を職掌としており、ある時期以降には、同クニに設定された日奉部の管理も新たに加えられていた。恐らくはその所縁があって、祖父忍が孝徳朝の天下立評に際し、海上クニの内に海上評を建評することを申請し、初代の評の官人に任じられたのだと推測される。

以上の点をまとめると、国造のクニを定めるとは、国造その人の任命だけに止まるものではなく、倭王権への貢納民（部民）の設定、さらには実際の運営は国造に委ねられていたとはいえ、時には王権からのミコトモチを迎え入れ、日常的には部民の籍帳や貢納を管理するための倭王権による支配の象徴としてのヤケ（ミヤケ）の設置などが行われたと思われる。そしてこれらの管理運営にたずさわったのが、【史料7】に「国造等」と記された首長たちであろう。

『安閑紀』は安閑大王の治天下を二年と記すことから、ここに集中するミヤケの設置記事について、紀編者の史観によるものとみなされることもある。しかし『継体紀』によれば有力な次期大王位継承候補者と思われる大兄

（「勾大兄」）の称号を持ち（『継体紀』元年三月癸酉、六年十二月、七年九月、同年十二月戊子条）、任那割譲を認めた継体大王の宣勅を撤回させようとするなど（『継体紀』六年十二月条）、安閑が継体の治天下時からそのマツリゴトに重要な役割を果たしていたことがうかがわれる。とすれば『安閑紀』に集中するミヤケの設置記事は、安閑が継体の治天下時に推し進めた事績が集中して記されていると考えてもよいのではないか。

『安閑紀』に集中するミヤケの設置記事を史実と考えた場合、次のような解釈が可能となる。安閑大王の即位を承認した中央豪族グループ（継体大王の即位を承認したグループと同一である蓋然性が高い）により、継体大王の治天下に新たに打ち出された地方豪族支配の方向性が推し進められる中で、地方豪族たちは地名＋直のウヂカバネを与えられ、国造という仕奉を課せられていったとみることができる。国造任命とミヤケの設置が不可分なものであるなら、継体・安閑大王の治天下は、倭王権の地方豪族支配の方法として国造制が展開し、同時にその地方支配の拠点としてのミヤケが広範に設置された時代ともいえる。

【史料7】の詣京者は先に推測したように国造稚子直の他、同族中の上番経験者、次期国造任命予定者、膳部の現地管掌者などにより構成されていたとみることができる。とすれば、このような地方豪族中の首長たちを一団ともいえる形で掌握できるという意味で国造のクニの設定（国造任命・部民設定・ミヤケ設置）は大王や有力王族にとって、その権力基盤の拡大・安定化に寄与するものであったといえる。

本稿のように、初代国造の任命においては上番したトネリやユケヒが帰国に際して選任されたものと考えた場合、国造の任命は大王の面前において行われたと解釈できることも重要であろう。大王の代替わりの際に、オホマヘツキミやマヘツキミが新たな大王との間に、大王の承認、大王による任命の関係を再度結ぶことが指摘されているが（吉村武彦、一九九六）、同様に、国造もまた大王の代替わりや、国造自身の代替わりにおいて、新たな大王との関係構築や、国造の地位の再確認があったと考えることは妥当であろう。

国造が新大王の面前へ詣京し、その関係を再確認した具体例としては、乙巳の変後の「群臣大臣大連伴造国造」の呼びかけから始まる一連の詔があげられよう。この時は新たに大王位についた孝徳大王からの地位の再確認を得るべく、あらゆるクニの国造が大王宮に参集していたと考えられ、彼らが朝廷に一同に列して、大王の詔を直接に奉じたのである。出雲国造の神賀詞奏上を含む一連の代替わり儀礼や、時代は下るが、郡領試練においても任用候補者は宮へと詣でて、式部省での銓擬を受け、その結果が天皇へと奏上され、太政官において任命式（「郡司召」）が行われている。これらは国造任命の場が古くは大王宮であり、その後も地位確認のため詣京を命じられた伝統を汲むものと考えられる。

となれば、出雲国造に限らず、本来、国造の任命には「儀礼」のようなものが伴っていたとみることに大過はないはずであり、大王宮での上番を終えた地方豪族は、本来、大王（場合によっては有力王族）の面前で国造の職掌を命じられることで、その地位に就任したとみることができると思う。かかる「国造就任儀礼」を通じて、地方有力豪族の地位は大王を「左治天下」するものから、倭王権の地方支配を担う「地方官」的なものへと再構築されていったのである。

四　埼玉古墳群と武蔵国造

埼玉古墳群が笠原直の奥津城であるなら、稲荷山古墳被葬者は使主や小杵の祖ということとなる。ヲワケ臣が被葬者と考えられる稲荷山の礫槨からは、鉄剣・鉄刀・鉄鉾・鉄鏃・桂甲・馬具といった武人に相応しい副葬品が大量に出土しているが、それらの組合せには時期差が認められ、その入手機会は三回であったと復元される（杉山晋作、一九九二）。神護同様にヲワケ臣の上番期間も短いものではなかった。

埼玉古墳群における一〇〇m級の前方後円墳の連続性からは、この勢力（以下仮に「笠原勢力」とする）はヲワケ臣以降も鉄剣に刻まれた奉事根源にのっとり王宮へと上番し、世々杖刀人首やその流れを汲んだ舎人・靫負として仕奉を続けていたのだろう。稲荷山から三世代後と推定される将軍山古墳は武人的な要素が強い副葬品が多く出土し、特に馬冑や蛇行状鉄器のような馬装品はこの被葬者が対朝鮮半島問題で軍事的な役割を負っていたことを推測させる。

仮に筆者のように地方有力豪族の子弟が舎人や靫負として上番し、帰国に際し国造の地位を与えられたと考えた場合、六世紀前半以降、対朝鮮半島問題が緊迫し、軍事動員体制を整える目的で国造制が成立したとする篠川賢の説が注目される（篠川、一九九六）。中央に上番した彼らが大伴・物部氏をはじめとした軍事的豪族の下で舎人や靫負として兵役経験を積んでいれば、帰国に際して国造に選任されて兵団結成を命じられた場合、その経験を生かして王権の意図や指揮命令に対して的確に応えられる「国造軍」の編成が期待できるからである。その点において国造の職掌には鉄剣銘の「杖刀人首」的な仕奉が伝統的に含まれていたこととなる。

ここで武蔵国造となった使主が「笠原直」とされていることに少し触れておく。先にも述べたが、国造のウヂカバネは「国造のクニ名＋カバネ」であるという原則からは、武蔵国造の地位を得た使主は「武蔵直」となるはずである。だが『安閑紀』には「笠原直」とあり、その原則からは使主が任じられたのは北武蔵を支配領域とする「笠原国造」ということとなり、後に国造制の再編があって武蔵国造のクニが成立し、そこで笠原直使主の後裔が武蔵国造の地位に就いたと解釈する余地が生じる。しかし前述したように使主の国造任命と同時に南武蔵にミヤケの設置が及んでいることから、当初より武蔵国造であったとみるべきだろう。とすればこの「笠原直」は使主が武蔵国造に任命される以前からの職掌によって、既に大王より与えられていたウヂカバネがここに記されているものと考えざるを得ない。

笠原は地名に由来するものだが、「地名＋カバネ」の地名部分も王権に対する仕奉を表すものであり（須原祥二、二〇一二）、埼玉古墳群を奥津城とする笠原勢力はヲワケ以降も世々の仕奉として大王宮へと上番するなかで「笠原直」というウヂカバネを与えられたのである。稲荷山鉄剣銘をみる限りヲワケはウヂ名もカバネも持たない。ヲワケ臣の「臣」は身分標識である「シン」にとどまっている。筆者はカバネの成立を継体朝のことと考えているが（小野里、二〇一三）、ウヂ名の成立はカバネに先行するもので、南宋との国交途絶を契機として、それ以後倭国独自の身分秩序をととのえる中で、大王から諸豪族へと仕奉形態に因んだウヂ名が与えられたとみる中村友一の説を参考にすれば（中村、二〇〇九）、笠原勢力は六世紀初頭ごろには「笠原」というウヂ名を与えられていたと推測される。

ここに「笠原直使主」とあることは、国造に任命される以前の使主の仕奉が、それまで世々務めてきた「笠原直」としてのものであったことを示している。となれば使主の国造任命自体が武蔵国造の初任であった可能性が考えられるのであり、篠川賢が指摘するように「笠原直」は、武蔵国造就任の後に「武蔵直」へとウヂカバネを変えたものと思われる（篠川、二〇〇五）。この考えを敷衍できれば、【史料7】の稚子直は元来「膳（部）直」であったものが、伊甚国造に任命されると同時に「伊甚直」のウヂカバネを得たものと考えられる。

しかし全ての子弟が帰国に際して国造任命を受け入れたわけではないとも考えられる。稲荷山古墳の後円部埋葬主体は粘土槨と礫槨の二基が発見され、「辛亥銘」鉄剣は後者から出土した。ただこの二つの主体部は共に後円部中心を外れた位置にあり、この古墳の本来の被葬者は中心部に造られたであろう主体部（未発見）の被葬者で、その傍らの礫槨の被葬者ヲワケはその近親（弟、乃至は族長位を継承できなかった子供）といった見方が成り立つ（杉山、一九九二）。

その場合ヲワケは笠原勢力を代表して上番はしてはいたものの、笠原勢力の族長としての地位は継承していなかったと考えられ、杖刀人首の職掌は傍系にあたる子弟が仕奉していたということとなろう。このヲワケの例からは、上番した豪族の中には在地に戻れば族長の傍系に過ぎない人物もいたこととなり、その国造への選任は在地で族長位を継承していた本来の族長との間に対立を引き起こした可能性がある。

筆者はこの史料で使主が京に逃れて朝廷に助けを求めたとする点に注目し、王宮への上番経験がある人物と考えている。推論を重ねれば、笠原勢力の傍系にあった使主が舎人の務めを果たして本拠地に戻るにあたり、倭王権から国造の地位が与えられたが、それが在地で族長位を継承している小杵との間に対立を引き起こしたのではなかろうか。倭王権から一方的に新たに課せられることとなった国造の職掌と、これまでの「笠原直」としての仕奉の否定。小杵は笠原勢力の族長としてこれらを拒否し、同じように国造任命を受け入れていない上毛野君小熊と共に倭王権に対して抵抗したのだろう。前代までの仕奉の否定に対して反発するという点では小杵や小熊の立場は、外交という仕奉のあり方をめぐって倭王権と対決することとなった筑紫君磐井と同じである（小野里、二〇一三）。武蔵国造の乱の実体は使主・小杵が国造に任命されようと相争ったのではなく、国造の地位を受け入れるか拒むかの争いであり、国造就任を望む使主を支援した倭王権の前に、笠原勢力の最有力首長と上毛野勢力が服属を余儀なくされたということだろう。

族長と傍系の対立を族長の絶対性の動揺と解釈すれば、在地構造の変質という視点も成立するが、族長小杵に対して傍系の使主が自立的にその階層を覆すほどの力を持ったが故の衝突ではなく、倭王権が軍事動員体制をめざして地方豪族の国造任命を進める中、それを拒んだ有力豪族が倒されたのがこの乱の本質といえる。

おわりに ―むすびにかえて―

筑紫君磐井の乱を含め、『継体紀』『安閑紀』にみえる二つの国造の乱の意義については佐藤長門により、磐井の子葛子や使主は「在地の再分配センターとしての立場をみずから放棄して、その貢納・奉仕関係を大王に中継する地方行政官としての国造に就任」したのであって、かかる情勢下、倭王権に連なる地方豪族層が増加して大王が全ての集団を直接掌握できない事態に対応すべく、中央豪族を介して地方豪族とその貢納集団である部を管理する体制が整備される中、それを委ねられた中央豪族と大王との意思統一のための中枢機構として合議制が創出されたという評価がなされている（佐藤、二〇〇二）。

これまでも磐井の乱については、この乱を経て国造制やミヤケ制をはじめとする倭王権の地方支配制度は大きく進展し、古代国家成立への一大画期であったという評価が与えられてきた。一方ミヤケの設置記事の集中配置から、書紀の史観によってここに記された疑いを排除し得ない『安閑紀』武蔵国造の乱については、笠原直使主・小杵の本拠地や、乱後に設置されたミヤケの位置の検討が主となりがちで、磐井の乱の分析に見られるような倭王権の支配制度の展開過程の中での位置付けといった積極的な評価はなされていなかった。その意味では佐藤がこの乱の意義に注目し、磐井の乱を含めて、六世紀前半の倭王権による国内統一戦争的な理解から脱して、乱後の合議制の成立に結び付けて理解したことは意義深い見解といえる。

また伊藤循は和風諡号を持つのは安閑以降の大王であることを重視し、継体大王の時に磐井を鎮圧して外交権を確固たるものとし、安閑の時に上毛野を倒して国造任命権を掌握した結果、倭王権の大王の政治的権力・権威が飛躍的に高まったと指摘している（伊藤、一九九九）。

筑紫君磐井の乱や武蔵国造の乱の意義を倭王権の支配制度の展開の中に積極的に位置付け、武蔵国造の任命を安閑朝とする伊藤の指摘は首肯できる。だが佐藤の説にも言えることだが、権力の質の転換を二つの乱後とする視点はどうであろうか。

乱を誘発した原因を考えてみた時、本稿で武蔵国造の乱の分析を通じて明らかにしたように、むしろそれこそを、継体朝以降推し進められた、倭王権の権力の質の転換にともなう地方豪族支配制度の変質に求められると指摘できよう。

参考文献

甘粕　健、一九七〇「武蔵国造の反乱」（『古代の日本』七　関東、角川書店）
伊藤　循、一九九九「筑紫と武蔵の反乱」（吉村武彦編『古代を考える　継体・欽明朝と仏教伝来』吉川弘文館）
井上光貞、一九八五「部民の研究」（『井上光貞著作集　四　大化前代の国家と社会』岩波書店）
今泉隆雄、一九七二「八世紀郡領の任用と出自」（『史学雑誌』八一―一二）
大川原竜一、二〇〇九「国造制の成立とその歴史的背景」（『駿台史学』一三七）
小野里了一、二〇一三「六世紀前半における倭王権の変質と磐井の乱」（篠川賢・大川原竜一・鈴木正信編著『国造制の研究―史料編・論考編―』八木書店）
加部二生、二〇〇一「丸墓山古墳被葬者論」（『群馬県の横穴式石室』Ⅵ）

川崎市編、一九九三『川崎市史』通史篇Ⅰ
川原秀夫、二〇一二「古代上野国の国内交通路に関する一考察」（鈴木靖民編『日本古代の地域社会と周縁』吉川弘文館）
坂本和俊、一九九六「埼玉古墳群と无耶志国造」（『群馬考古学手帳』六）
佐藤長門、二〇〇二「倭王権の転成」（鈴木靖民編『日本の時代史』二 倭国と東アジア、吉川弘文館）
二〇〇九「倭王権の列島支配」（『日本古代王権の構造と展開』吉川弘文館）
篠川　賢、一九九六『日本古代国造制の研究』（吉川弘文館）
二〇〇五「国造の「氏姓」と東国の国造制」（あたらしい古代史の会編『王権と信仰の古代史』吉川弘文館）
清水久男、一九九四「「武蔵国造の乱」への招待」（大田区立郷土博物館『武蔵国造の乱』）
城倉正祥、二〇一一「武蔵国造争乱―研究の現状と課題―」（『史観』一六五）
杉山晋作、一九九二「有銘鉄剣にみる東国豪族とヤマト王権」（『新版 古代の日本』八 関東、角川書店）
須原祥二、二〇一一「「仕奉」と姓」（『古代地方制度形成過程の研究』吉川弘文館）
舘野和己、一九七八「屯倉制の成立」（『日本史研究』一九〇）
一九九九「ミヤケと国造」（吉村武彦編『古代を考える 継体・欽明朝と仏教伝来』吉川弘文館）
中村友一、二〇〇九『日本古代の氏姓制』（八木書店）
仁藤敦史、二〇一二「古代王権と「後期ミヤケ」」（『古代王権と支配構造』吉川弘文館）
横浜市編、一九五八『横浜市史』一
吉村武彦、一九九六「古代の王位継承と群臣」（『日本古代の社会と国家』岩波書店）
若狭　徹、二〇〇七「上毛野西部における五世紀後半の首長基系列」（『古墳時代の水利社会研究』学生社）

2　伴造―伴部制の一齣
―垂仁紀を中心にして―

中村友一

はじめに

部制については多くの論考があることは周知のことだが、根幹である伴造―伴部関係を中心に据えた論考はそれほど多くはない。

伴造―伴部関係については、阿部武彦の先駆的業績が見られる（阿部、一九六二・一九六三）。だが論考の主対象となる時代は「大化改新後」であり、いわゆる令制伴部が中心である。また、同書にて論じられる「名負氏」についても令制下が対象となっており、律令制前には議論が及んでいない。

その後、部制については武光誠による『研究史　部民制』でまとめられているが（武光、一九八一）、議論のレベルは少し時代差を感じる低い水準であるうえに、やはり伴造―伴部関係という論点で括られるほど先行研究も含めて提示されていないと言える。

比較的最近では狩野久のまとめが端的に部制について概観している（狩野、一九九三）。狩野は、某部舎人・某部膳夫・某部靫負という御名代を重視した関晃説（関、一九六五）に対して疑義を呈した。制度としては、七世紀代のことになってしまうが、成立は六世紀代の国造制に先行し、意図は国造に賦役負担させるためのようなものではないとした。さらに、部民制（伴造制）から六・七世紀に受け継いだのは舎人（兵衛）と仕丁と品部制という、後代への見通しも述べている。

筆者も『戦後歴史学用語辞典』の「部民制」の項で部民制について簡単にまとめたが（中村、二〇一二）、伴造―伴部関係については字数を割けなかった憾みもある。

このように令制前の部、とりわけ伴造―伴部制はあまり明らかにされていないという研究状況が指摘できる。そのような、全体として蓄積の浅い伴造―伴部制の研究動向において、『日本書紀』（以下『書紀』）垂仁紀に多くの部に関する記事が掛けられているが、あまりこの視点において取り上げられることがない。もちろん、そのまま史実とは見なせないのだが、伴造―伴部の関係性を示す、伝承化した点に何らかの意義が認められるだろう。それらの伝承が掛けられる垂仁紀自体の意義に加え、本題のそれぞれの部に関する記事が、およそ伴造―伴部制の本質的意義を表出していると予察されるのである。

以上のように課題は多いが、伴造―伴部制の構造は律令制前の国家支配の一端が明らかになるという重要な論点であると言えよう。

一　部制と伴造―伴部制

伴造―伴部制に踏み込んだ議論をする前に、「部」についての私見を簡単に振り返っておきたい（中村、二〇〇九・二〇一三）。

まず部制の成立については「各田卩〔阝〕臣□□□素□大利□」の銘を有する出雲岡田山一号墳出土鉄刀が初見史料と見なせよう。同古墳は墳長二一・五ｍの前方後方形で、築造年代が六世紀中葉～後半とされる。相対的な年代観しか窺えないが、在地の額田部臣氏の存在と、「部」がすでに成立していることなどが窺知できる重要な史料である。同じ出土文字史料である木簡の事例では、伴造―伴部関係が類推される比較的古い時期（七世紀後半）と想定される滋賀県西河原森ノ内遺跡出土木簡に見える「卜部」の事例がある。だが、出雲岡田山一号墳出土鉄刀銘を遡り得る史料は現在のところ出土していない。

以上のように、部の創始は早くても六世紀に入ってからであり、某人や某部による臣民の区分、集団に名称を付しての弁別という政治行為については、朝鮮諸国の事例にヒントを得たかと思われるが、次に述べるように、倭王権の独自性が顕著な制度として整備されていく。

では、倭国における部の独自性はどの辺にあるのか。

それは部の設定や部称の付与にかかるものである。大別すると、部には職掌名などの名負を持つものと、王や皇子・后の名を後世に伝えるための子代・名代が挙げられる。部称を付与して民を編成・把握する違いによるものと見なせるが、本稿では、前者の追究を目的とするので、名負の部称に関しての見解を提示しておきたい。

部称者の職掌で区分すれば、一般的に品部と総称される多様な職掌が部称に表されている。その仕奉内容から見ると、個人的な労働力としての名称、その技能を重視しての名称という二通りの奉仕形態が想定されるが、とくに伴造―伴部制に関しては後者の名称が多いことは言うまでもない。これをさらに三つの類型に分けることができる。

（一）物品や製作対象が分かりやすい名詞をそのまま称とした例。主な例は、楯部・弓削部・矢作部や的部・鞍部・靫部などが挙げられる。軍器に関する部称が中心的な例を占めている。また、泥（泊橿）部や土部のように日常器や祭祀関連の称も見受けられる。

（二）日本独特の読みに字義から漢字を当てたもので、古訓で特別な読みが知られる例が主である。（二）類型では、物品名と結合して動詞が変化した名称になった倭文部・錦部・縫部・漆部・服部や染部などが挙げられ、日常に使用する物品（祭祀関連で別に作製する集団には「神」字が付される）が多いことが指摘できる。

（三）類型については、（一）や（二）類型の名称にさらに動詞が入り、熟語的な名称となっている部称である。（二）類型よりも、訓により直接的漢語の読みを残す動詞が含まれる（三）の類型には、玉作部や鏡作部や金作部などの称が挙げられよう。

基本的に、物品名などが直接的に示される（一）類型や、その読みの性格からして（二）類型よりも（三）類型は後出だと見なせよう。例えば玉作部の場合、「玉作」（タマスリとも読まれる）が本来の称で、後に「タマツクリ（タマスリ）」という読みに漢字「玉作」が当てられ、そこに部が付されて「玉作部」として再編成されたのではないかと考えられる。類例には、山守部や鷹飼部・鳥取部なども挙げられる。

以上の三つの類型を、設定順に時系列的なまとめをすれば、まずその名称が抽象的なほど初源的な編成にかかるだろう。

「人」称を用いる編成については、部称よりも抽象的かつ普通名詞の称が多く、管見に入る史料の時期は早いが残存事例も少ない。また「某部＋人」「氏姓＋人」称といったように、人称が他の称を含み込んでいる事例は管見の限り見られない。人称を付すことが部称よりも先行すると考えて大過ない。

翻って部称を見てみると、倉（蔵）人と蔵部など人・部で同義の集団も存在することから、これらの編成の時期には大差がないとも言えようか。同様に山部・川部・海部など抽象的な普通名詞＋部の存在も、部の初源的な編成原理が人称と同じような、まずはおおざっぱに集団を括ることから始まったものと推量される。

他方、右のような人称と近しい初源的な部称以外の多くが、人称よりも具体的名称を有している。王権が部を官司機構へと制度的に整備していったことの証左であろう。

王権に連なる本質的な職掌上における伴造―伴部関係はこの直後に続いて編成されたと考えられる。なぜなら、人称とは異なり部称には、部称を氏名に含み込んで対応する上位氏族、例えば物部連や山辺連といった氏称を持つ氏族がほぼすべてにおいて知られるからである。だが、律令制下の品部と同じように、管掌関係が一様ではなく、重層的に王権に仕奉した事例も多いと想定できる。

職能的な部集団における設定の順序は、（一）類型の軍器製作に関わる技能集団の編成が先行するが、このことは王権の性格が祭祀より軍事を重要視する時期の反映かとも推測できる。軍器関連技能者の編成に並行し、かつ部の整備過程において固有の訓読に漢字を当てた（二）類型の日常用物品と祭祀に関わる物品製作に携わる技能集団の編成が続くと見られる。その後、（三）や、人称や氏姓と混合化した称が現れるように、部称者としての再編成が実施されたものと想定できる。

部設定の時期についてもすでに指摘したことだが、具体的時期は不明確だが、五・六世紀の端境期頃に人称が設定され、制度的に広汎に及ぼされる前に、部制も創始され下級職能者や貢納母体を「部」として設定していったと考えられる。一部は人称集団を置換したものもあっただろう。また、人称集団として設定されずに残った集団も新たに部に設定されたものもあるだろう。同じ名称の人と部が併存していることから、明確な線引きはできない。ただし、部はより具体的な生産様式ごとに集団を編成していることが名称から窺えるので、（二）（三）類型の設定は、人称や部の（一）類型よりやや遅れて、おそらくは六世紀半ば以降にかかってくると考えられる。

以上のような部について、またその編成に関しての私見を省みたが、本稿で垂仁紀の検討を中心に部編成の一齣を抽出して、令制前の政事構造の一端を明らかにしたい。

二　垂仁紀の記事と論点

本節では、前述したように『書紀』垂仁紀の記事に注目して検討を進める。その理由は、垂仁紀には部に関する記事が多く収載されるためである。

垂仁紀の構成は、記事別に三十六条の内容がある。そのうち帝紀的な記載は十四条を占めるが、比較的に旧辞的な記事も多い。

前節で見たように、部と類似する人称の伝承である天日槍の陶人設定の記事も含めると、垂仁紀には部に関する記事は四条が抽出できるが、割合とすれば少ないとも見られようか。しかしながら、関連する五条の記事が部設定の前後関係に関わるので、計九条が部関係記事であると見なせる。ただ「某部を置く」といった記事ではなく、それぞれにエピソードを有しているので分量も比較的多い点が特徴だろう。以下、各条を列挙する。

①＝垂仁三年三月　　天日槍　陶人
②＝垂仁二十三年十一月　鳥取部・鳥養部・誉津部を定める【史料1】
②―1＝同年九月　　誉津別が話せず
②―2＝同年十月　　天湯河板挙　鳥取造【史料1】
③＝垂仁三十二年七月　　出雲国土部　土部臣【史料2】

③─1＝二十八年十月　倭彦命薨ず
③─2＝同年十一月　倭彦命葬る　殉葬を止めさせる
④＝垂仁三十九年十月　刀の川上部以下各種部
④─1＝八十七年二月　物部十千根大連　石上神宮の神宝の管理を掌ることに【史料4】

ところで、『古事記』垂仁段では、記事の分量が多く、大枠として沙本彦王の反逆記事、本牟智和気王（品遅部設定）、出雲仮宮（鳥取部・鳥甘部・品遅部、大湯坐・若湯坐設定）、相楽・弟国地名起源、多遅摩毛理の常世国への使（石祝〔棺〕作・土師部設定）といった記事が知られる。内容の異同については、各所で最小限触れるに留めたい。

では『書紀』の①〜④の記事を逐条に見てみよう。

①の垂仁三年三月条では、新羅王子とされる天日槍に関わる伝承の一つで、研究の蓄積も多い。本文では玉など七種の神宝を但馬国に蔵めている。一云には播磨国宍粟邑にいるところを尋ねられ、帰化の心と八種の貢献物を伝え、さらに諸国歴訪を求めて聴された後、菟道河から、近江にしばらく住み、さらに若狭を経て但馬に住処を定め、婚姻して子孫を残したという大要である。

陶人は、この一云の中で天日槍の従人で近江国鏡村の谷にいるとされている。ここでは単数に見受けられるが、おそらくは集団で把握されていたものと考えられる。なぜなら従人一人きりで須恵器を作成することが考えにくいからであるが、何よりも野洲市・竜王町に鏡山古窯跡群が存在し、古墳時代後期からの大きな須恵器生産地として稼働していたとされるからである（大橋信弥、二〇〇四）。のみならず、鏡宿や字名として須恵という遺称地もある近江国東南の蒲生郡内において、あるいは近江国全域において、帰化渡来系氏族の存在やその痕跡が多いことは周知のことだろう（西田弘、一九九九。大橋、二〇〇四ほか）。おおよそ歴史的史実が背景にある伝承と推定できるからであり、人称者の把握の事例の一つと言えるだろう。

ただし、記事の書きぶりからすればこの陶人とは、須恵器作りが巧みな人、という意味合いであって、伴造―伴部関係に擬するような、またそこまでいかないまでも王権からの行政的編成を伴うものではなかったと判断できよう。

②の垂仁二十三年十一月条は、これも著名な記事で、鳥取部・鳥養部・誉津部が定められたことを伝える。②―1は垂仁二十三年九月条で、この一連の説話の導入、前段と言うべき記事である。垂仁の息子である誉津別王が三十歳になって鬚も長くなってもいるのに、なお幼子のように泣くばかりで話せないことを臣下に諮らせたことにより、この伝承が始まる。

中心となる②と②―2については史料を掲示して見てみよう。

【史料1】『書紀』垂仁二十三年十月・十一月条

冬十月乙丑朔壬申、天皇立二於大殿前一。誉津別皇子侍之。時有二鳴鵠一、度二大虚一。皇子仰観レ鵠曰、是何物耶。天皇則知二皇子見レ鵠得一レ言而喜之。詔二左右一曰、誰能捕二是鳥一献之。於レ是、鳥取造祖天湯河板挙奏言、臣必捕而献。即天皇勅二湯河板挙一板挙、此云二拕儺一。曰、汝献二是鳥一、必敦賞矣。時湯河板挙望二鵠飛之方一、追尋詣二出雲一、而捕獲。或曰、得二于但馬国一。

十一月甲午朔乙未、湯河板挙献レ鵠也。誉津別命弄二是鵠一、遂得二言語一。由レ是、以敦賞二湯河板挙一、則賜レ姓而曰二鳥取造一。因亦定二鳥取部・鳥養部・誉津部一。

話せなかった誉津別王が鵠（白鳥）を見て「これは何物であるか」と言葉を発したことを、垂仁が喜びその鳥を献上させようとした。そこで必ず捕らえて献ると奏したのが鳥取造の祖とされる天湯河板挙であり、実際に鵠が飛び去った方向に追って捕獲したという。

翌月に天湯河板挙が捕らえた鵠を献上したところ、誉津別王が鵠をもてあそんでいるうちに話せるようになったので、天湯河板挙を褒賞して鳥取造の氏姓を賜り、おそらくその管掌下となった鳥取部・鳥養部・誉津部も定められたという大要である。

一方、前述のように『古事記』では本牟智和気王（品遅部設定）と出雲仮宮（鳥取部・鳥甘部・品遅部、大湯坐・若湯坐設定）に分かれており、その詳細もだいぶ『書紀』とは異なっている。とりわけ本牟智和気王が焼かれた稲城の火中に生まれたという、一層伝承色の濃いことが窺われる。また、その際に大湯坐・若湯坐を設定したこと、天湯河板挙ではなく山辺の大鶙が鵠を捕まえるが、その行程や献上した後にも王は話せなかったこと、出雲の大神の宮を修造して鳥取部・鳥甘部・品遅部と大湯坐・若湯坐を定めたとある。

『古事記』説話では、時代観が説話内においても統一性がなく、説話の素材・内容も混在化が際立ち用いにくいものと言える。『書紀』においては、逆に整いすぎているきらいがあり、用語の変改などの潤色も見られるが、鳥取に関する一連の素材は、原伝承から受け継がれているものと評価できよう。

後者の方を妥当として、詳細な検討を加えたものに志田諄一の専論がある（志田、一九七〇）。簡単な言及や『古事記』説話中心の研究が他にも見られるが、志田説がおよそ穏当な見解を提示している。

それによれば、鳥取部・鳥養部が管掌する鳥類は食用のためではなく、賞翫するためのものであり、鳥取部が捕獲し、鳥養部が飼育管理するという。異説もあるが、名称と伝承の内容からは志田説を採るべきだろう。ただし、オオハクチョウ・ハクチョウの分布域と鳥取部・鳥養部の分布を重ね合わせることは、双方のデータに対してもう少し厳密さが求められるべきだろう。

これらの部に編成された人々について、雄略紀十年九月・十月条に見える筑紫の水間君が贖罪のために提出した「養鳥人ら」の伝承から、鳥養部については罪人を編成したという見解を、やはり志田は反駁しているが、筆者も同感であり、これらの出自は通常の公民だと考えられる。磐井の乱や、武蔵国造職をめぐる屯倉献上記事に徴してみれば、贖罪などのために設定される部というものが、その都度なにがしかの部に編成されたことはあろうが、それら犯罪時に編成されるべき部の種類があらかじめ設定されているというのは不自然だろう。

よって、捕鳥して貢上する鳥取部と貢上された鳥を飼養する鳥養部の関係性の整備、管理のために鳥取造氏も賜氏姓されたという伴造―伴部関係が、ほぼ同時に設定されたのである。

次いで、③垂仁三十二年七月条を取り上げよう。

まず前段、導入的な意味合いで配置された③―1垂仁二十八年十月庚午条で、垂仁の同母弟倭彦命が薨じ、次いで③―2十一月丁酉条において、倭彦命を葬る際の殉葬の人々の鳴き声を聞いて、以後、殉葬を止めさせることにしたという伝承である。

【史料2】『書紀』垂仁三十二年七月己卯条

皇后日葉酢媛命一云、日葉酢根命也。薨。臨レ葬有レ日焉。天皇詔二群卿一曰、従レ死之道、前知レ不レ可。今此行之葬、奈之
為何。於レ是、野見宿禰進曰、夫君王陵墓、埋二立生人一、是不レ良也。豈得レ伝二後葉一乎。願今将下議二便事一而奏上
之。則遣二使者一、喚二上出雲国之土部壱佰人一、自領二土部等一、取レ埴以造二作人馬及種々物形一、献二于天皇一曰、自
レ今以後、以二是土物一、更二易生人一、樹二於陵墓一、為二後葉之法則一。天皇、於レ是大喜之、詔二野見宿禰一曰、汝之便
議、寔洽二朕心一。則其土物、始立二于日葉酢媛命之墓一。仍号二是土物一謂二埴輪一。亦名二立物一也。仍下レ令曰、自
レ今以後、陵墓必樹二是土物一、無レ傷レ人焉。天皇厚賞二野見宿禰之功一、亦賜二鍛地一。即任二土部職一。因改二本姓一、謂二

土部臣。是土部連等、主二天皇喪葬一之縁也。所謂野見宿禰、是土部連等之始祖也。

本条は、出雲国の野見宿禰に関わる土師氏の祖先伝承が本義だと考えられるが、土部を管掌することや喪葬に関わることはほぼ間違いないところだろう。ただし、伝承にあるような埴輪の作成開始は史実ではない。埴輪は形象埴輪ではなく、円筒埴輪から作られ始めることなどの考古学の成果からすれば、ストーリーはほぼ創作されたものではなかろうか。

土師氏や本条の伝承に関わる論考は数多く（直木孝次郎、一九六〇。平林章仁、一九九二。前川明久、一九七八ほか）、令制下の任官事例や、改氏姓請願における凶事に関わりたくないと主張する内容から見れば（米沢康、一九六一。山本幸男、一九九八。中村、二〇〇九ほか）、土師氏と土部の伴造―伴部関係も疑いない。③の伝承のような埴輪というよりも供献用土器の製作と、それに関する祭式に関わる職掌を負っていたとみられる。

土師氏はその職掌上、泥部などとも管掌関係を有したと想定されるが、本条では土師氏と土部との伴造―伴部関係の確認とその起源伝承が垂仁天皇代に掛けられている意義に注視しておくことにしたい。二つの事例からは、伴造―伴部の関係がほぼ同時期に、直線的・複線的（伴造に対して伴部が複数種という意味において）両様があることを確認できたとまとめたい。

三　神祇祭祀系神部からみる垂仁紀の伴部

垂仁紀は祭祀関連の記事もまた多く、④の記事はその中心をなすものであり、節を改めて検討する。前節に見た③の喪葬に関わる記事も広義には祭祀関連記事に含められると言えるが、それ以外にも垂仁紀の三十六条のうち八条を占めている。

【史料3】『書紀』垂仁二十五年二月甲子条

詔二阿倍臣遠祖武渟川別・和珥臣遠祖彦国葺・中臣連遠祖大鹿嶋・物部連遠祖十千根・大伴連遠祖武日、五大夫一曰、我先皇御間城入彦五十瓊殖天皇、惟叡作レ聖。欽明聡達。深執二謙損一、志懐沖退。綢二繆機衡一、礼二祭神祇一。剋レ己勤レ躬、日慎二一日一。是以人民富足、天下太平也。今当二朕世一、祭二祀神祇一、豈得レ有レ怠乎。

右の【史料3】、崇神天皇代に神祇を祭って平安だったので、自分垂仁の代にも祭祀を怠るなという記事を筆頭に、以後垂仁二十七年八月己卯条など祭祀関連の記事が散見するようになる。崇神紀の大物主・大田田根子、伊香色雄などの伝承を承けてのことと考えられるが、『書紀』におけるこの時期の記述の前後関係に信憑性はない。その天皇がどのような性格付けをされて記事が配当されているかに係る問題だからである。

【史料3】自体は、有力氏族の遠祖が五大夫として見えており、王権と各氏族の共通認識として創作、垂仁紀に配置されたものと見なせよう。実際、祭祀系職業部関係記事である③・④もこれ以降に記載されていることは示唆的だろう。

④は伴造―伴部関係と祭祀関連双方の問題意識に関係する、石上神宮と各種部設定の伝承記事となっている。

【史料4】『書紀』垂仁三十九年十月条（本条のみ割書を〈 〉で表記する）

五十瓊敷命、居二於茅渟菟砥川上宮一、作二剣一千口一。因名二其剣一、謂二川上部一亦名曰二裸伴一。〈裸伴、此云二阿箇播娜我等母一。〉蔵二于石上神宮一也。是後、命二五瓊敷命一、俾レ主二石上神宮之神宝一。〈一云、五十瓊敷皇子、居二于茅渟菟砥河上一而喚二鍛名河上一、作二大刀一千口一。是時、楯部・倭文部・神弓削部・神矢作部・大穴磯部・泊橿部・玉作部・神刑部・日置部・大刀佩部、并十箇品部、賜二五十瓊皇子一。其一千口大刀者、蔵二于忍坂邑一。然後、従二忍坂一移之、蔵二

于石上神宮一。是時、神乞之言、春日臣族、名市河令レ治。因以命二市河一令レ治。是今物部首之始祖也。〉

先行研究では、本条に触れてない論考も多数見受けるが、物部連氏関係史料として触れるものも散見する。それらの論考でも「一云」に見える物部首氏への言及は多くない。その場合も、津田左右吉以来（津田、一九四七）、連氏—首氏の統属関係を想定したり、伝承の時期差を想定することなどが主眼であり、伴造—伴部関係を念頭にした検討は行われていない。

まずは、一つの部に対して伴造氏族が一つとは限らず、詳細に区分されて設定された部はある程度収斂して管掌されている可能性が想定できる記事と評価できる。

【史料5】『新撰姓氏録』大和国皇別

布留宿禰

柿本朝臣同祖。天足彦国押人命七世孫、米餅搗大使主命之後也。男木事命、男市川臣、大鷦鷯天皇御世、達レ倭、賀二布都努斯神社於石上御布瑠村高庭之地一、以二市川臣一為二神主一。四世孫、額田臣・武蔵臣。斉明天皇御世、宗我蝦夷大臣、号二武蔵臣物部首并神主首一。因レ茲失二臣姓一、為二物部首一。男、正五位上日向、天武天皇御世、依二社地名一、改二布瑠宿禰姓一。日向三世孫、邑智等也。

【史料6】『新撰姓氏録』和泉国皇別

物部

布留宿禰同祖。天足彦国押人命之後也。

【史料5・6】を掲示したのは伴造氏族側の検討をするためだが、【史料4】に見える物部連氏と物部首氏が氏族としては別氏族であることを注意喚起する見解も、近年では散見してきている（津田、一九四七。横田健一、一九七六。長家理行、一九八三。篠川賢、二〇〇九。宝賀寿男、二〇一六ほか)。所伝が二通り残ったとする見解も見られるが(長家、一九八三)、いずれも物部という氏名部分が共通し、姓と出自は異にする理由などについては検討されていない。この点に伴造―伴部関係の本質が垣間見えると言えよう。

【史料5・6】に知られるように、首系の物部氏は同祖関係の柿本朝臣氏、その本宗氏である大春日朝臣氏が孝昭天皇皇子の天足彦国押人命の後裔と称している。この出自自体はまったく信を置けるものではないが、少なくとも神別である連系と仮冒することもできない、もしくはその必要もない別の氏族であることは疑えないところである。

朝廷祭祀や武器を製造する物部と称する工人を管理する伴造の総元締めは、後代の物部連に限られておらず、神宮の神宝管理も各氏族首長・伴造間に移動する不安定さがあったとする見解(横田、一九七六)もあるが、首肯できない。氏名部分を共通とすることで職掌の親縁性は認められるところだが、姓の違いも含めてやはり弁別して考えなければなるまい。

垂仁三十二年紀の物部首氏は、連系とは別氏族で姓の違いを重視すれば、「一云」の方が低めの姓である物部首氏を取り上げている意義が見出せる。姓の問題については紙幅の都合もあり、他日を期させていただきたい。いずれにしても王権に関わる「モノ(現在のところ、祭祀系の武具・威儀具と想定)」を管掌する、物部に共通する職掌を持ち、連系と関わりが深い石上神宮の伝承とりわけ神宝管理に携わることに関して接点を生じた首系物部氏の伝承であると言えよう。

さて、垂仁三十二年紀については、王権が伴造―伴部関係を編成する際に祭祀関係を重視していたであろうことも窺えるのではないか。同条に見える神弓削部ら十箇品部は、某部に神を付す伴部の特別な意義として『古語拾遺』に見える神服（部）連、神麻績連などがすぐに想起されよう。

【史料7】『古語拾遺』

凡造二大幣一者、亦須下依二神代之職一、斎部之官、率二供作諸氏一、准レ例造備上。然則神祇官神部可レ有二中臣・斎部・猿女・鏡作・玉作・盾作・神服・倭文・麻績等氏一。而今唯有二中臣・斎部等二三氏一。自余諸氏、不レ預二考選一。神裔亡散、其葉将レ絶。所レ遺十也。

【史料7】にも窺えるが、令制下に至ると通常神部を輩出できる神祇系氏族も中臣・斎部程度と見られ、祭祀や技能に関わる伴造―伴部関係が希薄になっていくことが想定されよう。

しかしながら、『続日本紀』天平十六年（七四四）二月丙午条では「天下馬飼・雑戸人ら」が負っている氏姓を免しているが、その後に手伎の技能を子孫に伝習しなければならないとされている。また同様に天平勝宝四年（七五二）二月己巳条では、京畿諸国の「鉄工・銅工・金作・甲作・弓削・矢作・桙作・鞍作・鞆張ら」の雑戸が天平十六年二月十三日の詔によって氏名の改正姓をゆるされたが、本業はそのままに色ごとに差発して使役せよとされ、より多くの技能者の氏名が変更されたことが窺える。

より部称が具体的である場合、雑戸やそれに近い低層であったことも窺えるが、ともかく、【史料4】において楯部・倭文部・神弓削部・神矢作部・大磯部・泊橿部・玉作部・神刑部・日置部・大刀佩部が見え、より技術職が濃い伴部が設定され、その称が具体的に分化していることから伝承のベースはそれほど古くないであろうことが看取できる。

ただし、「神」字が付された部称は、祭祀具製作に特化した部集団も分化していると想定され、王権の臣民編成において重視されていることが指摘できよう。

【史料4】の一云も、低層の物部首氏が神宝の管掌に携わることになった伝承を採取した事実に近しい記事と想定できよう。

物部連氏の管理は、本条や出雲神宝の接収、崇神紀の出雲神宝献上を承けて物部の上級の管掌者として、その他の神宝管理記事と同様により上位の管理（王権の代行者として）派遣管理する立場として関わってくるようになったのだろう。常時関わっているわけではなく、それぞれの場所、その都度といった上下関係が発生することは想定できるが、姓の差による一元的な上下・管掌関係は短絡的な推測ということになろう。

伝承の時期はおくとして、崇神七年十一月紀の伊香色雄の八十平瓮（この段階で氏祖から人名へ）、別に群神を祭って、天社・国社、神地・神戸を定めるのに対応して物部首姓も派生したのではなかろうか。

後に蘇我氏に管掌権を奪われるなどの『石上振神宮抄』所収「神主布留宿禰系譜」のような変わった伝承も見受けられるようになるが（畑井弘、一九七七）、そのような伝承が発生したことについては興味が引かれるものの、本条に関わる原伝承を解く鍵とはまったくなり得ない。

結局のところ石上神宮は、布留社・布留神としての意義に帰結していくことと関係しているのではないか。本来、物部首氏の管掌社だった「神宮」がその位置付けにブレがあるが、物部連氏の系統が石上朝臣氏へと改賜氏姓されていくように、神宮として一つの社以上の扱いを受けるように換骨奪胎されていったと考えられる。

このように、垂仁紀に見えるような祭祀・神宝とその伴部の管掌に与る両物部氏は、その後律令制下においては、名負入色者として職員令32囚獄司条の「物部卌人。」の義解に「謂、此伴部之色。故式部補任。其衛門府門部亦同也。」とあるように、技能に関する下級職に優先的補任に与ることが知られる。囚獄司物部条は任用規定で、入色者の任じられる扶省掌・台掌があり、入色者は課役が徴免、季帳に記載され、民部省勘合による勘籍が行われた。

ただし令制下の物部は、神部系とは別の令制品部につながっていることは注意される。だが、連姓の後裔氏族石上・榎井氏は伴・佐伯氏・出雲国造・猨女などの例に特徴付けられるように、王権の神祇祭祀に観念的に参加する、儀式に象徴的に君臣関係を体現するなどの意義を有して、それらに関与する規定に摂取されている例が目立つ（中村、二〇〇九）。

「神楯」や「大楯槍」を樹てる役を負い、両氏が都城や儀式場において観念的な役割をもって武人的な性格を体現している。威儀具を樹立し、直接的には守衛者として、王権の藩屏としての役目が具現化されている。これは両氏が武人的な伴造であったことに由来しているが、天平十七年（七四五）に石上・榎井氏が間に合わない際に、やはり武人的な性格をもつ大伴・佐伯氏が代わりを務めている。武具・威儀具とそれに関わる祭祀に両氏が積極的に任用され、さらに『延喜式』のような成文法により職掌を保護されるようになった点を評価したい（中村、二〇〇九）。

物部氏の両系統を簡単に時間軸を追ってまとめておくと、編成の契機は五世紀代の王権祭祀が次第に武器・武具へ、それが祭祀具化することと関係していると想定できる。それに伴い六世紀代と想定される頃に武具、それを保持して王権へ仕える物部が祭祀具を通して神宝管理などにも関与し、そこに物部連氏が上級の伴造氏として各所に登場してくる。

その後、令制的祭祀の整備に伴い王権への仕奉の集約者として、より名負に近い守衛者として、また威儀具を保持しての参加が、物部のより端的な事例として残されたと考えられる。

一方、物部首氏は、【史料4・5】に見えるようにより小分けにされた祭祀管理者として、管理者であって技術者ではないことなどもあわせて物部の氏称を与えられたと考えられる。ただし【史料5】の『姓氏録』における

「臣」は臣下たる称号であって、宿禰改姓における箔付けを目的とした記事である。布留地域の旧族だったから氏名とすることができ、垂仁紀の伝承にも採話されたものと考えられよう。

だが中下級層の物部首氏系の祭祀と管掌権は、令制下の成文法への影響を与えるまでは至らず、【史料5】のような氏族伝承のみが伝わることになったと見なせよう。

おわりに

崇神紀とあわせて検討する必要があるが、垂仁天皇代はもっと注目して検討しなければならないと考え、縷々述べてきた。

垂仁代は祭祀そのものと、それにまつわる伴造―伴部関係が崇神天皇代を承けて整備された御代として、その後の王権から意識されたと思われる。

本論では触れていないが、伊勢斎宮の初例など、垂仁天皇代の意義付けは八世紀段階では高い。垂仁紀における王権祭祀の変化（武器由来の神宝へ）の記憶の発露、それによる伴造―伴部編成の伝承が掛けられたのである。言い換えれば、垂仁紀の一連の伝承に伴う王権の中央集権的な祭祀への統制の、おそらくある程度史実に根ざした記憶、そしてそこに伴造―伴部設定の行政実行記事の配当という意味で重要視された時代だったと言える。

また、【史料4】に見える剣は茅渟菟砥川上宮という宮名に因むが、別名「裸伴」ともいう剣が「川上部」と名付けられたのも示唆的である。伝承上、伴部について意識されていたと析出できるからだが、垂仁二十七年八月己卯条で兵器が神幣として諸神社に納められたこととも対応しているためでもある。

伴造層氏族に限ってまとめておけば、鳥取造氏や改賜氏姓される以前の土師連氏に明らかなように、一般に、技術職は議政官にまで上がれないことが知られる。物部の事例に徴してみれば、その統率者である首姓の物部氏も議政官を構成する氏族の姓（臣・連、一部君も）より、姓も職掌も低層に、技術者に近しい立場・身分だったと想定できる。

一方、連姓系の物部氏は議政官構成メンバーたり得るが、姓も出自も異なる。両氏族の氏名が抽象的な「モノ」なのは、右の多くの仕奉を集成して王権に供奉するためと考えられる。

氏称部分が同じであっても、姓の違いが直接統属関係にあるのではなく、奉仕先によって変化する、具体的には④での管理関係、他にも祭祀ごと、氏人管掌ごと臨時の使ごとなどのシチュエーションが挙げられよう。

さらに言うならば物部連、首姓氏族の氏称と姓の同一、差異の違いが反映された氏姓制と伴造―伴部制における格好の記事も垂仁代に配当されているのは、前述したような祭祀の変化と対応しているのであろう。

以上のように、垂仁紀には祭祀の変化と伴造―伴部制の創始とが連動して述べられる重要な時期と認識されていたのである。しかしながら、憶測だが、平安時代に入る頃には伴造―伴部制についても、令制品部の制は残るが、その本質的意義もまた忘れ去られてしまったのではなかろうか。垂仁代が設けられた意義もまたやや忘れられ、殉葬者を埴輪に置き換えたエピソードが注目されたことで、仁を垂れる「垂仁」という漢風諡号になったのではなかろうか。

本稿で言及した伴部については、各個に詳細な検討が必要であるが、紙幅の都合もあるので②〜④それぞれの事例の深化と合わせて他日を期したい。浅薄な検討に終始したが、諸賢のご批正をお願いして擱筆することにしたい。

参考文献

阿部武彦、一九六二「伴造・伴部考」（『日本古代の氏族と祭祀』吉川弘文館、一九八四年に所収）
　　　　　一九六三「負名氏と律令官人制」（『日本古代の氏族と祭祀』前掲に所収）
大橋信弥、二〇〇四『古代豪族と渡来人』（吉川弘文館）
狩野　久、一九九三「部民制と国造制」（『発掘文字が語る　古代王権と列島社会』吉川弘文館、二〇一〇年に所収）
志田諄一、一九七〇「鳥取造」（『古代氏族の性格と伝承』雄山閣、一九八五年に所収）
篠川　賢、二〇〇九『日本古代氏族研究叢書1　物部氏の研究』（雄山閣）
関　　晃、一九六五「大化前代における皇室私有民―子代・御名代考―」（『関晃著作集二　大化の改新の研究　下』吉川弘文館、一九九六年に所収）
武光　誠、一九八一『研究史　部民制』（吉川弘文館）
津田左右吉、一九四七「上代部の研究」（『津田左右吉全集』三、岩波書店、一九六三年に所収）
直木孝次郎、一九六〇「土師氏の研究」（『日本古代の氏族と天皇』塙書房、一九六四年に所収）
長家理行、一九八三「物部氏族伝承成立の背景」（『龍谷史壇』八一・八二）
中村友一、二〇〇九『日本古代の氏姓制』（八木書店）
　　　　　二〇一二「部民制」（木村茂光監修・歴史科学協議会編『戦後歴史学用語辞典』東京堂出版）
　　　　　二〇一三「人・部制の成立と展開」（『駿台史学』一四八）
西田　弘、一九九九「近江における渡来系氏族」（『近江の古代氏族』真陽社）
畑井　弘、一九七七『物部氏の伝承』（講談社、二〇〇八年に所収）
平林章仁、一九九二「土師氏の伝承と儀礼」（横田健一編『日本書紀研究』一八、塙書房）
宝賀寿男、二〇一六『古代氏族の研究8　物部氏』（青垣出版社）
前川明久、一九七八「土師氏伝承の一考察」（『日本古代氏族と王権の研究』法政大学出版局、一九八七年に所収）
山本幸男、一九九八「大枝朝臣賜姓覚書―和氏・土師氏と早良親王―」（『続日本紀研究』三一一・三一二）

横田健一、一九七六「物部氏祖先伝承の一考察」（『日本古代神話と氏族伝承』塙書房、一九八二年）
米沢　康、一九六一「土師氏の改姓」（『日本古代の神話と歴史』吉川弘文館、一九九二年に所収）

3　人制から部民制へ

堀川　徹

はじめに

人制は一般的に、部民制成立以前に、地名や職掌を表す「某」と「人」が結合した「某人」とする称を与えて、その名に基づいて王権との仕奉関係を結ぶ制度として捉えられてきた。一方、部民制は、一般的に六世紀以降倭王権によって施行された、人間集団に一定の役割を表す「某」と「部」が結合した「某部」とする称を与えて、その名に基づいて王権との仕奉関係を結ぶ制度と捉えられてきた。人制と部民制はその類似性や前後関係から、当時の支配構造や社会構造、それらの展開過程を明らかにするうえで重要な素材として研究の俎上に挙げられ、とりわけ人制に比べて史料数が多い部民制は、古くから身分制・奴隷制・生産様式論とも関連して述べられてきた。国造制・ミヤケ制などと並び、五世紀から七世紀の地域支配を検討するうえで重要な検討対象であることはよく知られているところである。

本稿では文献史学の立場より大化以前の地域支配制度の展開過程の一端を明らかにすることを目的とし、それに対するアプローチの一つとして、人制から部民制への展開過程を明らかにすることを課題とする（なお、人制は部民制施行後も遺制として残存することが指摘されているが、性格が変化する可能性もあるため、本稿では部民制施行前の人制を検討対象とする）。その課題を検討する視角として、目的の性格上、本稿の課題を人制と部民制を王権側の視角から検討する。「某人」や「某部」は王権により与えられた名称であることを考えれば、その展開過程を検討するうえで、人制・部民制の社会構造（≠社会の下部構造）へ直接焦点を当て、その実態を明らかにする視角は有効ではない。実態としての社会構造の変化はともかく、王権が社会をいかに捉えたか、制度史的な視角から支配構造を明らかにし、またそれはいかに展開したかという視角から検討することが有効であろう。

一　先行研究の整理

人制と部民制については、これまで様々な角度から膨大な量の研究成果が蓄積されてきた（本書総論第Ⅰ部3所収鈴木論文）。そのすべてを網羅することは到底できないため、先に示した課題設定および検討視角に沿う形で近年の主要な研究成果を整理しておく。その中で現在の到達点を明示し、本稿での検討視角に基づく論点を提示する。

人制の概要については、稲荷山古墳出土鉄剣銘や江田船山古墳出土大刀銘を踏まえて、次の点が指摘されている（篠川賢、一九九〇。吉村武彦、一九九三）。①人制から部民制へと変遷し、人制は部民制に解消されていく。②「某人」の「某」は職務を表し、王権と仕奉の関係を結び上番していたとみられる。③杖刀人首は後の伴造にあたり、一般の杖刀人は伴造ないしトモに相当する。④トモに関連する人制に対し、部民制はトモを維持するべも含まれる。⑤五世紀の政治的支配は人制を通じて倭国王と仕奉関係を結んだ在地首長により行われた。以上である。これらはその後通説的理解となり、その後も継承されていくことになる（中村友一、二〇一三。田中史生、二〇一三・二〇一五。平石充、二〇一五。溝口優樹、二〇一五）。

人制の構造について、中村友一はとりわけ人制に編成される階層に着目し、人称者と部称者はほぼ同じ階層で、下層の人的集団と捉えた（中村、二〇一三）。人制の内部構造については、江田船山古墳出土大刀銘をもとに、「（奉事）典曹人」が「書者」「作刀者」を動員すると想定し、「各地からの上番者や渡来系技能者を含みながら、複数の専門職務者と、それを複合する組織として機能」するとした田中史生の見解をはじめ（田中、二〇一三・二〇一五）、「人制とは職能に基づき集団で王権中枢に上番し、上番先で特定地点に集住していることが特徴」とする平石充の見解や（平石、二〇一五）、上番者のみが人制に編成され、出身母体である共同体が王権に対して奉仕義務を負っていたわけではないとし、部制では民衆層までが仕奉体系に組み込まれるとした溝口優樹の見解がある（溝口、二〇一五）。いずれも人制の内部構造について異なる想定をしており、人制の内部構造については共通理解を得られていないのが現状で、さらなる検討の余地がある。

部民制の先行研究について、本稿と関連する部分ではトモとべの関係性が挙げられる。以前は、トモはべの統率者で、宮廷の職務分掌組織を構成する者として、べはトモを資養する貢納民と理解されてきた。そのためトモとべは異質の集団として分離して捉えられていた（平野邦雄、一九五五など）。しかしその後、狩野久は名代・子代について検討し、トモとべは「異質の分離可能な人間集団ではないのであり、部集団を人格的に体現し、それを代表するものがトモになって王宮に奉仕し隷属関係をもつことが、そのまま集団がべとして王の民とされる」とし、「べが「トモの出仕の費用」として貢納と賦役を負担するのはそのかぎりにおいてであ」ると理解する（狩野、一九七〇）。また、鎌田元一は、トモとべは「本来字訓と字音とによる呼称の相違にすぎず、なんら異なる実体をさし示すものではない」とし、「その奉仕内容の如何を問わず、本来的には王権に対する隷属・奉仕の関係を設定されたすべての服属集団を意味する呼称」と理解する（鎌田、一九八四）。

狩野と鎌田ではトモの位置づけにおいて若干の差異があるものの、トモとベを統一的に捉えるべきという点で大きな差異はない。また、最近では溝口も上番・直接の奉仕の有無にかかわらず、王権から見れば奉仕義務を負っており、それらがトモと観念されるとする。これは狩野と鎌田の見解の折衷案ともとれ、トモとベを統一的に捉える点で上記と同様である（溝口、二〇一五）。このように先行研究を確認すると、先行研究では、王権から捉えた構造と実態を混同しているように見受けられ、そのため議論がかみ合っていないように見える。そこでそれらを分けて再検討する必要があるだろう。とりわけ本稿で論点としたいのは、王権はどのように部の構造を認識していたのかという点である。

もう一点本稿と関連する部分で言えば、人制との差異が挙げられる。吉村は漢語表記から和語表記への変化から質的段階差を想定する。つまり人制から部民制の変化は、陶人と陶部を例とすれば、須恵器生産が大規模生産から地方の小規模生産への変化とリンクするとする（吉村、一九九三）。鎌田は、部民制はトモ制（人制）と異質の原理に基づくものではないと理解する。そしてトモの組織を部表記で表しただけで部民制と本質的な差異はなく、トモ制の全国化の過程であるとする（鎌田、一九八四）。中村は名称が抽象（「某人」）から具体（「某部」）へと変化することから、王権の「部を官司機構へと制度的に整備」する志向を読み取り、より具体的な生産様式ごとに集団を編成したと想定する（中村、二〇一三・二〇一四）。溝口は上番奉仕する集団に限り「部」が付される例を示し、トモを資養する集団は「部」に包含されていない段階を想定する（プレ部制）。その後、ミヤケ設置を契機として民衆層まで「部」の設定が行われたとし、民衆層を組み込むという点で質的差異を指摘する（溝口、二〇一五）。近年ではこのように多くの見解が出されているものの、現象面の指摘にとどまる見解も多く、人制との質的差異の有無およびその具体像の析出が必要であろう。

先行研究を簡単にまとめれば、人制と部民制ともに支配体制として捉えることは共通理解である。しかし本稿での課題および検討視角から見ると、王権が人制と部民制の構造をいかに認識していたかという点については実態と混同している面もあり、改めて再検討する余地がある。すなわち実態はともかく、王権は「某人」「某部」という表記を与えることでどのように社会構造を認識したかを明らかにし、それに伴って人制から部民制へと展開する中でいかなる質的変化があるかという点を検討することが有効であろう。その場合、人制と部民制それぞれの上番者の構成や仕奉関係を明らかにし、比較検討を経て質的差異を見出すことで、本稿の課題に対する答えとしたい。

二　人制の示す範囲とその構造

本節では王権が人制として捉えていた人間（集団）の範囲と構造を検討する。まずは次の史料を挙げる。

【史料1】稲荷山古墳出土鉄剣銘銘文

（表）辛亥年七月中記。乎獲居臣上祖名意富比垝、其児多加利足尼、其児名弖已加利獲居、其児名多加披次獲居、其児名多沙鬼獲居、其児名半弖比、

（裏）其児名加差披余、其児名乎獲居臣、世々為杖刀人首奉事来至今、獲加多支鹵大王寺在斯鬼宮時、吾左治天下、令作此百錬利刀、記吾奉事根原也

【史料2】江田船山古墳出土大刀銘文

治天下獲□□□鹵大王世、奉事典曹人名无利弖、八月中、用大鉄釜、井四尺廷刀、八十練、九十振、三寸上好刊刀、服此刀者、長寿子孫洋々、得□恩也、不失其所続、作刀者、名伊太和、書者張安也

【史料3】『日本書紀』雄略二年十月丙子条（表1－25）

（略）語二皇太后一曰、今日遊猟、大獲二禽獣一。欲下与二群臣一割レ鮮野饗上、歴二問群臣一、莫二能有レ対。故朕嗔焉。皇太后知二斯詔情一、奉レ慰二天皇一曰、群臣不レ悟下陛下因二遊猟場一、置二宍人部一、降中問群臣上。々々嘿然、理。且難レ対。今貢未レ晩。以レ我為レ初。膳臣長野、能作二宍膾一。願以レ此貢。天皇跪礼而受曰、善哉。鄙人所レ云、貴相二知心一、此之謂也。皇太后観二天皇悦一、歓喜盈懐。更欲レ貢レ人曰、我之厨人菟田御戸部・真鋒田高天、以二此二人一、請三将加貢、為二宍人部一。自レ茲以後、大倭国造吾子籠宿禰、貢二狭穂子鳥別一、為二宍人部一。臣連伴造国造又随続貢。

【史料4】『日本書紀』雄略十年九月戊子条（表1－29）

身狭村主青等、将二呉所献二鵝一、到二於筑紫一。是鵝為二水間君犬一所二囓死。（別本云、是鵝為二筑紫嶺県主泥麻呂犬一所二囓死。）由レ是、水間君恐怖憂愁、不レ能二自黙一、献三鴻十隻与二養鳥人一、請二以贖一レ罪。天皇許焉。

【史料5】『日本書紀』雄略十年十月辛酉条（表1－30）

以二水間君所献養鳥人等一、安二置於軽村・磐余村二所一。

【史料1】や【史料2】の金石文から判断すれば、「典曹人」である无利弖や「杖刀人首」である乎獲居臣が個人として王権に編成され、仕奉していたことは明らかであろう。言い換えれば、彼らが所属する共同体成員すべてが、同じ職務をもって王権に仕奉していたと言い切ることはできない。

【史料3】については、宍人部についての記載であるが、結論から言えば人制に関連する史料と判断したい。ここでは皇太后が膳臣長野をよく宍膾を作るということで貢上し、加えて自らの「厨人」の菟田御戸部と真鋒田高天を貢上し、彼らを宍人部とした。さらに大倭国造吾子籠宿禰や臣連伴造国造もこれに続いたという記事である。これは複数ヵ所から一定の人間を上番させ、調理という仕奉関係を結んだことを示している。一定の集団を宍人部に

表１『日本書紀』（武烈天皇まで）に記載される主要な「人」「者」一覧

番号	名称	該当者名	人	者	『日本書紀』記載条文			
1	持傾頭者	鶏		●	神代下	9段	本文	
2	持帚者	川鴈		●	神代下	9段	本文	
3	尸者	鴗		●	神代下	9段	本文	
4	哭者	鷦鷯		●	神代下	9段	本文	
5	造綿者	鵄		●	神代下	9段	本文	
6	宍人者	烏		●	神代下	9段	本文	
7	作笠者	手置帆負神		●	神代下	9段	一書2	
8	作盾者	彦狭知神		●	神代下	9段	一書2	
9	作金者	天目一箇神		●	神代下	9段	一書2	
10	作木綿者	天日鷲神		●	神代下	9段	一書2	
11	作玉者	櫛明玉神		●	神代下	9段	一書2	
12	俳人・狗人	火酢芹命	●		神代下	10段	一書2	
13	神班物者	物部連祖伊香色雄		●	崇神	7年	8月	己酉
14	陶人	近江国鏡村の谷に居住	●		垂仁	3年	3月	
15	挟抄者			●	景行	18年	5月	壬辰
16	秉燭者			●	景行	40年	是歳	
17	挟抄者	倭国菟田人伊賀彦		●	仲哀	8年	正月	壬午
18	審神者	中臣烏賊津使主		●	神功即位前仲哀	9年	3月	壬申
19	猟人			●	仁徳	38年	7月	
20	充神者			●	履中	5年	10月	甲子
21	儛者			●	允恭	7年	12月	壬戌
22	卜者			●	允恭	24年	6月	
23	虞人		●		雄略	2年	10月	丙子
24	御者	大津馬飼		●	雄略	2年	10月	丙子
25	厨人	菟田御戸部・真鋒田高天	●		雄略	2年	10月	丙子
26	湯人	廬城部連武彦	●		雄略	3年	4月	
27	虞人		●		雄略	4年	8月	庚戌
28	官者	吉備弓削部虚空		●	雄略	7年	8月	
29	養鳥人	水間君が献上	●		雄略	10年	9月	戊子
30	養鳥人	水間君が献上	●		雄略	10年	10月	辛酉
31	共食者	根使主		●	雄略	14年	4月	甲午
32	負嚢者	根使主の子孫		●	雄略	14年	4月	甲午
33	船人		●		雄略	23年	8月	丙子
34	秉燭者			●	顕宗即位前清寧	2年	11月	
35	巧手者	高麗より招来		●	仁賢	6年	9月	壬子

※平石充、2015をもとに改変。職掌＋人を主として掲載。
地名＋人はその地の人を表すもので、ここでは検討の対象から外した。

設定したのではなく、上番させた人物を宍人部に編成したということになる。次節でも述べるが、部民制のように従来ある集団を設定するのではなく、上番した人物を集団に編成するという論理を見ることができる。また名称の面からも、『日本書紀』雄略七年是歳条に宍人部は「シシヒト」と訓むとあること、「人」が「部」に包摂されていることから（中村、二〇一三）、最終的に宍人部になる集団の起源譚と考えられる。すなわち【史料3】は人制の設定を示す記事と考えられる。

【史料4・5】では、「養鳥人」が二ヵ所に安置されていることからも同一の共同体から複数人が上番したことは明らかである。しかし水間君が献上したという文脈を踏まえれば、水間君を首長とする共同体の大半を献上したとは考えがたく、また共に献上されたものが「鴻十隻」という数からも一部の人間に限られたとみるべきであろう。

これらの史料や史料数等から考えれば、集団（複数人）で王権中枢に上番するという理解（平石、二〇一五）を一般化することは不可能であろう。個人が上番して仕奉関係を結ぶという点については溝口の見解を支持したい（溝口、二〇一五）。また上記史料をみれば、人制に編成された人物は必ずしも出身共同体において首長的な存在ではなかった可能性がある。特に【史料4・5】では水間君が贖罪のために「養鳥人」を献上していることから、その共同体の首長は水間君だったと考えられ、上番者が首長であることは必要条件ではないこともわかる。厳密にいえば【史料1】の「杖刀人首」や【史料2】の「典曹人」が出身の共同体において首長的位置づけであったかは証明されたものではない。

人制とはその職務に長けた人物など（個人あるいは複数人、ただし複数の場合は共同体の大半を占めるほど大きな集団ではなく小規模の集団）が共同体から切り離されて上番し、上番先で（出身共同体を一次集団とすれば、そこから切り離された）同じ仕奉関係を持つ人物達とあわせて二次集団（「某人」）として組織され、王権と関係を結び、一定の職務を負わせる制度といえる。【史料1・2】によれば人制に編成された人物はその職務を負って王権に仕奉することが重要であって、その立場をもって一般民衆に対する支配を行うことは要求されていないと考えられる。つまり、人制に「某人」を介した一般民衆（出身共同体＝一次集団）に対する支配の側面を持たせることは不可能とみるべきであろう。「某人」に編成された二次集団内部においては、「杖刀人首」の様に同じ仕奉内容を持つ集団をまとめる人物を頂点とする構造をとると考えられるが、それは仕奉内容においてであって、王権の支配構造において「某人」の下部に組織される集団を想定することはできない。

吉村以降、人制は「某人」と「某者」で表されるとみる見解が通説的であるが、ここまであえて「者」に関する史料を除いて検討してきた。そこで、「者」についても触れておく必要があろう。「人」と「者」を同一とみる点について田中は、高句麗広開土王碑文には「守墓者」と「守墓人」が混在していること、『北史』に「作書人」、『漢書』に「作書者」とあることを根拠として吉村の見解を継承する（田中、二〇一三・二〇一五）。しかし中国大陸や朝鮮半島で使用されていた「人」「者」がそのまま倭国に入ってきたかは慎重になるべきであろう。これを証明するためには、日本側の史料でも同様にいえる必要がある。しかし表1の15・17・33を確認すれば、「挟抄者」と「船人」は同じ船頭を指すと考えられるが表記は異なる。また、【史料2】は王権が作成して无利弖に賜与したものと无利弖が作成したものと二通り考えられるが、前者であれば王権論理の中で、後者であれば无利弖の認識において「人」と「者」の書き分けが行われていることになり、何らかの意図があるとみることができよう。

【史料6】『日本書紀』仲哀八年正月壬午条（表1－17）

（略）天皇則禱祈之、以㆓挟抄者倭国菟田人伊賀彦㆒為㆑祝令㆑祭。則船得㆑進。（略）

【史料7】『日本書紀』雄略十四年四月甲午朔条（表1－31・32）

天皇欲レ設二呉人一、歴二問群臣一曰、其共食者誰好乎。群臣僉曰、根使主可。天皇即命二根使主一為二共食者一。（略）
天皇命二有司一、二分二子孫一、一分為二大草香部民一、以封二皇后一。一分賜二茅渟県主一、為二負嚢者一。即求二難波吉士日香々子孫一、賜レ姓為二大草香部吉士一。（略）

【史料8】『日本書紀』顕宗即位前紀清寧二年十一月条（表1－34）

（略）於是、小楯撫レ絃、命二秉燭者一曰、起儛。（略）

【史料6】では「挟抄者」が「祝」としての職務も負わされたことが記されている。【史料7】では「共食者」と「負嚢者」について記載されている。【史料7】の「共食者」は共に食事をする人を指すと考えられるが、この仕奉関係が恒常的に続いているわけではない。省略した部分には、根使主について「莫二預群臣之例一」とあることから、根使主は群臣としてすでに雄略と関係を築いており、基本的にはその中で単発的にその任（「共食者」）に当たったとみることができるだろう。一方で「負嚢者」は、根使主の子孫を半分にして茅渟県主に与えられた人物を指す。つまり、「負嚢者」として雄略に対して仕奉関係を結んでいるわけではないことがわかる。【史料8】は「秉燭者」についての記載である。これも屯倉首と播磨国司伊予来目部小盾の会話の中で火を燈させた人物を指して「秉燭者」としていることから、清寧天皇と仕奉関係を持っていたとはいえない。

つまり、大王との仕奉関係がみられない例もあることから、必ずしも「某者」が王権と直接関係を結び、上番した人物を同じ仕奉関係を持つ集団に編成する人制の「某人」と同一視できないことは明らかである。人制には一定期間の上番及び職務への従事が求められていると考えられるのに対し、「共食者」や「秉燭者」の職務、表1の1～6が殯に際して任じられていることを考えると、その場限りの任に当たったとも考えられる。この点は【史料2】の「作刀者」や「書者」についても同様と考えられる。「某人」が上部者となり「某者」を動員したという理解（田中、二〇一三・二〇一五）は、大刀銘が王権によって作成されたものであれば、その文脈から「典曹人」が「作刀者」「書者」を動員して王権に仕奉を行うことは考えがたい。また、この大刀銘を无利弖が作成させた場合は田中の理解が認められるが、その場合は「典曹人」と「作刀者」「書者」が結びつく一方で、「作刀者」「書者」は王権と仕奉関係にはないと考えられる。田中は「人」と「者」を同一視するために、人制について「各地からの上番者や渡来系技術者を含みながら、複数の専門職務者と、それを複合する組織として機能していた」（田中、二〇一五）との認識がうまれるわけだが、王権と結びつかない「者」まで当時の王権が想定していたとは考えがたく、人制の範疇に組み込むことには賛同しがたい。実態としてはありうるかもしれないが、王権としてはあくまで「某人」との関係性が重要であって、「某人」が率いた「某者」は王権支配の埒外にあったといえる。「者」について、単に「〇〇する人」という一般名詞的用法で使用されるとすれば、「某者」が「某人」のように王権と仕奉関係を持っていたか否かは関係ないことになり、「人」と「者」が通用するとは一概にいえないことになる。すなわち「某人」と「某者」に関する史料から人制の構造を導き出すことにも慎重になるべきであろう。そのため人制の構造を見るには「某者」に関する史料を除外し、「某人」史料のみから導き出すことで純度を高め、正確な判断が可能になるといえる。

「者」は『日本書紀』編者の認識の中では一部「人」と混用していた可能性は捨てきれないものの、基本的には「者」＝「〇〇する人」という一般名詞的用法と考えられる。そこに王権との仕奉関係の有無や同じ仕奉関係を持つ集団への編成は問題にならない。そして「人」は共同体の中から職務に長けた人物などが上番して王権と仕奉関係を持つことで与えられる表記であるといえる。それに仕奉内容を表す「某」が結びつき、同じ「某人」表記を持つ（＝同じ仕奉内容を持つ）人物たちによる集団へ編成されたと考えられる。「某人」表記を持たない一般民衆層まで編成されるわけではない。また、首長が人制に組織されるとも言い切れないことから、王権側からの「某人」を通じた一般民衆に対する支配認識を見出すことは困難であろう。さらに表1を踏まえて付言すれば、「者」から「人」への変遷も考えられるのではないか。単発での職務を負う「者」から、上番させて王権と仕奉関係を結び、一定期間職務を負わせる「人」への変化を見ることも可能性としてはありうるだろう。

三　部民制の構造と展開

まずは部民制の社会構造についてみていく。人制を、その職務に長けた人物など（個人あるいは複数人、ただし複数の場合は共同体の大半を占めるほど大きな集団ではなく小規模の集団）が共同体から切り離されて上番し、上番先で（出身共同体を一次集団とすれば、そこから切り離された）同じ仕奉関係を持つ人物達と二次集団として組織され、王権と関係を結んだ制度として捉えるならば、部民制はどのように捉えるべきか。大局的な社会構造を確認する。

【史料9〜14】に見える部の設置記事をみれば、部という表記を与えられた対象は、人制のように王権が共同体から分離させた上番者を二次的に編成した集団を示すと判断することはできない。

【史料9】『日本書紀』安閑二年八月乙亥朔条

詔置㆓国国犬養部㆒。

【史料10】『日本書紀』垂仁二十三年十一月乙未条

（略）則賜㆑姓而曰㆓鳥取造㆒。因亦定㆓鳥取部・鳥養部・誉津部㆒。

【史料11】『日本書紀』雄略七年是歳条

（略）或本云、吉備臣弟君、還レ自二百済一、献二漢手人部・衣縫部・宍人部一。

【史料12】『日本書紀』履中六年正月辛亥条

始建二蔵職一、因定二蔵部一。

【史料13】『日本書紀』敏達六年二月甲辰朔条

詔置二日祀部・私部一。

【史料14】『日本書紀』雄略十七年三月戊寅条

詔二土師連等一、使レ進下応レ盛二朝夕御膳一清器上者。於是、土師連祖吾笥、仍進二摂津国来狭々村、山背国内村・俯見村、伊勢国藤形村及丹波・但馬・因幡私民部一。名曰二贄土師部一。

部の設置については上記の他にも様々なパターンを見ることができるが、共通して考えられるのはあくまで地域社会に存在する一次集団を部として編成したということである。人制のように各地からの上番者を二次集団に編成したような形跡は見ることができない。人制で編成されていた集団を改めて部に設定することも当然ありうるが、その段階ではすでに一次集団として捉えられるのではないか。つまり部を設定するにあたり新たに王権主導で二次集団を編成することはなく、部民制は人制とは異なる階層によって構成されていると考えられる。

続いて部民制の内部構造、トモとベについてみていく。部民制が一次集団まで編成するものであることは確認できたが、その一次集団が部民制下においてどのような構造を持っていたかを確認しておきたい。部内部については、古くからトモとベの側面があることが認識されてきた。そして先述の通り、これまでトモとベの関係性についての研究成果が蓄積されてきた。ただし共通理解として得られているのは、トモとベを統一的に把握するということのみである。また王権が捉えた構造と実態を混同している面もあり、この点は明確に分けて考える必要があろう。その意味で、実態と王権がいかに部の構造を認識していたかという点はそれぞれ再検討の余地がある。本稿では特に後者に焦点をあてる。

狩野はトモとベを統一的に把握すべきという前提ではあるが、「部集団を人格的に体現し、それを代表するものがトモ」と捉えており、厳密にはトモとベは同一ではないと捉える（狩野、一九七〇）。一方で鎌田はトモ＝ベとして捉えている（鎌田、一九八四）。トモとベは同一とみるべきか否か、同一ではないとするならばどのような構造を持つのか。王権側から照射すれば、トモとベはどのように捉えるべきなのか。

【史料15】『日本書紀』継体元年二月庚子条

（略）是故、白髪天皇無レ嗣、遣二臣祖父大伴大連室屋一、毎レ州安二置三種白髪部一、言二三種一者、一白髪部舎人、二白髪部供膳、三白髪部靫負也。以留二後世之名一。（略）

【史料16】『日本書紀』敏達十二年是歳条

（略）是時、日羅被レ甲乗レ馬、到二門底下一。乃進二庁前一。進退跪拝、歎恨而曰、於二檜隈宮御寓天皇之世一、我君大伴金村大連、奉二為国家一、使二於海表一、火葦北国造刑部靫部阿利斯登之子、臣達率日羅、聞二天皇召一、恐畏来朝。（略）

【史料15】は三種の白髪部（白髪部舎人、白髪部供膳、白髪部靫負）を置くとする史料である。そして【史料16】は日羅に関する史料で「刑部靫部」とある。ともに名代・子代の例ではあるが、これらを見る限り、王権は大きな枠組みとして部称を用意し、その中で役割を分担させている。もちろん「某部」すべてがトモとして上番・出仕するとは考えがたく、単に白髪部や刑部とされるものの存在も考えられるべきであろう。彼らは特徴的な職掌を類推することができないため、一般農民が編成された、すなわち上番・出仕するトモを資養する目的もあったと考えられる。この点を考えれば、鎌田の見解、すなわち実態としてトモとべはイコールで結ばれるものではなく、「某部」の中には上番・出仕するトモとそうではないべが混在していると考えられ、同じ「某部」表記をもつものの上下関係を読み取ることも困難であろう。ただし王権からみた場合、白髪部や刑部という大きな枠組みでは統一的に把握されていたとみることができ、この点において上番・出仕するトモとべを統一的に認識する見解は首肯されるべきであろう。厳密にいえば、トモとべが同族集団によって構成されなければならないという史料を見ることができないということは、溝口のいうように上番・出仕するトモと出身母体がべとして編成されることは必ずしも同族関係にある必要はないということもできよう（溝口、二〇一五）。限られた紙幅のためさらに述べることはできないが、本稿に関連する部分のみでいえば、上番・出仕するトモとべは同一ではないことは明らかである。すなわち実態としては分かれていたが、王権からみれば、求められた職掌を果たすことが重要であって、その意味では某部はひとくくりで把握されていたと考えておきたい。そして部は一般民衆まで広げて理解すべきであろう。「某部」すべてが上番するわけではない。物的貢納を主たる職務とする部の存在もあり、彼らは上番・出仕するトモを持たない可能性も想定しておく必要がある。

　次に人制からの展開過程を考えるうえで、溝口が最近言及しているプレ部民制についても触れておく必要があろう（溝口、二〇一五）。溝口は下記【史料17】における土部の設定や、前掲【史料3】における宍人部の設定より、民衆層まで部民制に設定される前段階として、上番者のみが部として設定される段階を想定している。そしてこの段階をプレ部制とし、プレ部制と部制の間に質的差異を求める。

【史料17】『日本書紀』垂仁三十二年七月己卯条

皇后日葉酢媛命一云、日葉酢根命也。薨。臨葬有ㇾ日焉。天皇詔二群卿一曰、従ㇾ死之道、前知二不可一。今此行之葬、奈之為何。於是、野見宿禰進曰、夫君王陵墓、埋㆓立生人㆒、是不良也。豈得㆑伝㆓後葉㆒乎。願今将議㆓便事㆒而奏之。則遣㆓使者㆒、喚㆓上出雲国之土部壱佰人㆒、自領㆓土部等㆒、取㆑埴以造㆓作人・馬及種々物形㆒、献㆓于天皇㆒曰、自㆑今以後、以㆓是土物㆒更㆓易生人㆒、樹㆓於陵墓㆒、為㆓後葉之法則㆒。天皇、於是、大喜之、詔㆓野見宿禰㆒曰、汝之便議、寔洽㆓朕心㆒。則其土物、始立㆓于日葉酢媛命之墓㆒。仍号㆓是土物㆒謂㆓埴輪㆒。亦名㆓立物㆒也。仍下㆑令曰、自㆑今以後、陵墓必樹㆓是土物㆒、無㆓傷人㆒焉。天皇厚賞㆓野見宿禰之功㆒、亦賜㆓鍛地㆒。即任㆓土部職㆒。因改㆓本姓㆒、謂㆓土部臣㆒。是土部連等、主㆓天皇喪葬㆒之縁也。所謂野見宿禰。是土部連等之始祖也。

【史料17】は野見宿禰が殉死の風習を改めるため、出雲国より土部一〇〇人を召し出し、彼らを率いて埴輪を作成して献上し、そこで垂仁天皇は鍛地を与え、土部の管掌者に任じたという伝承である。ここでは土部一〇〇人を、上番して王権と仕奉関係を結ぶ集団として記載している。そしてそれを取りまとめる人物が（土部一〇〇人とは支配—被支配関係にはない）野見宿禰という構造を考えれば、杖刀人首—杖刀人の関係性と類似していることに気づく。また部表記については、中村が述べるように、人制が後発の部によって上書きされたと考えられる（中村、二〇一三）。つまりこの【史料17】については人制の範疇で捉えるべきであろう。これが部民制の前提として捉えられるならば、ここから時を経ることで支配—被支配の関係に変化したとみられる。前掲の【史料3】についても、先述したように部民制に関する史料ではなく、人制に関する史料と捉えられる。

このように考えるならば、溝口の想定するプレ部制に関する史料が人制の史料とみることができ、ことさらに人制と部民制の間にもう一つ段階を想定する必要はない。また、プレ部制が人制と質的差異はないものとするならば、部表記への転換の意義はなく、部表記が付された後に質的差異を認めることになり、不自然であり従いがたい。あくまで部表記が持つ意味を見出す必要性がある。

それでは人制から部民制へはいかなる展開をしたのか。人制は地域社会の中から王権に上番した人物が編成されて仕奉関係を結ぶという構造を持つ。その人物の出身の共同体まで把握するものではない。あくまで上番して仕奉関係を結んだ本人およびその組織が王権の把握するところになる。また上番したものは必ずしも首長層とは限らない。一方で部民制は、先述のように一般民衆層を対象として部が設置されることから、民衆層まで王権の把握が及ぶという構造を持つ。ただし、松木俊暁が述べるように、「重層的な部民制の支配秩序は、個々の具体的な支配＝隷属関係の連鎖を辿っていけば最終的には大王という頂点に至る（数珠つなぎ的）構造を有してはいるが、各階層の従属者すべてが第一義的に「大王への奉仕者（＝王民）」として自己規定していたとは考えがたい」（松木、二〇〇二）ことから、あくまで王権の意識の上で、という前提条件がつくことになる。また、その把握の実態は、下記【史料18】において伴造が評の官人の候補として挙げられていることから、首長層を媒介としたものと考えられる。部民制下では首長層は伴造として捉えられている。

【史料18】『日本書紀』大化元年八月丙申朔庚子条

（略）若有二求レ名之人一、元非二国造・伴造・県稲置一、而輙詐訴言、自二我祖時一、領二此官家一、治二是郡県一。汝等国司、不レ得三随レ詐便牒二於朝一。審得二実状一而後可レ申。（略）

部民制の構造の実態としては首長を頂点とする地域社会を想定することは問題ない。しかしそれは共同体の基本構造であって、人制から部民制へ移行する中で、その構造に大きな変化が表れたとは考えがたい。構造上大きな変化がないとすれば、変化があったのは王権の地域社会の捉え方ということになる。

その変化とは、王権を運営する職能集団編成（人制）から王民の分割所有（部民制）への変化と捉えることができるのではないだろうか。上番した個々人を編成した人制とは異なり、首長層を媒介として既存の集団に対して部民制を施行することで、人制から階層・空間共に広がりを見せた。伴造は単に職能集団の長というのみではなく、王権と民衆層を仕奉関係で結合し、王民化のイデオロギーで包含する役割と捉えられる。そこに初めて既存の一般民衆の集団に対して「支配」という網をかぶせたと考えられる。人制の場合も部民制同様一定の職務を負わせるという意味では支配という表現になるが、その質が異なると考えられる。人制の場合は一般民衆の支配までを射程に置いていない。人制に組織することと人制を通じて一般民衆を王権が支配することはイコールでは結ばれないことは明らかである。そのため人制は王権の運営にかかる職能集団の編成にとどまるといえるのではないか。部民制段階になると一般民衆までが射程に置かれ、不完全ではあるが、列島内の一般民衆に対して一定の職務を負わせた。つまり王権からの視点ではこの点において王民としてのイデオロギーを一般民衆にまで貫徹させようとしていたことになる。ただし、松木がいうように、実態としては民衆層まで王民としてのイデオロギーが貫徹しているわけではなかった点は注意を要する（松木、二〇〇二）。また鎌田がいうように、王民化という性格のみではなく、豪族私有民的な性格も表裏一体的に持っていたことも踏まえる必要があろう（鎌田、一九八四）。本稿では人制から部民制へという流れを想定するが、鎌田のように質的差異を求めないわけではない。民衆層まで設定されたという点においては溝口の見解を支持したい。

人制段階では倭王権と人制に編成された集団が関係を持つことで、王権の運営にかかる職能集団の編成にとどまっていたが、部民制の段階になると倭王権に支配意識（王民意識）がうまれ、部民制を通じて社会を王民化のイデオロギーで包含し、列島内の一般民衆までを（擬制的ではあるが）掌握する論理へと変化したといえる。

まとめと展望

ここまで人制・部民制について検討を加えてきた。最後に簡単にまとめておく。本稿では大化以前の地域支配制度の展開過程の一端を明らかにすることを目的とし、それに対するアプローチの一つとして人制から部民制への展開過程を明らかにすることを課題とした。その課題を検討するため、王権側から人制・部民制を照射するという検討視角から人制と部民制の構造と質的差異を論点として設定した。

その結果、人制は地域社会の中からその職務に長けた人物が上番し、上番した先で集団に編成される構造を持つと捉えた。共同体から切り離され、二次的に編成された集団が王権に把握され、上番者の出身共同体は王権に把握されることはない。編成された人間集団に対しては支配という表現になるが、俯瞰すればあくまで王権の運営にかかる職能集団の編成にとどまる。

一方で部民制は、一般民衆層までを対象として編成される構造を持つ。上番した人物を編成するのではなく、一次的な集団を部民として設定していく。首長層を伴造とし、彼らを結節点として民衆層までを王民と捉えることで支配対象にする。部民制の施行に伴って一般民衆に対する支配という側面が生まれ、王民としてのイデオロギーを貫徹させる。すなわち人制から部民制へと展開するなかで、上記のように構造および支配の性質の変化を認めることができる。人制と部民制の構造と質的差異をこのように考えることで本稿の課題への答えとしたい。

なお、この展開過程は他にも当てはめることができるとの見通しを持っている。これはあくまで推測であるが、社会の限られた者への支配を通じて王権を運営するという状況から、一般民衆までを支配の射程に置くという状況への変化という意味では、県主と国造にも同様の関係を見出すことができるのではないか。県主制と国造制がおおよそ前後関係にあることは認められている。県主制は王権と個人的関係を結び、内廷に深く関連する物的貢納を行うと考えられる。この時王権は首長である県主を通じて共同体を把握するものではない。王権にとってはあくまで某県と名付けられた土地から貢納があることが重要で、そのため県主の共同体に対する支配については干渉しない。県主制を部民制と共通するものとして捉える見解もあるが（吉田晶、一九七三。新野直吉、一九七四）、上記を考えれば、部民制よりもむしろ人制に近いと考えられる。一方で国造制は、県主同様王権と個人的関係を結び、物的貢納を行うと考えられる。県主と異なるのは、首長である国造を通じて共同体を間接的に支配するということで、国造の共同体に対する支配にも干渉しうることから、国造制の施行に伴って一般民衆層までが支配対象となる。この点は改めて検討する必要がある。本稿と併せてこの点を明らかにすることは日本古代、特に七世紀以前における地域支配論理の展開を明らかにしうることになるだろう。

最後にミヤケとの関係に触れておきたい。ミヤケは鎌田が述べるように「国造制や部民制に本来的に伴うもの」であって（鎌田、一九九三）、国造制・部民制に解消される。そのため、それ自体をことさらに強調する必要はないと考える。ミヤケは国造制・部民制と関連する場合は、地域支配を機能させる装置としての役割を持つと考え（堀川徹、二〇一五）、理論上ミヤケは必要条件ではないと考えるため、本稿では取り上げなかった。

本稿では人制から部民制への展開を王権側の視点から捉えたが、十分に論じつくせなかった点も多い。また推測を重ね不十分な点も多い。残った問題は改めて検討するとして擱筆する。

参考文献

狩野　久、一九七〇「部民制　名代・子代を中心として」（『日本古代の国家と都城』東京大学出版会、一九九〇年に所収）
鎌田元一、一九八四「「部」についての基本的考察」（『律令公民制の研究』塙書房、二〇〇一年に所収）
一九九三「屯倉制の展開」（『律令公民制の研究』前掲に所収）
篠川　賢、一九九〇「部民制」（『日本古代国造制の研究』吉川弘文館、一九九六年に所収）
田中史生、二〇一三「倭の五王と列島支配」（『岩波講座　日本歴史　一　原始・古代一』岩波書店）
二〇一五「倭の五王の対外関係と支配体制」（『前方後方墳と東西出雲の成立に関する研究』島根県古代文化センター研究論集一四）
中村友一、二〇一三「人・部制の成立と展開」（『駿台史学』一四八）
二〇一四「日本古代支配秩序の構築と国家」（『歴史学研究』九二四）
新野直吉、一九七四『日本古代地方制度の研究』（吉川弘文館）
平石　充、二〇一五「人制再考」（『前方後方墳と東西出雲の成立に関する研究』島根県古代文化センター研究論集一四）
平野邦雄、一九五五「「部」の本質とその諸類型」（『大化前代社会組織の研究』吉川弘文館、一九六九年に所収）
堀川　徹、二〇一五「ミヤケ制研究の射程―研究史の到達点と課題―」（『史叢』九二）
松木俊暁、二〇〇二「「祖名」と部民制」（『言説空間としての大和政権』山川出版社、二〇〇六年に所収）
溝口優樹、二〇一五「人制・部制と地域社会」（『日本古代の地域と社会統合』吉川弘文館）
吉田　晶、一九七三「県および県主」（『日本古代国家成立史論』東京大学出版会）
吉村武彦、一九九三「倭国と大和王権」（『岩波講座　日本通史　二　古代一』岩波書店）

4　古代駿河中部の氏族とヤマト王権

須永　忍

はじめに

古代の東国は、ヤマト王権や律令国家の重要な軍事的・経済的基盤として捉えられてきた（井上光貞、一九四九など）。七世紀中葉に政争に巻き込まれた山背大兄王が、東国の勢力を頼れば必ず蘇我臣入鹿に勝てると述べたことをはじめ（『日本書紀』〔以降『紀』と略称〕皇極二年〈六四三〉十一月丙子条）、天武天皇・藤原朝臣仲麻呂・平城上皇といった権力者は、東国の勢力を取り込み中央における政争に勝利しようと画策したことで知られる。大伴宿禰家持は東国の防人について、四方国には多くの人がいるが、東国の男性は自らを顧みずに任務に従事する猛々しい武人であると評価している（『万葉集』巻二十―四三三一）。また、聖武天皇は重要な親衛軍事力たる授刀舎人について、東国人は額に矢は刺さるが背中には刺さらない、君を一心に護る者とされてきたと述べている（『続日本紀』〔以降『続紀』と略称〕神護景雲三年〈七六九〉十月乙未条）。実態は別としても、東国（に居住する人々）が権力者から軍事的に特別視された存在であったことは、多くの研究者が指摘してきたところである。

しかしながら、権力者から信頼されるという東国の軍事的特殊性が発露した要因についてはいまだ不明瞭であり、それを解明するには七世紀中葉以前の東国、特に当地域において影響力を行使した国造や伴造などの有力氏族と王権の関係を考察する必要がある。

本論文は、主に駿河中部（駿河国有度郡・安倍郡・廬原郡に相当する地域とする）における有力氏族を取り上げたものである。東国においては、伴造に因む氏姓を持つ伴造的国造が多いとされているが、当該地域を支配した国造は地名に由来する氏姓を名乗る廬原国造と考えられている。また当地域では、親衛軍事力的な役割を担った舎人氏姓氏族や、多くの中央有力氏族が冠し、東国では稀有かつ優位にあった「臣」の姓を負う氏族なども認められ、東国の軍事的特性のみならず国造制や伴造・部民制などを考える上で重要な意義を有している。しかし、廬原国造の支配地域、「臣」姓氏族の形成プロセスや歴史的位置付けなど、明確になっていない問題も少なくない。本稿では、このような駿河中部の有力氏族の再検討を行うことで、東国の軍事的特殊性が形成された要因を探る。

なお、防人や六・七世紀の親衛戦力たる舎人を輩出してきたのは、東海道遠江・東山道信濃以東（陸奥・出羽は除く）であることが知られており、これらの地域が王権・国家から重要な権力基盤と捉えられてきた東国と評することができる。そのため、本論では便宜的に遠江・信濃以東の地域を「東国」と設定する。

1　駿河中部の有力氏族の特色

1　伴造氏姓氏族・部民関係氏族

駿河中部では、七世紀以前に部民を地方にて管理していたという伴造に由来する氏姓を持つ伴造氏姓氏族、その影響下にあった部民に基づく氏名を冠する部民関係氏族、支配していた地名（須原祥二、二〇〇三）・仕奉の基盤

（中村友一、二〇一五）に因む氏姓を有する地名氏姓氏族を確認できる。最初に東国氏族を考察する上で注目されている伴造氏姓氏族、および部民関係氏族について触れ、その次に地名氏姓氏族を検討していく。

先行学説では、八世紀以降の地方の有力者たる郡領などの氏姓を参照し、東国有力氏族は伴造に基づく氏名、また「臣」「連」「君」よりも劣位にあたる「直」の姓を冠する例が西国などに比して多いことが指摘されている（阿部武彦、一九五〇。井上、一九五一）。そして、こうした伴造氏姓氏族は七世紀以前、部民の貢納などを通して王権と政治的に結合していたことから内廷的な性格が顕著であり、「自立的」な地域の有力者たる地名氏姓氏族よりも王権への「従属性」が強いと考えられてきた（井上、一九六五など）。

一方、八世紀以降の郡領の氏姓を七世紀以前に遡及させる手法を採るこうした見解に対し、東国において伴造的な氏姓を持つ有力氏族は、その全てが初めから伴造氏姓を有していたのではなく、天智九年（六七〇）の庚午年籍による定氏姓によってそうした氏姓を冠するようになった可能性も指摘されている（篠川賢、二〇〇五）。古代においては複数の仕奉を有する氏族もおり、その場合は庚午年籍の定氏姓時に、最も政治的・社会的に訴求力が高い方の仕奉に基づいた氏姓を選択することができたとされる（須原、二〇〇三）。伴造氏姓を持つ氏族は、伴造に由来する氏姓を冠することが政治的・社会的に有利に働いたということになろう。

駿河中部においても、他田舎人氏が有力な伴造氏姓氏族としてみえる（表1参照）。他田舎人氏の氏姓は、六世紀後半の敏達大王の訳語田幸玉宮を守衛する他田舎人に基づくと捉えられている。七世紀以前の舎人については、当初は舎人としての奉仕が一定の集団に固定されておらず、中央氏族が交替で舎人を提供していたのが、六世紀前半より東国有力氏族が舎人を供出するという形態へと転じたと理解され、他田舎人はこのタイプに該当する。そして、東国の有力氏族の一族が舎人として出仕し、その生活費用などを支配下の集団たる「某（六世紀以降の王宮名）

＋舎人部」の氏姓を有する氏族より提供させるようになったと考えられている（笹山晴生、一九八五。仁藤敦史、二〇〇五）。六・七世紀の舎人については他田舎人の他に、安閑大王の勾金橋宮の守衛に関わった勾舎人、宣化大王の檜隈廬入野宮の檜前舎人、欽明大王の磯城島金刺宮の金刺舎人などが確認されている。七世紀前半になると特定の王宮名を持たない形態の舎人、大王宮に仕える大舎人や、王子の宮を守護する若舎人などが設定されていく（仁藤、一九九二）。先述した親衛戦力たる舎人は東国人が重要であるという聖武天皇の意識は、東国から舎人が多く輩出されていたことと無関係ではないだろう。こうした六・七世紀の舎人の供出に関与した有力氏族一族は大王や王族と特異な関係を形成させることから、それを背景として地域に影響力を強めたものと想定される。

駿河中部では伴造氏姓氏族の他に、丈部氏・日下部氏・有度部氏という部民関係氏族も確認される（表1参照）。丈部氏の氏名は、七世紀以前に丈部として王権へ仕えていたことに因む。丈部は、駈使丁のような駆り使いをされる部民との評価がなされていたが、大伴宿禰三中が丈部氏を古来より宮中を守護してきた武人と詠い上げていることから（『万葉集』巻三―四四三）、現在では王宮における雑務の他、警護を担当していたという親衛軍事力的な性質を強調する見方が有力である（岸俊男、一九八〇など）。丈部も全国的にみえるが、東国方面に重点的に認められる（佐伯有清、一九八〇など）。舎人同様、東国にて丈部を管理していた有力氏族は大王・王族と密接な関係を築くことが可能であり、在地での地位を大きく向上させることもできたと思われる。駿河中部の丈部氏は姓を帯びておらず、当地域の丈部を管理していた伴造の管理下にあった氏族の可能性がある。ただ、八世紀にて有力な存在となっていることから、それまでに勢力伸長を果たしたことは確かであり、そこに丈部の有する親衛戦力的性格が作用したと推測する余地はあるだろう。下野国那須郡大領の丈部益野（『続日本後紀』承和十年（八四三）十二月乙卯条）や、相模国余綾団大毅の丈部小山（「駿河国正税帳」（天平十年（七三八）））などのような有力な部民関係氏族も同様

表1 駿河中部における有力氏族

国	郡	氏名	姓	名	位階	官職	出典史料	備考
駿河	有度	有度	君	—	外正八位上	大領	「駿河国正税帳」（天平10年）	
		川辺	臣	足人	—	郡散事	「駿河国正税帳」（天平10年）	
		他田舎人	—	広庭	—	郡散事	「駿河国正税帳」（天平10年）	
		他田舎人	—	益国	—	郡散事	「駿河国正税帳」（天平10年）	
	安倍	半布	臣	広麻呂	—	朝集雑掌	「駿河国正税帳」（天平9年）	氏姓より本貫を推定
		半布	臣	嶋守	—	朝集雑掌	「駿河国正税帳」（天平9年）	氏姓より本貫を推定
		半布	臣	子石足	—	郡散事	「駿河国正税帳」（天平10年）	
		半布	臣	足嶋	—	郡散事	「駿河国正税帳」（天平10年）	
		半布	臣	石麻呂	—	郡散事	「駿河国正税帳」（天平10年）	
		半布	臣	禹麻呂	—	郡散事	「駿河国正税帳」（天平10年）	
		常	臣	子赤麻呂	—	郡散事	「駿河国正税帳」（天平10年）	
		横田	臣	大宅	—	郡散事	「駿河国正税帳」（天平10年）	
		伊奈利	臣	千麻呂	—	郡散事	「駿河国正税帳」（天平10年）	
		伊奈利	臣	牛麻呂	—	郡散事	「駿河国正税帳」（天平10年）	
		丈部	—	牛麻呂	—	郡散事	「駿河国正税帳」（天平10年）	
		丈部	—	多麻呂	—	郡散事	「駿河国正税帳」（天平10年）	
		日下部	—	若槌	—	郡散事	「駿河国正税帳」（天平10年）	
		有度部	—	黒背	従八位上	安倍団少毅	「駿河国正税帳」（天平10年）	
	廬原	廬原	君	臣	—	国造ヵ	『紀』天智2年8月甲午条	氏姓より本貫を推定
		廬原	君	虫麻呂	正八位上	郡領ヵ	『続紀』神亀2年閏正月丁未条	氏姓より本貫を推定
		廬原	君	足礒	—	朝集雑掌	「駿河国正税帳」（天平9年）	氏姓より本貫を推定
		西奈	臣ヵ	□□主ヵ	—	—	「瀬名遺跡出土木簡」	氏姓より本貫を推定

※姓を有する有力たる氏族を抽出。姓を持たない氏族も地域において有力な位置付けを持つ場合、表に含めた。
※表の作成にあたり、佐藤雅明「古代廬原国の豪族と部民の分布について」『財団法人静岡県埋蔵文化財調査研究所設立10周年記念論文集』財団法人静岡県埋蔵文化財調査研究所、1995年・亀谷弘明『古代木簡と地域社会の研究』校倉書房、2011年も参照した。

に評価できる。また、駿河中部において丈部を管理していた有力氏族は不明であり、今後その存在が新たに確認される可能性があるが、先述のように七世紀以前の氏族が複数の仕奉を有していたと捉えるのならば、次節にて述べる「臣」姓氏族や有度君氏が該当すると推察する余地があろう。

日下部氏・有度部氏の氏名は、名代たる日下部および後述の有度君氏が管理した有度部に由来する。しかし、他田舎人氏・丈部氏のように、聖武天皇や大伴三中といった古代の権力者から重要視されるという、軍事的に特殊な意味合いを有していた形跡はなく、その性質は大きく異なると考えざるを得ない。他田舎人氏・丈部氏は軍事的に王権と特異な関係を持つため、在地において影響力を強めやすかったと評価でき、自氏の勢力伸長に大きく関わったとして、庚午年籍にて伴造・部民に因む氏姓・氏名を申請した状況を推測できる。王権側も、他田舎人氏や丈部氏が王権の権力基盤に相応しい歴史的位置付けを有していたために、伴造・部民に関連する氏姓・氏名を賜与したと評価できよう。支配地域・仕奉基盤に因む地名氏姓を申請したものの、そうした氏姓を希望する氏族が多く限定できなかったゆえに許可されず、伴造氏姓などを名乗らざるを得なかった状況も考察しなくてはならないが（篠川、二〇〇五）、能動的に伴造氏姓を選択した可能性を考える必要がある。

2　地名氏姓氏族

駿河中部の地名氏姓氏族としては、廬原国造の廬原君氏や、半布臣氏などの「臣」姓氏族、有度君氏を確認できる（表1参照）。東国有力氏族は伴造氏姓が多いとされるが、駿河中部では今のところ地名に基づく氏姓を負う人物が多い。このような様相をみせるようになったのは、支配地域・仕奉基盤に基づいた氏姓を帯びるのが、地域において有利と判断した氏族が多かったことを、またその方が現状に即していると王権が判断したことを示している。

盧原君氏は、下道臣氏や笠臣氏など吉備系氏族と同祖関係にあるとされる（『古事記』〔以降『記』と略称〕孝霊段・『新撰姓氏録』〔以降『姓氏録』と略称〕右京皇別下）。そして、六世紀代以降に盧原国造として盧原郡域を中心に、有度郡域・安倍郡域をも支配していたと捉える見解は多い（仁藤、二〇〇五など）。八世紀以降も郡領と思われる盧原君虫麻呂や、朝集雑掌となる盧原君足礒などがおり（表1参照）、駿河における有力氏族として活動している。盧原君氏は、伴造氏姓氏族ではなく地名氏姓氏族であることから、駿河中部に強い影響力を及ぼしていたと評価できそうである。『先代旧事本紀』「国造本紀」にみえる盧原君氏の祖たる池田坂井君と、有度郡式内社の池田神社の関連から、盧原国造の支配地域は有度・安倍両郡域にも達していたと指摘される（亀谷弘明、二〇〇〇）。

駿河中部では、川辺臣氏・半布臣氏・常臣氏・横田臣氏・伊奈理臣氏・西奈臣氏という、「臣」姓を冠する有力氏族がみえる。有度郡の西隣の駿河国益頭郡では他田臣大山（「平城宮出土木簡」）など、「臣」姓を有する氏族を確認できる。安倍郡には駿河国府を囲むように川辺郷・埴生郷・横太郷があり、それぞれ川辺臣氏・半布臣氏・横田臣氏の本拠地と考えられ、他田臣氏も隣接する有度郡他田郷との関係が指摘されている（原秀三郎、一九八一。亀谷、二〇〇〇）。なお、天武天皇の勅使を拒んで罰せられるものの後に許され、刑官（刑部省の前身）の誄を行うという重要な役割を果たした、（阿倍）久努臣麻呂（『紀』天武四年〔六七五〕四月辛巳条など）の出身地について、有度郡の「久能」（現静岡県静岡市）と評価する研究は多い（原、一九八一。仁藤、二〇〇五など）。久努麻呂は、天武天皇代から持統天皇代にかけて阿倍系氏族の氏上的存在となっていたと目される人物である（竹本晃、二〇〇七）。

東国において、ここまで「臣」姓氏族が集中する地域は他になく、その特異性は留意されるべきである。これらの氏族が東国では稀少な「臣」姓を負う要因としては、先行研究が指摘するように中央有力氏族の阿倍臣氏との関係に求めるべきであろう。他田臣氏は、後に一部が中央氏族化したようであり、阿倍朝臣宿奈麻呂の申請によって他田臣麻呂が「阿倍他田朝臣」を賜与されているが、その理由として同族であるのにもかかわらず異なる氏姓を名乗っているためという（『続紀』養老元年〔七一七〕八月庚午条）。阿倍臣氏の氏名を冠する安倍郡の存在や、他田麻呂の改賜氏姓を踏まえると、阿倍臣氏と同祖関係など極めて密接な関係を形成させていたため、半布臣氏などが東国では僅少な「臣」姓を得るに至ったと評価できよう。こうした阿倍氏系の「臣」姓氏族は、益頭・有度・安倍・廬原郡域に分布していることが示唆するように、駿河中部の広範囲に存在しており、そのネットワークを駆使して大きな影響力を保持していたと評価できる。なお、他田臣氏は他田部を管理した伴造氏姓氏族として考えられるが、同氏は地名に因んで氏姓を名乗っていると認識されている（同条）。伴造氏姓氏族たる他田臣氏の存在が地名に影響した可能性を想定できるため、本稿では便宜的に地名氏姓氏族として分類しておきたい。

また有度郡の郡領を輩出した有力氏族として有度君氏も確認される。有度君氏についての検討材料は少ないが、有度郡の郡名を氏姓として名乗ることから、同郡の成立に深く関与した有力氏族であることが窺える。また、管理下の部民たる有度部は先述したように安倍郡の他、益頭郡や駿河国志太郡にも確認され（「平城宮出土木簡」）、駿河西部から中部にかけて影響力を持っていたと推測される。大王・王族や中央有力氏族との関わりは不詳である。

以上のように駿河中部の地名氏姓氏族をみてきたが、廬原君氏・半布臣氏などの「臣」姓氏族・有度君氏が一つの郡域に留まらない広範囲に亘って影響力を有していた可能性を指摘した。これらの有力氏族が、伴造ではなく支配地域・仕奉基盤に因む氏名を庚午年籍にて申請したのは、当地域に影響を及ぼした廬原国造に就任していたという伝統性や、各地域における支配の正当性を誇示し得ると、また王権がその方が相応しいと判断したためではないだろうか。現状では、当該地域の有力氏族は「君」「臣」の姓でほぼ統一されており、「直」姓が多い東国氏族の中では特異である。交通の要衝など要因は様々であろうが、「直」姓よりも優位にある姓を持つ有力氏族が多いことから、王権が当地域を重要視していたとみて良いだろう。

本章では、駿河中部の有力氏族を検討し、大王・王族と軍事的に特殊な関係を成立させた伴造氏姓氏族・部民関係氏族や、阿倍臣氏と並ならぬ関係を築き上げた地名氏姓氏族の存在を指摘した。問題となるのは、なぜこうした様相をみせるようになったのかであるが、東国氏族の軍事的特殊性の形成や、当地域の有力氏族の動向と絡めて次章において検討したい。

二　駿河中部の有力氏族の動向

1　東国の特殊性の形成

東国氏族と西国氏族の相違性を考える際、先行研究では西国氏族の先進的性格・東国氏族の後進的性格が指摘されている。例えば、六世紀以降における新羅の勢力拡大に危機感を抱いた王権は、西国の支配を一層強化するだけではなく、未開拓であった東国も意識するようになり、舎人などが供出されるようになったと指摘される（井上、一九七四）。また、絶えず中国大陸・朝鮮半島を意識していた王権にとって、東方よりも西方の支配力強化の方が優先されていたため、国造制などが東国よりも半世紀ほど先行して六世紀前半に実施されたと説かれる（篠川、二〇一〇）。王権は西国だけではなく東国の支配も重視していたと思われるが、それでも王権中枢部から大陸・半島へと向かうルート上にあたる、西国の支配はより強く意識されていたであろう。

周知のように、五世紀後半になると吉備の勢力の反乱が発生し、六世紀前半には筑紫君氏が王権と激しく戦闘を繰り広げている。吉備系氏族や筑紫君氏は、西国有力氏族の筆頭であるが、これらの氏族が反抗したことも王権が西国支配の強化を促進させた一因といえる。また、越の有力氏族である道君氏が高句麗からの使者の到着を隠蔽し、自身を「天皇」と称して献上された調を奪った事件も見逃せない（『紀』欽明三十一年五月条など）。五世紀後半から六世紀後半にかけてのこれらの事件によって、王権が西国や越の有力氏族を次第に警戒するようになったといえよう。吉備・筑紫や越でなくとも、半島と直接交渉・連携し得る西国や日本海沿岸地域の有力氏族は、筑紫君氏のように新羅などと関係して反旗を翻すのではないかと王権が意識するようになったと評価でき、信頼性が高い新たな軍事的基盤を設定する必要性が生じたと考えられる。また、王権は西国のみならず大王位継承争いや中央有力氏族の抗争など、六世紀以降に激化していく中央政界における政争に備えるためにも舎人などの私的軍事力が不可欠となっていたが（井上、一九四九）、信頼性を有する権力基盤の構築が重大な意味を持っていたといえる。

そこで権力基盤として選ばれたのが、半島からみて王権中枢や尾張などの東方諸国よりも遠方という、新羅などと地理的・軍事的に連携し難く、大きな反乱を起こしていない東海道・東山道地域の有力氏族であったと思われる。『紀』にて東国支配を承認された上野の上毛野君氏も、王権への反乱伝承は持っておらず（林陸朗、一九五三）、仮に同氏ほどの有力氏族が反抗、それに伴う謝罪をしたのであれば、筑紫君氏などのように『記』『紀』において大きく取り上げられても良い（志田諄一、一九六〇）。上毛野君氏は信頼性の高い地方有力氏族と捉えられ、ゆえに東国支配を認められたと評価できるが、東海道・東山道地域の有力氏族は、五世紀後半から六世紀後半にかけて、徐々に王権から信頼・依存される存在となっていったといえるのではないだろうか。こうした東国有力氏族一族や、その背後にある人的集団を軍事的・経済的基盤として取り込むために、王権は東国を特別視するようになったと考えられる。

さらに、東国は御牧や諸国牧が集中的に置かれ、馬の貢納が盛んであることが示唆するように（『延喜式』兵部省式・左右馬寮式）、古来軍事的に重要な馬の飼育に長けた地域であるとの理解が一般的であるが、王権はこうした地域を中心として軍事的基盤を拡大していったと想定できる。なお、伊勢・尾張・三河・美濃の東方諸国が東国から外されたことについては、妃を輩出していることや、県分布の東限であることなどから、それより東の東国とは一線を画する、畿内と近い要素を持つ地域であることが関係しよう（仁藤、二〇〇五）。これらはすでに中央政界との関わりが緊密であった故に、新設の軍事的基盤たる東国から除外する必要があったと推測される。再び軍事的性格を強め、東国と近似した性質となるのは、天武天皇を支援して特別視されるようになった壬申の乱以降と考えられる。

このように、東国が重要視されつつあった六世紀前半に東国から舎人を輩出する方式が創出され、さらに当該時期には部民制の運用も開始されている（吉村武彦、一九九三など）。この時期以降、東国を重要な権力基盤とする大王・王族の意向のもと、舎人や丈部が集中的に設置されていったと評価できよう。なお、東国有力氏族が供出するタイプの舎人の中で、最も早い段階のものとなる勾舎人が上野に認められることは（松田猛、一九九三）、上野の有力氏族と王権の親密な関係を示しているといえよう。

東国有力氏族を重要視するようになったのは大王・王族だけではない。中央有力氏族も同様に東国を軍事的基盤と意識して、中央政界に威示するために東国有力氏族と密接な関係を構築したと考えられる。例えば、七世紀前半の権力者たる蘇我臣蝦夷が、常時五十人の兵士を引き連れて周囲に誇示し、その中で特に強力な者を「東方儐従者」と呼称していたことは象徴的であり（『紀』皇極三年（六四四）十一月条）、蘇我臣氏が東国のいずれかの地域と深い関係を築いていたことを示唆している。当記事は、直後の乙巳の変にて倒されるべき蘇我臣氏の横暴を描くという性格を持つことから、大幅な潤色が加えられていると捉えることもできるが、そのように考えるとしても、東国有力氏族が強力な親衛兵的存在として大きく取り上げられているのは重要であろう。古代の権力者も、故なくして東国氏族に依存していたのではなく、その要因の形成は少なくとも山背大兄王が東国を頼った七世紀中葉以前、西国有力氏族が反乱を起こしていた六世紀前半頃に遡及すると評価できる。

そして六世紀以降、駿河中部の有力氏族も王権から重要視されるようになったと考えられる。次項では、本項の検討を踏まえて駿河中部の有力氏族の動向を追ってみたい。

2「阿倍盧原国」の展開

最初に駿河中部の地域圏の問題について触れておく。七世紀以前における駿河中部は、有度郡・安倍郡に相当する地域（以降阿倍地域とする）と、盧原郡に相当する地域（以降盧原地域とする）に別れていたと考えられる。『姓氏録』右京皇別下の盧原君氏に関する記述によると、盧原君氏の祖が東方征討により「阿倍盧原国」に至り、帰還した日に「盧原国」を賜ったという。これは『姓氏録』編纂の際、盧原君氏が提出した本系帳によるものであるが、同氏の支配地域は盧原地域のみであり、阿倍地域はその影響下になかったことが読み取れる（原、一九九七）。原秀三郎は阿倍地域に有度郡は含まれていなかったかと想定するが、有度郡と安倍郡に跨って阿倍系の「臣」姓氏族や、有度部氏が存在していることなどから、両郡はかつて同一地域に属していたと考えるべきであろう（亀谷、二〇〇〇）。以上のように七世紀以前の駿河中部では、阿倍地域と盧原地域が並存していたと評価できる。

六世紀後半頃になると、大王・王族の東国を重視する姿勢のもと、阿倍地域の有力氏族に他田舎人・丈部を提供させるようになったと考えられる。また同じ頃、阿倍臣氏も東国を重要視するようになり、阿倍地域の有力氏族と密接な関係を形成させるに至ったと思われる。阿倍臣氏は、六世紀前半の宣化大王代に勢力を伸長させているが（大塚徳郎、一九五六）、中央政界における権力基盤を確固たるものとするために、東国と深く関わる必要があったのではないだろうか。このように、六世紀後半以降、阿倍地域の有力氏族は大王・王族や阿倍臣氏と密に関係していくようになるが、そうした中央との特殊なつながりを背後に地域において大きく勢力拡大を果たしたものと推察され、地域社会を変動させたとみられる。さらに、他田舎人氏や半布臣氏などが急速に影響力を強めたことを考慮すると、阿倍地域のイニシアティブをめぐって競合していたことも想定し得る。

一方、同時期の盧原地域では盧原君氏が盧原国造に任命され、当地域のみならず阿倍地域にも強い影響力を有するようになったと考えられる。ただし、盧原国造の支配地域は九世紀初頭の『姓氏録』右京皇別下の記述が示すように、八世紀までには盧原地域に落ち着くことになる。そうした様相をみせるようになったのも、阿倍地域にて影響力を強めた有力氏族が跋扈・競合していたことと無関係ではないだろう。すなわち、阿倍地域では国造の影響力が浸透し難い状況が発生していたと評価できる。盧原君氏は五世紀代に吉備系氏族と同祖関係を結んだと推定されているが（辰巳和弘、一九七六）、六・七世紀を通じて吉備系氏族の政治的地位が阿倍臣氏を上回ったことは稀であり（天智大王代の大錦下の笠臣垂が挙げられる程度である〔『続紀』天平宝字元年（七五七）十二月壬子条など〕）、盧原君氏は半布臣氏などの「臣」姓氏族が基盤とする阿倍地域への勢力扶植が難しかったと考えたい。

しかしながら、ここで問題となるのが、なにゆえ半布臣氏などが「臣」を名乗るようになったのかである。阿倍臣氏と同祖関係を有する代表的な氏族は、膳臣氏・阿閉臣氏・狭狭城山君氏・筑紫国造（筑紫君氏）・越国造（越君氏）・伊賀臣氏というように（『紀』孝元七年二月丁卯条）「臣」姓氏族が多いが、「君」姓氏族も確認できる。さらに、丈部造氏（『姓氏録』右京皇別上）のように「臣」姓を持たない阿倍系氏族も少なくない。近年では「臣」の賜与基準について、氏族の長などが議政官や官吏としてほぼ永続的に仕えるという「身位的仕奉」によると指摘されているが（中村、二〇一五）、少なくとも半布臣氏などが阿倍系氏族の中でも阿倍臣氏と近しい性質を有する氏族であると王権が認識していたことは確かであろう。「臣」姓を持たない阿倍系氏族がいる中で、それも「臣」姓の氏族が稀有な東国において、半布臣氏などが「臣」姓を冠し、中央有力氏族たる阿倍臣氏と同質の存在となっていることは注目されて良い。加えて前節にて述べたように、阿倍地域出身とみられる久努麻呂は七世紀後半に阿倍系氏族を統率する立場になっているが、久努臣氏のルーツが当該地域とすれば、駿河中部の「臣」姓氏族がそうした地位に就けるほど中央の阿倍臣氏と親近性が強かったことを示しているといえる。なぜ駿河中部の「臣」姓氏族が、かかる歴史的位置付けを有するに至ったのかが問題となってくるのである。

本稿ではその要因について、東国を権力基盤として活用しようと志向した阿倍臣氏が、阿倍地域の強固な掌握を図るため、当地の有力氏族と特に密接な関係を形成したと捉えたい。遠江や阿倍地域を含む駿河は、東国の中では西寄りに位置し、王権からみてより東方の東国への玄関にあたる交通の要衝である。そして、阿倍臣氏と同祖関係を有する膳臣氏は、伊豆・武蔵・安房・上総などとの関係が深い中央有力氏族であると指摘されているが（仁藤、二〇〇五）、こうした阿倍系氏族の東国への影響力の扶植を円滑・確実に行うためには、阿倍地域を中継拠点として強く掌握することが有効だったと考えられる。また、国造の同祖関係にみられるように、遠江・駿河は物部連氏と緊密な関係を持つ地域である（原、一九九四など）。駿河中部についてはそれに当て嵌まらないが、当該地域は他田舎人氏・丈部氏が確認されるように大王・王族との関わりも深い。阿倍臣氏が、このような物部系氏族に囲まれ、さらに大王・王族の影響力が強い当地域との関係を確保・維持するためには、特に密接な関係を形成させる必要があったと想定される。すなわち、大王・王族や物部連氏などの思惑が交錯する阿倍地域において、阿倍臣氏の求心性を高めるために、当地の有力氏族と同祖関係を結ぶだけではなく、阿倍系氏族の中でも特に阿倍臣氏と近しいという高い位置付けを有する存在に引き上げたと評価できる。故に「臣」姓を名乗るようになったと考えられるが、これは駿河中部の「臣」姓氏族にとっても不都合なことではなかったと思われる。

ただし、阿倍地域の「臣」姓氏族全てが一様に「臣」姓を冠したのではなく、当該地域の主導的な「臣」姓氏族との同祖関係や地縁的関係によって「臣」を獲得した氏族も想定する必要がある。さらに、「臣」姓氏族の中におけるイニシアティブの交替も推測できる。七世紀後半においては阿倍地域と関係する久努臣氏が阿倍系氏族を統率するが、そのように評価できれば「臣」姓氏族の在地への影響力は一層強まったであろう。駿河国府の立地については様々な要因が想定されるが、こうした「臣」姓氏族の動向も加味して考える必要がある。深く立ち入らないが、阿倍臣氏の祖となる建沼河別命が「東方十二国」「東海」を平定した伝承（『記』崇神段・『紀』崇神十年九月甲午条）の成立にも、駿河中部の「臣」姓氏族の存在が大きく影響しているのではないだろうか。

おわりに

本論文では、主に駿河中部の有力氏族の検討を行うことで、東国の軍事的特殊性が形成された要因について考えた。西国有力氏族の相次ぐ反抗により、六世紀以降、王権は信頼し得る権力基盤を求め、東国有力氏族を新たに軍事的基盤として設定するに至ったと評価した。そのため、東国に後代称賛されることとなる、大王・王族の親衛軍事力たる舎人や丈部が多く置かれたと考えることができる。そして、中央有力氏族も同様に東国を軍事的に重視するようになり、特に阿倍臣氏は阿倍地域を強固に掌握するために、当地域の有力氏族と同祖関係を結び、阿倍系氏族の中でも阿倍臣氏と親近性が強いという高い位置付けを有する存在に仕立て上げたと捉えた。よって、「臣」姓を持つ有力氏族が阿倍地域に集中的に存在するようになり、中央有力氏族の阿倍臣氏を背景に在地に大きな影響力を与えたものと想定される。逆に阿倍臣氏も、東国有力氏族と密に関わることによって、中央政界に威示することが可能となったといえよう。同様の関係は、春日臣氏と上総の武射臣氏などが提示できる（須永忍、二〇一四）。

また、支配地域に基づく氏姓を負う廬原国造は、阿倍地域への勢力の扶植が困難であった可能性にも言及し、駿河において国造の影響力が弱い地域があったことを推察した。その要因として、他田舎人氏や「臣」姓氏族などの跋扈・競合が障壁となっていたことが指摘できる。東国において、大王・王族や中央有力氏族と軍事的に特殊な関係を持つ有力氏族が存在する地域では、国造制が十分に機能しない状況が発生していたことが想起される。七世紀前半の権力者たる厩戸王子・山背大兄王などと深い関係を持つ常陸の壬生連氏・壬生直氏（森公章、一九八七）、下総の大生部直氏（川尻秋生、二〇〇一）が国造を凌ぐほど大きく勢力伸長を果たし、地域社会を複雑化させていたことはその典型といえる。そして、六・七世紀の東国有力氏族が王権より特別視されていたことを踏まえると、その分地域におけるイニシアティブをめぐり国造・伴造・評造などの高い地位を競望していった状況を想定可能である。七世紀後半の常陸において最も高い位階を持つ有力氏族は国造・伴造関係氏族ではなく、部民関係氏族となる信太郡域の物部氏である（『釈日本紀』所引『常陸国風土記』逸文）。そこからは東国有力氏族の強い上昇志向や、それに伴う激しい競合関係を窺うことができよう。

参考文献

阿部武彦、一九五〇「国造の姓と系譜」（『日本古代の氏族と祭祀』吉川弘文館、一九八四年に所収）

井上光貞、一九四九「大和国家の軍事的基礎」（『井上光貞著作集』四、岩波書店、一九八五年に所収）
一九五一「国造制の成立」（『井上光貞著作集』四、岩波書店、一九八五年に所収）
一九六五「大化改新と東国」（『井上光貞著作集』一、岩波書店、一九八五年に所収）
一九七四『飛鳥の朝廷』（日本の歴史三、小学館）
大塚徳郎、一九五六「阿倍氏について（上）」（『続日本紀研究』三―一〇）
亀谷弘明、二〇〇〇「駿河国安倍郡の郷名氏族」（『古代木簡と地域社会の研究』校倉書房、二〇一一年に所収）
川尻秋生、二〇〇一「大生部直と印波国造」（『古代東国史の基礎的研究』塙書房、二〇〇三年に所収）
岸　俊男、一九八〇「万葉歌からみた新しい遺物・遺跡」（井上薫教授退官記念会編『日本古代の国家と宗教』上、吉川弘文館）
佐伯有清、一九八〇「丈部氏および丈部の基礎的研究」（佐伯有清編『日本古代史論考』吉川弘文館）
笹山晴生、一九八五「令制五衛府の成立と展開」（『日本古代衛府制度の研究』東京大学出版会）
志田諄一、一九六〇「大化前代の毛野の独立性について」（『茨城キリスト教短期大学研究紀要』一）
篠川　賢、二〇〇五「国造の「氏姓」と東国の国造制」（あたらしい古代史の会編『王権と信仰の古代史』吉川弘文館）
二〇一〇「日本列島の西と東」（荒野泰典・石井正敏・村井章介編『東アジア世界の成立』吉川弘文館）
須永　忍、二〇一四「古代山武地域の氏族とヤマト王権」（『千葉史学』六五）
須原祥二、二〇〇三「「仕奉」と姓」（『古代地方制度形成過程の研究』吉川弘文館、二〇一一年に所収）
竹本　晃、二〇〇七「阿倍氏の系譜とその変遷」（『東アジアの古代文化』一三二）
辰巳和弘、一九七六「廬原氏に関する一考察」（『地方史静岡』六）
中村友一、二〇一五「地方豪族の姓と仕奉形態」（加藤謙吉編『日本古代の王権と地方』大和書房）
仁藤敦史、一九九二「スルガ国造とスルガ国」（『裾野市史研究』四）
二〇〇五「ヤマトタケル東征伝承と宮号舎人」（『焼津市史』通史編上）

林　陸朗、一九五三「古代東国雑考」(『西郊文化』三)
原秀三郎、一九八一「静岡の古代氏族」(『静岡市史』原始古代中世)
一九九四「国造・県主制の成立と遠江・駿河・伊豆」(『地域と王権の古代史学』塙書房、二〇〇二年に所収)
一九九七「駿河国号小考」(『地域と王権の古代史学』塙書房、二〇〇二年に所収)
松田　猛、一九九三「出土文字資料からみた上野国の古代氏族」(『地方史研究』二四三)
森　公章、一九八七「評の成立と評造」(『古代郡司制度の研究』吉川弘文館、二〇〇〇年に所収)
吉村武彦、一九九三「倭国と大和王権」(『岩波講座日本歴史』二、岩波書店)

※正税帳は『大日本古文書』二を、木簡については『平城宮木簡概報』二二を参照した。

5　古代の東北と国造制に関する一考察

永田　一

はじめに

『先代旧事本紀』巻十「国造本紀」によると、東北地方南部には道奥菊多〈福島県いわき市勿来付近〉・石城〈福島県いわき市平付近〉・阿尺〈福島県郡山市付近〉・思〈亘理〈宮城県亘理郡付近〉か〉・伊久〈宮城県角田市・丸森町付近〉・染羽〈福島県双葉郡付近〉・浮田〈福島県相馬市付近〉・信夫〈福島県福島市・伊達市付近〉・白河〈福島県白河市付近〉・石背〈福島県須賀川市付近〉の一〇国造がいたとされる。その地域は宮城県の阿武隈川河口以南で、福島県浜通り地方・中通り地方と宮城県南端になる。

工藤雅樹は東北・北陸地方の国造が置かれたとされる範囲と古墳が分布する範囲は概ね一致するとし〈工藤、一九八九〉、近年では藤沢敦が東北地方南部の一〇国造が比定される地域と後期前方後円墳の分布が一致することに注目している〈藤沢、二〇〇一〉。こうした国造の比定地と古墳の分布に関連性を見いだそうとする指摘が重視されるなか、六世紀頃の東北地方には国造が実在したとの考えが今日では広く浸透している。

しかし、このような考えにこれまで疑問が持たれなかった訳ではない。菊地芳朗は、東北地方南部の国造が置かれたとされる範囲と後期前方後円墳の分布の近似は倭政権による対地域政策の反映として重視すべきであるとしつつ、後期前方後円墳が地域内で継続的に築かれていない等の理由から、前方後円墳の分布を根拠に国造制の実施を論じることには問題があるとしている（菊地、二〇一五）。

また、篠川賢は東国の国造制に関する検討を通じ、六・七世紀において東北地方南部に職としての国造は実在しなかったと指摘した（篠川、二〇〇五）。これに対し、垣内和孝は石城・道奥菊多・道口岐閇（茨城県高萩市・北茨城市付近）の三国造は実在性が疑われるが他の国造は実在したとし（垣内、二〇〇七）、吉田歓は東北地方南部にも国造は実在したと改めて論じている（吉田、二〇一三）。篠川の研究が発表されて以降、六・七世紀における東北地方南部の国造の実在性が改めて議論されるようになった。

吉田晶は「国造本紀」について、掲載された国造名が原則的には六世紀中葉～七世紀後半に実在した国造を記録したものであり、一定の史料的価値があると指摘している（吉田、一九七一）。また、『続日本紀』大宝二年（七〇二）四月庚戌条に「詔、定₂諸国国造之氏₁。其名具₂国造記₁」とあり、「国造本紀」はここに見える国造記か、それに基づいた史料を原史料として成立したと篠川賢は論じている（篠川、一九九六a）。これらの研究により「国造本紀」の史料的価値は見直されるようになってきた。

しかし、「国造本紀」の記述を全く無批判に信用して良い訳ではない。吉田や篠川をはじめとする先行研究も指摘しているように「国造本紀」の性格には難しい面があり、個々の条文を用いる際には充分な検討が必要である。「国造本紀」に和泉国司条・摂津国司条・出羽国司条・丹後国司条など国司の条文があること一つをとっても、八世紀以降の知識に基づく記述が含まれているのは明らかである。やはり、「国造本紀」に東北地方南部に比定される国造名が見えるからと言って、それが六・七世紀に国造が実在したことを示すと単純に理解する訳にはいかず、その実在性を改めて検討することは重要である。本論文では、この問題について考察する。

一『常陸国風土記』多珂郡条の検討

「はじめに」で述べた通り、六・七世紀における東北地方南部の国造の実在性に疑問を呈したのが篠川賢である。まず、その研究を詳しく見ていく。

【史料1】『常陸国風土記』多珂郡条

（A）多珂郡。東南並大海、西北陸奥・常陸二国堺之高山。古老曰、斯我高穴穂宮大八洲照臨天皇之世、以二建御狭日命一任二多珂国造一。茲人初至、歴二験地体一、以三為峰険岳崇一、因名二多珂之国一。謂二建御狭日命一者、即是出雲臣同属。今多珂・石城所レ謂是也。風俗記、云二薦枕多珂之国一。建御狭日命、当二所レ遣時一、以二久慈堺之助河一為二道前一、去レ郡西北六十里、今猶称二道前里一。陸奥国石城郡苦麻之村為二道後一。（B）其後、至二難波長柄豊前大宮臨軒天皇之世一、癸丑年、多珂国造石城直美夜部、石城評造部志許赤等、請三申惣領高向大夫一、以下所部遠隔、往来不レ便、分中置二多珂・石城二郡一。石城郡、今存二陸奥国堺内一。（後略）

篠川の考察は多岐にわたるが、重要な論拠となっているのがここに掲げた『常陸国風土記』多珂郡条（【史料1】）である。これによると、建御狭日命が多珂国造として支配したのは「久慈堺之助河」から「陸奥国石城郡苦麻之村」に至る範囲とされている（以下、本論文ではこの範囲を「広域タガ国」と表記する）。「助河」は茨城県日立市助川に、「苦麻之村」は福島県双葉郡大熊町熊にそれぞれ比定されており、これは八世紀の常陸国多珂郡から陸奥国石城郡に及ぶ範囲となる。

ところが、「国造本紀」には「久慈堺之助河」から「陸奥国石城郡苦麻之村」の範囲内に比定される国造として、道口岐閇国造（道尻岐閇国造『古事記』上巻）・高国造・道奥菊多国造・石城国造（道奥石城国造『古事記』中巻神武段〕）の名が見える。篠川はこの点に注目し、『常陸国風土記』の伝える多珂国造のクニの範囲内（広域タガ国）に、現実に道奥菊多・道口岐閇・石城国造が存在していたとは考えがたく、これらの三国造は大宝二年に認定された国造氏を指しているとした。そして、「国造本紀」には、これらの三国造よりさらに北方に位置する阿尺・思・伊久・染羽・浮田・信夫・白河・石背国造の名が見えるが、それらも国造氏を指していると論じた（篠川、二〇〇五）。

癸丑年（六五三）以前に『常陸国風土記』が伝える多珂国造のクニの範囲内（広域タガ国）に道奥菊多・道口岐閇・石城国造が存在したのか疑わしいことは篠川が指摘する通りである。ただし、垣内和孝は道奥菊多・道口岐閇・石城国造の非実在が阿尺・思・伊久・染羽・浮田・信夫・白河・石背国造の実在までをも否定する根拠となるかどうかは疑問であるとしている（垣内、二〇〇七）。また、吉田歓は東北地方南部における石城地域の豪族の勢力を過小評価すべきではないこと、「国造本紀」の記述から建許呂命を中心とする系譜意識で結ばれたネットワークが福島県南部から関東にかけて形成されていたことを指摘し、石城の南の菊多・岐閇国造が建許呂命の子とされていることからは石城勢力が南方の多珂地域に進出して勢力下におさめたことが推測され、石城国造が多珂国造に転成したとしており、石城国造以外の九つの国造も実在したと論じている（吉田、二〇一三）。

このように、篠川説については一部を認める垣内説、これを否定する吉田説というように異なる説が提示されている。また、『常陸国風土記』多珂郡条（【史料1】）は『常陸国風土記』の他の建評記事とともに、関晃をはじめ多くの研究者が検討してきた難解な史料である（関、一九六二）。ここでは、まず【史料1】を検討して私なりの解釈を示し、そのうえで癸丑年以前における道奥菊多・道口岐閇・石城国造の実在性について考察する。

【史料1】の前半（A）部分には、斯我高穴穂宮大八洲照臨天皇之世（成務朝）に、建御狭日命が多珂国造に任じられたこと、多珂という国名が峰険岳崇という地形に基づくこと、建御狭日命が出雲臣系であること、そして建御狭日命が治める広域タガ国の範囲が「久慈堺之助河」から「陸奥国石城郡苦麻之村」に至るものだったことが述べられている。成務朝の国造任命をそのまま史実と捉えることはできず、建御狭日命なる人物が実在したかどうかも疑問で、伝承の域を出ない。（A）部分で最も重視すべきことは、癸丑年以前、本来の多珂国造の支配する範囲が後の常陸国多珂郡から陸奥国磐城郡にまで及ぶ広大なものだったと主張されていることだろう。

（B）部分についてだが、難波長柄豊前大宮臨軒天皇之世（孝徳朝）の癸丑年に多珂・石城二郡（評）が建てられたという理解には特に問題はないだろう。難解なのはその建評過程をどう考えるかで、鍵となるのが「多珂国造石城直美夜部」という記述である。以下、この記述に注目しながら（B）部分を検討していく。

まず、「多珂国造石城直美夜部」が建評申請時に多珂国造だったかどうかについて検討する。篠川は、「多珂国造石城直美夜部」という記述は最終的身分表記と見るべきであるとし、建評申請時に美夜部が石城直という氏姓を名乗っていたとは限らず庚午年籍の作成時に石城直を賜与されたと考えるべきこと、また建評申請時に多珂国造だったとも限らないことを指摘している（篠川、二〇〇五）。確かに、『常陸国風土記』が書かれた際、人名や官職などは手元にあった最も新しい情報をもとに記されたと考えるのが自然だろう。

ただ、篠川は美夜部が建評後に多珂国造に任命されたとも述べているのだが（篠川、二〇一三）、この点についてはどうだろうか。「多珂国造石城直美夜部」が最終的身分表記であったとしても、建評前から美夜部が多珂国造であった可能性が否定される訳ではない。【史料1】全体の中で「多珂国造石城直美夜部」という記述を解釈する場合、（A）部分で癸丑年以前における多珂国造の支配する範囲が広域タガ国であることが述べられ、その広大な範囲内での移動が不便であることから、広域タガ国を分割して石城・多珂評を建てたことが（B）部分で述べられているという文脈を重視すべきと考える。申請によって広域タガ国を分割し石城・多珂評の建評がスムーズに行われ、混乱などが生じていないことから、それまで広域タガ国を支配していた多珂国造も建評に関与していたと考えた方が自然だろう。したがって、美夜部は建評申請前から多珂国造だったと推測する。

なお、今泉隆雄は『常陸国風土記』総記に孝徳朝に我姫国を八国に分割したことが見えることに注目し、この時には安房国が未成立であることから八国（関東の七国＋道奥国）に分割したと見られるとして、道奥国は評設置地域を版図として白雉四・五年（六五三・四）頃に成立したと推定している（今泉、二〇〇一）。つまり建評以前、七世紀前半の石城地域は多珂国造の支配下にあり、石城地域はあくまで広域タガ国の一部とされていて、道奥国に含まれるとの認識はなかったことを指摘しておく。

次に、美夜部が石城直姓を名乗っていることについて考えていく。最終的に石城直姓を名乗っていることから、美夜部は自身の本拠地は石城地域だと主張していたと見てよいだろう。建評より前の七世紀前半段階で美夜部の一族は広域タガ国全体に勢力を伸張させており、美夜部は広域タガ国を支配する多珂国造に任じられていたものと思われる。なお、篠川は全国の国造とその氏姓を検討し、各国造は本来「クニの名＋カバネ」の称号を持っていたと指摘している（篠川、二〇〇五）。この指摘に従えば、七世紀前半に広域タガ国を治めた多珂国造の美夜部は多珂直姓を名乗っており、庚午年籍の作成時に石城直姓を与えられた可能性がある。

続いて、初代の石城・多珂評の官人について考えたい。まず、【史料1】に「石城評造部志許赤」とあることから、部志許赤が初代の石城評の官人であることは間違いない。「部志許赤」という記述については、『続日本紀』神護景雲三年（七六九）三月辛巳条に陸奥国磐城郡の丈部山際が於保磐城臣姓を賜ったという記事があることから、「丈部志許赤」の「丈」が抜けたものだと指摘されている（志田諄一、一九六九）。

問題は建評後の美夜部の立場で、①美夜部は建評後も多珂国造だった（評の官人は兼ねない）とする説（関、一九六二）、②美夜部も初代の石城評の官人となったとする説（鎌田元一、一九七七）、③多珂国造兼初代多珂評造となったとする説（須原祥二、二〇〇七）があり、現在では②の説が有力視されている。そこで、②鎌田説を詳しく見ていく。

【史料2】『常陸国風土記』行方郡条

古老曰、難波長柄豊前大宮馭宇天皇之世、癸丑年、茨城国造小乙下壬生連麻呂、那珂国造大建壬生直夫子等、請二惣領高向大夫・中臣幡織田大夫等一、割二茨城地八里一（那珂地七里）、合二七百余戸一、別置二郡家一。（後略）

【史料3】『常陸国風土記』香島郡条

古老曰、難波長柄豊前大朝馭宇天皇之世、己酉年、大乙上中臣子、大乙下中臣部兎子等、請二惣領高向大夫一、割二下総国海上国造部内軽野以南一里、那賀国造部内寒田以北五里一、別置二神郡一。（後略）

【史料4】『常陸国風土記』信太郡条逸文（『釈日本紀』巻十所引）

古老曰、御宇難波長柄豊前宮之天皇御世、癸丑年、小山上物部河内、大乙上物部会津等、請二惣領高向大夫等一、分二筑波・茨城郡七百戸一、置二信太郡一。（後略）

鎌田は『常陸国風土記』多珂郡条（【史料1】）・行方郡条（【史料2】）・香島郡条（【史料3】）・信太郡条逸文（【史料4】）の建評記事を検討し、いずれも建評申請者が二人であるという共通点を指摘し、香島・信太評の建評申請者二名が新たに建てられた評の初代の官人になったと理解されることから、石城・行方評の建評申請者二名も同様に評の初代官人になったとする。また、『常陸国風土記』は旧来の国造の名称を受け継ぐ郡については、その建評の時期・次第等を直接記さないとし、【史料1】は分割後の多珂・石城両地域について均等に語るものではなく、専ら石城評の成立について語るものだと論じている（鎌田、一九七七）。

確かに、【史料1・2・3・4】はいずれも二名が建評を申請しており、申請者が評の初代官人となった可能性が高い。ただし、【史料1】と【史料2・3・4】では、建評の様子を記した文章の形式に違いがある点に注意すべきだと考える。香島郡条（【史料3】）の「割二下総国海上国造部内軽野以南一里、那賀国造部内寒田以北五里一、別置二神郡一」、信太郡条逸文（【史料4】）の「分二筑波・茨城郡七百戸一、置二信太郡一」という記述は、いずれも「Aから○戸（里）を割き、Bからも○戸（里）を割いて、それらを併せて新たにC郡を建てる」という形式である。また、行方郡条（【史料2】）の「割二茨城地八里一（那珂地七里）、合二七百余戸一、別置二郡家一」という部分については、「茨城地八里」に続いて諸写本に見えない「那珂地七里」という記述を補うか否か議論があるところだが、仮に補わなかったとしても「茨城地八里」と何かを併せた七百余戸でもって別に郡家を置いたという文意と解釈される。したがって、【史料2】も【史料3・4】と同じ文章の形式と見てよいだろう。

一方、多珂郡条（【史料1】）の「以二所部遠隔、往来不一レ便、分置二多珂・石城二郡一」は、広域タガ国が広すぎて往来に不便なため、それを分けて多珂・石城二郡（評）を置いたという意味であり、「Dを（二つに）分けてe郡とd郡を置いた」という形式になっている。こうした文章の形式の違いからは、新たな評の建て方そのものが違ったことが読み取れる。そのため、建評申請者が二名であることが共通することをもって香島・信太・行方評と同様に丈部志許赤と美夜部が二人揃って石城評の初代官人となったと解釈することは躊躇される。むしろ、多珂郡条（【史料1】）では広域タガ国を分割して石城評と多珂評が同時に建評されたことが同等に述べられていることを読み取るべきだろう。

また、【史料1】と【史料2・3・4】との違いでもう一つ注目されるのが、建評申請者の関係性である。行方郡条（【史料2】）では茨城国造・那珂国造、香島郡条（【史料3】）では中臣・中臣部、信太郡条逸文（【史料4】）はともに物部というように同族もしくは対等の勢力だが、多珂郡条（【史料1】）では国造と評造である。また、美夜部は石城直姓であることから伝統的地方豪族と考えられるが、部姓である丈部志許赤は直姓の美夜部とは同階層ではなく、多珂国造の支配下にあって在地で勢力を発展させた新興豪族である可能性が高いと三舟隆之は指摘している（三舟、二〇〇八）。

評の建て方の違いに加え、こうした建評申請者の関係性の違いを考慮すれば、香島・信太・行方評と同様に建評申請者二名がともに石城評の初代官人となったとする見方にはやはり問題があると言わざるを得ない。美夜部が広域タガ国を支配していた多珂国造として石城・多珂評の立評に関わっていたと推測されること、石城・多珂評が同時に立評されたことから、丈部志許赤が初代石城評の官人、美夜部が初代多珂評の官人になったと考える。

では、美夜部が初代多珂評の官人になった後、それまでの多珂国造としての職はどうなったのだろうか。森公章は、孝徳朝以後の評制下においても国造が存続したこと、軍事をはじめ地方支配のうえで様々な活動を行っていたことを明らかにしている（森、一九八六）。また、『紀伊国造次第』を詳細に分析した鈴木正信は、現状本の冒頭から広世（三十六代、貞観十六年〔八七四〕に『国造次第』の原本を書写した人物）までの部分には貞観十六年の改写本の記載内容が比較的良好な形で保存されていることを明らかにしているが、さらに忍穂（十九代、孝徳期）の尻付に「立二名草郡一兼二大領一」とあることから、紀伊国造だった忍穂が名草郡（名草評）を立てて大領（評造あるいは評督）を兼ねたことを指摘している（鈴木、二〇一二a）。これらの研究に従えば、美夜部は初代多珂評の官人と多珂国造を兼ねていたと考えるべきだろう。建評後の美夜部の立場については③須原説を支持する。

『常陸国風土記』多珂郡条（【史料1】）を検討し、癸丑年に広域タガ国を分割して石城・多珂評が建評されたこと、丈部志許赤が初代石城評の官人に、多珂国造だった美夜部は、癸丑年以降は多珂国造兼初代多珂評の官人となったことを指摘した。したがって、広域タガ国の範囲内に比定される道口岐閉・道奥菊多・石城国造については、癸丑年以前には実在しなかったと考えられる。それでは、道口岐閉・道奥菊多・石城国造が置かれた時期はいつ頃なのだろうか。次節以降で検討していく。

二　石城国造が置かれた時期について

道口岐閉・道奥菊多・石城国造はいつ置かれたのか。この問題を明らかにするには、多珂国造の活動範囲が、広域タガ国から多珂評のみへと縮小した過程の考察が必要となる。多珂国造の活動範囲が広域タガ国から多珂評へと縮小して、はじめて道口岐閉・道奥菊多・石城国造を置くことが可能になるからである。

美夜部が本来、広域タガ国を治めた多珂国造であり、癸丑年に石城・多珂評が建評された後も多珂国造であり続けたことはすでに述べた。問題は癸丑年以降の美夜部の多珂国造としての活動範囲がいつ多珂評域のみへと縮小したかである。これについて、石城国造が置かれた時期という視点から考察していく。

石城国造が置かれた時期としては、Ⅰ石城評が建てられた時、Ⅱ道奥国が成立したことでそれまで常陸国に含まれていた石城評がそちらに編入された時、Ⅲ道奥国が成立してから暫くした後、などが候補としてあげられるが果たしてどうだろうか。

「国造本紀」には一三〇近くの国造が掲げられているが（他の史料にも「国造本紀」に見えない国造名が幾らか散見されるが）、律令制下の郡の数は五五〇近くにのぼる。香島郡条【史料3】には二つの国造のクニからそれぞれ一部を割き、それを併せて建評したことが、多珂郡条（【史料1】）には一つの国造のクニを分割して二つの評を建てたことが見える。こうした過程を経て評の数は国造の数よりも圧倒的に多くなったのだが、その一方で評制下においても国造は地方支配のうえで様々な役割を担い、必要とされていた。ならば、国造の活動範囲は複数の評に及んでいたはずである。

『常陸国風土記』行方郡条には「其後、至二難波長柄豊前大宮臨軒天皇之世一、壬生連麻呂、初占二其谷一、令レ築二池堤一」とあり、行方評の建評申請者でもある茨城国造壬生連麻呂が、本拠地である茨城の地を離れて行方の地で新規の開発を行っていたことが見える。この条文を検討した三舟隆之は、建評と国造の本拠地が必ずしも一致するとは限らないと指摘している（三舟、二〇〇八）。

また、出雲国飯石郡の少領だった出雲臣弟山（「天平六年出雲国計会帳」〔『大日本古文書』一巻、五九三頁〕）が、後に出雲国造に任じられた例がある（『続日本紀』天平十八年〔七四六〕三月己未条）。出雲国造の本拠地が出雲国意宇郡であることから、国造一族が本拠地を離れて活動することが広く行われていたと篠川賢は指摘している（篠川、二〇一三）。

七・八世紀において、国造または国造一族が本拠地を離れて開発などを行うことは特異なことではなく、郡や評の境を越えて様々な活動をしていたことがうかがえる。ならば、建評後に国造が評の境を越えて活動した場合、その活動範囲はもとの国造のクニに基づいていたのではないだろうか。つまり、多珂郡条（【史料1】）に沿って言えば、広域タガ国を分割して石城評と多珂評が置かれたが、その後も美夜部の多珂国造としての活動範囲は広域タガ国全体に及んでいた可能性が考えられる。石城評の成立後も、以前と変わらず美夜部が国造としての役割を果たし得たなら、慌てて石城国造を置く必要性はそれほどなかっただろう。

次に注目するのが、『古事記』中巻 神武段に「神八井耳命者、（中略）道奥石城国造（後略）」と見えることである。すでに触れたように、道奥国の成立は白雉四・五年と推定されている。また、『日本書紀』には「道奥」と「陸奥」の両方の語句が使われているが、斉明五年（六五九）七月戊寅条に「仍以㆓道奥蝦夷男女二人㆒、示㆓唐天子㆒」とあるのを最後に「道奥」は使われておらず、天武五年（六七六）正月甲子条の「詔曰、凡任㆓国司㆒者、除㆓畿内及陸奥・長門国㆒、以外皆任㆓大山位以下人㆒」という記述以降は「陸奥」に統一されている。このことから、斉明五年～天武五年の間に「道奥」から「陸奥」に国名表記が変わったと指摘されている（高橋富雄、一九六三）。これに従えば、石城国造が置かれたのは白雉四年～天武五年の間ということになる。

ただし、道奥国は評の設置地域を版図として成立したとされるので、厳密には石城評の設置（癸丑年）から道奥国の成立（白雉四・五年）の間には、一年弱程度の時間差があったと見られる。この間、石城評は常陸国に属していたことになるので、多珂国造の美夜部の活動範囲だったと考えられる。

果たして、白雉四年～天武五年の間のいつ石城国造は置かれたのか。道奥国の成立と同時なのか、それとも暫く後なのだろうか。この問題は、道奥国の成立後、美夜部が多珂評と石城評の境のみならず、孝徳朝に置かれた国の境も越えて国造として活動していたのかという疑問につながる。七世紀後半、国造が孝徳朝設置の国の境を越えて活動した可能性はあるのだろうか。石城国造に関する史料は限られるため、下野国那須地域と陸奥国白河地域に分布が確認できる那須直氏の事例をもとに検討していきたい。

周知のように、那須直氏は下野国那須地域の豪族である。有名な那須国造碑の冒頭には「永昌元年己丑四月、飛鳥浄御原大宮、那須国造追大壹那須直韋提、評督被㆑賜」とあり、永昌元年（持統三年、六八九）に那須国造だった那須直韋提が評督となったことが分かる。国造と評の官人の兼務という状況は、美夜部とよく似ている。

那須直氏について注目されるのは『続日本後紀』承和十五年（八四八）五月辛未条に「陸奥国白河郡大領外正七位上奈須直赤龍」が阿倍陸奥臣姓を賜ったことが見え、九世紀半ばの白河郡に奈（那）須直氏の人物が確認できることである。しかも赤龍が白河郡大領であることは、かなり古くから那須直氏の一族が白河郡域に勢力を伸ばし、土着していたことをうかがわせる。那須直韋提が七世紀末に那須国造兼那須評督であったこと、九世紀段階でも奈須直氏が白河郡大領であることを考慮すれば、那須評成立後も那須国造兼那須評の官人だった那須直韋提やその一族は白河地域に大きな影響力を持っていたと考えられる。

系譜に注目してみると、「国造本紀」那須国造条には「纏向日代朝御代、建沼河命孫大臣命定二賜国造一」とある。「建沼河命」は『古事記』中巻 孝元段で「建沼河別命者、阿倍臣等之祖」とされている。つまり、奈須直赤龍が阿倍陸奥臣姓を賜ったのは、「国造本紀」那須国造条や『古事記』孝元段に見える系譜意識に基づいてのことなのである。那須直氏は「国造本紀」のもとになったとされる国造記が作成された八世紀初頭には、すでに阿倍氏と同族であるという系譜意識を持っていたと考えられる。白河郡域に土着していた奈須直赤龍の一族は系譜意識においても那須国造とつながっており、まぎれもなく同族だった。ただし、「国造本紀」白河国造条には「志賀高穴穂朝御世、天降天由都彦命十一世孫塩伊乃己自直定二賜国造一」とある。「国造本紀」によると白河国造と那須国造は系譜が全く異なっており、八世紀初頭の白河国造は奈須直氏ではなかった可能性が高い。

では、那須国造だった那須直氏は、いつ頃から白河地域に進出していたのだろうか。ここで、那須地域の土器様相に注目してみたい。池田敏宏は、栃木県をⅰ那須地域、ⅱ芳賀地域〜宇都宮周辺、ⅲ小山周辺〜佐野周辺の三つのエリアに分け、六・七世紀の土器様相について検討している。その考察によると、ⅰ那須地域では、半球形坏は非主体的存在で少量見られる程度であって、他方、須恵器坏蓋模倣坏、東北南部系坏（口縁外反坏・内彎口縁坏を含む黒色処理坏群）が主体的存在であり、総じて言えば東北地方南部土器群の影響が強いという（池田、二〇〇九）。六・七世紀の土器様相からうかがえる那須地域と東北南部との結びつきの強さは、白河と那須が本来一体的な地域であり、那須国造である那須直氏が七世紀段階で那須・白河両地域に広く勢力を扶植していたことを推測させる。七世紀から九世紀半ばに至るまで那須直氏は白河地域へ影響力を持ち続けていたのである。

また、ここで注意しておきたいのが、そもそも道奥国が「白河―那須」と「石城―多珂」という一体的地域を分断する形で置かれたということである。鈴木正信は美濃国クルスダ地域の比定を行い、本巣郡栗田郷（本巣クルスダ地域）は現在の本巣市宗慶付近（旧真正町南東部）に、大野郡栗田郷（大野クルスダ地域）は現在の本巣市政田付近（旧真正町西部）にそれぞれあたるとし、両地域が隣接することから、二つのクルスダ地域は本来一体で本巣国造の支配領域だったが、のちに本巣郡と大野郡に分割編入された可能性があると指摘している（鈴木、二〇一二b）。美濃国クルスダ地域のように国造が支配した一体的地域が二つの郡に分割編入されることが珍しくなかったとすれば、「白河―那須」と「石城―多珂」が評のみならず孝徳朝設置の国の境によって分断されたことも、その延長線上のこととして理解される。

以上の検討から、那須・白河地域と那須国造の那須直氏との関係については次のように推測する。七世紀後半、那須国造だった那須直氏は那須・白河両地域を治めており、那須評が建てられ、道奥国が成立した後も那須直氏の那須国造としての活動範囲は那須・白河両地域に及んだ。やがて持統三年に那須直韋提が那須国造兼那須評督となったが、八世紀初頭までに白河国造には那須直氏とは別の氏族が任じられた。しかし、那須直氏の一族は白河地域にも土着しており、九世紀半ばに大領に任じられるほどの勢力を維持していたと考える。

推測を重ねた部分もあるが、那須国造である那須直氏が道奥国の成立後も那須評の官人や白河郡大領として見えていることは、孝徳朝設置の国の境や八世紀以降も令制国の境を越えて影響力を行使できたことをうかがわせ、七世紀後半の短期間であれ国造としての活動も孝徳朝設置の国の境を越えて及んでいた可能性を示すものと言える。こうした那須国造と那須・白河地域との関係を、多珂国造と石城・多珂評に敷衍して考えれば、道奥国が成立した後も美夜部の多珂国造としての活動範囲が孝徳朝設置の国の境を越えて石城・多珂評の両方に及んでいた可能性がある。したがって、石城国造が置かれたのは道奥国の成立と同時ではなく、道奥国が成立してから暫く後（天武五年以前）だったと考える。

三　東北地方南部の国造の実在性

前節では石城国造が置かれた時期について考察し、石城評の建評や道奥国の成立と同時のことではなく、白雉四・五年頃に道奥国が成立してから暫くの期間を経た後であると指摘した。また、石城国造が置かれるまでは、多珂国造の美夜部が道奥国との境を越えて石城評・多珂評の両地域で国造として活動していたことを述べた。では、石城国造と同様に広域タガ国の範囲内に比定される道口岐閇・道奥菊多国造が置かれた時期はどうだろうか。

まず、道口岐閇国造について検討する。「国造本紀」道口岐閇国造条には「軽嶋豊明御世、建許呂命児宇佐比乃禰定二賜国造一」とあり、軽嶋豊明御世（応神朝）に建許呂命の子の宇佐比乃禰が国造に任じられたとある。この建許呂命は『常陸国風土記』茨城郡条に「所以、地名便謂二茨城一焉。茨城国造初祖、多祁許呂命（後略）」と見えること、また「国造本紀」茨城国造条に「軽嶋豊明朝御世、天津彦根命孫筑紫刀禰定二賜国造一」とあることから、天津彦根命系の人物とされる。一方、『古事記』上巻には「天津日子根命者、（中略）道尻岐閇国造（後略）」とある。「国造本紀」の道口岐閇国造と『古事記』の道尻岐閇国造は同じとされるが、天津日子根命系という意味においては系譜意識が一致する。石城国造と同様に『古事記』に載せられているという共通点は重要で、石城国造と同時期に道口岐閇国造も置かれたと考える。

次に道奥菊多国造について検討する。「国造本紀」には、「道奥菊多国造。軽嶋豊明御代、以㆓建許呂命児屋主乃禰㆒定㆔賜国造㆓」とあるのだが、注意すべきは「道奥菊多国造」という国造名の記述である。まず、道奥国の成立は白雉四・五年頃とされているので、七世紀前半の情報や認識に基づいて書かれていないことになる。また、次の史料との関係も問題である。

【史料5】『続日本紀』養老二年五月乙未条

> 乙未、(中略)割㆓陸奥国之石城・標葉・行方・宇太・曰理、常陸国之菊多六郡㆒、置㆓石城国㆒。割㆓白河・石背・会津・安積・信夫五郡㆒、置㆓石背国㆒。割㆓常陸国多珂郡之郷二百一十烟㆒、名曰㆓菊多郡㆒、属㆓石城国㆒焉。

【史料5】には、養老二年(七一八)に菊多郡が成立して石城国に編入されたこと、それまで菊多地域は常陸国多珂郡に属していたことが見える。養老二年に陸奥国から分離して成立した石城・石背国ではあるが、ごく短期間しか存続しなかったらしく、養老五年(七二一)八月~十月の間に陸奥国に再び統合されたと永田英明は指摘している(永田、二〇一五)。したがって、菊多郡が陸奥国に編入されたのは養老五年八月~十月の間となる。「国造本紀」の「道奥菊多国造」という記述は、菊多郡が陸奥国に編入された後の地理認識に基づくものということになる。

また、斉明五年~天武五年の間に「道奥」から「陸奥」に国名表記は変わっていた。養老五年八月~十月以降の地理認識に基づくのに「陸奥菊多国造」ではなく「道奥菊多国造」と表記されていることはさらに不自然で、何らかの意図があって「道奥」という表記を用いたと考えざるを得ない。そしてその意図とは、古い「道奥国」時代の記述であるかのように見せかけることだろう。「道奥菊多国造」という記述は明らかに八世紀以降、それも養老五年八月～十月より後に書かれたものとすべきである。

このことは、「国造本紀」道奥菊多国造条に書かれた系譜が七世紀前半に遡るような古い時期に成立したものではなく八世紀初頭頃に作られたこと、また道奥菊多国造が置かれたのも八世紀初頭頃であることを示唆しているように思われる。そして、「国造本紀」において「建許呂命」により結びつく他の東北地方南部の国造の系譜も八世紀初頭頃に作成されたもので、それらの国造は七世紀後半以降に置かれたのではないかという疑問が持たれるのである。以下、この問題について検証していく。

「国造本紀」において「建許呂命」が見えるのは師長国造（神奈川県二宮町・大磯町付近）・須恵国造（千葉県君津市付近）・馬来田国造（千葉県袖ケ浦市・木更津市付近）・道奥菊多国造・道口岐閇国造・石背国造・石城国造の各条である。このうち、師長国造条・須恵国造条・馬来田国造条にのみ「茨城国造祖建許呂命」とあって茨城国造との関係が明示されている。つまり、「建許呂命」が見える条文でも、（1）師長国造条・須恵国造条・馬来田国造条（関東南部）と、（2）道奥菊多国造条・道口岐閇国造条・石背国造条・石城国造条（茨城県北部・福島県）では、茨城国造との関係性を明示するか否かで傾向が分かれるのである。

（2）グループについて国造に任じられた人物を見てみると、「建許呂命児屋主乃禰」（道奥菊多国造条）、「建許呂命児宇佐比乃禰」（道口岐閇国造条）、「建許侶命児建弥依米命」（石背国造条）、「建許呂命」（石城国造条）となっており、石城国造条が要となっていることが分かる。では、こうした「建許呂命」により結びつく（2）グループの系譜はいつごろ形成されたのだろうか。

『古事記』中巻　神武段によると道奥石城国造は神八井耳命系とされており、天津彦根命系の「建許呂命」を国造に任じたとする「国造本紀」石城国造条とは系譜が異なる。つまり、『古事記』に記された道奥石城国造と、「国造本紀」石城国造条の系譜が作成された時点の石城国造は別氏であったと見られる（篠川、一九九六b）。『古事記』に書かれた道奥石城国造の氏族に何らかの状況の変化があり、後に別氏が石城国造となったのだろう。そうであれば、「国造本紀」の（2）グループの系譜が成立したのは比較的新しい時期となり、やはり大宝二年に国造記が作られた際の可能性が高い。これは、「国造本紀」道奥菊多国造条の系譜の作成や道奥菊多国造が置かれた時期を八世紀初頭頃とした、先ほどの推定と時期が一致する。（2）グループに属する石背国造は道奥菊多国造と同じ八世紀初頭頃に置かれたと考えるべきだろう。

なお、道口岐閇国造（道尻岐閇国造）については、『古事記』の記事が書かれてから「国造本紀」の系譜が形成されるまで同じ氏族が世襲し、一貫して天津日子根命系という系譜意識を有していたが、国造記が作成された時点で建許呂命児宇佐比乃禰に連なる系譜が記されることになったと考える。

以上、道口岐閇・道奥菊多・石城・石背国造が置かれた時期について考察した。道口岐閇・石城国造は白雉四・五年頃に道奥国が成立してから暫く後（天武五年以前）、道奥菊多・石背国造は八世紀初頭頃に置かれたと見られることを指摘した。これらの茨城県北部・福島県南部に比定される国造が七世紀後半〜八世紀初頭頃に置かれたのであれば、他の宮城県南端・福島県域に比定される阿尺・思・伊久・染羽・浮田・信夫・白河国造もそれらと同時期に置かれた可能性が高い。興味深いことに、「国造本紀」によると浮田国造（崇神天皇・上毛野国造系）を除く阿尺・思・伊久・染羽・信夫・白河国造はいずれも天湯津彦命系とされており、これらの国造が置かれた時期や系譜の作成がある時期、一斉に行われたことが推測される。従って、七世紀前半以前に職としての阿尺・思・伊久・染羽・浮田・信夫・白河国造は存在せず、これらの国造が置かれたのは七世紀後半〜八世紀初頭頃であると考える。

おわりに

本論文では、六・七世紀における東北地方南部の国造の実在性について考察し、七世紀前半以前に東北地方南部に職としての国造は存在せず、七世紀後半〜八世紀初頭頃に置かれたという結論に至った。ただし、東北地方南部の一〇国造のうち石城国造は七世紀後半に置かれたと見られるが、他の九国造も石城国造と同時期にまで遡るかどうかは不明である。現時点では九国造は大宝二年に認定された国造氏の可能性が高いと考えるが、さらに検討が必要である。

今回の考察では多珂評・石城評の建評や道奥国の成立後、多珂国造の美夜部が評や孝徳朝設置の国の境を越えて国造として活動した可能性を指摘した。推論を重ねた部分も多いが、一つの問題提起はできたと思う。国造の数と評・郡の数に大きな差があることに加え、評・郡の境を越えて国造やその一族が行動していたこと、評制下や八世紀以降も国造が地方支配において一定の役割を果たしていたことが近年の研究で明らかにされてきた。今後はそれらを踏まえて七世紀後半以降の国造の活動範囲や役割について考える必要があるだろう。

道奥国の場合、もともと一体的だった「石城―多珂」と「白河―那須」地域を分断する形で孝徳朝に国の境が設定された。蝦夷との戦争を見越して道奥国南部に軍事関連の拠点を設けたことや、防衛を強化したことなども関係するだろうが、一体的地域を分断した最大の理由は何なのか。美濃国クルスダ地域が本巣郡と大野郡に分割編入されたことを指摘した鈴木正信は、その背景に本巣国造の衰退とその支配領域である「本巣国」の解体があったのではないかとしている（鈴木、二〇一二b）。こうした指摘を踏まえれば、白河関・菊多関設置などの地理的要因のみではなく、多珂国造や那須国造の一族の衰退、あるいは意図的にそれらの国造の弱体化を狙ったなど、さまざまな可能性を考えていく必要がある。この問題についても、今後さらに考察を深めていきたい。

参考文献

池田敏宏、二〇〇九「栃木県域における六・七世紀の土器様相―地域間交流を中心視座にすえて―」（国士舘大学考古学会編『古代社会と地域間交流―土師器からみた関東と東北の様相―』六一書房）

今泉隆雄、二〇〇一「多賀城の創建―郡山遺跡から多賀城へ―」（『古代国家の東北辺境支配』吉川弘文館、二〇一五年に所収）

垣内和孝、二〇〇七「古代安積郡の成立」（『郡と集落の古代地域史』岩田書院、二〇〇八年に所収）

鎌田元一、一九七七「評の成立と国造」（『律令公民制の研究』塙書房、二〇〇一年に所収）

菊地芳朗、二〇一五「前方後円墳の終焉と終末期古墳」（藤沢敦編『東北の古代史二　倭国の形成と東北』吉川弘文館）

工藤雅樹、一九八九「石城、石背両国の分置と広域陸奥国の復活」（関晃先生古稀記念会編『律令国家の構造』吉川弘文館）

志田諄一、一九六九「律令制下の多珂郡」（『高萩市史』上）

篠川　賢、一九九六a「「国造本紀」の再検討」（『日本古代国造制の研究』吉川弘文館）

一九九六b『常陸国風土記』の建郡（評）記事と国造」（『日本古代国造制の研究』吉川弘文館）

二〇〇五「国造の「氏姓」と東国の国造制」（あたらしい古代史の会編『王権と信仰の古代史』吉川弘文館）

二〇一三「「国造」と国造制」（篠川賢・大川原竜一・鈴木正信編著『国造制の研究―史料編・論考編―』八木書店）

鈴木正信、二〇一二a『紀伊国造次第』の成立とその背景」（『日本古代氏族系譜の基礎的研究』東京堂出版）

須原祥二、二〇一二b「美濃国クルスダ地域と本巣国造」（『日本古代氏族系譜の基礎的研究』東京堂出版）
須原祥二、二〇〇七「孝徳建評の再検討―常陸国風土記の立郡記事をめぐって―」（『古代地方制度形成過程の研究』吉川弘文館、二〇一一年に所収）
関　晃、一九六二「大化の郡司制について」（『関晃著作集』二、吉川弘文館、一九九六年に所収）
高橋富雄、一九六三「国づくり」（『蝦夷』吉川弘文館）
永田英明、二〇一五「城柵の設置と新たな蝦夷支配」（熊谷公男編『東北の古代史三　蝦夷と城柵の時代』吉川弘文館）
藤沢　敦、二〇〇一「倭の周縁における境界と相互関係」（『考古学研究』四八―三）
三舟隆之、二〇〇八「多珂国造と多珂評の成立―大津廃寺を中心として―」（『日本古代の王権と寺院』名著刊行会、二〇一三年に所収）
森　公章、一九八六「評制下の国造に関する一考察―律令制成立以前の国造の存続と律令制地方支配への移行―」（『古代郡司制度の研究』吉川弘文館、二〇〇〇年に所収）
吉田　晶、一九七一「国造本紀における国造名」（『日本古代国家成立史論―国造制を中心として―』東京大学出版会、一九七三年に所収）
吉田　歓、二〇一三「南奥羽国郡制の変遷」（熊谷公男・柳原敏昭編『講座東北の歴史三　境界と自他の認識』清文堂）

〔付記〕
本稿は、二〇一六年一一月一三日に開催された第一一四回史学会大会日本史部会古代史部会での研究発表をもとに作成したものである。研究発表の席上、貴重なご指摘、ご助言を賜った。ここに記して篤く御礼申し上げます。

6　吉士系日下部氏と草壁皇子

渡部敦寛

はじめに

天武天皇と持統天皇とのあいだに生れた草壁皇子の乳母輩出氏族について、それを難波連氏とする見解が以前から存在する（野村忠夫、一九六九）。つまり、草壁皇子の乳母が難波連大形の一族から輩出されたとする説である（大橋信弥、一九七八。井上辰雄、一九八九）。一般に、継体・欽明朝以降、嵯峨朝以前の皇子女（令制以前の段階では王子女とすべきだが、行論の便宜上、皇子女で統一する）の名前は氏称や地名に因むものと考えられている。先行学説のなかで草壁皇子との養育関係が想定されている難波連大形も天武十年（六八一）正月以前では「草香部吉士大形」という名であり、草壁皇子の名がこの日下部吉士氏に由来するという理解[1]が、一部にはあるということである。

【史料1】『日本書紀』天武十年（六八一）正月丁丑条

丁丑、天皇御㆓向小殿㆒而宴之。是日、親王・諸王、引㆓入内安殿㆒。諸臣皆侍㆓于外安殿㆒。共置酒以賜㆑楽。則大山上**草香部吉士大形**授㆓小錦下位㆒。仍賜㆑姓曰㆓**難波連**㆒。

さらにこの大形の一族は、八色の姓にともなって難波忌寸へ昇り八世紀に接続すると考えられる。

【史料2】『日本書紀』天武十四年（六八五）六月甲午条

六月乙亥朔甲午、大倭連・葛城連・凡川内連・山背連・**難波連**（中略）幷十一氏、賜レ姓曰二**忌寸**一。

このほかにも、おそらく大形の傍系に、八色の姓にともなって吉士から連へ昇った日下部氏があった。

【史料3】『日本書紀』天武十二年（六八三）十月乙未条

冬十月乙卯朔己未、三宅吉士・**草壁吉士**（中略）幷十四氏、賜レ姓曰レ**連**。

このような皇子女の名を氏称や地名に因んで呼称するという慣習が、本来は実名敬避の習俗であった可能性も高い（穂積陳重、一九一九）。また、地名に因む皇子女名も地名を含む氏称に由来した可能性を考慮する見解も見受けられる（直木孝次郎、一九七二）。いずれにせよ、少なくとも氏称に因む皇子女名についてはその乳母輩出氏族に因む確度が高いだろう（橋本義彦、一九七九）。代表的な事例を挙げれば、阿倍内親王（孝謙・称徳天皇）はその乳母・阿倍朝臣石井の氏称に（『続日本紀』天平勝宝元年〔七四九〕七月乙未条）、安殿親王（もと小殿親王。平城天皇）はその乳母・安倍小殿朝臣境の氏称に（『続日本紀』延暦七年〔七八八〕二月辛巳条）、それぞれ因むものと考えられる。

いったいに、令制以前の段階から令制下も含め、このような乳母と被養育者との関係がどのように取り結ばれるものであるのかという点、すなわち乳母の採用過程に関しては、現状の研究段階においても必ずしも明らかなものではないだろう。長屋王家の場合には、乳母の氏族が皇子女を資養するのではなく、乳母が王族へと出仕し、彼女ら自身、その本主によって扶養されるという形態であったと考えられることが指摘されているが（福原栄太郎、一九九三）、議論はなお体系化の余地を残している。本稿の枠内においてかかる議論の全体に対して要を得た応えを提示することはできないが、一定の切り口に絞って若干の考察を試みたい。

そこで次のような検討課題を設定する。すなわち、従来、草壁皇子の乳母輩出氏族を吉士系日下部氏（本稿では以下、難波連大形の一族と周辺氏族も含めてこのように仮称しておく）に位置づける言及がしばしばなされてきたが、かかる見解は妥当なものと言えるだろうか、という問いである。その点について検証する前提として、まず、いわゆる御名代・子代[2]の伴造氏族としての日下部氏と吉士系日下部氏との関係を改めて明確にしておく必要があろう（第一節）。次に、難波連大形に関する先行学説を整理し（第二節）、吉士系日下部氏の具体的存在形態を史料上からたどったうえで（第三節）、それを草壁皇子の乳母輩出氏族とする説の妥当性について再検討したい（おわりに）。かかる検討はまた、御名代・子代、ひいては部民制の構造とそれをめぐる社会関係の具体的なあり様を明らかにしていくうえで、参照に値する一視角を提示し得るものと考える。

一　中央伴造系日下部氏と吉士系日下部氏

周知のように、日下部は御名代・子代の典型的な一例である。古いデータではあるが、原島礼二が作成した御名代・子代の分布範囲に関する表を参照すると、最大規模を誇るのが日下部であり、その分布は三四ヶ国に及ぶ（原島、一九七四）。その日下部を名に負う皇子女は、草壁皇子のほかにも、長屋王家木簡に見える「日下若翁」がある（『平城宮発掘調査出土木簡概報』二五―八七号木簡）、この人物は養老七年（七二三）に従四位下へ叙された日下女王である可能性が高い（『続日本紀』養老七年〔七二三〕正月丙子条）。このように、日下部を名に負う皇子女は単に草壁皇子ひとりに限定されない。ただし、このことをもって御名代・子代の伴造氏族ゆえに王族に乳母を輩出するという傾向を抽出することは困難であると考える。以下ではまず、その点について触れておきたい。

近年、御名代・子代の伴造氏族の名を負う皇子女の存在に注目した論稿があり（告井幸男、二〇一四）、また、草壁皇子の名と御名代日下部との関連性を示唆する向きもあるが（平林章仁、二〇一〇）、はたして御名代・子代の伴造氏族とその名を負う皇子女との関係をそのような因果関係のもとに把握することが妥当であるか、疑問に思われる。御名代・子代の伴造氏族が王族の権益に関わることは確かであろうが、そこから乳母が輩出されるという事態は必ずしも直接的に導き出せる事柄ではないのではないだろうか。たしかに、欽明天皇の皇子女と天武天皇の皇子女のうちには御名代・子代の部称を負う者が存在する（前川明久、一九六三）。しかしその間、一世紀近くにわたって、御名代・子代の部称を負う皇子女が顕著に持続する傾向は看取できず、むしろそうでない者のほうが多数である。このことから、皇子女名が御名代・子代の部称と一致するという事象は、むしろ偶然性に因る部分が大きいと考えるべきであろう。

そもそも、既往の学説のなかで草壁皇子の乳母輩出氏族とされてきたのも、中央伴造氏族としての日下部氏ではなく、あくまで難波連大形の属する吉士系日下部氏であった。その論旨の要諦は、【史料1】の翌月に草壁皇子の立太子記事が見られる点（『日本書紀』天武十年〔六八一〕二月甲子条）から、相互の関連性を想定する立場に求められるが（大橋、一九七八）、両記事の因果関係は必ずしも明確ではない。その点も含め、本稿の立場はかかる位置づけにも疑問を抱くが、その当否を確かめる前提作業としても、次に、この中央伴造系日下部氏と吉士系日下部氏の差異を明らかにしておく必要があろう。史料上、両系統は、九世紀初頭段階においても始祖系譜を異にする別系統の氏族であったことが明らかである。まず、『新撰姓氏録』のうちから、日下部氏、およびそれと擬制的同族関係を結んでいる諸氏をひとまず掲載順に抽き出し、それを再度、系譜上の始祖を共有している系統別にまとめ直すと、次のAからEへ至る五系統に集約される。

中央伴造系日下部氏の系統（彦坐命系譜）

Ａｉ『新撰姓氏録』山城国・皇別・日下部宿禰「開化天皇皇子**彦坐命**之後也。日本紀合」

Aⅱ『新撰姓氏録』大和国・皇別・川俣公「日下部宿禰同祖。**彦坐命**之後也」

Aⅲ『新撰姓氏録』摂津国・皇別・日下部宿禰「出㆑自㆓開化天皇皇子**彦坐命**㆒也。日本紀合」

Aⅳ『新撰姓氏録』摂津国・皇別・依羅宿禰「日下部宿禰同祖。**彦坐命**之後也。続日本紀合」

Aⅴ『新撰姓氏録』河内国・皇別・日下部連「**彦坐命**子狭穂彦命之後也」

Aⅵ『新撰姓氏録』河内国・皇別・川俣公「日下部連同祖。**彦坐命**之後也」

Aⅶ『新撰姓氏録』河内国・皇別・酒人造「**日下部同祖**。日本紀不㆑見」

Aⅷ『新撰姓氏録』河内国・皇別・日下部「**日下部連同祖**」

Aⅸ『新撰姓氏録』和泉国・皇別・日下部首「日下部宿禰同祖。**彦坐命**之後也」

Aⅹ『新撰姓氏録』和泉国・皇別・日下部「**日下部首同祖**」

吉士系日下部氏の系統（大彦命系譜）

Bⅰ『新撰姓氏録』摂津国・皇別・吉志「難波忌寸同祖。**大彦命**之後也」

Bⅱ『新撰姓氏録』河内国・皇別・日下連「阿閇朝臣同祖。**大彦命**男紐結命之後也。日本紀漏」

Bⅲ『新撰姓氏録』河内国・皇別・大戸首「阿閇朝臣同祖。**大彦命**男比毛由比命之後也。諡安閑御世、河内国日下大戸村造㆓立御宅㆒、為㆑首仕㆓奉行㆒。仍賜㆓大戸首姓㆒。日本紀漏」

Bⅳ『新撰姓氏録』河内国・皇別・難波忌寸「**大彦命**之後也。阿倍氏遠祖大彦命、磯城瑞離宮御宇天皇御世、遣㆑治㆓蝦夷㆒之時、至㆓於兎田墨坂㆒、忽聞㆓嬰児啼泣㆒。即認獲㆓棄嬰児㆒。大彦命見而大歓、即訪㆓求乳母㆒、得㆓兎田弟原媛㆒。便付㆓嬰児㆒曰、能養長安酧㆑功。於㆑是成㆑人奉㆑送㆑之。大彦命為㆑子愛育、号曰㆓得彦宿禰㆒者。異説並存」

Ｂv『新撰姓氏録』河内国・皇別・難波「難波忌寸同祖。**大彦命**孫波多武彦命之後也」

その他の系統

Ｃ『新撰姓氏録』摂津国・神別・天孫・日下部「阿多御手犬養同祖。**火闌降命**之後也」

Ｄ『新撰姓氏録』河内国・神別・天神・日下部「**神饒速日命孫比古由支命**之後也」

Ｅ『新撰姓氏録』摂津国・未定雑姓・日下部首「**天日和伎命六世孫保都禰命**之後也」

大きな類を形成しているのは、彦坐命系譜を共有し中央伴造系日下部氏に連なるＡ系統の日下部氏と、大彦命系譜を共有し吉士系日下部氏に連なるＢ系統の日下部氏である。このうち、難波連大形が属する系統はもちろんＢ系統の吉士系日下部氏であり、特に大形自身と関わりが深いと考えられるのはＢivであろう。ここで重要となる前提は、天武十三年（六八四）十二月の改賜姓で宿禰姓となった「草壁連」は中央伴造系日下部氏であり、吉士系日下部氏ではないと考えられる点であろう（日本古典文学大系『日本書紀』補注）。

【史料４】『日本書紀』天武十三年（六八四）十二月己卯条

十二月戊寅朔己卯、大伴連・佐伯連（中略）**草壁連**（中略）五十氏、賜レ姓曰二**宿禰**一。

後述のように（第三節参照）、天武朝以前の段階では連姓を帯びる吉士系日下部氏は存在せず、令制以前の段階における連姓日下部氏はおおむね御名代日下部の中央伴造たる日下部氏であると考えられる。その系統の人物としては、

①**使主**（『日本書紀』顕宗即位前紀）・**意美**（『播磨国風土記』美嚢郡志深里条）

②**吾田彦**（『日本書紀』顕宗即位前紀）

③**醜経**（『日本書紀』白雉元年（六五〇）二月戊寅条。穴戸国司）

が見える。この系統が天武朝に至って宿禰姓を賜り、八世紀以降、九世紀初頭以前においても、

④**老**（『続日本紀』和銅元年〔七〇八〕正月乙巳条から天平四年〔七三二〕三月乙丑条卒伝まで記事五条。『類聚三代格』巻十八・養老六年〔七二二〕二月二十二日勅に右衛士督。散位従四位下で卒）

⑤**大麻呂**（『続日本紀』天平九年〔七三七〕四月戊午条、天平二十年〔七四八〕二月己未条。陸奥国大掾・従五位下）

⑥**子麻呂**（天平十年〔七三八〕「周防国正税帳」〔『大日本古文書』二―一三三頁〕を初見とし、『続日本紀』宝亀四年〔七七三〕五月辛卯条卒伝や延暦四年〔七八五〕七月庚戌条の淡海真人三船卒伝も含め『続日本紀』に記事一六条のほか、天平宝字三年〔七五九〕十一月十四日「東大寺越中国諸郡庄園総券」〔『大日本古文書』四―三九二頁〕。山背・播磨国守など歴任。散位従四位下で卒）

⑦**雄道**（『続日本紀』天応元年〔七八一〕九月丁丑条から延暦四年〔七八五〕正月癸亥条まで記事四条。豊前守・従五位上）

⑧**某**（延暦二十三年〔八〇四〕六月二十日「東大寺地相換記」〔『東南院文書』二―三八一頁〕。山城国大目・正六位上）

などが見え、この系統はおもに国司も経験する四・五位層の中級官人を輩出していったと捉える見方が整合的であろう。この系統こそ『新撰姓氏録』において彦坐命系譜を称している山背国・皇別の日下部宿禰氏（Aⅰ）と考えられる。同じく彦坐命系譜である摂津国・皇別の日下部宿禰氏（Aⅲ）は、摂津国武庫郡大領の浄方（『続日本紀』天平神護二年〔七六六〕九月壬申条）を輩出した武庫郡の郡領氏族であり、中央伴造系の日下部氏と擬制的同族関係を結んでいたのではないだろうか。少なくとも、吉士系日下部氏には八世紀までの段階で宿禰姓へ至った系統は存在しなかったものと思われる。

二　難波連大形と御名代日下部および吉士集団

本節では、吉士系日下部氏の存在形態を具体的に検討する前提として、従来、草壁皇子との養育関係が想定されがちであった吉士系日下部氏の代表的人物である難波連大形について付言することで、吉士系日下部氏の位置づけをより明確なものとしておきたい。大形は『日本書紀』編纂をめぐる議論の中でつとに注目されてきた人物である。かかる議論は、大形が天武十年の修史事業に参画していたという事実に端を発している。

【史料5】『日本書紀』天武十年（六八一）三月丙戌条

丙戌、天皇御㆓于大極殿㆒、以詔㆓川嶋皇子・忍壁皇子・広瀬王・竹田王・桑田王・三野王・大錦下上毛野君三千・小錦中忌部連首・小錦下阿曇連稲敷・**難波連大形**・大山上中臣連大嶋・大山下平群臣子首㆒、**令**㆑**記**㆓**定帝紀及上古諸事**㆒。大嶋・子首、親執㆑筆以録焉。

大形に関係する『日本書紀』の記事としては、まず大草香皇子滅亡に際する難波吉師日香蚊の殉死譚がある。

【史料6】『日本書紀』安康元年二月戊辰朔条

是時、**難波吉師日香蛟**父子、並仕㆓于大草香皇子㆒。共傷㆓其君无㆑罪而死之㆒、則父抱㆓王頸㆒、二子各執㆓王足㆒、而唱曰、「吾君无㆑罪以死之、悲乎。我父子三人、生事之、死不㆑殉、是不㆑臣矣」。即自刎之、死㆓於皇尸側㆒。軍衆悉流涕。

この大草香皇子滅亡事件にはさらに後日談がある。それは事件の引き金となる奸計を働いた根使主の滅亡譚であり、そこでは難波吉士日香々（吉師日香蚊）の子孫が「大草香部吉士」を賜姓される展開となっている。

【史料7】『日本書紀』雄略十四年四月甲午朔条

根使主逃匿、至二於日根一、造二稲城一而待戦。遂為二官軍一見レ殺。天皇命二有司一、二二分子孫一、一分為二大草香部民一、以封二皇后一。一分賜二茅渟県主一、為二負嚢者一。即求二**難波吉士日香々**子孫一、賜レ姓為二**大草香部吉士**一。其日香々等語、在二穴穂天皇紀一。

この両記事が首尾一貫して日下部吉士の設置起源説話となっている点については既に上代文学の側からの指摘もあり（小妻裕子、一九七八）、最近でもこの両記事に大形の作為性が大きく投影されているとする理解がなされ（笹川尚紀、二〇一六）、これらを八世紀における難波忌寸氏の家伝とみる伝統的な解釈（津田左右吉、一九二九）は、妥当な見方と考えられる（森昌俊、一九九九）。くわえて、『日本書紀』編纂過程における大形の役割を、この大草香皇子滅亡事件以外にまで求める見解もある。藤間生大はつとに、大形における忠臣好みの傾向や理想型に述作する意図が『日本書紀』に反映されていると想定した（藤間、一九五九a・b）。さらにこの見方を発展させた論稿も存在する（中村恵司、一九六二・二〇〇〇）。ただし、記紀編纂過程における大形の役割を確かな根拠もなく過大に評価する向きはやや危険を孕もう。

一方で、『日本書紀私記甲本』所引『帝王紀』逸文に日香々に対する批難めいた記述が認められることから、大草香皇子滅亡事件をめぐる伝承は単に難波忌寸氏の家伝のみではなかったと考えられる（粕谷興紀、一九七八）。この事件の史実性はともかく、同事件に関する伝承について、修史過程で『帝王紀』逸文に類する所伝は反故とされ、大形の意向が反映された吉士系日下部氏の起源譚として『日本書紀』に定着したことは確かであろう。

この両記事についてここで確認しておきたい最も重要な点は、【史料7】傍線部自体が御名代日下部そのものの起源譚となっているのではなく、あくまで日根をめぐる和泉地域の日下部の設置（御名代日下部の増設）を語っているに過ぎないうえ（渡里恒信、二〇一六）、既にみてきたように、そもその記述も難波忌寸氏の家伝に含まれていた可能性が高いこと、これである。この点から、日下部を雄略皇后（草香幡梭姫皇女）の御名代とみて、その設定時期を雄略朝と推定する見方（関晃、一九六五）は積極的な傍証を失うことになる。【史料7】は御名代日下部自体の起源譚とは考えられず、その主眼は【史料6】とあわせて吉士系日下部氏の始祖伝承を語る点にあったのだろう。他方で、御名代日下部の設置を示す記事は『古事記』仁徳段にしか認められない。以上から、『日本書紀』のうちには吉士系日下部氏の起源譚のみ存在し、御名代日下部の設置記事そのものは確かめられず、その背景として難波連大形の果たした役割の大きかったことが明らかとなっただろう。

ところで、吉士系日下部氏が令制以前に対外交渉に携わった吉士集団の一派であることは論を俟たない。この吉士集団のうち難波吉士を氏姓とする者が『日本書紀』には散見し、吉士集団に占める難波吉士の大きさが看取される。この難波吉士について、大化前代には難波吉士以外の吉士集団は未成立であったとする見方（本位田菊士、一九七六）がある一方で、この氏称をすべて難波連大形による述作とする見解（大橋、一九七八）もあるが、吉士集団の二次的な汎称とみる立場（加藤謙吉、二〇〇一）が穏当であろう。日下部吉士氏に出身する大形が、この氏称により上位のカバネを冠する難波連・忌寸を称したことは、旧来の吉士集団を代表する意味合いを含み持ったと考えられる。また、吉士集団全体については、古くからこれを渡来系集団とする向きが強かったが、本質的には在地豪族であるとの見方（請田正幸、一九八三）が示されて以来、彼らを在地的な大和川水系の水運に携わった船乗集団であるとする見解（薗田香融、一九九〇）やそれを承けて淀川水系の水上交通との関わりを説く議論（狩野直敏、一九九九）、あるいは、難波近辺の在地豪族として本来はいずれも同一氏族であった可能性を示唆する立場（鬼頭清明、一九九五）も現れるようになった。このように吉士集団をめぐる位置づけは一定しないが、後述する立場（第三節参照）から本稿では薗田香融の見解を重視したい。いずれにせよ、吉士系日下部氏の本質があくまで吉士集団としての性格に求められ、御名代日下部の中央伴造とは基本的に無関係であるという点こそ、本稿の立場からは重要となる。当然の議論ではあるが、本節の検討も踏まえ、改めてその点を強調しておきたい。

三　吉士系日下部氏の具体的存在形態

さて、難波連大形の出身する吉士系日下部氏は全体としていかなる存在形態の集団であったと考えられるだろうか。加藤謙吉はかつて、吉士系日下部氏の一次的拠点として和泉国大鳥郡日下部郷を推定し、難波堀江開削後の段階で水運の便や、あるいは大伴氏との関係により、河内国河内郡日下や摂津国東生郡へと二次的に移ったとした（加藤、二〇〇一）。また、かかる見解は既に古くから存在する（藤間、一九五七a・b）。たしかに、和泉監大鳥郡大領・日下部首麻呂が同郡日下部郷人・石津連大足書写『瑜伽師地論』の知識として見えている（『寧楽遺文』中―六一二頁）。しかし、『新撰姓氏録』和泉国・皇別に見える日下部首氏は彦坐命系譜系譜の中央伴造系日下部氏（A ix）である。その点を踏まえると、大鳥郡の郡領氏族であった日下部首氏が大彦命系譜に連なるB系統の吉士系日下部氏と結びつくとは考えがたく、加藤の、「難波に移る前の草香部吉士」が石津川河口の石津を「渉外活動の拠点」としたとする見方も充分な根拠を欠くと思われる。

そもそも、既往の吉士系日下部氏の展開に関する見方は必ずしも当を得たものではなかった。直木孝次郎は天武朝における宿禰賜姓の対象を吉士系日下部氏としたが（直木、一九八六）、先述（第一節末尾参照）のようにかかる見方は成り立たない。三浦圭一は日下部吉士氏の後身である日下部連氏への忌寸姓賜与を天武十三年（六八四）としているが（三浦、一九五七）、忌寸の賜与事例は天武十四年（六八五）以降であるため、これも正確な理解とは言えない。そこで改めて史料を精査してみると、吉士系日下部氏は八世紀段階においては少なくとも次の四つの異なる系統に別れていたことが判明する。すなわち、その諸流の発端である日下部吉士氏を（Ⅰ）とすると、分化した順にそれぞれ、（Ⅱ）難波忌寸氏、（Ⅲ）日下部連氏、（Ⅳ）日下部忌寸氏と整理できるのではないか。

第一に、（Ⅰ）日下部吉士氏の場合、八世紀に入ったのちではわずかに、

①**首麻呂**（天平九年〔七三七〕「河内国大税負死亡人帳」〔『大日本古文書』二四―六〇頁〕。河内国戸主）

を確認し得るばかりである。ただし、少なくとも（Ⅰ）、ないしはそれに近い系統が、八世紀段階で河内国に分布していた徴証と見なせよう。この氏姓は、『新撰姓氏録』には確認できない。

第二に、（Ⅱ）難波忌寸氏は、まず天武十年（六八一）正月丁丑条（【史料1】）の大形個人への改賜氏姓で「草香部吉士」から難波連へ、次に天武十四年（六八五）六月甲午条（【史料2】）の改賜姓（初めての忌寸賜姓）で難波連から難波忌寸へ、そして『日本後紀』弘仁四年（八一三）二月乙未条の改賜姓で難波忌寸から難波宿禰へと氏姓を上昇させている。九世紀初頭以前における人名の実例としては、摂津国に、

①**浜足**（『続日本紀』慶雲三年〔七〇六〕十月壬午条。難波行幸時の叙位で従八位上から正八位下）

②**浜勝**（天平宝字五年〔七六一〕三月七日「摂津国安宿王家家地倉売買券」〔『大日本古文書』四―四五二頁〕。東生郡擬大領・正八位上）

③**某**（神護景雲三年〔七六九〕九月十一日「香山薬師寺鎮三綱牒」〔『大日本古文書』五―七〇二・七〇四頁〕。東生郡擬大領・正七位下）

④**氏主**（『日本後紀』弘仁四年〔八一三〕二月乙未条。宿禰賜姓、河内国人、従八位上）

河内国に、

⑤**船人**（④に同じ。摂津国人、正六位上）

があり、八世紀段階では一貫して難波忌寸氏を称していたと思われる。また、『新撰姓氏録』に難波宿禰氏は見えず難波忌寸氏が見えていることからすると、弘仁四年（八一三）の改賜姓は『新撰姓氏録』に反映されていなかった可能性が考えられ、『新撰姓氏録』の伝える難波忌寸氏（Bⅳ）はこの（Ⅱ）の系統とみられよう。

第三に、（Ⅲ）日下部連氏は、天武十二年（六八三）十月己未条（【史料3】）の改賜姓で「草壁吉士」から日下部連へ姓を上昇させ、天武十三年（六八四）十二月己卯条（【史料4】）の改賜姓で宿禰賜姓には預からず、『新撰姓氏録』の「日下連」氏（Bⅱ）へ連続するとみられ、八世紀段階では一貫して日下部連氏を称していたと考えられる。

さて、ここで次に、この系統の人物の実例を探ってみたい。ひとまず、日下部連の氏姓を有する者を八〜九世紀にかけて求めると、

①**吉嶋**（天平九年（七三七）「豊後国正税帳」『大日本古文書』二―四〇頁）。豊後国某郡大領・外正七位上勲九等）

②**広足**（天平十五年（七四三）四月二十二日「弘福寺田数帳」『大日本古文書』二―三三六頁）。山背国久世郡列栗郷戸主）

③**老人**（天平十七（七四五）四月十七日「内膳司解」『大日本古文書』二―四〇六頁）。内膳令史・従八位下）

④**虫麻呂**（『続日本紀』神護景雲元年（七六七）八月癸巳条。陰陽員外允、瑞雲出現を奏上し正六位上から外従五位下）

⑤**国益**（『続日本紀』延暦四年（七八五）四月己卯条。大初位下から外従五位下）

⑥**得足**（『日本後紀』延暦十八年（七九九）五月辛亥条から大同元年（八〇六）二月庚戌条まで記事三条。造西寺次官・主税助、正六位上から外従五位下）

⑦**高道**（『日本後紀』大同三年〔八〇八〕十二月辛亥条、弘仁四年〔八一三〕二月丙申条。造酒正・大炊助、外従五位下）

⑧**利貞**（『日本三代実録』元慶元年〔八七七〕十二月辛卯条、元慶六年〔八八二〕正月庚戌条。陰陽助・播磨権大掾、外従五位下から従五位下）

⑨**助雄**（『日本三代実録』元慶五年〔八八一〕十月乙酉条。左近衛・無位）

⑩**某**（『奈良文化財研究所紀要二〇一六』三四頁一号木簡。某郡某郷長屋里）

⑪**某**（『長岡京左京出土木簡』一―三九六号木簡。正六位上）

など、管見のかぎりで少なくとも一一名を確認し得るが、宿禰への改賜姓の際に「狭穂彦之後」を称した⑧のほかは、一見すると吉士系日下部連か中央伴造系日下部連かいずれとも決する根拠を欠く。また、⑧も仮冒である可能性を否定できないだろう。ただし、後述する吉士系日下部氏が局所的に存在する傾向から考えると、まず①・②が吉士系である可能性は際立って低い。

くわえて、③・⑦は食膳系の官職に就いているが、日下部氏の関連人物で同じく食膳系の官職の者を求めると、

a**日下部酒人連毛人**（天平十七〔七四五〕四月十七日「造酒司解」『大日本古文書』二―四〇七頁）。造酒員外令史・正八位下）

b**日下部弓削首麻呂**（天平宝字四年〔七六〇〕十月十九日「東大寺写経布施奉請状」『大日本古文書』四―四四三頁）。膳部）

c**日下部衣嶋**（天平宝字五年〔七六一〕三月一日「奉写一切経〔所〕解」『大日本古文書』一五―三一頁）および天平宝字五年〔七六一〕五月十四日「装束忌日御斎会司牒」〔『大日本古文書』四―五〇三頁〕。内膳司膳部・少初位下）

d**日下部朝臣直江**（『貞信公記』延喜十四年〔九一四〕年九月九日条。内膳司典膳）

がある。dの場合、やや時代が降ることから同列の位置づけは危ぶまれるが、特にaについては『新撰姓氏録』で彦坐命系譜の日下部連氏（Aⅴ）と同祖関係にある酒人造氏（Aⅶ）との関連が想定できよう。とすれば、河内国の彦坐命系譜の日下部連や酒人造、あるいは『新撰姓氏録』には見えない日下部酒人連や日下部弓削首なども含め、これらが伝統的に食膳系の官職に就く系統の氏族であった可能性が生じ、ともに彦坐命系譜に連なる確度は高いものと思われる。『高橋氏文』に明らかなように内膳司や造酒司などの食膳系官司では名負氏の伝統性が強いのであり（丸山裕美子、二〇一〇）、その点からもかかる見方は一定の蓋然性を帯びるであろう。そう考えると、③・⑦もまた、吉士系日下部氏であった可能性は低いことになる。

④〜⑥・⑨〜⑪については現時点で判断のための充分な素材を持たない。結論的には、この（Ⅲ）日下部連氏の人名の実例と見なせる明確な例はないとすべきであろう。

一方で、その分布域について考えてみると、『新撰姓氏録』で「日下連」氏（Bⅱ）と同祖関係にあたる大彦命系譜の大戸首氏（Bⅲ）が「河内国日下大戸村」をその発祥地として伝え、河内国河内郡に根ざしていたと考えられるため、この（Ⅲ）日下部連氏もまた、河内国河内郡を中心とする分布であった可能性が高いと思われる。

第四に、（Ⅳ）日下部忌寸氏は、（Ⅲ）日下部連氏が天武十四年（六八五）六月甲午条【史料2】の忌寸設定以降のいずれかの段階で忌寸姓へ昇った系統と考えられ、やはり『日本後紀』弘仁四年（八一三）二月乙未条の改賜姓で日下部忌寸から日下部宿禰へ昇る。九世紀初頭以前における人名の実例としては、

①**万麿**（天平勝宝八歳〔七五六〕十一月五日「阿波国名方郡新嶋庄券」〔『大日本古文書』四―二〇六頁〕。造東大寺司水道使）

②**主守**（天平宝字五年〔七六一〕三月七日「摂津国安宿王家家地倉売買券」〔『大日本古文書』四―四五二頁〕。東生郡擬少領・少初位下）

③**人綱**（神護景雲三年〔七六九〕九月十一日「香山薬師寺鎮三綱牒」〔『大日本古文書』五―七〇二・七〇四頁〕。東生郡擬少領・無位）

④**諸前**（④に同じ。東生郡副擬少領・無位）

⑤**阿良多加**（『日本後紀』弘仁四年〔八一三〕二月乙未条。宿禰賜姓、摂津国人、正六位上）

があり、少なくとも八世紀後半段階では一貫して日下部忌寸氏を称していたと思われる。弘仁四年（八一三）の改賜姓が『新撰姓氏録』に反映されていなかったとする先の立場にもとづけば、東生郡の郡領氏族であったこの（Ⅳ）の系統が『新撰姓氏録』摂津国・皇別の日下部宿禰氏（Aⅲ）を指すとは考えがたく、『新撰姓氏録』の伝える系譜関係からしても、やはり『新撰姓氏録』Aⅲは八世紀段階から既に宿禰姓を有していた武庫郡の郡領氏族を想定すべきであろう。

八世紀以降の吉士系日下部氏の概要は以上のように捉えられ、『新撰姓氏録』との対応関係は、吉士系日下部氏（Ⅱ）が『新撰姓氏録』Bⅳに、吉士系日下部氏（Ⅲ）が『新撰姓氏録』Bⅱに、それぞれ該当するものと考えられよう。また、ここでとりわけ注目されるのは、（Ⅱ）難波忌寸氏と（Ⅳ）日下部忌寸氏との結合の強さである。すなわち、（Ⅱ）―②と（Ⅳ）―②はともに「摂津国安宿王家家地倉売買券」に、（Ⅱ）―③と（Ⅳ）―③・④はともに「香山薬師寺鎮三綱牒」に、各々郡司として署名しており、さらには（Ⅱ）―④・⑤と（Ⅳ）―⑤は同時に宿禰への改賜姓に預かっている。このことから、この二系統が一体の氏族であった可能性は高い。少なくとも、両者が摂津国東生郡の郡領氏族であり（吉田晶、一九七七）、ともに大彦命系譜の吉士系日下部氏に源することは確実である。

くわえて、天武朝における難波・倭漢・倭・凡河内・河内漢・山背・葛城・秦・文・紀酒人の諸氏の場合、直・首・造などのより下位の姓から一旦連姓を賜ったのちに忌寸へ至っており、そのような二段階の改賜姓こそ忌寸へと至る大方の改賜姓のあり方であると思われるから、（Ⅳ）忌寸姓は、（Ⅰ）吉士姓へ直接に賜姓されたものとみるより、一旦（Ⅱ）連姓を経たのちに（Ⅳ）忌寸姓を賜ったとみるほうが妥当であろう（天武朝段階では直姓から直接に忌寸姓となったのは大隅氏のみである）。先に（Ⅲ）日下部連氏を（Ⅳ）日下部忌寸氏の直接の母体と見なした所以である。（Ⅲ）はまた、（Ⅱ）難波忌寸氏とも（Ⅰ）日下部吉士氏を同源とする親近性を有していた点は、『新撰姓氏録』との対応を鑑みても既に明瞭であろう。そして、（Ⅱ）・（Ⅳ）が摂津国東生郡の郡領氏族である一方で、（Ⅱ）―④が河内国人であり、また、（Ⅱ）・（Ⅲ）がともに『新撰姓氏録』で河内国の氏族と位置づけられている点からすれば、（Ⅱ）〜（Ⅳ）のいずれもの分布が河内国河内郡から摂津国東生郡にかけての地域、いわゆる河内湖の両岸にわたる沿岸地域に緩やかに広がっていた確度は高く、なおかつそれはそもそも吉士系日下部氏の基盤であったと考えられる。

このような八世紀〜九世紀初頭段階における河内湖沿岸部への吉士系日下部氏の濃厚な分布、裏を返せばそれ以外の地域における吉士系日下部氏の史料上の不在（存在自体の僅少さの反映か）は、この系統の集団が元来、河内湖沿岸部に根ざしていたことを示すものであり、藤間生大以来の理解に従って和泉国大鳥郡日下部郷をその初源と見なすことはできない。同様の示唆は既になされており（鷺森浩幸、二〇一三）、やはり吉士系日下部氏はそもそも河内国河内郡日下を根拠地として河内湖沿岸に勢力を伸長した氏族であったとみる以外に有効的な解釈はないと思われ、彼らの分布域を慮るに、その勢力の淵源はおそらく河内湖の水上交通を管掌していたことに求められよう。かかる見方は、先にみた薗田香融の見解とも一致する。河内湖沿岸部に局所的に分布するその存在形態は、山城国や和泉国にも分布を示す中央伴造系の日下部諸氏やそれと擬制的同族関係を結んだ他の日下部などとは際立って対照的であり、彼らはその同族的結合の強さゆえに、大彦命系譜という集団のアイデンティティを容易には放棄しなかったのではないだろうか。

最後に、七世紀末～九世紀初頭へ至る吉士系日下部氏の展開過程を改めて図示すれば、次のようになる。

（Ⅰ）日下部吉士─┬─〈六八一〉（Ⅱ）難波連─〈六八五〉忌寸───〈八一三〉宿禰…『新撰姓氏録』Bⅳ
　　　　　　　　└─〈六八三〉（Ⅲ）連─┬──────…『新撰姓氏録』Bⅱ
　　　　　　　　　　　　　　　　　　└─（Ⅳ）忌寸───〈八一三〉宿禰…『新撰姓氏録』なし

おわりに

以上、本稿で述べてきたところから、これまで草壁皇子の乳母輩出氏族と考えられることがままあった吉士系日下部氏は、河内湖沿岸部に局所的に分布する氏族であったことが確かめられた。

ところで、草壁皇子は白村江直前期に北部九州で誕生している（『日本書紀』持統即位前紀）。この点を重視すると、九州に分布するいずれかの日下部君氏（旧来の御名代日下部の地方伴造氏族）から乳母が輩出されたために、草壁皇子と呼称されるに至ったのではないかと思われてくる（『日本古代氏族人名辞典』でも養育料負担の問題として両者の関係が推測されている）。

そもそも、草壁皇子の生母・鸕野讚良皇女（持統天皇）の姉・太田皇女もまた、白村江直前期に同じく大海人皇子の子である大来皇女、大津皇子をそれぞれ西日本の大伯海上と娜大津で産んでおり、その命名が現地名に因ることからすれば（直木、一九六四）、大来皇女・大津皇子の乳母はそれぞれ現地において直に採用された可能性が高い。その点を鑑みると、ほぼ同様の状況下で誕生しているにもかかわらず、妹の産んだ草壁皇子のみ、摂津国東生郡から河内国河内郡周辺以外に分布を確認し得ない吉士系日下部氏から乳母が輩出されたと考えるよりも、草壁皇子もまた、大来皇女・大津皇子の類例として現地における養育関係の結合を想定したほうがより整合的ではないかと考える。

また、壬申の乱に際し、『日本書紀』には大海人皇子の従者として大分君恵尺の名が、大津皇子の従者として大分君稚臣（稚見）の名が、それぞれ見えており、大海人皇子家と大分君恵尺・稚臣との関係がまさしく白村江期に結ばれたとする理解（長洋一、一九八〇）が仮に妥当であるとすれば、単に大来皇女・大津皇子の養育関係ばかりに限らず、白村江直前期において大海人皇子家と西日本や九州の在地勢力との紐帯が諸局面において結ばれ得る契機があったと考えられ、草壁皇子の命名もまたかかる一例と考えられるのではないだろうか。他方で、摂津・河内近辺の吉士系日下部氏の人間が大海人皇子家に随行して西下していた可能性もまったく否定しさることはできないが、そのような従者の縁者から時宜に適った乳母を採用することは容易でないだろう。

如上の付言をもって、本稿の結びとしたい。もちろん、ここで仮定したような草壁皇子や大来皇女・大津皇子における乳母の採用過程が臨戦体制時の特殊なものに過ぎず、必ずしも平時の社会にも一般化し得るものとは限らない。くわえて、そもそも仮定の妥当性の問題もあろう。ただし、草壁皇子の乳母輩出氏族としては中央伴造系日下部氏と吉士系日下部氏のいずれとも想定しがたく、御名代・子代の伴造氏族ゆえにこそ乳母を輩出したという慣習が存在した形跡も認められない点は、改めて強調しておく。大方の御叱正を乞う次第である。

註

（1）本稿で問題として取り上げるクサカベは、古代の史料上、草壁・草香部・日下部などと表記され、中世の段階では草部・草加部・草賀部・草可部・草刈部などとさらにその表記の多様性を増す。草部以下の実例は東京大学史料編纂所データベースの横断検索を利用されたいが、草刈部については『参考保元物語』（国書刊行会、一九一四年）を参照（渡里恒信、二〇一六）。また、草部氏は中世に東大寺鋳物師として著名となる（鋤柄俊夫、一九九三。田中久夫、一九九八）。ただ、いずれにせよ本質的にはクサカベという訓みが重要であろう。史料上、日下部の「日」と「下」の字が接続した早部の表記もクサカベに含まれる可能性が高い。また、『日本書紀』段階ではいまだ草壁・草香部・日下部と表記の揺れが強いが、『続日本紀』以降の正史や出土木簡の表記ではほぼ日下部に収斂する傾向も看取され、日下部の表記は古代社会の展開のなかで好まれた用字であったと考えられる。そこで、本稿では史料に即した表現を用いる以外は、原則的に日下部の表現を用いることとしたい。

（2）御名代・子代についてはは従来さまざまに議論が積み重ねられながら（武光誠、一九八二）、いまだ充分な議論の一致をみていないと思われる。ただし、それらが王族の権益に関わる部称の組織であるという点においてはおおよそ共通の理解を得られよう。

参考文献

井上辰雄、一九八九「日下部をめぐる二、三の考察」（『日本歴史』四八八）
請田正幸、一九八三「吉士集団の性格」（『続日本紀研究』二二七）
大橋信弥、一九七八「難波吉士について」（『日本古代の王権と氏族』吉川弘文館、一九九六年に所収）
粕谷興紀、一九七八「大草香皇子の虚と実—『帝王紀』の一逸文をめぐって—」（『皇学館論叢』一一—四）
加藤謙吉、二〇〇一「吉士集団の性格とその歴史的展開」（『吉士と西漢氏』白水社）
狩野直敏、一九九九「吉士と淀川水系」（薗田香融編『日本古代社会の史的展開』塙書房）

鬼頭清明、一九九五「吉士集団と難波」（田中健夫編『前近代の日本と東アジア』吉川弘文館）
小妻裕子、一九七八「日下部吉士の伝承―押木珠縵をめぐって―」（『同志社国文学』一三）
鷺森浩幸、二〇一三「物部氏と中臣氏」（和泉市史編さん委員会編『和泉市の歴史6　テーマ叙述編Ⅰ　和泉市の考古・古代・中世』ぎょうせい）
笹川尚紀、二〇一六「天武天皇一〇年の修史をめぐって」（『日本書紀成立史攷』塙書房）
鋤柄俊夫、一九九三「中世丹南における職能民の集落遺跡―鋳造工人を中心に―」（「中世村落と職能民」と改題して『中世村落と地域性の考古学的研究』大巧社、一九九九年に所収）
関　晃、一九六五「甲斐国造と日下部」（『関晃著作集二　大化改新の研究　下』吉川弘文館、一九九六年に所収）
薗田香融、一九九〇「古代吹田の住民」（吹田市史編さん委員会編『吹田市史　一』吹田市役所）
武光　誠、一九八二『古代史演習　部民制』（吉川弘文館）
田中久夫、一九九八「鋳物師草部是助と俊乗坊重源」（御影史学研究会編『山の信仰　田中久夫　歴史民俗学論集3』岩田書院、二〇一三年に所収）
長　洋一、一九八〇「朝倉橘広庭宮をめぐる諸問題」（神戸女学院大学『論集』二六―三）
告井幸男、二〇一四「名代について」（『史窓』七一）
津田左右吉、一九二九「上代の部の研究」（『日本上代史の研究』岩波書店、一九四七年、『津田左右吉全集　第三巻　日本上代史の研究』岩波書店、一九六三年に所収）
藤間生大、一九五七ａ「古代豪族の一考察―和泉における紀氏・茅渟県主・大鳥氏の対立を例として―」（『歴史評論』八六）
一九五七ｂ「大和国家の機構―帰化人難波吉士氏の境涯を例として―」（『歴史学研究』二一四）
一九五九ａ「神功紀の編者」（『文学』二七―四）
一九五九ｂ「神功紀成立の過程―モデル論と理想型論に関連して―」（『日本文学』八―七）
直木孝次郎、一九六四「県主と古代の天皇―綏靖以下八代の系譜の成立をめぐって―」（『日本古代の氏族と天皇』塙

書房）
中村恵司、一九七二「古代における皇族名と国郡名の関係」（『飛鳥奈良時代の考察』高科書店、一九九六年に所収）
一九八六「難波・住吉と渡来人―港の発展と管理をめぐって―」（『相愛大学研究論集』二）
一九六二「日本書紀の成立について」（『立正史学』二六）
二〇〇〇「神功皇后伝説の成立と難波連大形の役割」（『立正史学』八八）
野村忠夫、一九六九『古代官僚の世界―その構造と勤務評定・昇進―』（塙書房）
橋本義彦、一九七九「〝名字〟雑考―皇子女の命名を中心として―」（『平安貴族』平凡社、一九八六年に所収）
原島礼二、一九七四「御名代について」（『日本古代王権の形成』校倉書房、一九七七年に所収）
平林章仁、二〇一〇「日下攷」（「河内日下と日向―『古事記』の歴史観と五世紀史の実像―」と改題して『「日の御子」の古代史』塙書房、二〇一五年に所収）
福原栄太郎、一九九三「長屋王家木簡にみえる乳母について」（『神戸山手女子短期大学紀要』三六）
穂積陳重、一九一九『諱に関する疑』（帝国学士院）
本位田菊士、一九七六「吉士と「任那の調」―敏達朝から推古朝にかけての日羅交渉―」（『日本古代国家形成過程の研究』名著出版、一九七八年に所収）
前川明久、一九六三「蘇我氏の東国経営について」（『日本古代政治の展開』法政大学出版局、一九九一年に所収）
丸山裕美子、二〇一〇『正倉院文書の世界―よみがえる天平の時代―』（中央公論新社）
三浦圭一、一九五七「吉士について―古代における海外交渉―」（『中世民衆生活史の研究』思文閣出版、一九八一年）
森　昌俊、一九九九「根使主の反乱伝承と紀臣氏」（『泉佐野市史研究』五）
吉田　晶、一九七七「地域史からみた古代難波」（難波宮址を守る会編『難波宮と日本古代国家』塙書房）
渡里恒信、二〇一六「大日下王と日下部―名代成立論への一視角―」（『日本書紀研究』三一）

〔コラム〕古代の鵜飼

現在の鵜飼といえば、日本各地の観光鵜飼、なかでも毎年多くの観光客で賑わう岐阜県長良川のものが思い浮かぶかもしれない。当地の鵜匠が宮内庁式部職鵜匠として、国家公務員の身分が与えられていることも広く知られていよう。水鳥の鵜を飼い馴らし漁をする匠の技は、平成二十七年（二〇一五）に「長良川の鵜飼漁の技術」として国の重要無形民俗文化財にも指定された。右のように、かつて生業として行われることもあった日本の鵜飼は、今日では娯楽性の高い観光鵜飼として続けられている。しかし、とりわけ古代において、鵜飼は生業や観光・観賞の対象とは異なる意味をもつことがあった。

『古事記』神武段には、天皇が大和国の吉野川に至ると、「阿陀の鵜養《うかい》」の祖先に当たる「贄持の子」と名乗る人物が、筌を作って漁をしていたとある。同内容の伝承が『日本書紀』神武即位前紀戊午年八月条にもみえるが、そこでは「阿太養鸕部《うかいべ》」の始祖と記され、鵜飼漁を行う人々がかつて部民として編成されていたことがうかがえる。『万葉集』巻一―三八歌によれば、持統天皇の吉野行幸の際、柿本人麻呂が「大御食に　仕へ奉ると　上つ瀬に　鵜川を立ち　下つ瀬に　小網刺し渡す」と吉野川の鵜飼風景を詠んだ。彼らは大和国吉野を生産活動の拠点として、「大御食」、つまり天皇の食生活を支えていたのである。

吉野の鵜飼の一部は、大宝令段階までに宮中の食膳調備機関である大膳職に属していた。鵜飼は「雑供戸」（以下、贄戸）として三十七戸が登録され、贄貢納の代わりに免税が認められる特権的な漁撈生産者集団であった（『令集解』職員令40大膳職条）。『続日本紀』には「大膳職鸕鷀」とある記事がみえ（養老五年〔七二一〕七月庚午条）、大膳職は贄戸鵜飼が駆使する鵜も管理していたらしい。

こうした官司直属の鵜飼のほか、諸国も鵜を所有していた（『続日本紀』天平十七年〈七四六〉九月癸酉条）。『万葉集』巻十七―四〇一一歌などでは、それらを用いたとみられる越中国の「鵜養が伴」が、「行く川の清き瀬ごとに　篝さし　なづさひ上る」と、篝火を焚き川の瀬で「伴」という集団を組んで漁をする様子が生き生きと詠まれている。実は先の神武即位前紀にも、戦いで疲弊した神武天皇が「楯並めて　伊那瑳の山の　木の間ゆも　い行き瞻《まも》らひ戦へば　我はや飢ぬ　嶋つ鳥　鵜飼が伴　今助けに来ね」と謡い、「鵜飼が伴」を呼び寄せる場面がある（同年十一月条）。この歌謡そのものは解釈の難しい史料ではあるが、天皇が出会った「阿太養鸕部始祖」の存在もふまえると、『万葉集』の「鵜飼が伴」の描写から「鵜飼部」時代の労働力編成の仕組みや、彼らの具体的な動きを読み取ることができるかもしれない。

都が平安京へ遷ると、鵜飼は京近郊の葛野河・埴河（現桂川・高野川）を主な漁場に、「日次御贄」と呼ばれる御膳用生鮮魚の調達に従事することになる。当時の鵜飼という生産者集団の社会的位置づけを考えるとき興味深いことは、彼らが漁に用いる鵜＝「官鵜」が九世紀以降ある時期まで諸国から貢進され、多くは天皇の御覧を経てはじめて分配されていたことである。

平安朝廷はこの貢鵜制度と御贄生産を、鵜飼漁に適したウミウの生態を詳細に把握した上で運用していた。ウミウは本州北部・北海道・ロシア沿海州沿岸部で繁殖し、日本各地の海岸部で冬を越す渡り鳥である。当時の国史や古記録を読むと、出羽・能登・佐渡・大宰府管内の九州北部という日本海沿岸に位置する国々が「年料鵜」を供給する貢鵜地に設定されていたことがわかる。民俗分野から部分的な指摘がなされていたように（可児弘明、一九六六）、これらの地域はいずれもウミウの飛来・繁殖地に重なるのである。従来、こうした貢鵜と鵜飼の活動には不明な点が多かったが、近年の研究により両者の相互関係や、九世紀から十世紀にかけての移り変わりが明らかにされている（小川宏和、二〇一六）。

ここまで古代の鵜飼について概観してきた。もちろん古代においても、人々は連れ立って川辺に赴き、鵜飼たちの珍しい漁の在り方に趣を感じ取っていた。しかし、現代の人々が、古代鵜飼の特権的立場や、彼らに全国から鵜を供給する制度、献上された鵜を天皇が見る儀礼などを目の当たりにしたとき、おそらくその価値観・想像力についていくことは難しいのではないだろうか。このような現代との距離を縮めるためには、贄貢納をめぐる当時の社会的背景や、鵜飼が献じる魚そのものの意味、鵜の象徴性など、一連の文脈について考える必要があるのである。

（小川宏和）

参考文献

小川宏和、二〇一六「平安時代の貢鵜と供御鵜飼の成立」（『史観』一七四）
可児弘明、一九六六『鵜飼』（中公新書）

第Ⅲ部　国造制・部民制と地域社会

1 「磐井の乱」前後における筑紫君と火君
―西海道地域の首長層の動向と対外交渉―

加藤謙吉

はじめに

「磐井の乱」とはどのような事件で、何故それは起こったのか。この事件は古代の統一国家形成史上の重要なターニング・ポイントとして位置づけられ、これまで様々な角度からその歴史的意味が問われてきた。しかし事件の本質はまだ十分に解明されておらず、継続的な検討がさらに必要である。本稿では六・七世紀における西海道地域の二大勢力であった筑紫君と火君のあり方、とくに朝鮮諸国との交流の実態を探り、畿内の王権や他の首長層との関係を踏まえて、「磐井の乱」の真相と「乱」後の状況を明らかにしたいと思う。

一　筑前国志摩郡の火君

二〇一一年、福岡市西区の元岡《もとおか》古墳群G六号墳（七世紀中葉築造）より、十九字の銘文が象嵌された長さ七五㎝の大刀が出土した。銘文は福岡市教育委員会や東野治之により、次のように解読されている（東野、二〇一五）。

大歳庚寅正月六日庚寅日時作刀凡十二果□〔練カ・湅カ〕

大刀銘の年と日の干支はともに「庚寅」であるが、庚寅年は西暦五七〇年にあたる。大刀を国産とすれば、倭国で元嘉暦が用いられたことを証明する最古の事例であり、その嚆矢を推古朝とする『政事要略』や『日本書紀』の説をくつがえす貴重な発見となる。しかし東野治之が指摘するように、年と日で「庚寅」の干支が重なるこの大刀は、古来道教的信仰にもとづき中国や朝鮮で作られた「参寅剣《さんいんけん》」や「四寅剣《しいんけん》」の可能性が大で、わが国で製作されたものではなく、朝鮮半島からの舶載品と見るのが妥当であろう。

冒頭の「大歳庚寅」の表記は、百済扶余陵山里寺址出土の昌王銘石造舎利龕の「百済昌王十三季太歳在　丁亥妹兄公主供養舎利」の「太歳」の表記と類似する（平川南、二〇一一）。昌王（威徳王）の十三年丁亥は西暦五六七年で、五七〇年庚寅の三年前となるが、表記の共通性という点に着目するならば、この大刀も百済製であったかもしれない。

元岡古墳群は福岡市西区（同市北西部）に位置するが、西区から福岡県糸島市にかけての糸島半島一帯は、令制下の筑前国志摩郡に属する。玄界灘を北と西に、博多湾を東に望むこの地は推古十年（六〇二）、新羅討伐軍の大将軍に任ぜられた来目皇子が二万五千の軍を率いて志摩郡に駐屯し（『日本書紀』）、天平八年（七三六）発遣の遣新羅使一行が、海路、博多津の筑紫館から志摩郡の「韓亭《からどまり》」に至ったとあるように（『万葉集』巻十五―三六六八〜三六七三題詞）、水上交通の要衝にあたり、古代の海外への主要な渡航地となっていた。

『和名抄』は志摩郡七郷の一つに「韓良郷」の名を挙げるので、これをカラと訓み、「韓亭」の所在地にあて、福岡市西区宮浦《みやのうら》の一帯（「唐泊」の村名が残る）に比定する説が通説とされてきた。しかし『和名抄』の高山寺本や名古屋市博本では、「韓良」を「加良漢知」「カラカチ」と訓じており、古代の製鉄関連遺構が検出された西区の元岡・桑原遺跡では、一九九八年に「壬辰年韓鐵」（壬辰年は持統六年〔六九二〕）と記した木簡が出土している。したがって郷名は「韓鍛冶」を意味するカラカチが正しく、この遺跡の一帯が古代の韓良郷である事実が判明した（服部英雄、二〇一〇）。

すなわち志摩郡では、朝鮮系工人による鉄器生産が七世紀から八世紀にかけて盛んに行われていたことになるが、これらの工人は、朝鮮半島から移住し、韓亭など志摩郡の港津に上陸した渡来系集団の子孫にあたる人々とみられる。延喜五年（九〇五）撰の『筑前国観世音寺資財帳』によれば、志摩郡にはほかにも「加夜郷」の郷名が存する。「加夜」は「伽耶」に因むが、この事実は志摩郡と滅亡以前の伽耶諸国との通交が活発であったことを意味しよう。

大宝二年（七〇二）の「筑前国嶋郡川辺里戸籍」には、部姓者を含め全部で二十五の氏姓が確認できる。元岡・桑原遺跡出土の木簡（七世紀末〜八世紀末）や、二〇一二年、太宰府市国分松本遺跡から出土した嶋評の戸籍変動記録木簡（天武朝末年以降大宝令制定以前に作成）に見える氏姓もあわせると、その総数は三十にのぼる。これを氏族別に区分すると、人数がもっとも多いのは肥（火）君であるが、この一族の人名が記されるのは川辺里の戸籍に限られるから、史料的性格を考慮すると、必ずしも肥君が志摩郡内において優勢であったと断言はできない。

しかし川辺里の戸主の一人である肥君猪手は志摩郡の大領で、「追正八位上勲十等」とあり、彼の戸は戸口一二四名という他に例のない大家族より成り、しかも奴婢三十七名がその中に含まれる。少なくとも八世紀初頭の志摩郡内において猪手が抜きん出た勢力の持ち主であったことは疑いようのない事実である。加えて承和八年（八四一）の「筑前国牒案」（『平安遺文』巻一・六七号）によれば、この当時の志麻（摩）郡大領は肥君五百麻呂であったから、平安時代前期に至るまで、肥君一族は志摩郡の郡領の職位を占める有力氏であったことが明らかである。

坂上康俊は、川辺里戸籍では肥君が優勢であるが、嶋評の戸口変動木簡には肥君の名がなく、建部の存在が顕著であることに着目し、郡内部の複数の有力氏族が郡の大領と少領を交替する状況を想定した上で、肥君と建部を志摩郡の二大勢力と位置づける（坂上、二〇一三）。すなわち肥後国飽田郡の譜第郡司氏族に建部公が存し、肥君と同じく肥後出身で軍事的性格の濃い有力氏であることから、この両氏がそろって肥後から糸島半島に進出したと解するのである。

しかし公（君）の姓《かばね》を持つ肥後国飽田郡の建部氏と、部姓者である志摩郡の建部を同列に扱うことには問題がある。飽田郡の建部公はかつて肥後の建部を率いた伴造であるが、軍事的なトモである建部は各地に置かれ、その管掌伴造もまた複数に及ぶ。志摩郡の建部が肥後の建部公と同一氏、もしくはその管掌下のトモの後裔であった可能性は低いと思われる。肥君が肥後から志摩郡に進出する時期については後述するが、おそらく肥君は嶋評の建評以来、一貫して在地の最有力氏の地位をキープしていたと見てよいであろう。

欽明紀十七年正月条には、聖明王の戦死を伝えるために来朝した百済王子の恵を本国まで護送したことを伝え、次のように記す。

於レ是、遣二阿倍臣・佐伯連・播磨直一、率二筑紫国舟師一、衛送達レ国。別遣二筑紫火君一、（百済本記云、筑紫君児、火中君弟。）率二勇士一千一、衛送二弥弖一。（弥弖津名。）因令レ守二津路要害之地一焉。

（傍点引用者）

『書紀』本文の「筑紫火君」に対して、分注では『百済本記』の説を引いて、筑紫火君とは筑紫君の児で火中君の弟と説明する。傍点を施した火中君の氏姓は他に見えないが、これを火（肥）君のこととし、「筑紫火君は『百済本記』によると、筑紫君を父としている」から、火君と筑紫君との間には婚姻関係が形成されていたのではないかとする見解があり、現在有力な説となっている（井上辰雄、一九七〇。山尾幸久、一九八五）。

しかし氏姓表記が父系出自を前提とするならば、筑紫君の子が筑紫火君とされることは理に合わないし、『百済本記』の「火中君弟」の表記も意味不明とせざるを得ない。「火中」の「中」は、石和田秀幸が指摘するように、中国や朝鮮の地名表記に特徴的にみられる一字地名を二字化するための添詞の類と捉えるべきではないか（石和田、二〇〇〇）。すでに『南斉書』百済伝に見える百済の「面中」「八中」「辟中」「弗中」などの地域名について、末松保和が頭字一字の字音でもって、その候補地を推定しており（末松、一九四九）、『百済本記』の「火中」も同様に解して差し支えないと思う。

石和田は『百済本記』の原文は、「竹斯岐弥児、非中岐弥弟」のような表記であったろうとし、『百済本記』の「散半奚旱岐児」や「斯二岐旱岐児」の用例に鑑み、これを「筑紫君の子や火君の弟」の意であると推定した。すなわち石和田説によれば、本文の「筑紫火君」は単独の氏姓を表したものでなく、筑紫君・火君両氏の子弟を指すことになり、欽明紀は両氏の一族の者が、王権の命により、協力して百済の王子を弥弖まで護送したことを伝えたものと受け取ることができる。おそらくこの解釈が妥当と考えられるが、そうすると筑紫・火両氏の婚姻関係そのものは否定されることになろう。

では筑紫君や火君は王子恵を送り届けるため、一体何処から出航していったのであろうか。欽明紀によれば、彼等は阿倍臣以下の本隊に対して、哨戒任務を主体とする別働隊の役割を果たしたと推察されるが、本隊が「率二筑紫国舟師一」と記されるように、彼等もまた筑紫の兵を率い、筑紫の港津から渡航したのであろう。

本隊の出港地は、宣化紀元年五月条に、天皇の命により各地の屯倉の穀を集め、那賀川河口部（筑前国那賀郡、現福岡市博多区）の津に修造されたと記す「那津官家」とみられる。

博多区博多駅南の比恵《ひえ》遺跡群より検出された六・七世紀代の大型高床式倉庫群が、那津官家と関連する遺構と推測されているが、『書紀』によれば、筑紫・肥・豊三国の屯倉が、各地に散在していて非常時の輸送に不便であるとの理由で、それらの屯倉の穀を那津に集め、この官家に備蓄させている。那津官家は大和政権が西海道支配・対外交渉の要とするために設置した重要施設で、筑紫大宰・大宰府の前身にあたる一大拠点と見ることができる。筑紫君や火君は、本隊とともに那津官家から出航したとも考えられるが、火君の場合は、当然、志摩郡の韓亭などをも想定する必要があろう。怡土郡に接して糸島半島の東側には早良郡が存する。『和名抄』は早良郡七郷の一つに「毗伊《ひい》郷」の名を記すが、この郷名は火君一族の居住に因む可能性が高い。

早良郡もまた博多湾に面しており、火君の博多湾沿岸諸地域（筑前国志摩郡・早良郡）への進出は、同じ頃一体的に行われたとみられる。そしておそらくその時期は、前述の嶋評の建評期よりも古く、「磐井の乱」後の六世紀代にまで溯ると見て差し支えなかろう。

一方、筑紫君の場合は、この氏の本拠地が筑後国の八女《やめ》地方（上妻郡・下妻郡）であることから（後述）、出港地も有明海に面した矢部川河口部の港津などに比定することができるかもしれない。ただ矢部川と並んで北方には、やはり有明海に注ぐ大河の筑後川があり、その左岸の筑後国三潴《みぬま》郡（現福岡県久留米市付近）の地には、水沼《みぬま》県主の支配する水沼県が存在した。景行紀十八年七月条には水沼県主猿大海《さるおおみ》の名を記すが、水沼県主は『書紀』や「天孫本紀」に見える水沼君と同一氏とみられる。雄略紀十年九月条は、呉に派遣されていた身狭村主青らが、呉の献上した二羽の鵞鳥を携えて筑紫に到着した時、この鵞鳥が水沼君の飼い犬に喰われて死んだこと、恐懼した水沼君が鴻《かり》（白鳥）十羽と養鳥人《とりかい》を献上して、罪を贖ったことを伝える。

雄略紀の記事は、身狭村主青らが呉から三潴郡の筑後川河口部に帰着したように読み取ることができるが、神代紀第六段一書第三では、筑紫水沼君らが宗像三女神の祭祀を行ったと記している。神代紀本文では、筑前国宗像郡の胸肩（宗像）君が司祭者とされるが、航海の安全を祈願して、沖ノ島（宗像神社沖津宮）で四世紀後半より執行された祭祀の主体は畿内の王権であり、現地の管掌者として宗像氏の勢力が独占的に祭祀に関わるようになる時期は、「磐井の乱」後であろうと推定されている（篠川賢、二〇一三・二〇一六）。

逆に言えば、それはそれ以前、現地（宗像地方）で祭祀に関与する集団が、特定の首長系列に固定されていなかったことを意味するが、そうすると宗像地方と遠く離れた筑後の三潴地方で、水沼県主（水沼君）を司祭者として、宗像三女神の祭祀が行われたことは、特に留意する必要があろう。

県主の支配する県は、王権への従属度の高い行政領域であるから、筑後川河口部の水沼県に設けられた港津は、王権直轄的な性格を有し、対外交渉の拠点の役割を果たしたと推察される。水沼県主猿大海の「大海」は、この一族の航海者的な一面を表した名称にほかならない。さらに筑後川右岸の肥前国神埼郡三根郷から三根郡にかけての地域にも、嶺県主の支配する嶺県が存在するので（雄略紀十年九月条）、王権の支配力は、筑後川河口部一帯に広がっていたとみられる。その時期は雄略紀の記事と照らすと、少なくとも五世紀後半頃までは溯る可能性があろう。

一方、筑紫君の一族が勃興する時期は、後述するように五世紀半ばを過ぎてからである。この氏が有明海へ勢力を拡大しようとしても、王権やそれと連携する水沼君（県主）・嶺県主らに進路を阻まれ、事実上それは困難である。この氏が氏族的発展を遂げるためには、北方の筑前方面へと向かうルートを取らざるを得なかったと推量できる。百済の王子を護送するために筑紫君が出航した港津も、したがって筑前にあったと見るのが妥当と思われる。

継体紀二十二年十二月条には、「磐井の乱」直後に筑紫君葛子（磐井の子）が、贖罪のため糟屋屯倉を献上したと記す。糟屋屯倉のある筑前国糟屋郡は博多湾の東に位置し、北は玄界灘を臨み、海の中道（陸繫砂州）が玄界灘と博多湾を分ける形で西方の志賀島へと伸びている。『和名抄』によれば、糟屋郡には阿曇郷や志珂郷（志賀島）があるが、阿曇郷の郷名の由来は、海人集団より編成された安（阿）曇部やその管掌伴造の安（阿）曇氏の拠点であったことにもとづく。志何郷は「磯鹿《しか》海人」（神功摂政前紀）の根拠地で、海神のワタツミ三神を祭る式内社の志賀《しか》海《うみ》神社（社家は現在も安曇姓）が鎮座する。

『万葉集』巻十六には、滓（糟）屋郡志賀村の白水郎（海人）の荒雄が、神亀年中に柂師（かじとり）として対馬に年粮を輸送する途中遭難したことを伝え、その死を悼んだ妻子らの歌十首を掲げる。天然の良港に恵まれ、柂師・水手《かこ》の供給源となる多数の海人集団を擁した糟屋郡の地が、朝鮮半島や大陸と結ばれる海上交通の要地であったことは確かである。

「磐井の乱」について伝える継体紀二十一年六月条には「外邀二海路一、誘二致高麗・百済・新羅・任那等国年貢レ職船一」とあり、磐井が海路を遮断して、大和の王権から対外的な交渉権を奪い、朝鮮諸国の船を自分のもとに誘導したとするが、磐井が対外交渉の拠点としたのは、糟屋屯倉のある糟屋郡の港津とみられる。

同条には「於レ是、磐井掩二拠火豊二国一、勿二使修職一」とも記し、「乱」当時、磐井の力が肥前・肥後や豊前・豊後まで及んでいたとするから、その本来の勢力基盤である筑紫の筑前・筑後両国は、磐井の強固な支配のもとに置かれていたと考えて間違いあるまい。糟屋郡の港津は、磐井の対外交渉の起点となる地であった。

では、葛子が献上した糟屋屯倉は、その後筑紫君一族の手から完全に切り離されたのであろうか。宣化朝の那津官家の設置は、大和の王権が糟屋屯倉に代わって、この官家を西海道を代表する外交・内政および軍事的な拠点として、新たに位置づけたことを意味する。

一方、筑紫君の一族は筑紫国造に任ぜられ、王権が主導する西海道支配と外交の一翼を担うようになった。欽明十七年に筑紫君が火国造である火君とともに百済王子の本国への護送を担当したのは、国造に課せられた任務の一つにほかならない。さらにその二年前の欽明十五年十二月にも、「筑紫国造」が百済救援軍の一員となり、新羅軍に包囲された百済王子余昌（威徳王）を無事に退却させ、「鞍橋君《くらじのきみ》」の尊称を与えられている（『書紀』）。国造として、筑紫君は再三海外出兵に動員されているのである。

前述のごとく筑後の有明海沿岸の港津は、五世紀後半以降王権の支配下に置かれ、「磐井の乱」後はさらにそれが強化されたとみられるから、筑紫君がその港津を利用することは無理と思われる。かつて磐井の推進する独自外交の玄関口として機能した糟屋郡の港津が、糟屋屯倉へと転化した後も、継続的に筑紫君が国造として王権に奉仕し、外交業務に従事するための場として活用され、那津官家の補助的な役割を担ったと推察してよいのではないか。

二　筑紫君・火君の連携

『釈日本紀』巻五「筑紫洲」条は、『日本書紀私記』の説を引き、筑紫の国号をめぐって四つの解釈があるとして、そのうちの第二に矢田部公望の私記（延喜もしくは承平の日本紀講筵の記録）を挙げ、

公望案、筑後国風土記云、筑後国者、本与二筑前国一、合為二一国一。昔、此両国之間山、有二峻狭坂一。往来之人所レ駕鞍韉、被レ摩尽。土人曰二鞍韉尽之坂一。

とする。さらに第三・第四の解釈として、

三云、昔、此堺上、有二麁猛神一、往来之人、半生半死。其数極多。因曰二人命尽神一。于レ時、筑紫君肥君等、占之、令二筑紫君等之祖甕依姫、為レ祝祭一之。自レ尓以降、行路之人、不レ被二神害一。是以曰二筑紫神一。

四云、為レ葬二其死者一、伐二此山木一、造二作棺輿一。因レ茲、山木欲レ尽。因曰二筑紫国一。後、分二両国一、為二前後一。

と記している。このうち『筑後国風土記』の原文が、第二から第四までのすべてを含むか、第二に限られるか、見

解の分かれるところであるが、第三・第四どちらの解釈も、文章表現としては第二から一体的に接続するものと捉えることができるから、ここでは『筑後国風土記』の逸文の一部と解して、論を進めることにしたい。

「麁猛《あらぶる》神」とされる「筑紫神」は、『延喜式』神名帳の筑前国御笠郡二座中に「筑紫神社名神大」と記す神社のことで、現社地は福岡県筑紫野市原田であるが、もとは付近の基《き》（城）山《やま（ざん）》の頂上に祀られていたという。祝としてこの神を祭祀した甕依《みかより》姫（筑紫君の祖）の名は、玉依《たまより》姫などの名に類似し、この女性が巫女であったことを暗示する。「甕《みか》」は国境や境界にあたる地に忌瓮《いわいべ》（甕）を埋める古代の信仰（孝霊記・崇神記・崇神紀十年条・『播磨国風土記』などに見える）にもとづく名称である（吉野、一九六九）。

筑紫神社の所在地は、筑前・筑後・肥前三ヶ国の国境地帯の分岐点に位置する。基山は天智四年（六六五）に築かれた朝鮮式山城の椽《き》城（基《き》肄《い》城）の所在地（『書紀』）で、肥前国基肄郡に属し、令制下には西海道の駅家の基肄駅が存した。大宰府を発した駅路は「城山《きやま》の道」（『万葉集』巻四—五七六）を越えて筑前国御笠郡から肥前国基肄郡に入り、基肄駅を過ぎた後、筑後国御井郡へ向かう道と肥前国養父郡へ向かう道の二つに分かれる。その道筋は駅路が整備される以前の古道のルートをほぼ踏襲したものと見て差し支えないであろう。

右の逸文の傍点部によれば、筑紫君と火君が共同して、甕依姫を筑紫神の祭祀者に卜定したとある。甕依姫は筑紫君の祖とされるが、火君がこの卜定に関与したのは、この地が筑前・筑後・肥前三ヶ国の国境であると同時に、筑紫君と火君の政治的勢力圏の境界を為す地域であったことも起因すると思われる。

火君の本拠地は、肥後国八代郡肥伊郷（現熊本県八代郡氷川町の旧竜北町付近）と推定されるが（後述）、『日本霊異記』下巻三十五縁に光仁天皇治世期の「筑紫肥前国松浦郡人火君」の名を掲げ、『続日本後紀』嘉祥元年（八四八）八月壬辰条には「肥前国養父郡人大宰少典従八位上筑紫火公貞直」とその兄の「豊後大目大初位下筑紫火公貞雄」の名を記すので、火君の一族は肥前国の松浦郡や養父郡の地にも勢力を拡大していたことがうかがえる。特に養父郡の地は、地理的に筑紫神社の鎮座地に近接し、基肄駅から肥前へと通じる右の駅路の途上に位置する。したがって『肥前国風土記』逸文の所伝は、火君の勢力が筑紫君のテリトリー近くまで伸張してきたことに対して、筑紫君が対応策として火君との間に協定を結んだことを含意しているのではないか。すなわち麁猛神としての高い神威を有する筑紫神を、筑紫君と火君が共同して祀ることによって、神の前に盟約を結び、互いにこれ以上支配領域を侵すことを防ごうとしたとみられるのである。

筑紫君の祖の甕依姫が祝に卜定されたことは、筑紫君が優位に立って取り決めが行われたことを示唆するが、逸文が説く筑紫の国号の由来は、いずれも語呂合わせ的な説明より成り、『風土記』特有の地名起源説話として二次的に造作されたものにすぎない。話の本来の趣旨は、あくまでも筑紫君と火君の支配領域をめぐる協定という点にあったと解すべきであろう。

すると次に問題となるのは、筑紫君と火君との間にかかる協定が結ばれた時期が何時かということである。協定が筑紫君の主導のもとに行われていること、筑紫君側に火君の勢力拡大を牽制する意思が見受けられることなどを勘案すると、その時期は筑紫君の権力が失墜する「磐井の乱」後とは考えられず、「乱」の前でなければならない。

おそらく火君の一族は、その本拠地とみられる肥後国八代郡肥伊郷の地から海路（八代〔不知火《しらぬい》〕海―島原湾―有明海）を取って肥前国養父郡へと進出したのであろう。陸路の場合には、筑紫君の本拠地・勢力圏（筑後国上妻郡・下妻郡・御井郡）を縦断しなければならず、このルートを介しての進出は事実上困難である。

一方、景行紀十八年五月条や『肥前国風土記』総記には、火の国の由来を説く不知火伝説を掲げ、天皇が「葦《あし》北《きた》」（「葦北火流浦《ひながれのうら》」）から船立ちし、遠くに見えた火の光に導かれて、「八代県豊村《とよのむら》」（「火国八代郡火邑《ひのむら》」）に上陸することができたと記す。景行紀の「豊村」を現宇城市松橋町豊福《とよふく》に比定する説もあるが、村の名が「豊村」では不知火伝説の趣意から外れ、不都合である。『風土記』の「火邑」（『釈日本紀』巻十所引『肥後国風土記』逸文も「火邑」とする）を本来の村名とすべきであろう。その場合、「火邑」とは八代郡肥伊郷の地にほかならない。

不知火伝説の景行の着船地は、肥伊郷の地を流れる砂川《すながわ》や氷川《ひかわ》の河口部（現氷川町）にあてることができるが、その河口部付近に存在した港津が、火君一族の海上交通の拠点とされた所であろう。この氏はそこから肥前国養父郡や同国松浦郡へと進出を遂げ、さらに後には筑前国志摩郡へと勢力を広げていったと推察されるのである。

八代郡氷川町（旧竜北町）野津・大野の氷川右岸の丘陵上（大野原）には、六世紀初頭から半ばに築造された四基の前方後円墳が、南から北へ端《はし》ノ城《じょう》（墳長六六・八m）・中ノ城（同一〇二m）・物見櫓《ものみやぐら》（同六二m）・姫ノ城（同八六m）の順に並んで分布し、野津古墳群と呼ばれている。中ノ城古墳の東側にはかつて天《あまんづつみ》堤古墳があったが、現在は消滅して存在しない。時期的には物見櫓がもっとも古く、中ノ城・姫ノ城・端ノ城の順に築造され、天堤古墳の築造期は姫ノ城古墳に近い頃と推定されている（熊本大学考古学研究室、一九九四。熊本県竜北町教委、一九九九）。

さらに野津古墳群の北方約一・五kmの地には、墳長が一二〇mを越える大型前方後円墳の大野窟《おおのいわや》古墳が存在する。築造期は野津古墳群より少し遅れ、六世紀半ば～後半とみられるが（熊本県氷川町教委、二〇一二）、従来、これらの古墳は大野窟古墳に近接する東新城《ひがししんじょう》古墳（前方後円墳、墳長六五m）も含めて、単一の系譜の首長墓群と理解され、九州でも有数の規模を誇ることから、火君一族の奥津城に比定されてきた。

これに対して、大野窟古墳や東新城古墳は氷川右岸の野津古墳群とはやや離れた砂川の流域（左岸）に立地すること、東新城古墳の築造期は野津古墳群の造営期と重なり、野津古墳群とは別の首長墓系譜（東新城古墳から大野窟古墳へとつながる）を想定できることなどを理由に、六世紀の大野原に二つの系譜を異にする首長墓が並んで造営されたと説く見解が存する（杉井健、二〇一〇）。一方、野津古墳群では、六世紀の前半五十年の短い期間に五基（消滅した天堤古墳を含む）の前方後円墳が相次いで築造されており、これは一世代一古墳の首長系譜論の立場からは理解しがたい現象とする指摘もある（熊本大学考古学研究室、一九九四）。

確かに右のような点を考慮すると、野津古墳群や大野窟古墳を単一系統の首長の墳墓と速断することは控えるべきかもしれない。しかし砂川と氷川の両河川に挟まれた旧竜北町の狭隘な丘陵地帯に、複数の系統の有力首長の墓が併存したと見ることも、また不自然である。大野原のこの一帯が『和名抄』の八代郡肥伊郷の郷域に含まれることは間違いない。そうするとこの丘陵地帯の古墳の被葬者は、やはり火君の一族の首長やその関係者と解するのが、もっとも妥当となろう。

その場合、火君を血統を同じくする単一の親族集団と捉える必要はない。むしろこの地域を基盤としたいくつかの有力首長のグループが、対外的に政治力を強化する目的で互いに連携して、火君の前身となる擬制的な同族団組織を作り上げたと見るべきであろう。「火君」というウヂの組織が成立する時期は磐井の乱の後であるが、ウヂにおいては本質的に親族組織よりも政治的な組織であることが優先される。火君がその前身の段階からかかる特性を備えていたとすれば、野津古墳群と大野窟古墳の被葬者が実態的に別の系統の首長であったとしても、さほど大きな問題とはならない。彼等はともに火君を構成する一員であることに変わりはないからである。

ここで野津古墳群や大野窟古墳の副葬品よりうかがえる火君の氏族的性格に注目したい。

第一には姫ノ城古墳・天堤古墳・中ノ城古墳・大野窟古墳から蓋・靫などの阿蘇溶結凝灰岩で作られた石製表飾品が出土していることである。石製表飾品（いわゆる石人・石馬）は、五世紀前半から六世紀後半にかけて、福岡県・熊本県など有明海沿岸を中心に、中部九州諸地域や鳥取県で発見された古墳表飾用の石製品のことで、後述する福岡県八女市の筑紫君磐井の墓、岩戸山古墳（八女古墳群）では百点以上に及ぶ石人・石馬が出土している。

周知のように、『釈日本紀』巻十三所引『筑後国風土記』逸文は、磐井の墓について「石人石盾各六十枚、交陣成㆑行、周㆓匝四面㆒」とし、また衙頭という墓の別区には石製表飾品を並べて裁判が行われた様子が再現されていると記すが、この記述内容は岩戸山古墳の景観とぴったり一致する。

八女古墳群は後述するように、筑紫君一族の奥津城である。石人・石馬はこの古墳群を中心として分布し、岩戸山古墳の時期に最盛期を迎える。したがって野津古墳群と大野窟古墳の四古墳から石人・石馬が出土することは、六世紀代の火君が筑紫君一族と緊密に結びついていた事実を示すものにほかならない。

第二には、野津古墳群の物見櫓古墳から伽耶系の陶質土器や垂飾付耳飾、大野窟古墳から伽耶系・新羅系の陶質土器が出土していることである（熊本県竜北町教委、一九九九。同県氷川町教委、二〇一二）。これらの出土品は五世紀後半から六世紀初頭に製作されたもので、大野窟古墳の陶質土器は伝世品の可能性がある。この地に葬られた首長たち、すなわち火君の前身にあたる一族が、磐井の乱が起こるかなり前から朝鮮半島諸国と積極的に交流していた事実が、これによって推測できるであろう。

火君は磐井の乱後には筑前国志摩郡や早良郡に進出し、そこを拠点として朝鮮半島へ渡航するようになる。しかしそれ以前は、不知火海沿岸の本拠地近くの港津や、玄界灘に面した前述の肥前国松浦郡の港津が出港地の役割を果たしていたとみられるのである。

三　筑紫君の勃興とその勢力拡大

福岡県八女市の八女丘陵上には、東西約七㎞にわたって展開する五世紀中葉から六世紀後半にかけての古墳群（八女古墳群）が存在する。西から東へ、石人山（墳長一二〇m）・神奈無田《じんなむた》（不詳、墳丘削平）・岩戸山（同一三八m）・乗場《のりば》（同約六〇m）・善蔵塚《ぜんぞうづか》（同約九〇m）・鶴見山（同八五m）・釘﨑《くぎざき》二号（同現存約四七m）・釘﨑三号（同約三五m）・丸山（約四六m）の前方後円墳が、確定的ではないがほぼ時代順に並び、丘陵東端に、これに続く形で六世紀後半の大型円墳、童男山《どうなんざん》古墳（直径四八m）が造営されている（佐田茂、一九八〇）。

首長墓系譜の分類や丸山古墳の編年をめぐっては若干異説もあるが（石山勲、一九九二。重藤輝行、二〇一〇）、総長一七〇mに及ぶ九州最大の岩戸山古墳が、間違いなく磐井の墓であることから、これらの墳墓群は、おおむね筑紫君およびその前身となる一族の歴代の首長墓と推断して差し支えない。

西端の石人山古墳は、八女古墳群中、岩戸山古墳に次ぐ規模を有し、古式の横穴石室に直弧文と同心円文の浮彫り彫刻を施した横口式家形石棺を納め、墳丘やその周辺部に石製表飾品（武装石人）や形象埴輪を配した大型古墳で、「九州独自の墓制」を確立した象徴的な存在として位置づけられている（森貞次郎、一九七七）。この古墳の被葬者は、世代的には磐井の二、三代前の人物にあたり、筑紫君の前身の一族が、この首長の時代、すなわち五世紀半ば頃ににわかに台頭した事実が推量できる。

継体紀二十二年十一月条によれば、磐井は筑後国御井郡の戦場で、物部麁鹿火率いる討伐軍と戦っている。御井郡は八女古墳群のある上妻郡の北方に位置し、御原郡を挟んで、筑紫神社所在地の筑前国御笠郡（前述）と結ばれ、さらに北方の糟屋郡へと通じている。筑紫君はこうしたルートを取って、筑後から筑前へと進出し、糟屋郡臨海部に私的な対外交渉の拠点となる港津を設けるまでに至ったのであろう。

同時に勢力の拡大に伴って、畿内の王権との関係が問題となってくる。継体紀二十一年六月条は、任那に派遣さ

れる近江臣毛野軍の進路を遮断した磐井が、毛野に対して、

　今為㆓使者㆒、昔為㆓吾伴㆒、摩㆑肩触㆑肘、共器同食。安得㆕率爾為㆑使、俾㆔余自㆓伏儞前㆒。

と豪語したと記す。この言葉はかつて磐井が大和の大王の宮に出仕し、同僚として近江臣毛野と肩肘ふれあいながら一つの食器で食事した、すなわち同じ釜の飯を食った間柄であったことを伝えている。

山尾幸久は、磐井が火葦北国造の刑部靫部阿利斯等（敏達紀十二年是歳条）や、欽明朝に靫部として出仕した豊後国日田郡靫編郷の日下部君らの祖、邑阿自（『豊後国風土記』）らと同じく、靫負（靫部）として奉仕したのではないかと説くが（山尾、一九八五）、西海道諸国の首長たちの子弟が靫負の軍事組織に編入される時期は、史料による限り宣化朝や欽明朝ごろからであって、「磐井の乱」後の国造制の成立（日田郡の日下部君は「国造本紀」の「比多国造」に比定される）を契機とすると見るべきであろう（井上辰雄、一九七〇。板楠和子、一九九一）。

したがって磐井の奉仕の形態は靫負としてではなかったと思われるが、五世紀後半以降、西海道を含む各地の在地首長やその子弟が中央の大王の宮へ一定期間出仕することが慣例となっていたことは、埼玉県行田市の稲荷山古墳出土鉄剣銘の乎獲居臣や、熊本県玉名郡和水《なごみ》町《まち》の江田船山古墳大刀銘の无利弖の例によって明らかである。吉備の上道臣田狭の反乱を記す雄略紀七年是歳条も、田狭が「殿《おおとの》の側《ほとり》」に侍って、朋友に自分の妻の稚媛が美人であることを自慢したのを、天皇がこっそり聞いていて、田狭から稚媛を奪い取ったことが反乱の原因とされるが、上道氏のような当時最有力の在地首長ですら、大王宮に出仕することがあった事実を、この話は伝えている。

ただこのことから、直ちに地方の有力首長が王権の強力な統制下に置かれるようになったと解することは、控えなければならない。ウヂが成立する以前においては、大王と地方の首長との間の主従関係は、本質的に両者の個人的な信頼関係を前提とするもので、首長の一族全体を対象とするものでも、その関係が次世代へと確実に継承され

るものでもなかったと推察される。

景行紀十八年七月条に「八女県」とあり、『釈日本紀』巻十三所引『筑後国風土記』逸文に「上妻県」と記すことから、石人山古墳の被葬者を王権によって県主の身分に封じられた筑紫君の祖にあたる人物と解する傾向があるが、これらの県名表記は、『書紀』や西海道風土記乙類に典型的にみられる、「郡」を「県」に置き換えた修辞にすぎないと見るべきである。

西海道諸国には、伊覩県主・岡県主・水沼県主・嶺県主・曾県主・加士岐県主・壱岐県主・対馬県主のいたことが、文献によって確認でき、その支配領域に比定される同名の郡もしくは郷が存在するから、県が設置され、県主がそれを管轄していたことは確かである。しかし八女地方は、畿内の王権の影響を部分的に受け入れながらも、県などとは異なり筑紫君の前身勢力のお膝元として、自律的な支配が継続して行われていたと考えてよいであろう。

四　磐井の乱の原因と性格

継体紀二十一年六月条は、磐井の乱が起こった原因を、

近江毛野臣、率二衆六万一、欲下往二任那一、為二復興建新羅所レ破南加羅・㖨己呑一、而合中任那上。於レ是、筑紫国造磐井、陰謨二叛逆一、猶預経レ年。恐二事難レ成、恒伺二間隙一。新羅知レ是、密行二貨賂于磐井所一、而勧防二遏毛野臣軍一。

と記し、近江毛野の任那再興のための出兵と、それを阻止しようとする新羅の働きかけによるものとする。

しかし既に指摘されているように、『書紀』のこの記述には、明らかに矛盾が認められる。『書紀』は一方で「磐井の乱」平定の一年後の継体二十三年（五二九）に南加羅（金官国）が新羅に併合されたことを記しており（『三国

史記』や『三国遺事』によれば、五三二年）、継体二十一年（五二七）の時点で、まだ滅びていない南加羅などの再興軍が派遣されるはずはないからである。したがって、毛野臣の派遣と「磐井の乱」は、本来別々の所伝であったものを、傍点部の「於是（是に）」の表記で結びつけ、一連のものとして叙述したと理解するのが妥当であろう（三品彰英、一九六六）。

これに対して、「磐井の乱」は実際には西暦五三〇年に起こったもので、『書紀』編者が継体の崩年を、『百済本記』により三年繰り上げ、継体二十五年辛亥（五三一）としたことにあわせて、磐井の乱や南加羅滅亡の記事も繰り上げられたとする説があるが（山尾、一九七七・一九八五）、継体紀二十三年三月条には「是月、遣㆓近江毛野臣㆒使㆓于安羅㆒」とあり、むしろこの記事の方が毛野の「出兵」の真相を伝えていると推察される。

すなわち大橋信弥が説くように、毛野の六万の大軍を率いた出兵は「磐井の乱」に結びつけるための加筆であり、実際には外交的手段によって新羅と百済の介入を阻止する目的で、彼は加羅に派遣されたが、調停が失敗に終わり、南加羅が新羅に併合されてしまったと理解すべきであろう（大橋、一九九九）。

以上により、近江臣毛野の出兵と「磐井の乱」の勃発との間に直接的な関係はないと見ることができるが、それでは内乱の原因は一体何であったのだろうか。『書紀』の記述には『芸文類聚』などの漢籍による潤色が多く、かなり誇張されていることから、これを大乱と見ることに疑問をさしはさむ説もあるが（坂本太郎、一九六四）、『古事記』継体段が、后妃と王子女の名を列挙した後に、簡略ながらも、

此御世、竺紫君石井、不㆑従㆓天皇之命㆒而、多无㆑礼。故、遣㆓物部荒甲之大連、大伴之金村連二人㆒而、殺㆓石井㆒也。

と特記することは尋常ではない。この乱が時を経てもなお、人々の脳裏に強く記憶される大事件であったことを意

味すると思われる。

『書紀』があえてこの事件を近江臣毛野の出兵と結びつけて語ったのは、それが大和の王権の対外交渉と本質的に関わる事件であったからであろう。亀井輝一郎は、大和王権の西国・九州支配は朝鮮などの海外先進国との交通路を確保することと表裏の関係で進められたとし、大和王権は、独自に海外との交渉を持つ北部九州を中心とする在地勢力の支配を完成することによって、対外関係の一元的把握を実現しようとしたと説く（亀井、一九九一）。大和の王権は、三世紀末以降、西海道の各地にくさびを打ち込む形で、徐々に勢力を扶植していった。九州進出の橋頭堡となったのは、瀬戸内海経由で距離的にもっとも近い豊国（豊前・豊後）で、この地には九州最古の畿内型前方後円墳の石塚山古墳（福岡県京都郡苅田町《かんだまち》、墳長一一〇m）と赤塚古墳（大分県宇佐市高森、墳長五七・五m）が存在する。伝承的にも、現地の豊国直・国前臣の祖の菟名手《うなて》や、宇佐公の祖の菟狭津彦・菟狭津媛は、『書紀』や『豊後国風土記』に、王権に供奉した忠実な首長として描かれており、雄略紀十八年八月条で、物部目連とともに伊勢朝日郎を討伐したとされる聞 物部大斧手《きくのもののべおおおのて》は、豊前国企救郡の出身者とみられる。畿内の勢力は、豊国を起点として周囲へ広がっていったと見てよい。

筑前国では、岡県主が支配し、要津、塢舸《おかの》（岡）水門《みなと》を擁する塢舸県（遠賀郡）と伊覩県主支配下の伊覩県（怡土郡）、および宗像三女神を祀る宗像大社のある宗像郡、筑後国では水沼県主（君）の水沼県（三潴郡）、肥前国では嶺県主の嶺県（三根郡・神埼郡三根郷）に王権の支配が及んでいたとみられる。これらは、いずれも対外渡航用の港津を持ち、実際に海外諸国との積極的な交流が行われたと推測できる地域であるが、その対外交流は、王権の強力な統制のもとに行われたと考えてよいであろう。

前述のように、九州の首長たちが靫負の軍事組織に編入される時期は、「磐井の乱」後の宣化・欽明朝以降であった。敏達紀十二是歳条に記す日系百済官人の日羅の言上にも、彼の父の火葦北国造刑部靫部阿利斯登が、宣化朝に大伴金村の指示で海外に派遣されたとあり、阿利斯登が靫負となったのも、丁度その頃と解することができる。しかし「阿利斯登」の名は、継体紀に見える任那王の名と同名であり、垂仁紀の加羅国王子の「都怒我阿羅斯等」の名とも酷似する。その異国風の名からすると、あるいは日羅だけでなく、父の阿利斯登もまた日朝混血児とすべきかもしれない。推古紀十七年四月条には、百済人八十五人が肥後の葦北津に来たったと記しており、葦北の地には対外用の港津が存在した。阿利斯登より一、二代前の時代から、火葦北国造の前身勢力が朝鮮半島と通交していた可能性が浮かび上がる。その場合、この一族が後に刑部の伴造となり、靫負に任ぜられた事実に鑑みると、その対外交流は大和の王権と密接に結びつく形で進められと解するのが妥当であろう。

このように王権による対外交渉の一元化が進むと、王権に対して相対的に自立性を保ち、独自の対外交流を進めて利益を得ていた北九州の首長たちは、次第に苦境に立たされることになる。柳沢一男は、石製表飾品と阿蘇凝灰岩製の横口式家型石棺、筑肥型横穴石室という共通要素が有明海沿岸地域の大型古墳に認められるとして、有明首長連合とでも言うべき広域的な政治的連携が存在したと主張する（柳沢、一九九五）。王権の直接的支配が及んだとみられる有明海・不知火海沿岸の水沼県・嶺県・葦北郡は、どれもこの首長連合の想定範囲内には含まれないから、柳沢の指摘は当を得たものと見てよいのではないか。

かかる首長連合の盟主が筑紫君であったことは言を俟たないが、勢力的にこれと拮抗する火君が、相並んでその中核を占めたこともまた事実であろう。一方、大和の王権にとって、対外関係の一元的把握は、五世紀末以降の朝鮮半島情勢の悪化、特に伽耶諸国の滅亡の危機に対応するために絶対不可欠であった。しかし同時にそれは船舶や梶取《かじとり》・水夫《かこ》（海人）を擁し、独自に朝鮮諸国と交流していた九州の在地首長たちの既得権を奪うことに直結する。

『三国史記』新羅本紀には倭人の来襲や略奪を記した記事が数多く認められるが、炤知王二十二年（五〇〇）の来襲記事を最後に姿を消す。信憑性の面で問題があるが、あるいはこれなども王権による海外渡航の取り締まりが強化された影響と見るべきではなかろうか。

加えて統制の強化に伴い、現地の首長たちには王権から軍事負担の義務が課せられることになる。「磐井の乱」後であるが、前述のように、欽明朝には百済の救援や百済王子の護送のために筑紫君（国造）や火君が動員されており、宣化朝に大伴金村の命で海外に派遣された火葦北国造の刑部靫部阿利斯登も、大伴氏の率いる靫負軍の一員として朝鮮出兵に参加することがあったかもしれない。百済救援軍に従軍し、唐軍の俘虜となった筑紫君薩野馬《さちやま》や筑後国上陽咩《かみつやめ》（上妻）郡の軍丁大伴部博麻《はかま》、筑紫三宅連得許《とくこ》、韓嶋勝娑婆《さば》らも、百済の役に動員された北九州の首長とその配下の兵士たちである。

継体紀によれば、磐井の勢力は「火豊二国」、すなわち筑前・筑後に加え、肥前・肥後、豊前・豊後まで及んだとする。それは六世紀に入り、王権への不満や反発がにわかに高まる中で、有明首長連合が反体制色を鮮明にし、北九州各地の首長層を糾合して、より広域的な政治連合を結成したことを意味しよう。

磐井が最終的に意図したのは、王権の支配を排除し、九州に独立国家を造ろうとすることであったとみられる（山尾、一九八五）。その企ては空しく頓挫するが、磐井軍の敗北の原因を井上辰雄は火君の離反に求めている（井上、一九七〇）。それを確証する手立てはないが、「乱」後間もなく、火君が筑紫君の勢力圏に含まれる、筑前国の海上交通の要衝、志摩郡の地に進出し得たことを想起すると、火君離反の可能性は決して低くないと思われる。

いずれにせよ、磐井が率いた首長連合軍は、反王権で大同団結はしたものの、個々の首長たちの利害関係は必ずしも一致しておらず、その結束は脆弱であったと推察される。王権側の切り崩しにあって離反者が相次ぎ、結局は崩壊せざるを得なかったのであろう。

参考文献

石山　勲、一九九二「地域の概要　筑後」（近藤義郎編『前方後円墳集成』九州編、山川出版社）
石和田秀幸、二〇〇〇「隅田八幡神社鏡銘文『開中』字の再検討―『耳中部』木簡出土の意義―」（『千葉史学』三六）
板楠和子、一九九一「乱後の九州と大和政権」（小田富士雄編『古代を考える　磐井の乱』吉川弘文館）
井上辰雄、一九七〇『火の国』（学生社）
大橋信弥、一九九九「継体・欽明朝の『内乱』」（吉村武彦編『古代を考える　継体・欽明朝と仏教伝来』吉川弘文館）
亀井輝一郎、一九九一「磐井の乱の前後」（『新版古代の日本③九州・沖縄』角川書店）
熊本県氷川町教育委員会、二〇一二『大野窟古墳発掘調査報告書』
熊本県竜北町教育委員会、一九九九『野津古墳群Ⅱ』
熊本大学考古学研究室、一九九四『野津古墳群』
坂上康俊、二〇一三「嶋評戸口変動記録木簡をめぐる諸問題」（『木簡研究』三五）
坂本太郎、一九六四「継体紀の史料批判」（『日本古代史の基礎的研究』上、東京大学出版会）
佐田　茂、一九八〇「筑後地方における古墳の動向」（『古文化論攷』鏡山猛先生古稀記念論文集刊行会）
重藤輝行、二〇一〇「筑後・肥前の首長墓系譜」（『九州における首長墓系譜の再検討』九州前方後円墳研究会）
篠川　賢、二〇一三「古代宗像氏の氏族的展開」（『宗像・沖ノ島と関連遺産群』研究報告Ⅲ）
　　　　二〇一六『継体天皇』（吉川弘文館）
杉井　健、二〇一〇「肥後地域における首長墓系譜変動の画期と古墳時代」（『九州における首長墓系譜の再検討』九州前方後円墳研究会）
末松保和、一九四九『任那興亡史』（大八洲出版）

東野治之、二〇一五『史料学探訪』（岩波書店）
服部英雄、二〇一〇「韓鉄（大宰府管志摩郡製鉄所）考」（『埋文行政と研究のはざま』上、坪井清足先生の卒寿をお祝いする会）
平川　南、二〇一一　朝日新聞二〇一一年九月二十一日夕刊
三品彰英、一九六六『継体紀』の諸問題」（『日本書紀研究』二、塙書房）
森貞次郎、一九七七「磐井の反乱」（井上辰雄編『古代の地方史1　西海道』朝倉書店）
柳沢一男、一九九五「岩戸山古墳と磐井の乱」（宇治市教育委員会編『継体王朝の謎』河出書房新社）
山尾幸久、一九七七『日本国家の形成』（岩波書店）
　　　　　一九八五「文献から見た磐井の乱」（『古代最大の内戦磐井の乱』大和書房）
吉野　裕、一九六九『風土記』（東洋文庫、平凡社）

2　郷名寺院の諸問題

三舟隆之

はじめに

古代における地方寺院の多くは、国造の系譜を引く郡司層を中心とする在地有力豪族によって造営されたとされる。とくに『日本霊異記』や出土文字資料に見える郡名寺院の例は、郡司層によって造営されたことを明らかに示していると言って良い（田中重久、一九四六。米沢康、一九五七）。さらにこれらの地方寺院が郡衙遺跡に近接することから、「郡寺」や「郡衙周辺寺院」として、郡の公的機能を担う側面を持つ寺院であると認識されるようになった（山中敏史、一九九四）。

しかし一方では、地方寺院の分布も一郡一寺的な分布を示す地域もあれば、一郡に同時期の複数寺院が存在する例もあり、中には郷を単位とする「郷名寺院」の例も存在する。さらに八世紀後半には四面庇付建物を中心とする「村落寺院」が出現し、地方寺院においても階層性が存在する。そのため地方寺院でも郡領級氏族の造営した寺院と、それ以外の伴造級氏族もしくは郷や村落を単位とする集団が造営した寺院との比較は不可欠である。

例えば下総龍角寺跡からは、寺院の造営に際して下総国埴生・印旛・香取郡にまたがる印波国造の領域の各郷名瓦が出土している。これらの郷名瓦は龍角寺の造営に当たって各郷（五十戸）がその造営を負担したと考えられ

（山路直充、二〇〇九）、龍角寺の造営者は旧国造の領域内で各郷に負担を課することができる権力を維持していた。これからすれば、旧国造の系譜を引く評・郡司は各郷長と支配・被支配関係にあり、在地において郡（評）―郷（里）という重層的な支配関係が存在していたと考えられる。とすれば郡名寺院と郷名寺院との間には、国造制と部民制のような重層関係が存在するのではないかと想定されよう。

従来の地方寺院の研究では、郡名寺院の存在から郡を単位とする寺院の研究が中心であって、郷名寺院の存在についてはあまり問題にされてこなかった。この郷名寺院の規模や造営主体などにおいて、郡名寺院とどのような相違点があるのか、また「村落寺院」と呼ばれる寺院とどのように異なるのかについても、検証されていない。さらに郷名寺院は畿内地域にも見られるが、このような郷名寺院が地域によって先進地域に出現するのか、地域性の問題についても検討する必要がある。郡と郷という行政範囲の違いが寺院やその造営氏族のレベルにも反映されるのか、本稿では郷名寺院をめぐるさまざまな諸問題について考察したい。

一　遺跡から見た郷名寺院（表1）

1　飛驒杉崎廃寺・寿楽寺廃寺

①杉崎廃寺

杉崎廃寺は岐阜県飛驒市古川町杉崎に所在し、一九九一年から一九九五年にかけて発掘調査が行われ、その結果、七世紀末から八世紀初頭の時期に造営された寺院跡であることが判明した。伽藍配置は金堂の東に塔を配置する法

表１　出土文字資料における郷名寺院

番号	遺跡名	寺院名	遺物種類	『和名抄』郡郷名	備　考
1	杉崎廃寺	見寺	墨書土器	飛驒国荒城郡飽見郷	「符飽□〔見ヵ〕」木簡
2	寿楽寺廃寺	高家寺	墨書土器	飛驒国荒城郡高家郷	
3	明官寺廃寺	高宮郡内ア寺	文字瓦(刻書)	安芸国高宮郡内部郷	
4	高井田廃寺	鳥坂寺	墨書土器	河内国安宿郷鳥坂郷	『続紀』天平勝宝8歳2月戊申条
5	大県廃寺	大里寺	墨書土器	河内国安宿郷大里郷	『続紀』天平勝宝8歳2月戊申条
6	信太寺跡	信太寺	文字瓦(刻印)	和泉国和泉郡信太郷	
7	池田寺跡	池田堂	文字瓦(刻書)	和泉国和泉郡池田郷	

起寺式伽藍配置であるが、中門・金堂・講堂が直線上に並ぶ。また、僧房などの寺院付属施設の存在も明らかである。

出土遺物は、丸瓦・平瓦などの瓦類、浄瓶・水瓶・鉄鉢などの供養具や坏・椀などの食器類があり、とくに講堂出土の灯明器は万灯会に使用された可能性がある。また排水施設から「符　飽□〔見ヵ〕」と記載された木簡が出土し、『和名抄』に見える飛驒国荒城郡内の「飽見郷」を示すものと考えられている。さらに「見寺」と書かれた墨書土器も出土しているところから、「飽見寺」という郷名寺院であった可能性が考えられる（古川町教委、一九九八。飛驒市教委、二〇一二）。

②寿楽寺廃寺

寿楽寺廃寺は岐阜県吉城郡古川町太江に所在し、一九九八～二〇〇〇年度にかけて発掘調査が行われた（岐阜県文化財保護センター、二〇〇二）。寺院跡に関する遺構では、基壇跡二基・回廊跡・柵跡・溝跡などが検出され、同時期の掘立柱建物・竪穴住居からなる集落跡も検出されている。この内一号基壇は講堂跡の可能性が高く僧房も存在するが、塔・金堂は未検出である。

出土遺物では、軒丸瓦・軒平瓦・丸瓦・平瓦・鴟尾などが出土し、この内Ⅰ型式軒丸瓦は単弁八葉蓮花文軒丸瓦で、Ⅴ型式軒丸瓦は単弁六葉忍冬文軒丸瓦で尾張元興寺跡出土の忍冬文軒丸瓦と同型異笵である。さらに軒平瓦も尾張元興寺跡出土の簾状押引四重弧文軒平瓦と同文様の軒丸瓦が出土し、Ⅴ型式軒丸瓦と組になる可能性が考えられる。その他の土器類では、土師器・須恵器・三彩陶器や三足火舎なども出土している。

寿楽寺廃寺で重要な出土遺物は「高家寺」と書かれた墨書土器（須恵器）で、『和名抄』によれば荒城郡高家郷が存在する。その他に、「寺」「井」と書かれた刻書土器や「道」「□（高ヵ）」とある刻書瓦も存在する。このように、寿楽寺廃寺も「高家寺」という郷名寺院であった可能性が高い。

③その他の飛驒国の古代寺院

杉崎廃寺や寿楽寺廃寺を含む飛驒国では古代寺院が林立しており、狭い地域内に十七ヵ寺の存在が知られる（高山市教委、二〇一六）。大野郡には国分寺・国分尼寺が造営されるが、それ以外の寺院として三仏寺廃寺・東光寺跡・四十九院跡など四寺、荒城郡では杉崎廃寺・寿楽寺廃寺を始め、塔心礎の残る石橋廃寺や塔ノ腰廃寺、軒瓦が出土する名張廃寺や古町廃寺・上町廃寺などの十一ヵ寺が存在し、瓦当文様の年代から七世紀後半から八世紀初頭にかけて成立したものと考えられる。このように、同一郡内に郷レベルで寺院が集中するのが飛驒国の古代寺院の特質である。

2　安芸明官寺廃寺

明官寺廃寺は広島県高田郡吉田町大字中馬字明官寺に所在し、周辺には六世紀後半から七世紀前半の後期古墳群が密集する。発掘調査の結果、塔と瓦積基壇の金堂跡が検出され、東に向く法隆寺式伽藍配置であることが明らかになった。出土した遺物では、素弁八葉蓮花文軒丸瓦や単弁の子葉に毛羽（火焔文）を配する単弁八葉蓮花文軒丸瓦があり、安芸横見廃寺と同笵である。また単弁七葉蓮花文軒丸瓦では、瓦当下端に「水切り」と呼ばれる三角状突起を持つものが存在する。これらの軒丸瓦の瓦当文様から、明官寺廃寺の造営は七世紀後半の時期であると考えられる。

出土遺物のなかで注目されるのは、「高宮郡　内ア〔部〕寺」と記された文字瓦で、平瓦凸面に「高宮郡」「内ア寺」と縦書き二行で、焼成前の段階でヘラ書きされている。明官寺廃寺のある地域は、中世の文献では「内部庄」に属しており、令制下の高宮郡内部郷に当たるとされてきたが、文字瓦の出土により奈良時代まで遡ってこの地が高宮郡内部郷であり、かつ寺名が「内ア寺」という郷名寺院であったことが判明した（広島県立埋文、一九八九）。

以上のように、飛騨・安芸国における郷名寺院は、郡名寺院と創建年代や規模において差がないことは明らかである。

3　畿内における郷名寺院

飛騨・安芸における郷名寺院と同様な例が、畿内における「鳥坂寺」「大里寺」「信太寺」「池田堂」の例であり、考古学遺物だけでなく、文献史料からも郷名寺院の例が判明する（表2）。

『続日本紀』天平勝宝八歳（七五六）二月戊申条には、「行二幸難波一。是日、至二河内国一、御二智識寺南行宮一。己酉、天皇幸二智識・山下・大里・三宅・家原・鳥坂等六寺一礼仏」とあり、孝謙天皇が難波宮に行幸した際、智識寺・山下寺・大里寺・三宅寺・家原寺・鳥坂寺などの六寺に行幸して仏像を礼拝したことが知られる。この河内六寺の内、

表2　史料に見える郷名寺院

番号	寺院名	国郡郷名（『和名抄』）	関連氏族名	出典	備考（比定寺院）
1	乙訓寺	山城国乙訓郡乙訓郷		『文徳天皇実録』嘉祥三年三月乙巳	
2	石作寺	山城国乙訓郡石作郷	石作連	『三代実録』元慶三年閏十月五日	
3	鳥部寺	山城国愛宕郡鳥戸郷		『日本後紀』天長三年五月丙子	鳥戸寺（文徳天皇実録）
4	紀伊寺	山城国愛宕郡紀伊郷		『文徳天皇実録』嘉祥三年三月乙巳	
5	拝師寺	山城国愛宕郡拝志郷		『文徳天皇実録』嘉祥三年三月乙巳	
6	山科寺	山背国宇治郡山科郷		「正倉院文書」造寺所公文天平十一年十一月二十九日ほか	
7	蟹幡寺	山城国相楽郡蟹幡郷		『法華験記』下一二三	蟹満多寺、蟹満寺跡
8	矢田寺	大和国添下郡矢田郷		『扶桑略記』宝亀十年十月	
9	高宮寺	大和国葛上郡高宮郷		『日本霊異記』上四	高宮廃寺
10	長谷寺	大和国城上郡長谷郷		『続日本紀』神護景雲二年十月庚申	長谷山寺（続後紀）
11	巨勢寺	大和国高市郡巨勢郷	巨勢臣氏	『日本書紀』朱鳥元年八月辛卯	巨勢寺跡
12	檜前寺	大和国高市郡檜前郷	檜前直氏	『日本書紀』朱鳥元年八月己丑	檜前寺跡
13	久米寺	大和国高市郡久米郷	久米臣氏	『扶桑略記』延喜元年八月	久米寺跡
14	大里寺	河内国安宿郡大里郷	大里史氏	『続日本紀』天平勝宝八年二月己酉	大県廃寺
15	鳥坂寺	河内国安宿郡鳥坂郷		『続日本紀』天平勝宝八年二月己酉	高井田廃寺
16	茨田寺	河内国茨田郡茨田郷	茨田連氏	『聖徳太子伝暦』	
17	弓削寺	河内国若江郡弓削郷	弓削氏	『続日本紀』天平神護元年十月戊子	弓削寺跡
18	井上寺	河内国志紀郡井於郷		『日本霊異記』下五	
19	野中寺	河内国丹比郡野中郷		『日本後紀』延暦十八年三月丁巳	野中堂（霊異記下十八）、野中寺跡
20	三宅寺	河内国丹比郡三宅郷		『続日本紀』天平勝宝八年二月己酉	
21	能応寺	紀伊国名草郡能応郷	三間名干岐氏	『日本霊異記』下三十	

「智識寺」は太平寺廃寺、「大里寺」は大県廃寺、「三宅寺」は平野廃寺、「家原寺」は安堂廃寺、「鳥坂寺」は高井田廃寺に比定されている。『続日本紀』の記事は、孝謙天皇が巡礼した順番で記載されており、比定される寺院跡から考えると、後の東高野街道沿いの郷レベルで寺院が存在していたと想定される。竹内亮は、これらの郷名寺院を七世紀代の「五十戸知識寺院」とする（竹内、二〇一六）。

中でも「鳥坂寺」は高井田廃寺に比定され、柏原市高井田に所在する。『和名抄』では安宿郡鳥坂郷に比定され、一九六一年に発掘調査が行われて、天湯川田神社境内から塔跡、近鉄大阪線を挟んだ東側丘陵上に金堂・講堂跡が検出された。さらにその後の調査で僧房・食堂・中門・回廊跡が見つかり、井戸跡から「鳥坂寺」と書かれた墨書土器が発見され、この遺跡が「鳥坂寺」であったことが判明した（柏原市歴史資料館、二〇一二）。

また大県廃寺は柏原市大県四丁目に所在し礎石などが残存する。出土した軒瓦は新羅・高句麗様式の素弁蓮花文や山田寺式の単弁蓮花文、野中寺系の忍冬蓮花文軒丸瓦などで、その年代から七世紀中頃に成立した寺院跡と考えられ、法起寺式伽藍配置が想定される。さらに寺域北辺部の調査で「大里寺」と墨書された土器が出土し、「大里寺」に比定されている（柏原市歴史資料館、一九九五）。

さらに和泉国の地域でも、信太寺跡では和泉市上代町観音寺周辺からは古瓦が分布し、一九七五年の調査で「信太寺」と刻印された平瓦が発見されて寺名が判明し（香芝市二上山博物館、一九九七）、和泉国和泉郡信太郷の郷名寺院であることが知られる。金堂・塔跡と推定される基壇跡から法起寺式伽藍配置を採ると考えられ、出土した素弁八葉蓮花文軒丸瓦から七世紀後半に造営されたと考えられる。同様に和泉市池田下町に所在する池田寺跡からも「池田」「池田堂」と刻書された文字瓦が出土しており、郷名寺院の例である（香芝市二上山博物館、一九九七）。

以上のように、畿内では郷レベルで寺院が造営されていたことは明らかで、比定が確実視される寺院遺跡の内容から、これらの郷名寺院は塔・金堂などの伽藍を備えた寺院であって他の寺院遺跡と格差はなく、創建年代も七世紀代に遡ることは明らかである。

4　『出雲国風土記』新造院条

古代地方寺院に関する文献史料はほとんど残っておらず、その実態を解明することは極めて困難であるが、その中で『出雲国風土記』の「新造院」条は、地方寺院の実態を示す文献史料の一つである。「新造院」という語は他の文献史料には全く見えず、その内容についてはさまざまな論議が存在し、定額寺制や寺院併合令と関連づける論考が見られるが、建立者の階層を見ると僧や郡司層から郷人までが存在し、「塔」や「厳堂」（金堂）などの伽藍建物が記されているところを見ると、「新造院」が地方寺院の姿を示すものと理解して良い。以下、『出雲国風土記』新造院条を列挙する。

意宇郡

教昊寺　在舎人郷中　郡家正東廿五里一百廿歩　建立五層之塔也（有僧）　教昊僧之所造也（散位大初位下上腹首押猪之祖父也）

新造院一所　在山代郷中　郡家西北四里二百歩　建立厳堂也（無僧）　日置君目烈之所造也（出雲神戸日置君猪麻呂之祖也）

新造院一所　在山代郷中　郡家西北二里　建立厳堂（住僧一軀）　飯石郡少領出雲臣弟山之所造也

新造院一所　在山国郷中　郡家東南卅一里一百廿歩　建立三層之塔也　山国郷人　日置部根緒之所造也

楯縫郡

新造院一所　在沼田郷中　建立厳堂也　郡家正西六里一百六十歩　大領出雲臣太田之所造也

出雲郡

新造院一所　在河内郷中　建立厳堂也　郡家正南一十三里一百歩　旧大領日置臣布彌之所造也（今大領佐底麿之祖父）
神門郡
新造院一所　有朝山郷中　郡家正東二里六十歩　建立厳堂也　神門臣等之所造也
新造院一所　有古志郷中　郡家東南一里（本立厳堂）　刑部臣等之所造也
大原郡
新造院一所　在斐伊郷中　郡家正南一里　建立厳堂（有僧五軀）大領勝部臣虫麻呂之所造也
新造院一所　在屋裏郷中　郡家東北一十一里一百廿歩　建立〔欠字〕□層塔也（有僧一軀）　前少領額田部臣押嶋之所造也（今少領伊去美之従父兄也）
新造院一所　在斐伊郷中　郡家東北一里　建立厳堂也（有尼二軀）　斐伊郷人　樋伊支知麻呂之所造也

出雲地方では、鰐淵寺所蔵「金銅観音菩薩造像記」に「壬辰年五月出雲国若倭部臣徳太理、為父母作奉菩薩」とあって、壬辰年は六九二年であることから、七世紀後半にはこの地方に仏教が伝播していたことは明らかである。そして河内郷新造院のように、建立者が「今大領佐底麿之祖父」であるという注記があることから、鰐淵寺観音菩薩像銘と同様に祖先信仰にもとづいて建立されたものと考えられ、新造院の性格を知ることができる。しかし『出雲国風土記』では、山代郷新造院のように僧がいない例や神門郡古志郷新造院のように「本立厳堂」の例などもあり、寺院施設としては不備もあることが知られ、新造院条の注記の記載を見ると『出雲国風土記』成立時の状況を示しているのか、疑問点もある（三舟、一九九四）。

ところが近年来美廃寺の発掘調査が行われ、山代郷北新造院の実態が明らかになった（島根県教委、二〇〇二）。創建時期に塔が存在しない点は『出雲国風土記』の条文を裏付けているが、基壇建物の存在、とくに須弥壇の発見は「新造院」の実態を明らかにした。また教昊寺跡では塔心礎が残り、来美廃寺・四王寺跡の発掘調査の結果では、瓦葺き建物が存在することが明らかである。

5『日本霊異記』に見える郷名寺院

『日本霊異記』は日本最古の仏教説話でありながら、在地での仏教活動を示す重要な史料である。『日本霊異記』にはいくつかの地方寺院の例が見えるが、これらの寺院が郡司層によって造営された「氏寺」的性格の寺院であることを示す説話がいくつか見受けられる。従来、上巻七縁や下巻二十六縁の「三谷寺」「三木寺」に代表されるように、郡名寺院の例として『日本霊異記』の説話が用いられることが多かった。しかし、そこにはいくつか郷名で呼ばれる寺院も存在する。

まず郡名寺院については、『日本霊異記』上巻七縁では、白村江の戦いに参加して無事に帰還した備後国三谷郡大領の先祖によって「三谷寺」が造営されたことが記されており、現在三次市に所在する寺町廃寺が比定されている。その一方で寺名は判明しないが、里の中に寺院を造営している例として、『日本霊異記』下巻二十三縁では、

大伴連忍勝は、信濃の国小県の郡嬢の里人なりき。大伴連ら心を同くして、その里の中に堂を作り、氏の寺とせり。忍勝、大般若経を写さむとおもひしがために、願を発して物を集め、鬢髪を剃除り、袈裟を着、戒を受けて道を修し、常にその堂に住めり。宝亀五年の甲寅の春三月に、たちまちに人に讒られて、堂の檀越に打ち損はれて死にき。(檀越はすなはち忍勝の同じ属なり)（以下略）

とあり、信濃国小県郡の大伴連等が「心を同じくして、その里の中に堂を作り、氏の寺」としたことが記されている。堂に常住した大伴連忍勝と檀越も同じ大伴氏であり、同族関係で寺院を維持していることが明らかである。

このように郡レベルで造営された「三谷寺」も「嬢の里」の中に造営された寺院も、祖先信仰を中心とした同族関係の中で「氏の寺」としての性格で造営されていることは明らかであり、郡レベルでも郷レベルでも寺院の性格は変わっていない。

表3『霊異記』に見える郷名寺院

番号	巻数	郷　名	寺院名	建立者	備　考
1	上4	大和国葛上郡高宮郷	高宮寺		高宮廃寺
2	中39	遠江国榛原郡鵜田里	鵜田堂		
3	下5	河内国志紀郡井於郷	井上寺		
4	下18	河内国丹比郡野中郷	野中堂		野中寺跡
5	下11	蓼原里	蓼原堂		
6	下17	紀伊国那賀郡弥気里	弥気山室堂	村人等	北山廃寺
7	下23	信濃国小県郡嬢里	里の中の堂	大伴氏	
8	下28	紀伊国名草郡貴志里	貴志寺	村人等	
9	下30	紀伊国名草郡能応郷	能応寺	三間名氏	
10	下33	紀伊国日高郡別の里	別寺		

さらに『日本霊異記』の郷名寺院の例を見ていくと（表3）、上巻四縁の「日本国大倭の国葛木の高宮の寺」は『和名抄』大和国葛上郡高宮郷に所在し、中巻三十九縁では『和名抄』には見えないが大井川の辺に鵜田里があり、川岸から掘り出した薬師像を修理して祀った堂が「鵜田堂」であるという説話が存在する。その他、下巻五縁では「河内の市の辺の井上寺の里」は河内国志紀郡井於郷に当たり、下巻十八縁の河内国丹比郡の「野中堂」は同郡野中郷にある「野中寺」に該当すると思われる。また下巻十一縁では「蓼原の里の中の蓼原の堂」、下巻十七縁では「紀伊の国那賀郡弥気の里」に「弥気の山室堂」があり、下巻二十八縁も「紀伊の国名草郡貴志の里に、ひとつの道場あり。号をば貴志の寺といふ」とあって、また下巻三十三縁でも「紀伊の国日高の郡別の里」に「別寺」があって、郷名と寺院名が同じである例がいくつか知られる。

このように郷名と寺院名が同一である場合、後述するような「堂」や「村落寺院」の例として捉えられがちであるが、下巻三十縁でも「先祖の造れる寺、名草の郡の能応の村にあり。名をば弥勒寺といひ、字を能応の寺といふ」とあるが、ここでは郷名の寺院でありながら法号の「弥勒寺」という寺名があり、さらに塔・金堂が存在し金堂には丈六の釈迦如来像と脇侍を、塔には高さ十尺の十一面観音像を安置しているところから、地方寺院として塔・金堂が備わった寺院であることが知られる。

とくに「弥気の山室堂」については、和歌山県海草郡野上町の小川八幡神社から発見された『大般若経』六百巻の内、最古の書写年代は天平十三年（七四一）であり、巻四一九の奥書には、「天平十三年歳次辛巳四月紀伊国御毛寺智識／紀直商人写」とあり、また巻四三八では、「天平十三年歳次辛巳潤月紀伊国那賀郡御気院写奉知識大般／若一部六〔百脱カ〕巻河内国和泉郡坂本朝臣栗柄」とあって、「御毛寺」「御気院」は『日本霊異記』の「弥気堂」を指している可能性が高い（薗田香融、二〇〇八）。この「弥気堂」は那賀郡貴志川町北山字三嶋に所在する北山廃寺が有力視されており、一九九三年から三回にわたって発掘調査が行われ、その結果塔跡・金堂跡・回廊跡などが検出され、また出土した大和坂田寺式の軒丸瓦から、創建年代は七世紀後半の時期に想定されている。伽藍配置は、南北に塔・金堂を配置する四天王寺式伽藍配置である可能性が高い（和歌山県文化財センターほか、一九九六）。この地区には他に七・八世紀代の古代寺院が存在しないところから、北山廃寺が「御毛寺」「御気院」＝「弥気堂」であるとすれば、四天王寺式伽藍配置を採る塔・金堂などを備えた立派な地方寺院であり、『日本霊異記』に見える郷名寺院は、規模などで郡名寺院と差がある寺院とは考えられない例も存在する。

二　郡名寺院と郷名寺院

1　郡名寺院の諸問題

地方寺院が在地の有力豪族層によって造営されていることは、文字瓦や墨書土器などの出土文字資料に見える郡名寺院の例でも明らかである。地方寺院が「郡寺」と呼称され、郡司層を中心とする地方豪族によって造営された寺院と論じられてきた。吉田晶は「郡寺」という寺院の存在を郡衙との関連で想定し、郡衙を三類型に分類して「第二類型の郡衙の特質の一つとして、郡衙の縁辺に、郡領の氏寺が郡寺の性格をも持ちながら建設されると言う事実」を指摘している（吉田、一九七三）。さらにそれを発展させたのは山中敏史で、山中は郡衙遺跡の研究から、郡衙遺跡の周辺に近接する寺院を「評・郡衙周辺寺院」の語で表し、「評・郡衙」と密接な位置関係にあることから、これらの寺院は「評・郡衙」の公の寺（郡寺）としての性格を有していたとした。一方、これらの「郡寺」や「評・郡衙周辺寺院」論について、筆者は以下のように批判した（三舟、二〇一三）。

まず文献史料上「郡寺」という名称は見えず、公的機能を示すような事実は全く見られない。『金光明最勝王経』の転読のような国衙で行われた公的な仏教行事を、改めて地方寺院で行うとは考えられない。もし郡名寺院が「公の寺」で公的機能が存在したならば、当然国家による財政的援助があったはずであるから、『続日本紀』霊亀二年の寺院併合令に見られるような寺院の荒廃は起こらないはずである。また郡衙周辺寺院の中には郡衙造営に先行して造営された寺院の例があり、この場合は郡衙の造営とは無関係であって、寺院の造営が郡衙に近接するからといって官寺的性格を伴うとはいえない。さらに郡によっては必ずしも一郡一寺とは限らず、複数の寺院が存在する場合もある。郡衙周辺寺院とその他の寺院で質的に異なることは認められないので、郡衙に隣接するかしないかという条件で寺院の性格は決定できない。

そしてこの時期の仏像の造像銘や民間写経の願文から、この時期の地方仏教は祖先信仰を中心としていることが明らかで、仏教信仰を受容することは新しい評制施行による在地支配秩序の変動という中で、郡領に任ぜられ自己の在地支配権を保持するために、祖先信仰をもとに共同体の結束強化を図る意図があったと考えられる。

以上のように郡名寺院は単に地名を呼称とした寺院に過ぎず、郡衙周辺に存在することは在地の郡司層豪族の「氏寺」として意味があり、公的機能を持つような寺院ではない。

2　郡名寺院と郷名寺院の比較

そこで郡名寺院の例を文献史料で見ると（奈文研、二〇〇五）、「乙訓寺」（『日本紀略』延暦四年九月庚申条。乙訓寺跡に比定）、「葛野秦寺」（『日本書紀』推古三十一年秋七月条。広隆寺跡に比定）などの正史に記載されている郡名寺院や、「三谷寺」（『日本霊異記』上巻七縁。寺町廃寺に比定）などの説話に登場する例、さらに「新治寺」（新治廃寺）や「茨木寺」（茨城廃寺）・「安宿寺」（円明廃寺）などのように、文字瓦や墨書土器に郡名が記載されている寺院跡が存在する。そしてこれらの郡名寺院は、郡を代表する寺院として位置付けられてきた。しかし河内国安宿郡を見れば、「安宿寺」という郡名寺院と、「大里寺」や「鳥坂寺」のような郷名寺院が併存していることは明らかであり、かつ郡名寺院と郷名寺院で創建時期や伽藍の規模などに格差がないとすれば、郡名寺院も郷名寺院も単に地名表記の寺院であり、国郡郷という律令制地方行政区画の観点で考えていくのは誤りであろう。

三　郷名寺院と村落寺院

1　村落寺院とは

近年発掘調査の増加によって、集落遺跡内に四面庇建物址や墨書土器などを伴う仏教施設が検出される例が急増したことから、これらの遺構を「村落内寺院」「村落寺院」と呼び、集落内における仏教施設の機能を明らかにしようという方向に進んでいる（須田勉、一九八五）。とくに「村落寺院」と称される仏教施設の多くが、基壇はあるが瓦葺きでない、または掘立柱建物のみであるという構造から、これらの「村落寺院」が村落における「仏堂」的存在であるとされ、『霊異記』に見える「堂」との関係が追究されているのが現状である。とくに村落内における仏堂の研究を行ったのが宮瀧交二で、『霊異記』に見える「堂」の機能が必ずしも宗教的側面だけにとどまらず、村落社会と結びつく諸機能が付加されていることを指摘している（宮瀧、一九八九・二〇〇〇。太田愛之、一九九三）。また藤本誠は、「寺」と「堂」は社会的階層や伽藍において明確に異なる施設であると指摘し、『東大寺諷誦文稿』に見える「慰誘言」の村落名を冠する「堂」は、古代村落と「堂」の檀越の結びつきが強いことを示し、古代村落と「堂」が密接不可分の関係にあったとする（藤本、二〇一六）。藤本が在地の村落と「堂」における仏教の意義を検証したことは評価できるが、『日本霊異記』の「寺」と「堂」の解釈には根本的な誤りがあり、従うことができない（三舟、二〇〇二）。

藤本は「堂」の造営主体が村落の有力者層であると指摘するが、前章で指摘したような郷名寺院の例についてはほとんど触れていない。藤本説は在地村落における「堂」の存在意義には言及し、『東大寺諷誦文稿』の「今、此の堂は、里の名、某甲郷、此れ」とある点に注目して、「里」を一般集落名、「郷」を「人々の住む村落名」の意とし、「「堂」に冠する名称は必ず村落名でなければならなかった」とする（藤本、二〇一六）。また仏教施設の表記においても、

「寺」の場合は「国＋郡＋寺」、「堂」は「国＋郡＋里（村）＋堂」という表記の違いを強調するが、『日本霊異記』や『東大寺諷誦文稿』の表記を直ちにそのまま在地の実態とみることは危険であろう。後述するように東国の村落寺院遺跡から出土する墨書土器に見える寺名は「堂」ではなく、ほとんどが「寺」銘である。仮に東国の「村落寺院」を藤本が指摘する「堂」と見るならば、少なくとも郷名寺院の例はその伽藍の規模などは郡名寺院と変わらない一方、遺構の規模においては「村落寺院」とは隔絶している。

2　郷名寺院と村落寺院の比較

その「村落寺院」について、集落遺跡内の仏教施設の分類を試みているのが、笹生衛である（笹生、二〇〇五）。笹生は、主に東国の集落遺跡から明らかになった「仏堂」的な遺構について六分類を行っているが、注目すべき点は出土する墨書土器などの寺名はほとんどが「寺」名で、「堂」名はほとんど見受けられない。例えば群馬県戸上諏訪遺跡「宮田寺」・千葉県多田日向遺跡「多理草寺」のような地名と考えられる寺名、茨城県寺畑遺跡「千手寺」・千葉県鐘つき堂遺跡「釈迦寺」のような仏像名の寺名、さらに千葉県山口遺跡「延忠寺」・同郷部加良部遺跡「忍保寺」などのように僧名・人名と考えられる名称がついている。これらは主に四面庇付きの建物の存在から仏教施設、すなわち「村落寺院」と考えられ、笹生も藤本もこれらの「仏堂」的遺構に規模の違いから階層性を見出そうとするが、これが直ちに村落内の社会的階層に直結するか疑問もあろう。少なくともこれらの「村落寺院」は四面庇付建物であっても基本的には掘立柱建物であり、基壇を伴う瓦葺き建物とは相当な差が存在する。郷名寺院も「国＋郡＋郷（里）」の「郷（里）」名を冠し「郷」を単位とする寺院であるが、遺構や遺物から見る限り「村落寺院」とは一線を画す寺院であることは間違いなく、郡・郷・村落などの用語に固執すると、寺院の本質を見誤る危険性があろう。

おわりに ―『東大寺諷誦文稿』―

以上、郷名寺院について文献史料や出土文字資料から検討を加えてきたが、郷名寺院の内実については、郡名寺院と伽藍の規模や創建年代などに格差はないことが明らかとなった。そのため、郡名寺院の造営氏族と郷名寺院の造営氏族の勢力については、大きな差はないと思われる。一方、「村落寺院」も郷・里（村）を単位とするが、「村落寺院」と呼称される仏堂的な四面庇付建物とは、寺院の規模や年代において格差がある。このような事実は、郷名寺院は郷を単位とするが国郡郷（里）制という地方行政区画を意識したものではなく、やはり地名を意識したものと考えるべきであろう。そしてそれは郷を中心とする在地共同体の寺院であり、むしろ「サト」という行政的な領域ではなく、「ウヂ」という集団を単位とするものと考えるべきではなかろうか。

これに関して『日本霊異記』上巻十縁や中巻十五縁では、在地有力者が祖先供養のために法会を開いている説話が存在するが、その法会は壇越やその親族を中心としながらも在地の者が「法会の衆」として参加しており、地方における法会や知識の構造を示すものであるが、郷名寺院もそのような在地有力者を中心とする在地共同体の寺院であると考えられる。同時に郷名寺院が郡名寺院と規模や創建年代が異ならないことは、同一郡内に複数の有力氏族が存在し、それぞれがその祖先を中心とする在地氏族の「氏寺」であり、かつその氏族は郡領氏族層として郡司職を争うような在地有力氏族ではなかったか。少なくとも郷名寺院は郡名寺院に劣るものではなく、ただ単に郷・里の地名を冠した呼称の寺院である。従来郡名寺院は「郡寺」として郡を代表する寺院であり、そのため公的機能を持つとするなどの議論があったが、このような郡名寺院に匹敵する郷名寺院の存在は、郡名寺院の意義について再検討を迫るものとなろう。同時に「村落寺院」との格差から、古代村落における仏教論もさらに整理が必要となろう。

参考文献

太田愛之、一九九三「古代村落の再編―『日本霊異記』の説話に見える村落の構造モデル―」(『日本史研究』三七二)
香芝市二上山博物館、一九九七「信太寺跡（上代観音寺）」「池田寺跡（明王院）」(『第42回埋蔵文化財研究集会　古代寺院の出現とその背景　第二分冊資料（西日本）』)
柏原市歴史資料館、一九九五『河内六寺』
　二〇一二『鳥坂寺再興』
岐阜県文化財保護センター、二〇〇二『太江遺跡・寿楽寺廃寺跡』
笹生　衛、二〇〇五「集落遺跡における仏教施設の分類と信仰内容」(『神仏と村景観の考古学』弘文堂)
島根県教育委員会、二〇〇二『来美廃寺』
須田　勉、一九八五「平安初期における村落内寺院の存在形態」(『古代探叢Ⅱ』早稲田大学出版会)
薗田香融、二〇〇八『南紀寺社史料』(関西大学東西学術研究所資料集刊二十五、関西大学出版部)
高山市教育委員会、二〇一六『高山市史　先史時代から古代編（下）』
竹内　亮、二〇一六「五十戸と知識寺院」(『日本古代の寺院と社会』塙書房)
田中重久、一九四六「郡名寺院の性格」(『学海』三―八)
奈良文化財研究所、二〇〇五「郡名寺院一覧」(『地方官衙と寺院―郡衙周辺寺院を中心として―』)
飛驒市教育委員会、二〇一二『杉崎廃寺跡2』
広島県立埋蔵文化財センター、一九八九『明官寺廃寺跡―第3次発掘調査概報―』

藤本　誠、二〇〇三「『日本霊異記』における仏教施設と在地仏教」（『古代国家仏教と在地社会―日本霊異記と東大寺諷誦文稿の研究―』吉川弘文館、二〇一六年に所収）

二〇一六「『東大寺諷誦文稿』の「堂」と在地仏教―「慰誘言」を中心として―」（『古代国家仏教と在地社会―日本霊異記と東大寺諷誦文稿の研究―』前掲に所収）

古川町教育委員会、一九九八『杉崎廃寺跡発掘調査報告書』

三舟隆之、一九九四「『出雲国風土記』における「新造院」の成立」（『日本古代地方寺院の成立』吉川弘文館、二〇〇三年に所収）

二〇〇二「日本霊異記に見える「堂」と「寺」」（『『日本霊異記』説話の地域史的研究』法藏館、二〇一六年に追記し所収）

二〇〇五「地方寺院の性格―氏寺説から―」（『日本古代の王権と寺院』名著刊行会、二〇一三年に所収）

二〇一三「「郡衙周辺寺院」説批判」（『日本古代の王権と寺院』前掲に所収）

宮瀧交二、一九八九「古代村落の「堂」―『日本霊異記』に見える「堂」の再検討―」（『塔影』本郷高等学校紀要二二）

二〇〇〇「日本古代の民衆と「村堂」」（『村の中の古代史』岩田書店）

山路直充、二〇〇九「寺の成立とその背景」（吉村武彦・山路直充編『房総と古代王権』高志書院）

山中敏史、一九九四「評・郡衙の成立とその意義」（『古代地方官衙遺跡の研究』塙書房）

吉田　晶、一九七三「評制の成立過程」（『日本古代国家成立史論』東京大学出版会）

米沢　康、一九五七「郡名寺院について」（『大谷史学』六）

和歌山県文化財センター・貴志川町教育委員会、一九九六『北山廃寺発掘調査報告書』

3「凡河内」考

溝口優樹

はじめに

国造とは倭王権の地方官であり、国造制とは国造を介した倭王権の地方支配制度と理解するのが一般的であろう。ただし、それらの具体的な点については、必ずしも定見が得られているわけではない。一方では、個々の国造についての研究も蓄積されており、その多様なあり方が明らかにされてきた。国造制の本質は、国造の多様性を踏まえたうえで、帰納的に析出されるべきであると思われる。そう考える場合、「特殊」な国造の検討も有効であろう。例えば、国造制の本質が大王への服属にあると考える説では、それに当てはまらない畿内の国造は「特殊」なものとみなされ、国造制を考えるうえでは除外すべきとされる（大津透、一九八五）。しかし、この地域にも他と同様に国造が置かれたことは事実であり、国造制の本質は、それを踏まえたうえで追究されるべきであろう。このような観点からとりあげたいのが、凡河内国造および、それに任じられた凡河内氏である。本稿では、国造名およびウヂナとなっている「凡河内」がいかなる概念であるか検討し、それを通して凡河内国造・凡河内氏のあり方の一端に迫ってみたい。なお、「オオシコウチ」には「大河内」「凡川内」などの表記があるが、以下、引用箇所以外は原則として「凡河内」の表記を用いることとする。

一　凡河内国造・凡河内氏をめぐる基本的な史料

「凡河内」がいかなる概念であるか検討するにあたり、まずは凡河内国造・凡河内氏に関する基本的な史料を概観したい。第一にあげられるのは『古事記』および『日本書紀』である。

【史料1】『古事記』神代上

次天津日子根命者。凡川内国造・額田部湯坐連・茨木国造・倭田中直・山代国造・馬来田国造・道尻岐閉国造・周芳国造・倭淹知造・高市県主・蒲生稲寸・三枝部造等之祖也。

【史料2】『日本書紀』巻一第六段本文

次天津彦根命。是凡川内直・山代直等祖也。

【史料1】には天津日子根命を祖とするものの一つとして凡川内国造がみえる。また【史料2】には、天津彦根命を祖とするものとして凡川内直があげられている。【史料1】にみえる凡川内国造は、額田部湯坐連などの氏と並列してあげられていることや、【史料2】の凡川内直と同様にアマツヒコネを祖とするとされていることから、国造という個人の地位や身分ではなく、国造を出す氏のことであり、凡河内直を指すと考えられる。

第二にあげられるのは、『新撰姓氏録』である。

【史料3】『新撰姓氏録』摂津国神別

凡河内忌寸。額田部湯坐連同祖。

国造。天津彦根命男、天戸間見命之後也。

（中略）

土師連。天穂日命十二世孫、飯入根命之後也。
凡河内忌寸。同神十三世孫、可美乾飯根命之後也。
【史料4】『新撰姓氏録』河内国神別
津夫江連。天津彦根命之後也。
凡河内忌寸。同上。

【史料3】には摂津国の氏として、額田部湯坐連と同祖を称する凡河内忌寸と国造（氏）のほか、天穂日命の後裔を称する凡河内忌寸がみえる。また、【史料4】には河内国の氏として、天津彦根命の後裔を称する凡河内忌寸がみえる。額田部湯坐連と同祖を称する摂津国の凡河内忌寸と河内国の凡河内忌寸は、同じ氏姓をもつとともに系譜意識を共有しており、同族とみることができる。なお、凡河内直は天武十二年（六八三）に連、さらに天武十四年（六八五）に忌寸を賜姓されており、天津彦根系の凡河内忌寸は、凡川内国造を出していた凡川内直の後裔にあたる。なお、これらの他に『先代旧事本紀』にも凡河内国造・凡河内氏に関する記述があるが、本稿では紙幅の都合により捨象する。

以上、凡河内国造および凡河内氏に関する基本的な史料を概観したが、「凡河内」はこのような国造名および凡河内氏のウヂナとしてあらわれるのみであり、具体的な地域を指す語として史料上あらわれない点に留意しておきたい。

二「凡河内」をめぐる先行研究

次に、「凡河内」をめぐる主要な先行研究を概観しつつ、問題点をあげてみたい。まず、河内国の範囲を検討するなかで凡河内国造をとりあげた田中卓は、『古事記』や『日本書紀』において、もと一字や三字であった国名が二字に改められた後の書法が認められることから、「大河内」は「河内」の古い表記であるとした。また、「河内郡」と呼ばれる地域が地名の起源であるが、それが次第に拡大して「大河内」「凡河内」の名称が生じたとし、摂津地方が凡河内国造の支配下にあったとみられることから、のちの五畿内の河内国よりも広く、摂津・和泉両国を合せた地域をも含めた国が「大河内国」と呼ばれたとした（田中、一九五八）。

一方、凡河内氏について総合的に考察した吉田晶は、諸史料に摂津・河内・和泉の地域を「凡河内」と称した例がみられないことや、「凡」に「押し統ぶる」といった意味があることから、「凡河内」のウヂナは、すでに存在した河内をウヂナとする諸氏族を統轄するということから始まり、摂津・河内・和泉の国造であったことから、広範囲の領域を支配することとなった国造の称呼としての用法に転化したとする（吉田、一九七三）。

以上、「凡河内」をめぐる主要な研究をあげたが、田中説から検討していきたい。田中は、河内国の範囲が、後の摂津国に相当する地域を含んでいたとする。しかし、河内の名称は本居宣長がいうように（『古事記伝』）、大和からみて淀川の内側に位置することに由来するとみられる。ここで問題になるのは、摂津国の領域が淀川の左右両岸に広がっていることである。摂津国の領域のうち、淀川の左岸に位置する西成・東生・百済・住吉の四郡（「摂南四郡」）にあたる地域の大部分は、かつて河内国の領域であったとみられている（直木孝次郎、二〇〇二）。このことは、河内国にあったとされる依網屯倉《よさみ》（『日本書紀』皇極元年五月五日条）の名称が、摂津国住吉郡大羅郷《おおよさみ》と河内国丹比郡依羅郷《よさみ》（いずれも『和名類聚抄』）に継承されている点などからも傍証されよう。ところが摂津国の領域のうち、淀川の右岸に位置する諸地域は、大和からみて淀川の「外」にあたるため、河内には含まれない。事実、摂津国兎原郡に河内国魂神社が所在する（『延喜式』神名帳）以外に、淀川の右岸が河内とよばれた形跡はないのである。しかも、河内国魂神社が摂津国の領域に所在することは、この地がかつて河内国と一体の地として祭祀の対象となったことを示唆するものの、この地が河内国であったことを意味するものではない。

また田中は、「倭」が「大倭」と表記されるようになったのと同様に、「大河内」が「河内」と表記されるようになったとみる。しかし、「凡河内」が国造名およびウヂナ以外であらわれず、「河内」と通用された形跡がみられないことからすると、成り立ちがたいのではないだろうか。ここで、ヤマトの国名表記の変化について確認したい。平野邦雄は、天武十二年九月に「倭直」が連を賜姓されているのに対し、天武十四年六月に「大倭連」が忌寸を賜姓されていることに注目し、この氏のウヂナとヤマトの国名に正確な対応関係が認められることから、この間に「大倭」の国名が成立したとし、天武期における国境画定との関連を想定した（平野、一九七二）。ところが、凡河内直は天武十二年に倭直が連を賜姓されている時点ですでに「凡河内」のウヂナを有しており、天武十四年に大倭連が忌寸を賜姓された以降も依然として「凡河内」をウヂナとしている。二字の国名表記については、大宝四年（七〇四）における国印鋳造の際に、国家によって全国的に施行されたことが指摘されているが（鎌田元一、一九九五）、それ以降も凡河内氏はウヂナを「河内」と変えてはいない（河内直・河内連・河内忌寸は別の氏である）。このことからすると、「凡河内」と「河内」の関係は、「倭」と「大倭」の関係と同様なものとはみなせない。凡河内氏の場合は倭氏と異なり、必ずしも国名表記の変化には厳密に対応しなかったのだと考えられなくもないが、そもそも「河内」と「凡河内」が別の概念であったとみるべきであろう。このことは、国名の訓からもうかがわれる。すなわち、「ヤマト」は「大倭」「大和」「大養徳」など表記が変わっても、訓は変わらない。一方、「河内」の訓は「カワチ・コウチ」であるが、「凡河内」の訓は「オオシコウチ」である。このような「河内」と「凡河内」の訓の違いは、単なる表記の違いではなく、両者の概念が異なることを示唆しよう。これらのことから、「凡河内」は「河内」の古い表記とみることはできないと考えられる。ちなみに、「川内」が「河内」よりも古い表記であるとの指摘がある（直木、一九七二）。

続いて吉田説について検討する。吉田は、「凡河内」の呼称が、本来は河内をウヂナとする諸氏族を統轄することから始まったとする。仮にそうだとすれば、「凡河内」とは、いわば伴造的なウヂナだったということができる。伴造的なウヂナを称する国造は、例えば茨城国造として壬生連、那珂国造として壬生直（いずれも『常陸国風土記』行方郡条）が知られているように、東国を中心として多数の例がある。ただし、そのような伴造的な名称が、国造名となった例は少ない。管見の限りでは、額田国造と久味国造（いずれも「国造本紀」）をあげることができる。額田国造は額田部、久味国造は久米部という部あるいはその伴造（八世紀半ばに伊予国久米郡天山郷戸主として久米直熊鷹がみえる。天平二十年〔七四八〕「写書所解」〔『大日本古文書』四―二二七〕）の名称に由来する国造名であろう。

ここで留意したいのは、このような国造のクニの広がり方である。「額田」は律令制下の美濃国池田郡額田郷（鈴木正信、二〇〇三）、「久味」は伊予国久米郡に名称が引き継がれている。これらが七世紀以前に遡って、そのまま国造のクニの規模を示すわけではないが、伴造的名称をもつ国造のクニは、せいぜい律令制下の郡や郷程度の広がりしかもたない。それは、郡や郷がもとは人的関係をもとにした単位であったことと関係していよう。里は五十戸を編成した行政単位であり（『令義解』戸令1為里条）、本来は人間集団である。また律令制下の郡が、一定の人的関係を前提とした領域であることも指摘されている（大町健、一九七九）。一方、仮に「凡河内」が五畿内の摂津・河内・和泉に相当する地域であると考えるならば、伴造的名称にもとづくクニの名称が、律令制下の三箇国に相当するほど広域の地域呼称に転化したことになる。この場合、凡河内氏が統轄したとされる集団の規模と、摂津・河内・和泉の領域の間には大きな隔たりがあると考えられ、名称の転化は想定しがたい。

もう一つ検討を要するのは、凡河内直が河内をウヂナとする諸氏族を統轄していたとする点である。吉田は、「明証はない」と断りつつも、凡海連あるいは凡海部が海部を統轄したとみられることを参考にし、凡河内直と河内をウヂナとする諸氏族との関係を同様にとらえている。凡河内直の統率下にあったと想定される、河内をウヂナとする諸氏族としてあげられているのは、河内直（天武期に連を賜姓）・河内漢直（天武期に忌寸を賜姓）・河内忌寸・河内造・河内民首・河内漢人・河内漢部・河内画師などである。ただ、これらの氏は実態が不明なものも多いため、比較的史料の多い河内直との関連を中心に説かれている。また、凡河内直が河内直などを統轄したとみる根拠として、凡河内―河内というウヂナの関係性のほか、ともに外交に従事しているという職掌の共通性も指摘されている。

確かに名称面に着目すると、凡河内直―河内直の関係は、凡海連―海部の関係に類似している。ただ、国造名と一致するウヂナは、クニの名称に由来すると一般的には考えられることから、「凡河内」というウヂナも同様の可能性がまずは考えられよう。よって、「凡河内」の名称が河内をウヂナとする諸氏族との関係にもとづくかどうかは、別の面から検討が必要だと思われる。凡河内直―河内直の関係を、凡海連―海部の関係を同様に解することは果たして妥当なのであろうか。

凡海連が海部を統轄したとみられる点については、名称の関係性以外にも同祖関係が傍証となり得る。『新撰姓氏録』未定雑姓右京にみえる凡海連は火明命の後裔を称しており、籠神社に伝わる『海部氏系図』にも、海部直の始祖として彦火明命がみえている。この場合、凡海連と海部の伴造たる海部直との間で、(彦)火明命を祖とする系譜意識が共有されていたことがうかがわれる。また、『新撰姓氏録』右京神別下にみえる凡海連は海神綿積命の男とされる穂高見命の後裔、『新撰姓氏録』摂津国神別にみえる凡海連は安曇宿禰と同祖としたうえで「綿積命六世孫、小栲梨命之後」と称しており、『新撰姓氏録』右京神別下にみえる安曇宿禰は「海神綿積豊玉彦神子、穂高見命」の後裔を称している。安曇氏に関しては、阿曇連祖大浜宿禰が「海人之宰」となったとする伝承がある(『日本書紀』応神三年十一月条)。この場合、凡海宿禰・連と安曇宿禰、海部(海人)の間の具体的な統轄関係は判然としないが、同祖関係が認められることから、その前提となる何らかの政治的関係がこれらの集団間にあったことは認められるだろう。このように、火明命を祖とする系統と綿積命を祖とする系統があるが、凡海連・宿禰と海部あるいはそれを統率したとみられる氏が系譜を共有していたことを確認することができる。断定はできないが、名称面以外にも系譜面から、凡海連と海部の間で統轄関係ないしは政治的関係が存在したとみることは可能であろう。

他方、凡河内直と河内直の間で、系譜の共有関係を見出すことはできない。『新撰姓氏録』河内国諸蕃にみえる河内連―天武十年(六八一)に川内直県が連を賜姓されている―は「百済国都慕王男、陰太貴首王」の後裔を称する百済系の氏である。それに対して、凡河内氏は天津彦根命あるいは天穂日命の後裔を称しており(【史料1〜4】)、河内直(連)との同祖関係は見出せない。この点は凡海連―海部の関係と異なる。また、凡河内直と河内直はいずれも直のカバネを有しており、倭王権においてフラットな関係にあったことをうかがわせる。これも、凡海連―海部の関係と異なる点である。

次に、外交に従事するという職掌の共通性について確認したい。河内直については、欽明期に河内直〔欠名〕が「安羅日本府」に関わって登場し（『日本書紀』欽明二年〔五四一〕七月条・同四年十一月甲午条・同四年十二月条）、天智期には河内直鯨が唐に派遣されている（『日本書紀』天智八年〔六六九〕是歳条）。一方、凡河内直については、凡河内直香賜が采女とともに胸方（宗像）神の祭祀を命じられていることがみえる（『日本書紀』雄略九年二月甲子朔条）。宗像神は航海の守護神として知られており、朝鮮半島との交通と関わりが深い。また、七世紀前半には凡河内直糠手が隋使の掌客となっており（『日本書紀』推古十六年〔六〇八〕六月丙辰条）、さらに大河内直矢伏が唐使の導者となっている（『日本書紀』舒明四年〔六三二〕十月甲寅条）。このように、河内直は朝鮮半島や唐で活動する姿がみえるのに対し、凡河内直は倭国で活動する姿がみえるという違いはあるものの、いずれも広い意味で対外関係に従事しており、共通性を見出すことはできる。ただし、外交に従事するのはこれらの氏族に限ったことではなく、凡河内直と河内直との間に特別な関係は見出すことができない。このように、凡河内直が河内直を統轄したとする点は明らかでなく、凡海連—海部の関係と同様にはみなせないのである。となれば、河内をウヂナにもつ他の諸氏族についても同様に、凡河内直との関係は明確でない。ここまで吉田説を検討してきたが、「凡河内」の名称が、河内をウヂナとする諸氏族を統轄することから始まったとは考えがたいのである。

以上、先行研究の検討を通して、「凡河内」は「河内」の古い表記ではなく、両者が異なる概念であること、また河内をウヂナとする諸氏族を統轄する意味として成立したものとは考えがたいことを指摘した。

三「凡河内」の概念

前節では先行研究の検討を通して、「凡河内」が河内とは異なる概念であるとした。では、「凡河内」は河内と何が異なるのであろうか。まず問題となるのは「河内」に冠せられた「凡・大」の語がもつ意味である。「おおし」は「凡・大（おお）」からの派生語だとみられるが、この語には、「物の形、状態がはっきりしていないさま」や「大きいさま」等の意味があるとされる（『日本国語大辞典』）。これを踏まえると、「凡河内」とは、「河内を中心としつつも河内とは輪郭が異なる地域」、あるいは「河内を中心としつつも〈河内ではない地域〉を含み込んだ地域」を意味する概念ではないかとの予見が得られる。ただし、「およそ河内」といったような意味の語が国造名やウヂナになるとは考えがたいことから、後者の意味合いがより近いと思われる。

それでは、「凡河内」に含意される〈河内ではない地域〉とはどこなのであろうか。この問題を考えるにあたって、まずは河内国の範囲について確認しておきたい。かつての河内国は、五畿内の河内国よりも広い範囲を含んでいた。和泉国は霊亀二年（七一六）に河内国の和泉・日根・大鳥の三郡を和泉監としたのがはじまりであり、この地域はもと河内国の一部であった。また先述のように、摂津国の一部、すなわち淀川左岸に位置する地域（「摂南四郡」）も、もとは河内国に含まれていたとみられる。このように、後に和泉国や「摂南四郡」の領域となる地域は、大和からみて淀川の「内」にあたり、あえて「凡・大」を付さなくとも河内国に含まれるのである（後の「摂南四郡」に相当する地域については津国成立以前の場合）。よって、〈河内ではない地域〉は、それ以外に求めなければならない。

次に、凡河内氏の居住・活動地域をもとに、「凡河内」に含意される〈河内ではない地域〉とはどこか考えてみたい（図1）。凡河内氏が居住する地域として第一にあげられるのは、西摂地域（本稿では摂津国の領域のうち猪名川以西に相当する地域を指す）である。天平十九年（七四七）『法隆寺資財帳』には、法隆寺が摂津国雄伴郡宇治郷に所有していた山林の西限として「凡河内寺山」がみえており、凡河内氏によって建立された寺院が存在したとみられる。また、摂津国兎原郡には河内国魂神社が所在する。倭直（倭国造を出す氏）の祖とされる長尾市に倭大国魂神を祀らせたとの伝承（『日本書紀』崇神七年十一月己卯条）を参考にすると、凡河内氏が河内国魂神社の祭祀を司ったとみられる。さらに八世紀半ばには、河辺郡郡家郷の戸主として凡河内直阿曇麻呂がみえるほか（天平勝宝八歳〔七五六〕「東大寺三綱牒」〔『大日本古文書』四―一八一〕）、河辺郡の擬少領・主帳として凡川内直姓の人名がみえる（天平勝宝八歳「摂津国河辺郡猪名所地図（写）」〔『大日本古文書　家わけ第十八　東大寺文書』四〕）。このように西摂地域には、西部の伴雄郡から東部の河辺郡まで、沿岸部を中心として広く凡河内氏が居住していた。

凡河内氏が居住した地域として第二にあげられるのは、三嶋（律令制下の摂津国嶋上郡・嶋下郡）である。雄略期のこととして、采女を奸した香賜が三嶋郡藍原に逃げ、そこで斬られたとする伝承があり（『日本書紀』雄略九年二月甲子朔条）、安閑期のこととされる三嶋竹村屯倉の起源伝承では、河内県の部曲を田部とするようになったことの起源として、大河内直味張が钁丁を奉献したとされる（『日本書紀』安閑元年七月辛酉朔条、同年閏十二月壬午条）。さらに時代は降るが、十世紀半ばには嶋上郡に国目代として凡河内忌寸正茂がみえている（天暦四年〔九五〇〕「摂津嶋上郡児屋郷売買常地券」〔『朝野群載』巻二十一〕）。

凡河内氏が居住した地域として第三にあげられるのは、律令制下の河内国志紀郡に相当する地域である。九世紀後半に活躍した清内宿禰雄行の卒伝（『日本三代実録』元慶七年〔八八三〕六月十日甲辰条）によると、彼の本姓は凡

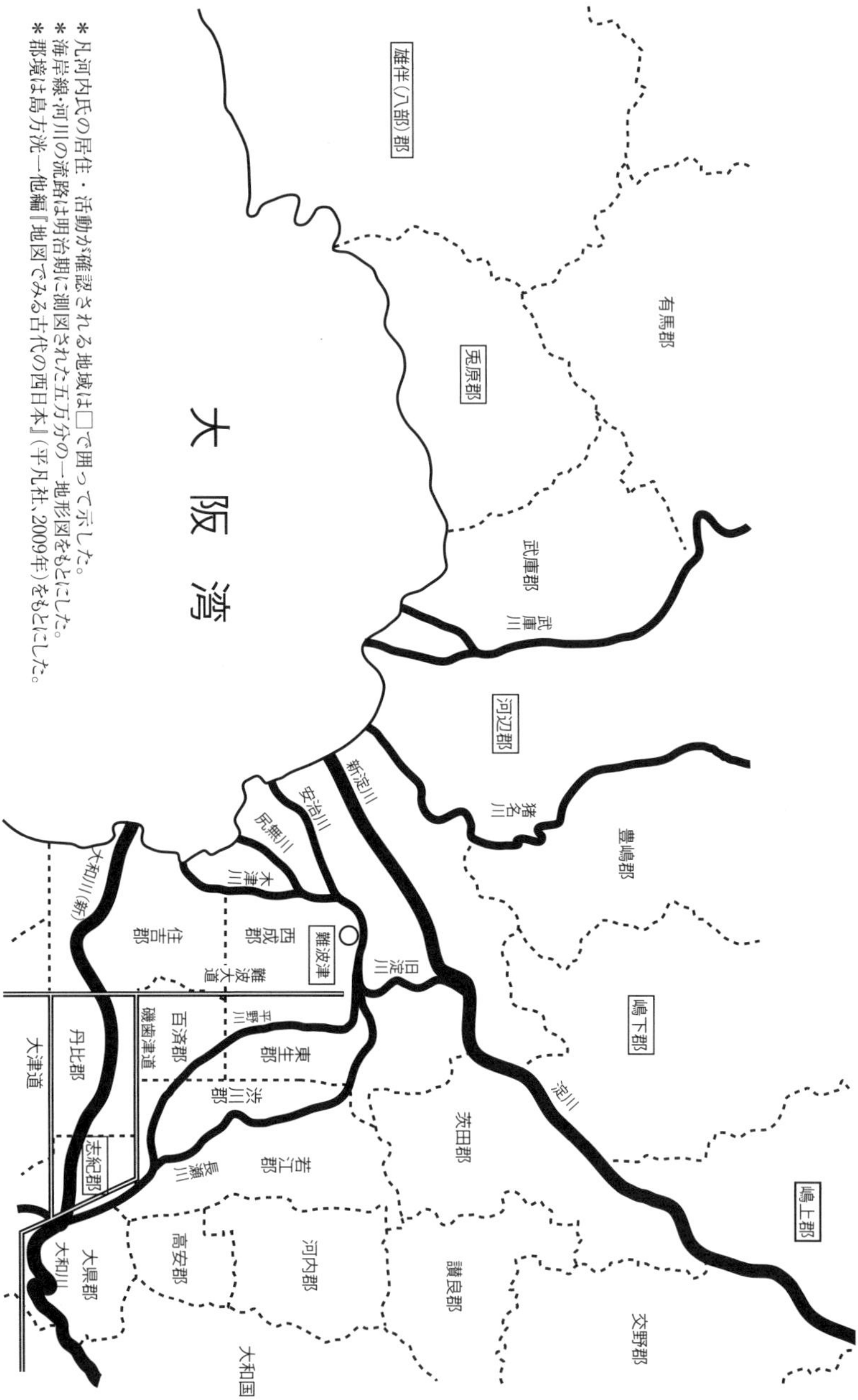

＊凡河内氏の居住・活動が確認される地域は□で囲って示した。
＊海岸線・河川の流路は明治期に測図された五万分の一地形図をもとにした。
＊郡境は島方洸一他編『地図でみる古代の西日本』(平凡社、2009年)をもとにした。

図1　凡河内氏の居住・活動地域

河内忌寸であり、本貫地は河内国志紀郡であった。また十世紀半ばには、志紀郡の大領として清内稲積がみえる（『九暦』逸文、天慶九年〔九四六〕十二月二十七日条）。『新撰姓氏録』にみえる河内国の凡河内氏（【史料4】）も、おそらく志紀郡に居住していたものであろう。

なお、居住は確認することができないが、凡河内氏は難波での活動が認められる。先述のように、推古期に隋使の裴世清らを難波の新館に安置した際、凡河内直糠手が掌客となっており、舒明期に唐使の高表仁らが倭国へやって来た際は、大河内直矢伏が難波津から難波館への導者となっている。

以上、凡河内氏が西摂地域・三嶋・志紀に居住し、難波で活動していたことを確認した。そのうち、淀川左岸に位置する志紀と難波はもと河内国の一部であるが、難波は津国（摂津国の前身）の成立後にその管轄となっている。また、淀川右岸にあたる西摂地域・三嶋については、津国の成立前後にかかわらず、一貫して河内国に属さない。このような凡河内氏の居住・活動地域から考えると、ことさらに「凡・大」字を冠することによって河内国と併せて扱われた〈河内ではない地域〉とは、津国成立以前であれば淀川右岸地域（本稿では後の摂津国の領域のうち、淀川の右岸にあたる地域を淀川右岸地域と呼称する。凡河内氏が居住した西摂地域と三嶋が含まれる）、津国成立以後であれば津国を意味するのではないかと考えられる。

ただし〈河内ではない地域〉が、津国成立前の淀川右岸地域を意味するのか、あるいは津国を意味するのかは判断が難しい。津国の成立時期をめぐって直木は、北摂地域がヤマト政権の直接の基盤の一部となるという継体期ないし六世紀後半の欽明期以後とみるが、難波に都が置かれた孝徳期の可能性も想定している（直木、二〇〇二）。このように津国の成立時期は確定できないので、ひとまず津国成立前後両方の可能性を考慮して論を進めることとしたい。いずれにしても、「凡河内」とは、河内国を中心としつつも、〈淀川右岸地域あるいは津国〉を含み込んだ概念だということになる。「凡河内」の概念は、凡河内氏の居住・活動地域が河内国と〈淀川右岸地域あるいは津国〉にまたがっていることと密接な関係にあるといえよう。

では、河内国と〈淀川右岸地域あるいは津国〉を併せた地域、換言すれば五畿内の摂津・河内・和泉の三箇国を併せた地域の呼称が「凡河内」であり、それにもとづいたウヂナ・国造名を称したのが凡河内氏・凡河内国造だったのであろうか。ここで想起されるのは、「凡河内」が国造名やウヂナ以外であらわれない点である。このことからは、次の二点が導き出される。第一に、凡河内氏・凡河内国造が成立する以前に「凡河内」なる概念は存在していなかったことである。例えば、まず「紀（木）」と呼ばれる土地ないし国が存在し、そこに居住した氏が紀氏、そこに置かれた国造が紀国造だというように、国造を出す氏のウヂナや国造名は、既存の地名ないし国の名称にもとづくとみるのが一般的であろう。ところが、凡河内氏・凡河内国造の場合、そのようにはみなせない。河内国の存在は、凡河内氏・凡河内国造が成立する前提となるが、「凡河内」はこの氏・国造とともに成立した概念だと考えられるのである。なお、「凡河内」成立の前提となる河内国は、必ずしも行政単位とみたり、国造がいたとみたりする必要はない。『宋書』倭国伝に引用された倭王武の上表文には、東は五十五国、西は六十六国、海北は九十五国を征服したことが記されている。倭王武が宋に遣使した五世紀後半に国造制はまだ成立していなかったとみられるが、その前提となるクニの概念が存在したことを確認することができる。河内国もそのようなクニの一つであろう。クニの実態については不分明な点が多く、多様なあり方を想定し得るが、河内国の場合は大和からみた地勢上の位置にもとづいた、倭王権による地域呼称だとみられる点が留意される。倭王権は、生駒・金剛山地の西側に位置し、淀川の左岸に広がる地域―政治・生産・交通などに関するさまざまな拠点や王墓が形成され、倭王権を支える重要な基盤となった―を一体的にとらえ、河内国と呼んで把握していたものと考えられる。

「凡河内」が国造名やウヂナ以外であらわれない点から第二に導かれるのは、「凡河内」が明確な領域をともなっていないことである。河内国は「河内国草香邑」（『日本書紀』神武即位前紀戊午年三月丙子条）のように地名に冠せられたり、「五十瓊敷命を河内国に遣わして、高石池・茅渟池を作らしむ」（『日本書紀』垂仁三十五年九月条）というように、一定の面的な広がりをもつ土地を指す語として用いられたりしている。他方、「凡河内」にはそのような用例がなく、三嶋や志紀など凡河内氏が居住した地域であっても、そこ自体が「凡河内」だったというのは正確ではない。「凡河内」は、河内国と〈淀川右岸地域あるいは津国〉にまたがる概念であるものの、単純にそれを併せた地域の名称ではないのである。以上のように、凡河内氏・凡河内国造の成立前後にかかわらず、河内国と〈淀川右岸地域あるいは津国〉を併せた地域そのものが「凡河内」と呼ばれたわけではないと考えられる。むしろ「凡河内」とは、河内国と〈淀川右岸地域あるいは津国〉にまたがって居住・活動する氏・国造の名称として成立したと考えるべきである。ただし「凡河内」とは、単に凡河内氏の居住・活動地域を表現した語ではないだろう。須原祥二によると、地名にもとづくものも含め、「姓」は「仕奉」を体現するものであるという（須原、二〇〇三）。これを踏まえると、「凡河内」とは、河内国と〈淀川右岸地域あるいは津国〉にまたがっておこなわれる仕奉を体言する名辞だったといえる。そして、そのような仕奉をおこなう氏・国造が凡河内氏・凡河内国造だったのである。鎌田元一は、「クニ」はあくまで第一義的に人間の営為と結びついた概念であり、人間生活の投影された土地を意味する語であると指摘した（鎌田、一九八八）。「凡河内」は、まさに「人間の営為」に比重のある概念だといえよう。地名そのものではなく、氏・国造の仕奉を体現する語として成立した「凡河内」は、国造のクニの特質を端的に示しているのではないだろうか。

四 「凡河内」成立の指標

前節では、「凡河内」とは、河内国と〈淀川右岸地域あるいは津国〉にまたがっておこなわれる仕奉を体現する名辞であるとした。このような仕奉は、凡河内氏が、河内国と〈淀川右岸地域あるいは津国〉にまたがって居住・活動していることと密接な関係にある。史料によって凡河内氏の関与が知られる地域は、居住が確認される西摂地域・三嶋・志紀と、活動が確認される難波である。凡河内氏は、成立当初からこれらの地域で居住・活動していた可能性がある一方、成立後に居住・活動地域を拡大していった可能性も考慮しておく必要があろう。いずれにしても、これらの地域のうち、少なくとも河内国と〈淀川右岸地域あるいは津国〉のそれぞれ一箇所ずつ、計二箇所以上にわたって居住ないし活動するようになった段階をもって、「凡河内」と称される仕奉の成立、すなわち凡河内氏・凡河内国造成立の指標することができる。そこで、河内国と〈淀川右岸地域あるいは津国〉にまたがる凡河内氏の居住・活動地域の組み合わせとして、どのような可能性が想定できるか考えてみたい。

この作業をおこなうにあたって留意したいのは、津国の成立前後で河内国と〈河内ではない地域〉の範囲に変動があり、凡河内氏の関与する地域も、津国成立前後で属する国が変わることである。凡河内氏が関与する地域のうち、西摂地域や三嶋を含む淀川右岸地域は、もとより河内国には属していない。津国の成立以前、この地域がどのように呼ばれていたかは明らかでないが、川のむこうという意味で、「むこの国」と呼ばれたとみる説もある（直木、二〇〇二）。津国が成立すると、淀川右岸地域もその一部となる。また、志紀は一貫して河内国に属する。このように、津国の成立前後にかかわらず、淀川右岸地域は〈河内ではない地域〉、志紀は河内国に属しており、問題

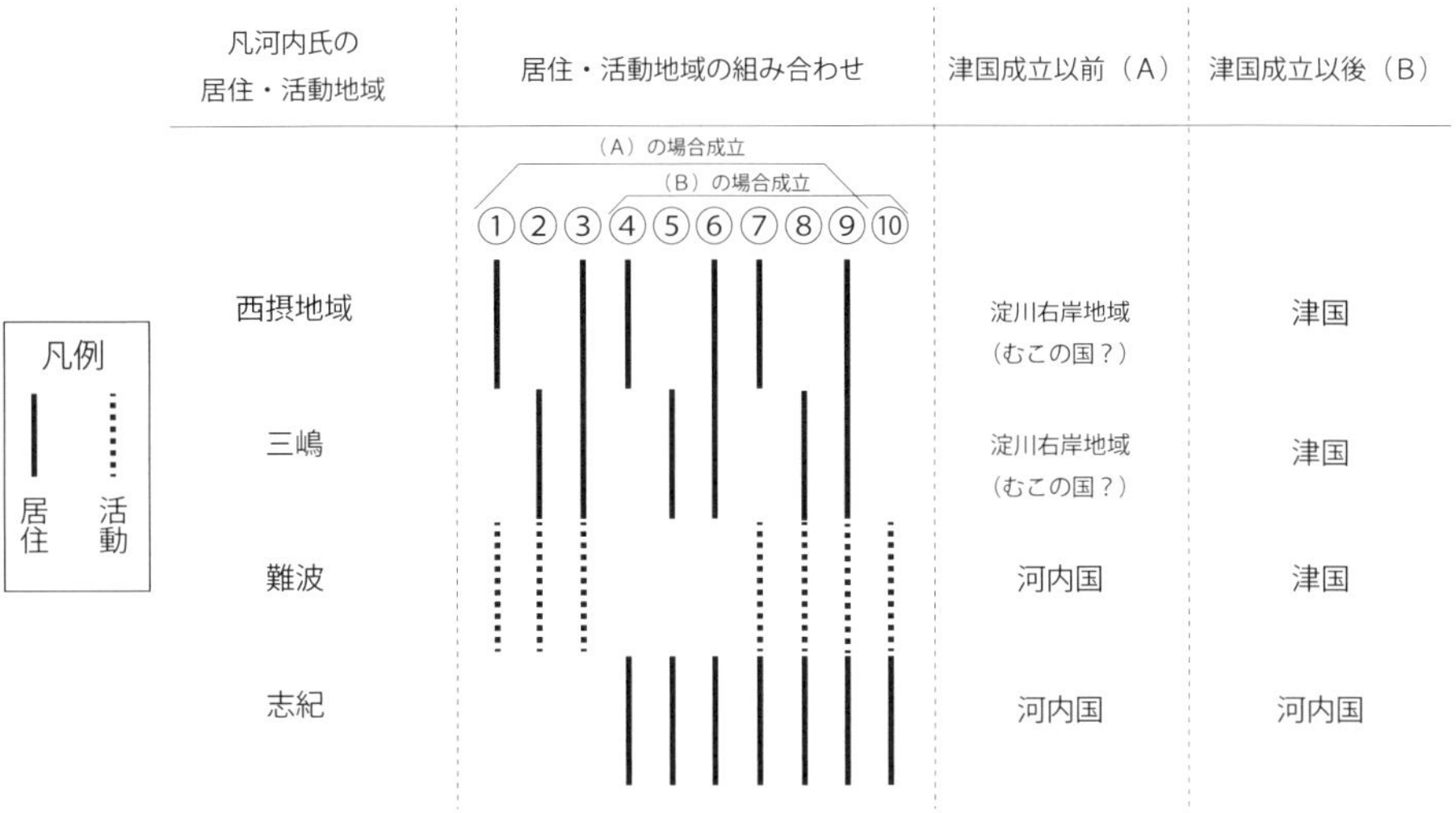

図2　河内国と〈淀川右岸地域あるいは津国〉にまたがる
凡河内氏の居住・活動地域の組み合わせ

はない。注意を要するのは難波である。難波は淀川の左岸に位置しており、もとは河内国の一部であったが、津国が成立すると、その中核的な位置を占めるようになる。難波が河内国あるいは津国のいずれに属するのかによって、河内国と〈淀川右岸地域あるいは津国〉にまたがる地域の組み合わせも変わってくるのである。

　これをうけ、津国成立前後でそれぞれ、河内国と〈淀川右岸地域あるいは津国〉にまたがる凡河内氏の居住・活動地域の組み合わせを考えたものが図2の①〜⑩である。なお、河内国のみ、あるいは〈淀川右岸地域あるいは津国〉のみとなる地域の組み合わせは除外してある。これによれば、（A）津国成立以前に、河内国と淀川右岸地域（むこの国？）にまたがる組み合わせとして成り立つのは、①西摂地域・難波、②三嶋・難波、③西摂地域・三嶋・難波、④西摂地域・志紀、⑤三嶋・志紀、⑥西摂地域・三嶋・志紀、⑦西摂地域・難波・志紀、⑧三嶋・難波・志紀、⑨西摂地域・三嶋・難波・志紀の九例である。また、（B）津国成立以後に、河内国と津国にまたがる組み合わせとして成り立つのは、④西摂地域・志紀、⑤三嶋・志紀、⑥西摂地域・三嶋・志紀、⑦西摂地域・難波・志紀、⑧三嶋・難波・志紀、⑨西摂地域・三嶋・難波・志紀、⑩難波・志紀の七例である。

図2をもとに、凡河内氏・凡河内国造成立の指標を考えてみたい。まず気がつくのは、④⑤⑥を除いて、凡河内氏の関与地域に難波が含まれる点である。一方、④⑤⑥は難波を含まないが、志紀が必ず含まれており、西摂地域あるいは三嶋と組み合わさる。西摂地域・三嶋・志紀に居住する凡河内氏が一つの氏（政治集団）であるならば、それぞれが個別に存在していたわけではなく、西摂地域―志紀、あるいは三嶋―志紀といった具合に、居住地間における交通が存在したと考えられる。このような交通は、まさに河内国と〈淀川右岸地域あるいは津国〉にまたがるものである。居住地間の交通がおこなわれる際、中継地点となるのが難波である。すなわち、西摂地域は大阪湾の北岸、三嶋は淀川の中流域に位置するが、ここから志紀に至るには、難波を経由する必要が生じるのである。したがって、④⑤⑥のような居住地域の組み合わせが成立していたならば、同時に難波における活動も措定することができよう。七世紀前半に、凡河内氏が難波で隋使・唐使の掌客・導者を務めているのも、西摂地域―志紀を結ぶ凡河内氏の交通を背景とするのではないだろうか（隋使は志紀を経由して大和へ向かったとみられる）。いずれにせよ、居住地域のみの組み合わせである④⑤⑥は、それに活動地域として難波を加えた⑦⑧⑨に収斂させて考える必要がある。このように考えると、残されるのはA①②③⑦⑧⑨あるいは、B⑦⑧⑨⑩の組み合わせとなり、河内国と〈淀川右岸地域あるいは津国〉の組み合わせには、必ず難波が含まれることになる。つまり、凡河内氏・凡河内国造の成立は、難波における活動を指標とすることができるのである。これを踏まえると、難波との関わりを切り口として、凡河内氏・凡河内国造がいかに成立したのかを明らかにすることができると考えられる。

さて、難波での活動が凡河内氏・凡河内国造成立の指標となることを指摘したが、さらに成立当初における関与地域の組み合わせを絞っていきたい。まず参考になるのは、河内国魂神社や「凡河内寺山」の存在などから、凡河内氏が本来は西摂地域を本拠地としていたとする指摘である（田中、一九五八。横田健一、一九五九。吉田、一九七三）。これに従えば、凡河内氏は、成立した当初から西摂地域に居住していたことになる。すると、凡河内氏・凡河内国造が成立した当初の関与地域の組み合わせは、西摂地域と難波を含むA①③⑦⑨あるいは、B⑦⑨に絞ることができる。

次に問題となるのは、凡河内氏・凡河内国造が成立当初から三嶋と志紀に居住していたかどうかである。ここで注目したいのは、三嶋や志紀と難波の地理的な関係性である。三嶋は淀川の流域、志紀は大和川の流域にあたり、いずれも難波堀江の開削により河内湖と大阪湾が接続したことによって、交通上の重要性が高まった地域である。すなわち、堀江が開削されれば、大阪湾から淀川・大和川を遡上して山背・大和方面へ向かうことが可能となるが、その際に経由することになるのが三嶋・志紀であった。そして、難波そのものも堀江の開削によって発展した地域である（日下雅義、一九九一）。このことからすると、難波での活動や三嶋・志紀における居住は、いずれも堀江の開削以後だった可能性が高い。しかも、凡河内氏が難波に居住していなかったことを勘案すると、三嶋・志紀に居住したことにともない、それらと西摂地域の間を交通するなかで、その中継地点である難波で活動するようになったのではないかとの予想が立てられる。このように、難波での活動と志紀・三嶋への居住を連動した現象だとみるならば、凡河内氏・凡河内国造が成立した当初の関与地域の組み合わせとしては、⑨が妥当だということになる。つまり凡河内氏・凡河内国造は、成立の当初から西摂地域・三嶋・志紀に居住し、難波で活動していた可能性が最も高いと思われるのである。

ここまで、津国成立前後両方の可能性を考慮して、凡河内氏・凡河内国造が成立した当初の関与地域について考察してきた。最後に、凡河内氏・凡河内国造の成立時期が津国の成立前後いずれかという問題に触れておきたい。換言すれば、「凡河内」に含意される〈河内ではない地域〉が、津国成立以前の淀川右岸地域なのか、あるいは津国なのかという問題である。

この問題を考えるにあたってまず手がかりとなるのは、凡河内氏の関与地域が、志紀を除くと全て後の摂津国の領域に相当する地域に偏在しているにもかかわらず、「凡津氏」「凡津国造」などとはならず、凡河内氏・凡河内国造に他ならない点である。このことは、凡河内氏・凡河内国造の仕奉の中心が、津国ではなく河内国にあったことを示唆する。凡河内氏が関与する地域のうち、西摂地域と三嶋は一貫して河内国に含まれない。ならば、凡河内氏・凡河内国造がおこなう仕奉の中心は、難波か志紀にあったのであろうか。仮に津国が成立していたとすれば、凡河内氏が関与する地域のうち、河内国に含まれるのは志紀だけということになる。吉田のように、「国造としての業務を行なうために、河内地方のもっとも重要な地域である志紀地方に定着」（吉田、一九七三）したと考えるならば、志紀での活動が凡河内氏・凡河内国造の仕奉の中核を占めていたと理解することができるかもしれない。しかし、凡河内国造が後の国司のように、志紀を拠点として河内国や津国（あるいは淀川右岸地域）を支配したとみることはできないであろう。詳細は別稿に譲るが、志紀における居住は、難波と大和方面を結ぶ大和川の河川交通を掌握することに主眼があったとみられ、志紀における活動自体が凡河内氏・凡河内国造による仕奉の中核を占めていたわけではないと思われる。同様に三嶋における居住も、難波と山背方面を結ぶ淀川の河川交通を掌握することに主眼があったではないだろうか。さらにいえば、大阪湾の北岸にあたる西摂地域も、瀬戸内海から難波へ至るルート上にあたる。凡河内氏の居住地域は、後の摂津国の領域に偏在しているものの、見方をかえれば、難波を中心として広がる水上交通ルート上に位置する地域をおさえているのである。そうであれば、凡河内氏・凡河内国造が成立した時点では、難波が河内国の一部であった、つまり津国が成立していなかったと考える方が理解しやすい。

もう一つ注目したいのは、摂津国兎原郡に河内国魂神社が所在したことである。淀川右岸地域は地勢上、河内国ではないにもかかわらず、祭祀の対象としては、河内国と一体の地と観念されていたのである。このことは、河内国魂神社の創建時ないしはその前提となる祭祀がおこなわれていた時点で、河内国と並立するような一個の祭祀圏たる津国がまだ成立していなかったことを示すのではなかろうか。津国成立以前の淀川右岸地域は、河内国に付随する地域と観念されていたのであり、凡河内氏・凡河内国造はその時期に成立したとみられるのである。

これらのことから、凡河内氏・凡河内国造が成立した当初、津国はまだ成立していなかったと考えられる。要するに、凡河内氏・凡河内国造は、津国成立以前に成立し、その当初から西摂地域・三嶋・志紀に居住し、難波で活動していた可能性（A⑨）が最も高いといえよう。換言すれば、津国成立以前において、西摂地域・三嶋・志紀に居住し、難波で活動する政治集団の成立をもって、凡河内氏・凡河内国造の成立とみることができそうである。なお、これを踏まえたうえで、「凡河内」とは何かという問題に立ち返るならば、それは「河内国と津国成立以前の淀川右岸地域にまたがっておこなわれる仕奉」を体現する名辞だということになる。

おわりに

本稿で論じた点をまとめると、次のようになる。

①「凡河内」は河内と同義ではなく、また五畿内の摂津・河内・和泉の三箇国を併せた地域の呼称でもない。それは、凡河内氏・凡河内国造とともに成立した概念であり、河内国と津国成立以前の淀川右岸地域にまたがっ

ておこなわれる仕奉を体現する名辞である。

②凡河内氏・凡河内国造の成立は、この集団が難波において活動するようになった段階を指標とすることができる。また、凡河内氏・凡河内国造は成立した当初から西摂地域・三嶋・志紀に居住し、難波で活動していた可能性が高い。

本稿で論じたように、「凡河内」が河内国と淀川右岸地域にまたがっておこなわれる仕奉だとするならば、支配領域とみなされることの多い国造のクニをめぐる問題に一石を投じることになろう。なお、「凡河内」と称される仕奉の具体的な内容や、凡河内氏が西摂地域・三嶋・志紀に居住した経緯、凡河内国造が成立した時期や意義など論じ残した点も多い。これらの問題は、凡河内氏・凡河内国造成立の指標となる難波での活動を切り口としてアプローチできると思われるが、今後の課題としたい。

参考文献

大津　透、一九八五「律令国家と畿内─古代国家の支配構造」(『律令国家支配構造の研究』岩波書店、一九九三年に所収)

大町　健、一九七九「律令制的国郡制の特質とその成立」(『日本古代の国家と在地首長制』校倉書房、一九八六年に所収)

鎌田元一、一九八八「日本古代の「クニ」」(『律令公民制の研究』塙書房、二〇〇一年に所収)

一九九五「律令制国名表記の成立」(『律令公民制の研究』前掲に所収)

日下雅義、一九九一「消費の場を復原する」(『地形からみた歴史』講談社、二〇一二年に所収)

鈴木正信、二〇〇三「額田国造の本拠地をめぐって」(『日本古代氏族系譜の基礎的研究』東京堂出版、二〇一二年に所収）」
須原祥二、二〇〇三「「仕奉」と姓」（『古代地方制度形成過程の研究』吉川弘文館、二〇一一年に所収）
田中　卓、一九五八「古代・河内国の範囲について―大河内氏の勢力圏―」（「凡河内氏と河内国」と改題して『田中卓著作集2　日本国家の成立と諸氏族』国書刊行会、一九八六年に所収）
直木孝次郎、一九七二「古事記の国名表記について」（『飛鳥奈良時代の研究』塙書房、一九七五年に所収）
二〇〇二「摂津国の成立」（『日本古代の氏族と国家』吉川弘文館、二〇〇五年に所収）
平野邦雄、一九七二「ヤマトの国号」（『史論』二五）
横田健一、一九五九「古文献にあらわれた西宮地方」（魚澄惣五郎編『西宮市史』一）
吉田　晶、一九七三「凡河内直氏と国造制」（『日本古代国家史論―国造制を中心として―』東京大学出版会）

4　墓制から見た出雲西部における横穴墓被葬者の階層性
―神門郡を中心に―

東　真江

はじめに

ヤマト政権はいくつかの段階を経て、日本列島内での全国支配の確立を成したと考えられている。その過程で各地の豪族がどのように王権の支配組織に組み込まれていったのか、各地の豪族の政治勢力を考古学の立場から検討することは重要な課題である。本稿では、楯縫郡、出雲郡、神門郡、飯石郡、仁多郡、大原郡といった出雲西部地域の中でも、神門郡における古墳時代後期から終末期にあたる六世紀から七世紀における墓制を検討し、古墳や横穴墓の分布と墳形、主体部、副葬品といった複数の要素から、被葬者の階層性を確認する。このことにより、当該地域における政治勢力のあり方を検討する際の一助としたい。

一　神門郡域の歴史環境の概要

1　神門郡古志郷とその周辺の状況

古代出雲の行政組織等の設置状況については、天平五（七三三）年に勘造された『出雲国風土記』（以下『風土記』とよぶ）により詳細に復元できる。この点について、本稿においては加藤義成編『出雲国風土記』の解釈によるものとする（加藤、一九六五）。

まず地域の環境を概観すると、神門郡は島根県東部、現在の出雲市から旧斐川町、旧平田市、旧大社町を除いた地域となり、斐伊川左岸の一部は出雲郡域、出雲市佐田町のうち須佐地区は飯石郡域、大田市山口町は神門郡域となっている。自然地形でみると、郡の北側は出雲大川（斐伊川）、日本海、神門水海に面する。南側は飯石郡である中国山地に接する。出雲国の中でも有数の沖積平野が広がる。神門郡は『風土記』によれば、朝山郷、日置郷、塩冶郷、八野郷、高岸郷、古志郷、滑狭郷、多伎郷の八郷、二十二里、余部一、駅家二、神戸一から成る郡である。郡の中に置かれた郷は五十戸により一郷にまとめられた人々が居住する範囲と考える。神門川の西岸で、神門水海から丘陵部にまたがる沖積平野を抱えるのが古志郷域であり、現在の出雲市古志町、下古志町、知井宮町北部付近の地域が比定される。神門郡の名の由来としては、『風土記』に、神門臣伊加曾然が神門を奉ったことにより神門と命名され、その後裔にあたる神門臣が居住するためとされている。これについて、内田律雄は古写本の記載により、神門氏の性格を『風土記』の「神門を貢（負）う」という表記について「神戸」を「負う」ものと解釈しているが（内田、二〇〇五）、ここでは従来通り「神門」すなわち「鳥居」を「貢る（造営した）」と考える。神門郡の郡司には、大領に神門臣、擬小領に刑部臣、主政に吉備部臣、主帳に刑部臣が任命されており、また、『新撰姓氏録』には、出雲国由来の氏として、出雲臣と神門臣が載せられており、また長屋王家木簡には「出雲国税使」として神門臣の名がみえるといったように、神門臣氏は中央とも関わりがある地方氏族だったと推測される（森公章、二〇〇〇）。

神門郡の郡家は古志郷内に置かれていたことが『風土記』の記載からわかり、現在、古志本郷遺跡がそれに比定されている。また、塩冶郷は出雲市塩冶地域北部、今市地域、大津町付近が比定されており、出雲国造の遠祖出雲臣振根が弟飯入根を殺害する止屋の淵（『日本書紀』崇神六十年七月条）の伝承地は大津町内に比定されている。日置郷は出雲市塩冶地域の西南部。賑給歴名帳では荏原里、桑市里、細田里の里（こざと）の属すことが記される。また、日置部の設置記事として、『風土記』に「日置伴部が遣わされて、宿停り政をした」との記載がある。

2　神門郡内における主要後期古墳

神門郡内の塩冶郷から日置郷にかけては、大型前方後円墳、円墳が密集する地域として知られている。この中で最大規模を誇るのが、今市大念寺古墳である（図1－1）。前方後円墳で全長約九二m、後円部の割石積横穴式石室は複室構造になっており、規模は全長一二・八m。前室には組合せ式石棺の基底部のみが残り、奥室の家型石棺は長さ三・三m、幅一・七m、高さ一・八九mを測る全国最大級である。この石室は江戸時代の大念寺拡張の際に開口し、多くの副葬品が出土している。主な副葬品として、金銅製履、装飾付大刀、金銅製馬具、鉄斧他が確認されている。さらに円筒埴輪が墳丘を装っている。古墳の年代は、六世紀中頃であると考えられている。

日置郷内に位置する上塩冶築山古墳（図1－3）は、近年発掘調査により円墳であると確認された。規模は直径約七七mを測る。主体部は切石積横穴式石室で全長一四・六mを測る。内部には、大小二基の家型石棺が置かれている。石室からは、金銅製冠、玉類などの装身具の他、円頭大刀、方頭大刀といった装飾付大刀、金銅製馬具、鉄鏃など豊富な副葬品が出土した。また、円筒埴輪、須恵器子持壺などが墳丘から出土した。古墳の時期は六世紀後半と考えられている。隣接して、後世に墳丘のほとんどが削平されていた築山古墳群が築かれており、円墳七基が確認されている。横穴式石室跡や墳丘内から、装飾付大刀、金銅製馬具、須恵器等が出土している。

現在住宅地の中に残されて墳形不明の上塩冶地蔵山古墳（図1－6）は、全長約八mの切石組積横穴式石室に、横口式家型石棺と箱型石床が納められている。石棺内には後世地蔵が祀られており、早くから開口していたことが窺える。副葬品不明だが、時期は七世紀前半であると推定されている。

三田谷古墳群（図1－5）は、馬木不動尊と出雲工業高校の間にある小さな谷戸に所在した古墳群で、後述する上塩冶横穴墓群の中にあり、谷合と東側丘陵部に横穴式石室を伴う五基が存在した。いずれも斐伊川放水路建設の為に消滅した。墳丘は一号墳が直径一四mの円墳で出土品は玉類と須恵器、二号墳が一辺約七mの方墳で出土品は須恵器、三号墳が五・五m×六mの方墳で裾部には外護列石が検出され、出土品は須恵器のみ。第四号墳は墳丘が確認されず副葬品は直刀、金環、須恵器、五号墳も墳丘は検出されず、出土品は金環、須恵器のみである。築造時期は、一、二号墳は六世紀末から七世紀初め、三号墳は七世紀中頃であると考えられる。

光明寺古墳群は、馬木不動尊の裏山に点在する四基から成る古墳群である。一号墳は丘陵中腹に位置し、墳丘は消滅し、横穴式石室の一部が残るのみである。築造時期は六世紀後半と考えられ、当古墳群中最も古い。二号墳は一号墳の上方に存在し、墳形は不明、小規模な横穴式石室が残存し、築造時期は地蔵山古墳と同じ頃と考えられる。

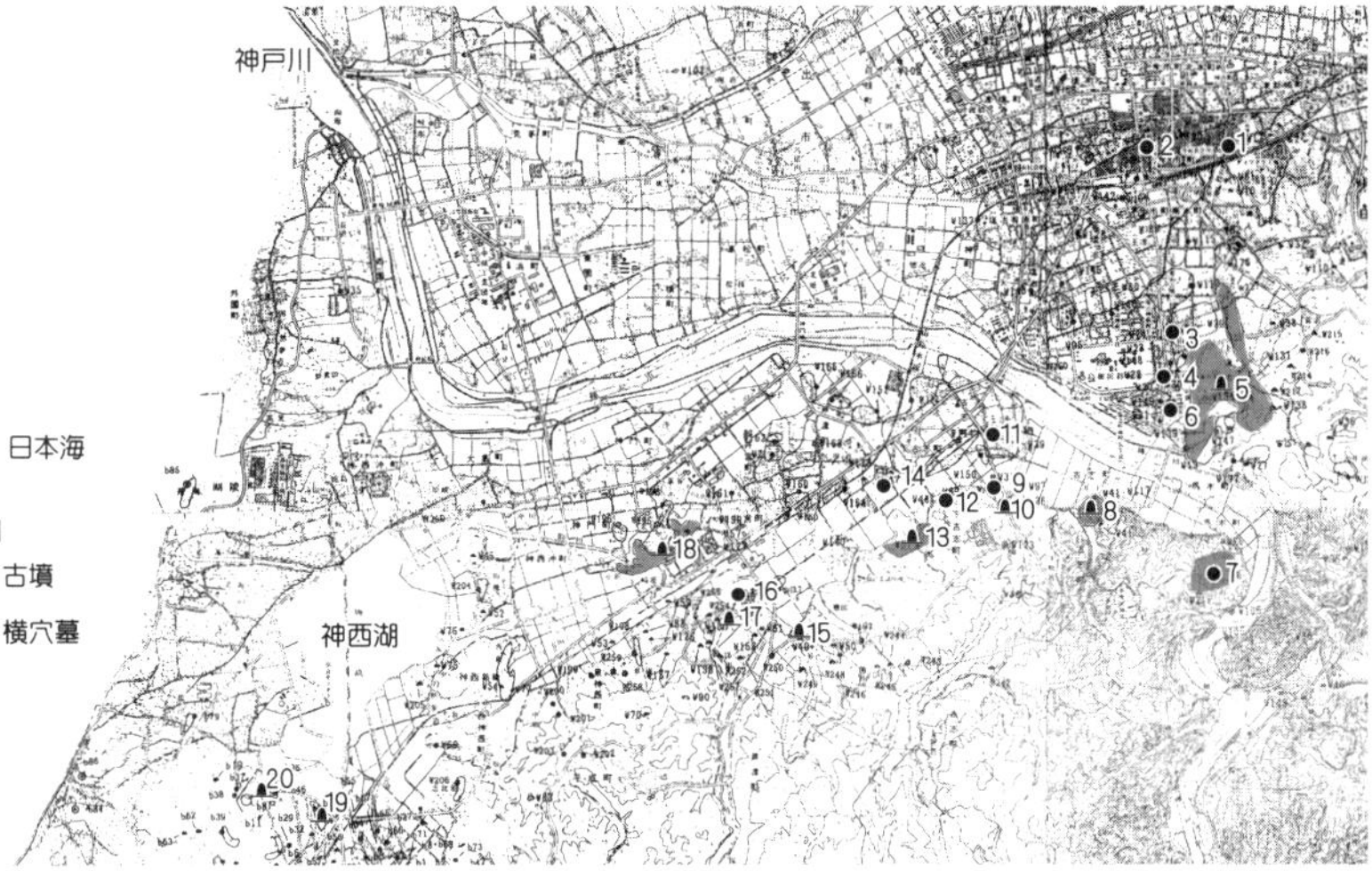

図１　神門郡周辺　古墳・横穴墓分布図
（『増補改訂島根県遺跡地図１』2003年を改変）

出土遺物は不明。三号墓は二号墳の上方に位置し、火葬骨が入る骨臓器を埋納した直径八m、高さ一mの葺石を伴う墳丘を持つ。副葬品はなく、奈良時代のものと考えられる。四号墳は一辺一〇m、高さ二mの墳丘の裾部に外護列石を伴う方墳である。切石積横穴式石室で、出土品に鉄釘もしくは鉄鏃と考えられる破片がある。築造時期は七世紀中頃と考えられている。

大井谷古墳（図１－５）は三田谷古墳群同様、上塩冶横穴墓群の中にある上塩冶大井谷に所在する小型方墳で一辺約五m×六mで墳丘裾部に外護列石を伴う。横穴式石室の一部が確認され、出土品に須恵器蓋坏などが出土した。築造年代は七世紀中頃である。

狐廻谷古墳（図１－５）は三田谷古墳と同様に上塩冶大井谷北側の尾根近くに築かれた小規模古墳で、墳丘形態、規模は不明であるが、横穴式石室の一部が確認された。出土遺物はなく、築造年代は不明である。

神門川を挟み、西岸に位置する古志郷内における主な古墳としては、まず丘陵部に築造された妙蓮寺山古墳（図

1－12）が挙げられる。全長約四九ｍの前方後円墳であり、主体部は後円部の割石積横穴式石室で、全長四・四ｍを測る両袖式横穴式石室である。内部に横口式家型石棺を納め、長さ四・四ｍ、幅一・九ｍ、高さ二・二ｍを測る。副葬品には、円頭大刀、金銅製馬具、鉄鏃、鉄斧、金銅製鈴釧、須恵器など多数出土した。墳丘には葺石は確認されていないが、円筒埴輪が出土している。時期は六世紀後半と考えられている。

また、同丘陵の東端部に放れ山古墳（図1－9）がある。円墳で直径約一三ｍ、主体部は切石積横穴式石室で内部に石床が三基確認されている。副葬品としては、装飾付大刀、直刀、馬具、須恵器等が出土した。時期は六世紀後半と考えられる。

出雲市馬木町に位置する刈山古墳群（図1－7）は、神門川と稗原川が合流し簸川平野に出て古志方面に向けて西流するのを眼下に見ることができる標高一〇〇ｍの丘陵に広範囲に広がる。この古墳群は、前方後円墳三基、方墳十基、円墳三十四基からなる九群四十九基以上と大規模であることが、近年の測量調査から知られている。多くは未発掘のため、内部構造や副葬品が判明しているものは少ない。群の構成は、A郡からF群の六群に分けられている。A支群は前方後円墳三基と方墳四基を含む円墳群が混在し、群中最も標高の高い山頂にある。B支群はA支群の北東下方の緩斜面から低台地上に分布し、前方後円墳と円墳から構成される。C支群はB支群の南側の小さな谷を隔てた丘陵に分布、D支群はB支群から北東に延びる支丘先端斜面に円墳のみで構成される。E支群は、B及びD支群の丘陵から谷を隔てた北西側の丘陵から斜面にかけて分布する。F支群は、E支群の東側支丘を一つ隔てた丘陵斜面に二基の方墳が双墓墳の形態をとり分布する。年代観としては、立地や分布状況から、AあるいはF支群において古墳群の築造が始まり、六世紀後半以降に、B、C、D、E支群においてほぼ同時期に造営が進み、七世紀中葉頃に終焉を迎えたと推定されている。過去に調査された四号墳は、B支群に含まれており、大正時代に発掘調査がなされたといわれ、横穴式石室が開口している。全長一二・八mの円墳で切石積の両袖型横穴式石室が長さ三・二mの規模で築造されている。組合せ式家型石棺が一基置かれ、副葬品としては、直刀、須恵器、土師器、銀環が出土した。古墳の時期としては、須恵器等の年代から六世紀後半から七世紀初頭に築造されたと考えられる。第五号墳は山寄せ型の円墳で墳丘規模は約一四mで基壇状テラスを伴う。主体部は横穴式石室に組合式家形石棺と石床が置かれる。副葬品には、銀装太刀、刀子二本、金環二個、須恵器坏蓋四個が石床から出土し、玄室奥部から辻金具二個、鉸具、帯先金具、鉄鏃四十〜五十本、須恵器蓋、玄室内攪乱土から銅釧、雲珠、玉類、羨道内攪乱土から金銅装太刀金具、砥石が出土している。第二八号墳、別名小坂古墳は島根県指定史跡であり、E支群に含まれ、墳丘が一辺約一五m、高さ三・五mの方墳と推測される山寄せの古墳で、周溝は未確認である。主体部は残存長五・四m、幅二・五mを測る切石積横穴式石室で出雲東部特有の出雲型石棺式石室の影響を強く受けるものである。石室内には長さ一・一二m、幅六一cm、中央部に直径二八cm、深さ二一cmの半球状の縁取り孔を穿つ長方形印籠造りの凝灰岩製石櫃の身が納められていたが、石櫃の蓋と身の孔に緑青の付着があることから銅製骨臓器が納められていたと推測できる。副葬品として、直刀、蕨手刀、須恵器、子持壺等が出土しており、六世紀末頃の築造と考えられる。石櫃と蕨手刀は八世紀前半から中葉に位置づけられる。

大梶古墳（図1‐11）は出雲市古志町に位置し、神門川の自然堤防上にあり、次の宝塚古墳と同様に周囲は水田地帯で墳丘は古くから削平され、現在天井石の一部が遺り、石室の下半は露出している。そのため墳形、規模ともに不明であるが、墳丘斜面に円筒埴輪を有したことが判明している。主体部は、凝灰岩製背管型石室である切石積横穴式石室で、規模は、長さ約六・六m、幅約一・八mを測る。床面は石床として敷石がされている。副葬品は金銅製耳環のみであり、円筒埴輪片が出土している。

宝塚古墳（図1-14）は、出雲市下古志町に位置する平地に築かれた古墳である。周囲は水田地帯で墳丘は現在天井石の一部が露出するまで削平され、墳形、規模ともに不明である。葺石は認められないが、円筒形埴輪片が墳丘や石室内で検出されている。主体部は長さ三・六m、幅二m、高さ二・五mの凝灰岩による片袖式切石積横穴式石室で、長さ二・三m、幅一・二mを測る刳り抜き横口式家型石棺が置かれている。副葬品は開口が古く不明である。古墳の時期は六世紀末から七世紀初頭と考えられる。

3　横穴墓の分布

神門郡内における横穴墓群は、上塩冶横穴墓群のような数基から数十基の支群が丘陵全体を覆う広範なものから、丘陵斜面に数基が築造されるもの、また古墳にすぐ隣接するものなど多様である（山陰横穴墓研究会、一九九七）。上塩冶横穴墓群（図1-5）は、出雲市上塩冶町に位置し、四十支群二三〇基以上が確認されている、島根県下最大、国内でも有数の数を誇る横穴墓群である。支群ごとに特徴は異なるが、大井谷を中心とした古手の支群はアーチ形天井を持つもので、谷の入口付近から谷奥へ向かって造墓されたと推測される。上塩冶横穴墓群では大半が四注式妻入形式の天井形式を呈し、初葬が六世紀後半以降である。支群の中には第三十一支群、三十二支群、四十支群のように家形石棺を納めるものや、副葬品に装飾付大刀や馬具、鉄斧をセットで副葬する首長墓の副葬品に引けを取らない第二十二支群のようなもの、ほかに金糸や、直刀、須恵器、玉類等を出土する支群もあり、様々な階層の被葬者を想定することができる。

放れ山横穴墓群（図1-10）は、神門川西岸の放れ山古墳と同一丘陵の斜面に築造された横穴墓群で、一九九三年の島根県遺跡地図では開口している三基が確認されており、そのうち一基が発掘調査されている。発掘調査された一号横穴墓は長さ一・八m、平面は長方形、天井部は、アーチ形を呈す。副葬品は須恵器蓋坏、坏身、甕片それぞれ一点、耳環一点、鉄釘四十一点が出土している。これらの鉄釘は木棺を利用した埋葬が複数回行われたことを示すと推測されている。年代としては、横穴墓の形態として七世紀初頭に出現するものであるが、副葬品である須恵器は出雲Ⅵ期であることから、概ね七世紀中葉のものと推測されている。

井上横穴墓群（図1‐8）は放れ山古墳と湯船川の谷を挟み東側の丘陵に位置する。A支群からF支群と名付けられた六支群二十四基以上の横穴墓群である。石床や組合式家型石棺を内蔵するものや、玄室形態が家型妻入形式のものが多く、比較的古手の横穴墓群として知られている。A支群には三基の横穴墓が属し、一号横穴から直刀と須恵器、二号横穴には石床と人骨が出土し、副葬品として𤭯、高坏、等の須恵器が出土した。三号横穴からは土師器と須恵器が出土している。B支群は二基の横穴墓が属し、一、二号横穴共に石床が検出され、須恵器が出土した。C支群には六基の横穴墓が属し、一、二、三、四、六号横穴に石床、五号横穴に組合式家型石棺が二基内蔵されていた。いずれも円天井を呈し、三号横穴は整正家形妻入形式で復室構造をもつ横穴墓である。いずれも副葬品は確認されていない。D支群には七基の横穴墓が属し、二、三、四号横穴は家形妻入形式を呈す。E支群には二基の横穴墓が属し、いずれも家形妻入形式を呈す。F支群には四基の横穴墓が属する。E、F支群はいずれも出土遺物は不明である。これらの横穴墓形態から、六世紀後半と出雲西部地域の中では比較的早い段階で築造された横穴墓群とされている。

神門横穴墓群（図1‐18）は、神門川西岸に位置し、南山からの丘陵が延び出した独立丘陵を成す真幸ヶ丘全体に所在する横穴墓群である。大正年間には福地寺墳穴として知られ、その後数度の調査がなされ、現在、真幸ヶ丘丘陵全体で十二支群、一二三基が確認されている。支群別に内容を見ていくと、第一支群（福地寺山横穴墓群）は真幸ヶ丘丘陵東北裾に所在し、十九基が確認され、この中に四つの小支群を形成する。家形石棺あり。第二支群（山本陽一郎宅裏横穴墓群）は丘陵真北に位置し、十基が確認され、五つの小支群を成す。第三支群（神田工業倉庫裏横穴墓群）は、八基が確認されており、比較的疎らな分布状況を呈する。第四支群（三成範夫宅裏横穴墓群）は五基を確認している。第五支群（東谷北横穴墓群）は現在一基が確認されている。第六支群（東谷横穴墓群）は九基、三小支群を成し、家形石棺を内蔵する。第七支群（マキチン坂横穴墓群）は五基から成る。第八支群（マキチン坂裏横穴墓群）は三基から成る。第九支群（梶谷徳次宅裏横穴墓群）は六小支群十九基から成る。第十支群（小浜山横穴墓群）は四十一基からなる大きな横穴墓群で、家形石棺を内蔵するものもある。第十一支群（小浜寺山横穴墓群）は二基が確認されている。第十二支群（真幸ヶ丘横穴墓群）は現在一基が確認されている。

これらの中で、第十支群（小浜山横穴墓群）のAからGの七支群では三十七基が発掘調査された。A支群は三基が確認され、A－三号横穴墓は平面形態正方形、天井形態アーチ形を呈し、七世紀後半に属す。B支群は五基確認され、B－一号横穴墓は平面形態正方形、天井形態アーチ形を呈し、B－二号横穴墓は平面形態正方形、天井形態切妻家形型を呈する。B－三号横穴墓は平面形態横長長方形、天井形態切妻家形型を呈し、石床を内蔵する。B－四号横穴墓は平面形態縦長長方形、天井形態切妻家形型を呈する。B－五号横穴墓は平面形態縦長長方形、天井形態アーチ形を呈する。C支群は五基確認されており、C－一～三、五号横穴墓はいずれも平面形態縦長長方形、天井形態アーチ形を呈し、C－三号横穴墓には須恵器床を内蔵する。C－四号横穴墓は平面形態正方形、天井形態アーチ形を呈する。副葬品としてC－二号横穴墓からは、鉄斧と刀子等が出土し、C－四号横穴墓からは鉄剣と刀子等が出土した。D支群は六基が確認され、いずれも平面形態縦長長方形、天井形態アーチ形を呈し、D－二号横穴墓には石床を内蔵する。副葬品としてはD－二号横穴墓から、大刀、刀子七点、鉄鏃二十三点が出土しており、比較的鉄製品が多い。また、D－六号横穴墓から鉄斧と鉄鏃、刀子が出土している。E支群は八基が確認され、概ね平面形態縦長長方形、天井形態アーチ形を呈し、E－三号横穴墓には石床、E－六・八号横穴墓には礫床を内蔵する。副葬品として、特筆すべきものはない。F支群は二基が確認されており、F－一号横穴墓は平面形態縦長長方形、天井形態アーチ形を呈し、F－二号横穴墓は平面形態正方形、天井形態アーチ形を呈する。G支群は六基の横穴墓群が確認され、平面形態縦長長方形が主となるが天井形態は不明なものも多い。特徴的な横穴墓として、G－六号横穴墓があげられる。組合式箱式石棺を内蔵し、金銅装の大刀が出土した。H、I、J支群は大半が未調査であり詳細が不明である。これらの状況から、神門横穴墓群の第十支群（小浜山横穴墓群）は七世紀初頭にC・E（下段）・G支群の築造が始まり、続いて七世紀前半にE（上段）・A・D・F支群、七世紀中葉までF・B支群の築造が続いたものと考えられる。

地蔵堂横穴墓群（図1－13）は神戸川西岸、南側丘陵の谷に築かれた横穴墓群で、二支群十三基確認されている。第一支群には、十基の横穴墓が確認されている。詳細がわかるものは、第四号横穴墓で、平面縦長長方形、天井家形で、二個の石床を内蔵する。第六号横穴墓は平面長方形、天井アーチ形を呈する。出土遺物は、一度地元で丘陵頂部に埋め戻されたものを、採集し、出雲市教育委員会、八雲立つ風土記の丘で保管している。須恵器は六世紀後半の蓋坏身であり、鉄器は直刀一振り、不明鉄製品一個である。第二支群一号横穴墓は平面縦長長方形、天井アーチ形を呈し、遺物は須恵器蓋坏、三組、𤭯、直口壺二点、勾玉、ガラス小玉等の玉類が出土した。このうち玄室の最も奥から出土した蓋坏の横には頭蓋骨があったことから、枕として使用された可能性が指摘されている。二号横穴墓は平面縦長長方形、天井アーチ形を呈し、須恵器蓋坏、須恵器床として使用された甕破片、水晶丸玉、ガラス小玉等の玉類が出土した、三号横穴墓は未完成と考えられ、平面長方形、天井平天井と考えられるが、埋葬跡がない。

深田谷横穴墓群（図1－15）は二基確認されており、一号横穴墓は、平面形態横長長方形、天井形態アーチ形を呈し、壁面に冠状の頭飾を付けた人物と、手に矢のようなものをもった人物が合計三人描かれており線刻横穴墓として古くから知られている。二号横穴墓は詳細不明である。

浅柄北古墳（図1－16・17）は出雲市知井宮町に所在し、出雲平野南麓の低丘陵上に立地する。尾根上に三基の墳丘が認められているが、三基の墳丘はいずれも横穴墓群の後背墳丘として利用され、八基の横穴墓が確認された。四号横穴墓を除く横穴墓群の上方には一号墳が、四号横穴墓の上方には墳丘二号墳が存在しており、墳丘三号墳の斜面にも確認されていないが、横穴墓の存在の可能性が推測される。一、二、三号墳ともに墳形、規模ともに不明である。一号墳は主体部に土器棺二基を持ち、墳丘裾部に石棺の残骸が認められることから、前期中葉頃に築造された古墳である。一号横穴墓は平面方形、アーチ形天井を呈し、遺物は発見されていない。二号横穴墓は崩壊が著しく平面形態、天井形態ともに不明である。七世紀中葉と考えられる須恵器蓋が出土している。三号横穴墓は平面縦長長方形、アーチ形天井を呈す。須恵器坏蓋が計七個出土しており、時期は七世紀前半と考えられる。四号横穴墓は平面縦長長方形、アーチ形天井を呈す。遺物は七世紀前半の須恵器坏蓋五点、耳環二点が出土している。五号横穴墓は平面形態縦長長方形、アーチ形天井を呈し、主体部に石床を納める。出土遺物は七世紀初頭の須恵器蓋坏四点と刀子二点である。六号横穴墓は遺存状態が悪く玄室奥壁のみ検出したが、平面縦長長方形、アーチ形天井を呈す。出土遺物は七世紀初頭の須恵器坏三点を検出した。七号横穴墓は平面縦長長方形、アーチ形天井を呈す。出土遺物は大刀一点、鐔一点、耳環二点、七世紀前半の須恵器蓋三点を検出した。八号横穴墓は平面縦長長方形、アーチ形天井を呈す。出土遺物は大刀一点、刀子二点、土師器碗二点、高坏二点を検出した。土師器の形態から七世紀初頭の築造と考えられる。

二　神門郡域内における横穴墓被葬者像

前項で神門郡域内の古墳と横穴墓の分布状況を概観したが、ここでは、当該地域で代表的な横穴墓群である上塩冶横穴墓群と神門横穴墓群の副葬品から被葬者像を比較検証するものとする。

表1・2に示したのは、上塩冶横穴墓群（表1）と神門横穴墓群（表2）の横穴墓の副葬品の一覧である。これらを種類別に次のように分類する。

a　金銅製装飾付武器・武具・馬具（装飾付大刀・金銅装馬具他）
b　実用武器・武具・馬具（直刀・鉄鏃・鉄製馬具他）
c　鉄製工具（鉄斧・刀子）・土器

aは金銅装などの特殊な遺物であり、bは軍事的色彩の強い非日常道具であり、cは日常道具である。さらに出土状況から、

Aタイプ　aを副葬するもの（a・b・cを副葬するものを含む）
Bタイプ　bを副葬するもの（bとcを副葬するものを含む）
Cタイプ　cのみを副葬するもの

として分けることができる。

上塩冶横穴墓群は先に概観したように、南北約一・五km、東西約八〇〇mの範囲で四十支群二三〇基が確認され

ている。組合せ式家形石棺、石床を納めるのは、第二十二支群一号、二号横穴墓、第三十一支群一号横穴墓、第三十二支群一号横穴墓に二基、六号横穴墓に一基、第三十三支群六号、七号、八号横穴墓、第四十支群七号、十三号、二十七号、二十八号、三十三号横穴墓である。これらのうち、Aタイプである金銅装大刀を副葬品に持つのは、第二十二支群一号、二号、第三十三支群一号横穴墓である。さらに馬具や鉄斧を副葬するものに、第二十二支群一号横穴墓を挙げることが出来る。石棺などの埋葬施設を伴わない横穴墓からも装飾大刀が出土しており、第八号支群一号、第二十三支群七号横穴墓からは金銅装太刀、第三十三支群一号横穴墓には装飾大刀と併せて鉄斧、第三十六支群一号横穴墓には銀装太刀が副葬されていた。また、第四十支群二十六号横穴墓では金銅装馬具、大刀、玉類が副葬されており、Aタイプは合計九基確認されている。次にBタイプとして、第六号支群四号横穴墓からは直刀や鉄鏃といった武器、武具が出土している。武器と馬具のセットで副葬されているのは第二十二支群九号横穴墓、第四十支群二十五号、二十七号横穴墓である。その他にも、直刀、馬具のいずれかを副葬するものがあり、Bタイプは合計十五基ほど確認されている。Cタイプとして、鉄斧を副葬するものがあり、他に須恵器のみを出土する横穴墓が多数ある。

神門横穴墓群は、十二支群一二三基が確認されている。未調査であったり、すでに開口し不明な部分が多いため、副葬品も多くはない。これらの中に、家型石棺を伴う横穴墓は第一支群一号横穴墓、第六支群五号横穴墓、第十支群H－一号横穴墓の三基が挙げられる。Aタイプとして組合式箱式石棺に装飾付大刀が副葬されるものとして、第十支群G－六号横穴墓が挙げられる。Bタイプとして直刀が副葬されている第十支群D－二号横穴墓、鉄剣が副葬されていた第十支群C－四号横穴墓が挙げられる。Cタイプとして鉄斧、刀子などの鉄製品が副葬された第十支群C－二号横穴墓、第十支群D－六号横穴墓が挙げられる。その他須恵器のみが出土している横穴墓も確認されている。

以上、上塩冶横穴墓群、神門横穴墓群ともにタイプA・B・Cを確認することが出来たが、上塩冶横穴墓群内にはAタイプの横穴墓が六基確認されているのに対し、神門横穴墓群には一基のみである。Bタイプは上塩冶横穴墓群には十三基あるのに対し、神門横穴墓群には二基である。上塩冶横穴墓群、神門横穴墓群ともに多層の被葬者階層を包含しているといえるが、上塩冶横穴墓群の方が副葬品の量の差が大きく、階層性がより明確なのに対し、神門横穴墓群では、全体的に副葬品が少なく、階層性は認められるものの、それぞれの階層差は小さいということが確認できた。

以前筆者は、島根県東部安来地域の横穴について検討し、農・工具と土器類のみが副葬されるCタイプを一般的な階層、実用的な武器や武具を副葬するBタイプを支配者層、装飾付大刀や金銅製馬具などの威信財を保有するAタイプを「Bタイプの更に上位にある層」と位置づけた。また後背墳丘や石棺の在り方から、A・BタイプとCタイプの間には格差が認められるが、AタイプとBタイプの階層差は後背墳丘・石棺保有には反映されないことを確認した（図2）（東、二〇〇九）。今回、検討した上塩冶横穴墓群と神門横穴墓群においては、後背墳丘の存在は明確ではなく、神門横穴墓群については早くから開口していたものが多く、石棺を納める横穴墓と各タイプの横穴墓の関係は不明である。

神門郡域内の古墳時代後期の墓制を概観すると、大型の前方後円墳、円墳、横穴墓があり、そこに墓制の違いや、規模や副葬品の差が認められる。

出雲西部地域の古墳の首長系譜を確認すると（図2）、六世紀半ば、今市大念寺古墳が最高首長として築かれ、次いで出雲西部ナンバー2として妙蓮寺山古墳といった前方後円墳が築造される。その後、大型円墳である上塩冶

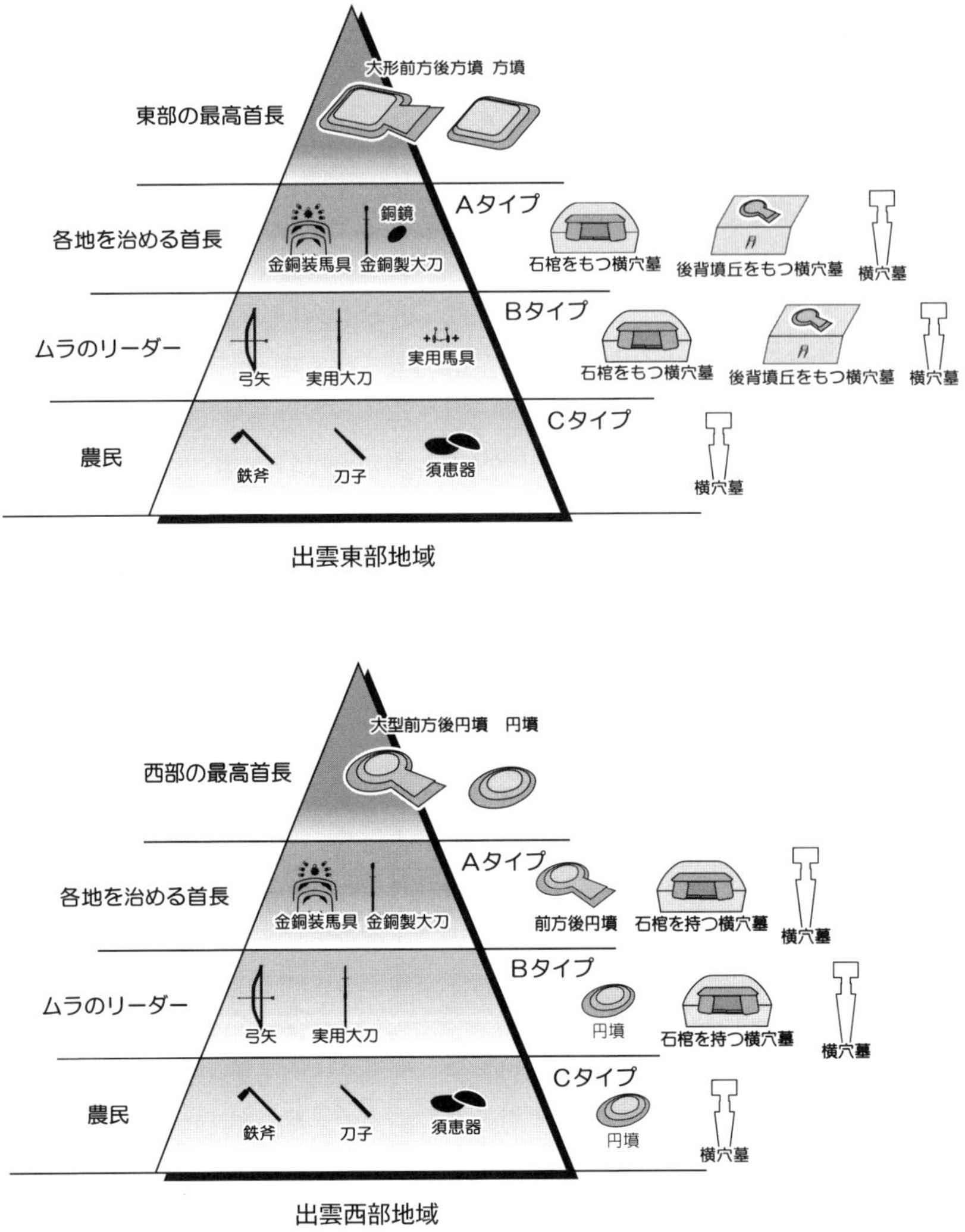

図2　出雲における墓制にみられる階層性

築山古墳、地蔵山古墳が最高首長系譜として、継承していく。またナンバー2である妙蓮寺山古墳を円墳である放れ山古墳、宝塚古墳、梶山古墳が継いだものと考えられている。これらの古墳はいずれも出雲平野部を中心とする神門郡内に分布する。同時に、丘陵部には刈山古墳群のように、中期から継続する群集墳が築造されている。後期に築造された古墳には、横穴式石室に家形石棺を納めるものがあり、同時期に築造された古墳群内での階層差として捉えることが可能であるが、周辺の横穴墓群にも同様に家形石棺を納めるものや、威信財に位置づけられる金銅装太刀などを納めるものがある。上塩冶横穴墓群や神門横穴墓群は多くの支群から成る横穴墓群であり、各支群内の中心となるような横穴墓に石棺や石床、威信財が副葬されることから横穴墓群内での階層差が比較的大きなものと捉えられる。こうした横穴墓と古墳との階層差を比べてみると、古墳被葬者は、神門郡全域に及ぶような大首長から中小首長まで幅広い階層に位置づけられるが、横穴墓被葬者は、中小首長として位置づけられる。しかし中小首長墓と考えられる古墳と横穴墓の差は、主体部や副葬品からは明確な違いは認められない。

おわりに

島根県内の考古学を牽引した山本清は、かつて「横穴墓被葬者の地位を推測するのに、一郷といった限られた地域について見るのも、漠然と広域について見るより便利と思う。」とし、島根郡山口郷を例に郷内人口と横穴墓群の被葬者数を比べ、「横穴は石室墳などに比して大抵は副葬品の貧弱な例が多いことから、その被葬者は下層の地域住民との印象を与えがちだが、（中略）むしろ一郷程度の地域住民の中でも「上流」ないし「中流以上」ということになりそうだが如何であろう」と述べている（山本、一九八四）。今回検討した神戸川西岸についても、古墳群と横穴墓群の階層性については、六世紀前半の首長墓を除くと、山本の指摘の通り横穴墓群には「上流」「中流」の階層が含まれ、大きな差が認めらないことが改めて確認された。六世紀後半から七世紀中葉、のちに神門臣とよばれる一族は、出雲平野を中心とした開発に従事し、古墳や横穴墓の被葬者として、大首長から中小首長まで様々な階層をもつ一族であったと推測できる（島根県古代文化センター、二〇一五）。

本稿をまとめるにあたり、松本岩雄氏、坂本豊治氏より貴重なご教示を賜った。また、内田律雄氏、中瀬亮太郎氏には図表等の作成に当たり大変お手を煩わせた。記して深く感謝を申し上げる次第である。

参考文献

東　真江、二〇〇九「安来地域における横穴墓被葬者の階層性について」（『出雲古代史研究』一七）
内田律雄、二〇〇五「『出雲国風土記』の社について（二）―杵築大社と神門臣―」（『出雲古代史研究』一五）
加藤義成、一九六五『出雲国風土記』（報光社）
山陰横穴墓研究会、一九九七『第七回山陰横穴調査検討会　出雲の横穴基―その型式・変遷・地域性―』
島根県古代文化センター、二〇一五『前方後方墳と東西出雲の成立に関する研究』（島根県古代文化センター研究論集第十四集）
森　公章、二〇〇〇『長屋王家木簡の基礎的研究』（吉川弘文館）
山本　清、一九八四「横穴被葬者の地位をめぐって」（『島根考古学会誌』一）

※各遺跡の調査報告書等は紙面の関係上割愛させていただいた。

表1　上塩冶横穴墓群副葬品

名称	主体部	装飾太刀	金銅製馬具	金銅製品	直刀	鉄製馬具	鉄斧	刀子	鉄鏃	不明鉄製品	鉄製品	耳環	釧	玉まとめ	土師器	須恵器	子持壺	備考
第一支群	家形妻入																	
第二支群																		
第三支群	家形妻入																	
第四支群																		
第五支群																		
第六支群	家形妻入				1				1		1				1	1		鉄釘
第七支群一号墓	正方形・丸天井																	中近世陶器
第七支群二号墓	縦長長方形・丸天井			1												4		
第七支群三号墓	横長長方形・家形																	
第七支群四号墓	方形																	
第八支群一号墓	天井形?、平面方形状																	
第八支群二号墓	天井形?、平面方形状				2							2				7		
第八支群三号墓	家形	2			2			3								2	1	
第八支群四号墓																		
第八支群五号墓	不明															3		
第八支群六号墓	不明															1		
第八支群七号墓	不明															1		
第九支群	家形妻入																	
第十支群	平天井																	
第十一支群																		
第十二支群一号墓	台形・丸天井															2		
第十二支群二号墓	方形・?															4		
第十二支群四号墓	徳利形・アーチ形																	
第十三支群	アーチ形																	
第十四支群	アーチ形、ドーム形、家形妻入																	
第十五支群	アーチ形・家形妻入																	
第十六支群	家形妻入																	
第十七支群一号墓	正方形															3		
第十七支群二号墓	正方形																	
第十七支群三号墓	半円状																	
第十七支群四号墓	U字状																	
第十七支群五号墓	妻入家形（アーチ形に近い）																	
第十七支群六号墓	正方形																	

名称	主体部	装飾太刀	金銅製馬具	金銅製品	直刀	鉄製馬具	鉄斧	刀子	鉄鏃	不明鉄製品	鉄製品	耳環	釧	玉まとめ	土師器	須恵器	子持壺	備考
第十七支群七号墓	横長長方形、家形妻入																	
第十七支群八号墓	横長長方形、家形妻入											2						
第十七支群九号墓									1							5		
第十七支群十号墓	縦長長方形、妻入家形																	
第十七支群十一号墓	家形妻入																	
第十七支群十二号墓	アーチ形																	
第十七支群十三号墓	家形妻入														1			
第十七支群十四号墓	家形妻入														1	2		須恵器は遺構外から出土
第十八支群一号墓	正方形															13		
第十八支群二号墓	?													1		4		
第十九支群一号墓	平面形									2						3		
第十九支群二号墓	屋根形			2											2	5		
第十九支群三号墓	かまぼこ形										11					5		
第十九支群四号墓	丸天井／平天井															1		
第二十支群一号墓	四注式平入り形状				1											2		
第二十支群二号墓	妻入り形状			1												6		
第二十支群三号墓	四注式妻入り形状															1		
第二十支群四号墓	四注式平入り形状															4		
第二十支群五号墓	四注式平入り形状															5		
第二十一支群一号墓	四注式妻入り形状								13							27		一・二号墓前庭からの出土は一号墓側に記録
第二十一支群二号墓	四注式妻入り形状															3		
第二十一支群三号墓	四注式妻入り形状				5											19		
第二十一支群四号墓	四注式妻入り形状				2				4							6		
第二十一支群五号墓	四注式妻入り形状								1							22		
第二十一支群六号墓	四注式妻入り形状										1					3		
第二十一支群七号墓	四注式妻入り形状															2		砥石1
第二十一支群八号墓	四注式妻入り形状															1		
第二十一支群九号墓	四注式妻入り形状															1		
第二十一支群十号墓	四注式妻入り形状			1												4		
第二十二支群	家形妻入																	
第二十二支群一号墓	縦長長方形・丸天井・石床	1			1				1		1				1	1		釘・金銅装太刀
第二十二支群二号墓	縦長長方形・家形・石床	1							5			1				12		
第二十二支群三号墓	縦長長方形・家形妻入				1				5			1				17		
第二十二支群四号墓	台形・家形妻入								1		2	1				5		

第二十二支群五号墓	縦長長方形・家形妻入								9		1	1				7		
第二十二支群六号墓	台形・家形妻入											1				4		
第二十二支群七号墓	台形・家形妻入				1				5		1	1			1	11		
第二十二支群八号墓	整正家形妻入								1			1			1	14		
第二十二支群九号墓	横長長方形・家形妻入			3	1						17	6		3	1	3		金糸・金輪
第二十二支群十号墓	方形・家形妻入・屍床			1														
第二十二支群十一号墓	方形・家形妻入			1												2		
第二十二支群十二号墓	方形・家形妻入				1	1				1								
第二十二支群十三号墓	方形・家形妻入										2							
第二十二支群十四号墓	方形・丸天井					2		1		1	1					3		
第二十二支群十五号墓	方形・家形妻入					1			1							2		
第二十二支群十六号墓	方形・家形妻入								2						1	35		
第二十二支群十七号墓	台形・アーチ形				1				4		1					4		
第二十二支群十八号墓	横長長方形・家形平入・屍床										16					10		釘
第二十二支群十九号墓	縦長台形・？						1	1	1	1						4		刀子
第二十二支群二十号墓																		
第二十二支群二十一号墓	縦長長方形・アーチ形															4		
第二十三支群一号墓	横長長方形・丸天井				2			1	25		2	1				9		
第二十三支群二号墓	方形・家形妻入			1					4		1				1	4		
第二十三支群三号墓	縦長長方形・丸天井														1	9		
第二十三支群四号墓	方形・家形妻入				1				2		1					4		
第二十三支群五号墓	方形・家形妻入・屍床			1	2	1	1	1	1		1	1		1		7		銅碗
第二十三支群六号墓	方形・丸天井				2				1	1				1		1		
第二十三支群七号墓	方形・丸天井	1				1				1				182	1	3		銀装太刀
第二十四支群	家形妻入																	
第二十五支群	家形妻入																	
第二十六支群	家形妻入																	
第二十七支群	アーチ形・家形妻入																	
第二十八支群一号墓	正方形							1			30					10		
第二十八支群二号墓	正方形										24					1		
第二十九支群																		
第三十支群																		
第三十一支群	家形妻入・家型石棺																	
第三十二支群	アーチ形・家形妻入																	
第三十三支群	アーチ形・家形妻入																	
第三十三支群一号墓	妻入家形	1					1		1			1						金銅装太刀

名称	主体部	装飾太刀	金銅製馬具	金銅製品	直刀	鉄製馬具	鉄斧	刀子	鉄鏃	不明鉄製品	鉄製品	耳環	釧	玉まとめ	土師器	須恵器	子持壺	備考
第三十三支群二号墓	アーチ形						2	1	2		1					1		
第三十三支群三号墓	縦長長方形・丸天井										11					5		釘
第三十三支群四号墓	縦長長方形・丸天井										1					11		釘
第三十三支群五号墓	縦長長方形・丸天井											2				6		
第三十三支群六号墓	縦長長方形・丸天井・家形石棺				1		1		5		5			1		16		
第三十三支群七号墓	横長長方形・アーチ形・組合家形石棺				1		1				1	1			5	32		鑿
第三十三支群八号墓	縦長長方形・丸天井・石床							1			1					6		
第三十四支群	アーチ形・家形妻入																	
第三十五支群	整正家形妻入										1	3			1	7		
第三十六支群一号墓	縦長長方形・ドーム形	1							3		1					29		鉄製紡錘車
第三十六支群二号墓	整正家形平入				1											9		
第三十六支群三号墓	縦長長方形・ドーム形					1					1					14		
第三十七支群一号墓	方形・丸天井										11							鉄滓
第三十八支群一号墓	寄棟式妻入														1	6		
第三十八支群二号墓																		
第三十八支群三号墓																		
第三十九支群一号墓	アーチ形															3		
第三十九支群二号墓	アーチ形				1											4		二号墓・三号墓のどちらから出土した遺物かは不明
第三十九支群三号墓	アーチ形																	
第四十支群第一号墓	縦長長方形・アーチ形				1	1			1	1		2				8		
第四十支群第二号墓	縦長長方形・アーチ形														1	3		
第四十支群第三号墓	造墓途中と推定															1		
第四十支群第四号墓	正方形・家形方形															12		
第四十支群第五号墓	縦長長方形・アーチ形											1				4		
第四十支群第六号墓	縦長長方形・アーチ形											1				4		
第四十支群第七号墓	縦長長方形・アーチ形・石製棺台											2				19		
第四十支群第八号墓	縦長長方形・平天井															8		
第四十支群第九号墓	縦長長方形・？														1	17		
第四十支群第十号墓	正方形・アーチ型天井											4				7		
第四十支群第十一号墓	正方形・アーチ型天井															3		
第四十支群第十二号墓	正方形・家形天井				1											1		
第四十支群第十三号墓	正方形・家形天井・石製棺台？									1		1				13		
第四十支群第十四号墓	縦長長方形・アーチ形																	
第四十支群第十五号墓	正方形・家形天井															4		

第四十支群第十六号墓	正方形・家形天井															7			
第四十支群第十七号墓	縦長長方形・アーチ形																		
第四十支群第十八号墓	縦長長方形・？															6			
第四十支群第十九号墓	？																		
第四十支群第二十号墓	縦長長方形・アーチ形・礫床、須恵器床										2					10			
第四十支群第二十一号墓	正方形・アーチ形・礫床						1				1								
第四十支群第二十二号墓	縦長長方形・アーチ形・屍床、礫床															9			
第四十支群第二十三号墓	縦長長方形・アーチ形						1				1					3			
第四十支群第二十四号墓	縦長長方形・アーチ形						1				2					4			
第四十支群第二十五号墓	縦長長方形・アーチ形			1	1											3			
第四十支群第二十六号墓	縦長長方形・アーチ形		8	1		1	2				1		34	2		15			
第四十支群第二十七号墓	縦長長方形・アーチ形・木蓋組合式石棺				1			1			2					7			
第四十支群第二十八号墓	縦長長方形・アーチ形・屍床、石柱（玄室棚状刳込）										3					6			
第四十支群第二十九号墓	縦長長方形・アーチ形・屍床、石柱（玄室棚状刳込）・石製棺台															8			
第四十支群第三十号墓	縦長長方形・アーチ形・屍床？															11			
第四十支群第三十一号墓	縦長長方形・アーチ形・屍床、石柱													1		9			
第四十支群第三十二号墓	正方形？・アーチ形						1									6			
第四十支群第三十三号墓	縦長長方形・アーチ形・刳抜式小型家形石棺							3								8			
第四十支群第三十四号墓	縦長長方形・アーチ形・石製棺台															6			

表2　神門横穴墓群副葬品

名称	主体部	装飾太刀	金銅製馬具	金銅製品	直刀	鉄製馬具	鉄斧	刀子	鉄鏃	不明鉄製品	鉄製品	耳環	釧	玉まとめ	土師器	須恵器	子持壺	備考
第一支群（福知寺山）一号墓	切妻家形・石棺																	
第一支群（福知寺山）二号墓																		
第一支群（福知寺山）三号墓																		
第一支群（福知寺山）四号墓																		
第一支群（福知寺山）五号墓	正方形・切妻家形																	
第一支群（福知寺山）六号墓	縦長長方形（無袖）・アーチ形																	
第一支群（福知寺山）七号墓	家形																	
第一支群（福知寺山）八号墓	横長長方形？																	
第一支群（福知寺山）九号墓	縦長長方形（両袖短い）・アーチ形																	
第一支群（福知寺山）十号墓	切妻家形																	
第一支群（福知寺山）十一号墓	縦長長方形・アーチ形																	
第一支群（福知寺山）十二号墓	家形																	
第一支群（福知寺山）十三号墓	縦長長方形（両袖短い）・アーチ形																	
第一支群（福知寺山）十四号墓	縦長長方形（両袖短い）・アーチ形																	
第一支群（福知寺山）十五号墓	縦長長方形（右袖不明瞭）・アーチ形																	
第一支群（福知寺山）十六号墓																		
第一支群（福知寺山）十七号墓	家形？																	
第一支群（福知寺山）十八号墓																		
第一支群（福知寺山）十九号墓																		
第二支群（山本陽一郎宅裏）一号墓	縦長長方形（両袖短い）・アーチ形																	
第二支群（山本陽一郎宅裏）二号墓	横長長方形？・アーチ形																	
第二支群（山本陽一郎宅裏）三号墓	正方形・切妻家形・石床																	
第二支群（山本陽一郎宅裏）四号墓	縦長長方形・アーチ形																	
第二支群（山本陽一郎宅裏）五号墓	縦長長方形（両袖短い）・アーチ形																	
第二支群（山本陽一郎宅裏）六号墓	アーチ形																	
第二支群（山本陽一郎宅裏）七号墓	縦長長方形（両袖短い）・アーチ形																	
第二支群（山本陽一郎宅裏）八号墓																		
第二支群（山本陽一郎宅裏）九号墓	縦長長方形（両袖短い）・アーチ形																	
第二支群（山本陽一郎宅裏）十号墓																		
第三支群（神田工業倉庫裏）一号墓																		
第三支群（神田工業倉庫裏）二号墓	縦長長方形・アーチ形																	
第三支群（神田工業倉庫裏）三・四号墓																		
第三支群（神田工業倉庫裏）五号墓	アーチ形																	

第三支群（神田工業倉庫裏）六号墓																		
第三支群（神田工業倉庫裏）七号墓	アーチ形																	
第三支群（神田工業倉庫裏）八号墓																		
第四支群（三成範夫宅裏）一号墓	縦長長方形・アーチ形															1		
第四支群（三成範夫宅裏）二～五号墓																		
第五支群（東谷北）一号墓	縦長長方形・アーチ形																	
第六支群（東谷）一号墓																		
第六支群（東谷）二号墓	縦長長方形・アーチ形・石床？																	
第六支群（東谷）三号墓	正方形・切妻家形																	
第六支群（東谷）四号墓	縦長長方形・アーチ形																	
第六支群（東谷）五号墓	縦長長方形・切妻家形・石棺																	
第六支群（東谷）六号墓	縦長長方形（左袖短い）・アーチ形																	
第六支群（東谷）七号墓	縦長長方形・アーチ形																	
第六支群（東谷）八号墓	正方形・寄棟家形																	
第六支群（東谷）九号墓	正方形・アーチ形・石床																	
第七支群（マキチン坂）一号墓	横長長方形・アーチ形																	
第七支群（マキチン坂）二号墓	縦長方形・アーチ形																	
第七支群（マキチン坂）三号墓	正方形・アーチ形																	
第七支群（マキチン坂）四号墓	縦長方形・アーチ形																	
第七支群（マキチン坂）五号墓	アーチ形																	
第八支群（マキチン坂裏）一号墓	横長長方形・切妻家形											1						
第八支群（マキチン坂裏）二号墓	正方形・アーチ形																	
第八支群（マキチン坂裏）三号墓																		
第九支群（梶谷徳次宅裏）一号墓																		
第九支群（梶谷徳次宅裏）二号墓	縦長方形・アーチ形																	
第九支群（梶谷徳次宅裏）三号墓	歪な縦長方形・アーチ形																	
第九支群（梶谷徳次宅裏）四号墓	横長長方形・アーチ形																	
第九支群（梶谷徳次宅裏）五号墓	縦長長方形・アーチ形																	
第九支群（梶谷徳次宅裏）六号墓	縦長長方形（左袖無）・アーチ形																	
第九支群（梶谷徳次宅裏）七号墓	縦長長方形（正方形に近い）・アーチ形																	
第九支群（梶谷徳次宅裏）八号墓	縦長長方形・アーチ形																	
第九支群（梶谷徳次宅裏）九号墓	縦長長方形（無袖）・アーチ形																	
第九支群（梶谷徳次宅裏）十号墓																		
第九支群（梶谷徳次宅裏）十一号墓	縦長長方形・アーチ形																	
第九支群（梶谷徳次宅裏）十二号墓	正方形（左袖短い）・切妻家形																	
第九支群（梶谷徳次宅裏）十三号墓	縦長長方形（両袖短い）・アーチ形																	

名称	主体部	装飾太刀	金銅製馬具	金銅製品	直刀	鉄製馬具	鉄斧	刀子	鉄鏃	不明鉄製品	鉄製品	耳環	釧	玉まとめ	土師器	須恵器	子持壺	備考
第九支群（梶谷徳次宅裏）十四号墓	縦長方形（左袖無）・アーチ形																	
第九支群（梶谷徳次宅裏）十五号墓	縦長方形（両袖短い）・アーチ形																	
第九支群（梶谷徳次宅裏）十六号墓	縦長方形・アーチ形																	
第九支群（梶谷徳次宅裏）十七号墓																		
第九支群（梶谷徳次宅裏）十八号墓																		
第九支群（梶谷徳次宅裏）十九号墓	縦長方形・切妻家形																	
第十支群（小浜山）A-一号墓	縦長方形（両袖不明瞭）・アーチ形											1						
第十支群（小浜山）A-二号墓																		
第十支群（小浜山）A-三号墓	正方形（やや縦長）・（アーチ形）								1							2		
第十支群（小浜山）B-一号墓	正方形・アーチ形															1		
第十支群（小浜山）B-二号墓	正方形（左袖短い）・切妻家形															2		
第十支群（小浜山）B-三号墓	横長方形・切妻家形・屍床・石床											4				4		
第十支群（小浜山）B-四号墓	縦長方形・切妻家形															2		
第十支群（小浜山）B-五号墓	縦長方形（正方形に近い）・アーチ形											1						
第十支群（小浜山）C-一号墓	縦長方形（無袖）・アーチ形							1										
第十支群（小浜山）C-二号墓	縦長方形・アーチ形						1	4				2				4		
第十支群（小浜山）C-三号墓	縦長方形（両袖不明瞭）・アーチ形													51		2		
第十支群（小浜山）C-四号墓	正方形・アーチ形							1			1				1	2		
第十支群（小浜山）C-五号墓	縦長方形（無袖）・アーチ形											1				2		
第十支群（小浜山）D-一号墓	縦長方形・アーチ形											2				2		
第十支群（小浜山）D-二号墓	縦長方形・アーチ形・石床				1			7	23							1		
第十支群（小浜山）D-三号墓	縦長方形（右袖短い）・アーチ形											1				3		
第十支群（小浜山）D-四号墓	縦長方形（両袖不明瞭）・アーチ形											4	2			2		
第十支群（小浜山）D-五号墓	縦長方形・アーチ形							1				1		2		1		
第十支群（小浜山）D-六号墓	縦長方形・アーチ形						1	1	1							6		
第十支群（小浜山）E-一号墓	縦長方形・アーチ形											1						
第十支群（小浜山）E-二号墓	縦長方形・アーチ形							1				1						
第十支群（小浜山）E-三号墓	縦長方形・アーチ形・石床											1				2		
第十支群（小浜山）E-四号墓																		
第十支群（小浜山）E-五号墓																		
第十支群（小浜山）E-六号墓	縦長方形・アーチ形															1		
第十支群（小浜山）E-七号墓	縦長方形・アーチ形											1						
第十支群（小浜山）E-八号墓	縦長方形																	
第十支群（小浜山）F-一号墓	縦長方形・アーチ形							1						2		5		

第十支群（小浜山）F-二号墓	正方形・アーチ形														1		
第十支群（小浜山）G-一号墓	縦長長方形																
第十支群（小浜山）G-二号墓	縦長長方形				1										1		
第十支群（小浜山）G-三号墓	縦長長方形・アーチ形														1		
第十支群（小浜山）G-四号墓															2		
第十支群（小浜山）G-五号墓					1			1									
第十支群（小浜山）G-六号墓	縦長長方形	1													2		
第十支群（小浜山）H-一号墓	縦長方形・アーチ形・石床・石棺														1		
第十支群（小浜山）I-一号墓	縦長長方形・寄棟家形																
第十支群（小浜山）I-二号墓	縦長方形（左袖無？）・アーチ形																
第十支群（小浜山）I-三号墓																	
第十支群（小浜山）J-一号墓																	
第十支群（小浜山）J-二号墓																	
第十一支群（小浜寺山）一号墓	縦長長方形（無袖）・アーチ形																
第十一支群（小浜寺山）二号墓	縦長長方形・アーチ形																
第十二支群（真幸ヶ丘）一号墓	正方形・切妻家形																

5　古墳時代中・後期の相模東部地域の諸様相
―古墳・横穴墓の様相と鎌倉之別の存在形態―

須藤智夫

はじめに

本稿では、今までに注目されることの少なかった古墳時代中・後期の相模東部地域の様相を確認し、その地域との関係が深い「鎌倉之別」の存在形態を、国造制に関する問題を絡めて検討したい。ここでは相模川東岸域の中でも境川水系と鎌倉郡域を中心に検討することにする。

一　相模川東岸域の中・後期の特質

1　威信財の再考

相模東部の様相に注目する場合には、相模川東岸域が中心的な地域のひとつとなるが、ここでは威信財の新たな検討項目として、金銅（鉄地金張も含む）・銀装装飾大刀（以下、金銅・銀装大（小）刀と記す）をとりあげる。これ

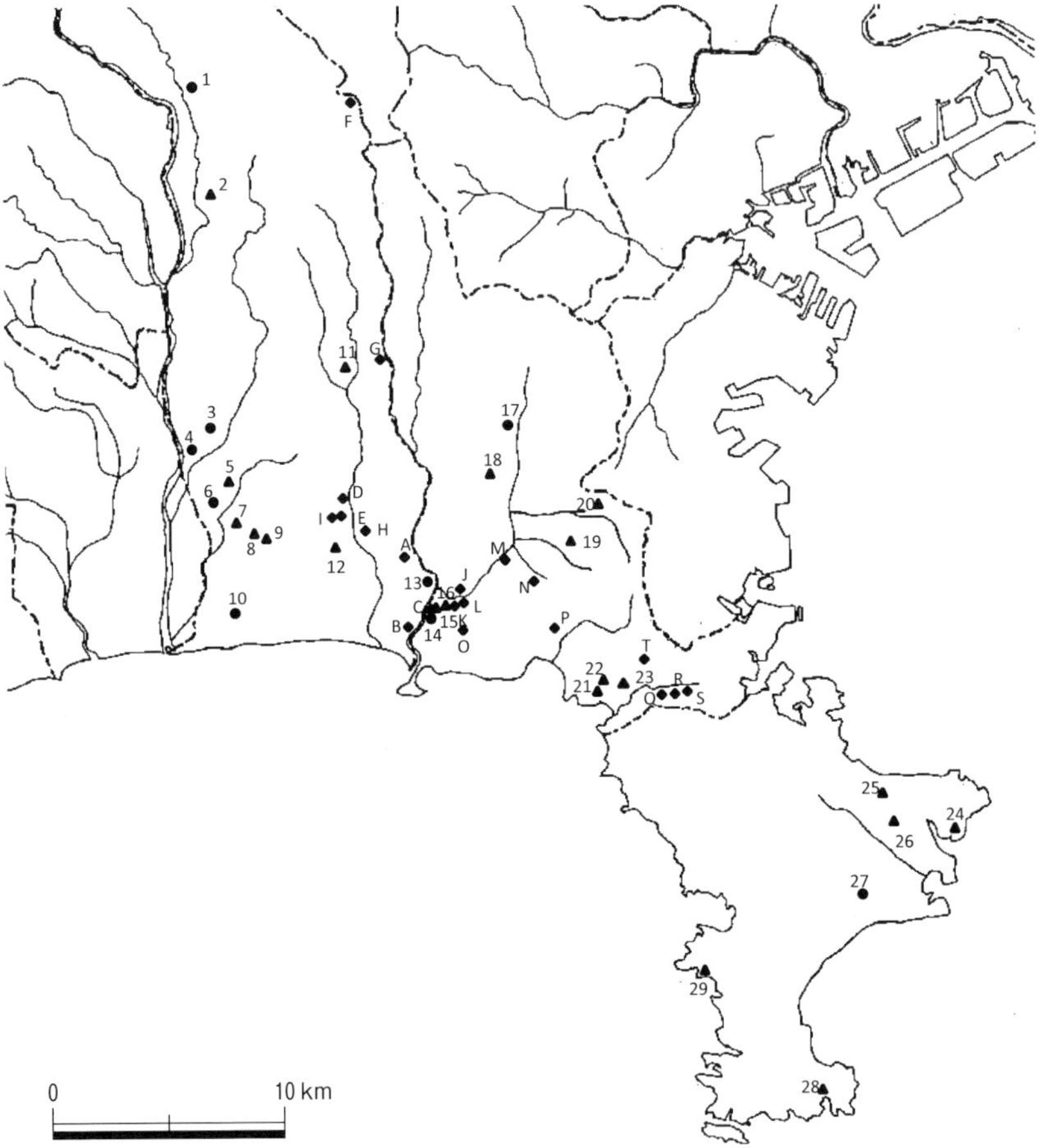
1
2
3
4
5
6
7
8
9
10
11
12
13
14
15
16
17
18
19
20
21
22
23
24
25
26
27
28
29
A
B
C
D
E
F
G
H
I
J
K
L
M
N
O
P
Q
R
S
T
0
10 km

図１　関連遺跡地図

表 1-ア　関連遺跡（特殊遺物・構造）

	遺跡名	所在地	関連特質	備　考
1	磯部5番地古墳	相模原市	金銅装大刀	足金具
2	梨の木坂横穴墓群	座間市	金銅装大刀	責金具・鳩目
3	本郷遺跡	海老名市	金銅装大刀	環頭柄頭
4	宮山中里 H5 号墳	寒川町	装飾付須恵器、前方後円墳	子持壺
5	越の山7号横穴墓	寒川町	造付石棺	河内型
6	岡田西河内D・E号墳	寒川町	切石組石室	
7	篠山横穴墓	茅ヶ崎市	金銅装大刀、造付石棺	鋺
8	水道山横穴墓	茅ヶ崎市	造付石棺	在地型
9	甘沼横穴墓	茅ヶ崎市	切石組合石棺	
10	石神古墳	茅ヶ崎市	切石組石室	
11	代官山横穴墓群	藤沢市	金銅装大刀、造付石棺	河内型、銀装大刀
12	大庭折戸横穴墓群	藤沢市	造付石棺	在地型
13	若尾山古墳	藤沢市	鉄剣、鉄斧	中期
14	スクモ塚古墳	藤沢市	石棺？	中期
15	川名新林（右・左）横穴墓群	藤沢市	金銅装大刀、造付石棺	環頭大刀、在地型
16	川名森久横穴墓群	藤沢市	造付石棺	在地型
17	富塚古墳	横浜市戸塚区	前方後円墳	
18	矢倉地1号横穴墓	横浜市戸塚区	造付石棺	在地型
19	岩瀬上耕地6号横穴墓	鎌倉市	金銅装大刀、金銅装馬具	鐔・責金具
20	宮ノ前 A9 号横穴墓	横浜市栄区	造付石棺	在地型
21	新宿19号横穴墓	逗子市	鈴釧	
22	久木5丁目横穴墓群	逗子市	象嵌大刀	
23	山野根横穴墓群	逗子市	象嵌大刀、造付石棺	在地型
24	鳥が崎横穴墓群	横須賀市	金銅装大刀	責金具
25	信楽寺横穴墓群	横須賀市	金銅装大刀	鞘飾金具
26	吉井城山横穴墓群	横須賀市	象嵌大刀	鐔
27	かろうと山古墳	横須賀市	金銅装大刀	柄巻片、蟹目釘
28	江奈横穴墓群	三浦市	象嵌大刀	円頭大刀
29	長浜横穴墓群	三浦市	金銅装大刀	柄飾・柄縁・鞘飾金具、大型鳩目、責金具・鳩目

＊凡例　●＝円墳　▲＝横穴墓　◆＝集落跡等

表 1-イ　関連遺跡（集落等）

	遺跡名	所在地	関連特質
A	本入遺跡	藤沢市	中期集落
B	鵠沼藤が谷遺跡	藤沢市	中期集落
C	片瀬大源太遺跡	藤沢市	中期集落
D	大庭丸山遺跡	藤沢市	中期集落
E	大庭城山遺跡	藤沢市	中期集落
F	下鶴間甲一号遺跡	大和市	後期集落
G	高倉滝ノ上遺跡	藤沢市	後期集落
H	池ノ辺遺跡	藤沢市	後期集落
I	大庭城址公園遺跡	藤沢市	後期集落
J	宮前後河内遺跡	藤沢市	中期集落
K	川名清水遺跡	藤沢市	中期集落
L	手広八反目遺跡	鎌倉市	中期集落
M	天神山城遺跡群	鎌倉市	中期集落
N	台山藤源治遺跡	鎌倉市	後期集落
O	白山遺跡	鎌倉市	後期集落
P	若宮大路遺跡群	鎌倉市	後期集落、𤭯
Q	持田遺跡	逗子市	中期集落
R	沼間台遺跡	逗子市	中期集落
S	菅ヶ谷台地遺跡	逗子市	中期集落
T	池子遺跡群	逗子市	中期祭祀跡

らには柄頭を喪失したものもあり、柄頭による階層性・特性は明らかにできない資料もあるが、その場合は従来の柄頭付きの装飾大刀の分布を補完するデータが得られることになる。これらの分布は、柏木善治による集成などを活用し（柏木、二〇〇八）、系統的に検討すべき段階に入ったといえよう。

当地域で、金銅装大刀として、まず注目されるのは、本郷遺跡KO地区（海老名市）の包含層から見つかった単鳳環頭柄頭の破片であり、近郊に有力な古墳・横穴墓があった可能性が高いが、それに関する情報はない。このほかの金銅装大刀として、磯部五番地古墳（相模原市）では〔足金具〕が、また梨の木坂横穴墓群（座間市）では〔責金具・鴟目〕が、篠山横穴墓群（茅ヶ崎市）では〔鎺《はばき》〕が確認されているのも見逃せない。このような金銅装大刀を出土する古墳・横穴墓の被葬者は郷レベル以上の首長となる可能性があると考えられる。

なお、下流域の宮山中里H一・H五号墳（寒川町）からは装飾付須恵器子持壺の破片が出土した。これらは別々の遺構から出土したものであるが接合し、H五号墳に属していたことが判明した。きわめて特殊な須恵器で、特別な「政治的連帯性」が付与されていたと思われる。これを所持していたH五号墳の被葬者を宮山中里古墳群の造墓集団の始祖と位置づけた可能性も指摘され（東真江、二〇一六）、その存在が注目されつつある。

2　古墳・横穴墓の構造

当地域で注目される遺跡・遺物を続けて検討しよう。七世紀初頭には臼久保一号墳（茅ヶ崎市）が出現し、北関東系の長胴無頸壺を出土した。七世紀前葉には越の山七号横穴墓（寒川町）が造営され、河内型（基本型は天井ドーム形、玄室平面矩形・奥壁沿いに造付石棺をもつ横穴墓）の造付石棺をともなうことで注目されている。それより遅れる水道山〔中段山〕七号横穴墓（茅ヶ崎市）は河内型が在地（遠江・相模など）での変容を受けた型で、基本型は天井アーチ形、玄室平面無袖形・奥壁沿いに造付石棺をともなう横穴墓である。これを本稿では「在地型」と称しておくが、篠山四号横穴墓もこれと同規模の造付石棺を蔵する。また、この地域でもっとも有力視されるのは、岡田西河内D号墳（寒川町）で、相武国造管掌地域で最大の切石積石室を主体部としている。七世紀前葉のもので、同じく切石積石室をもつE号墳が同様の時期で、石神古墳（茅ヶ崎市）が七世紀中葉のものとして続いたと思われる。一方、東海地方の影響を受けたと思われる箱式組合式石棺をもつ甘沼横穴墓（茅ヶ崎市）は在地のものと比べて異彩を放つ存在であろう。このように後期の当地域は威信財の発見は乏しいが、古墳・横穴墓の構造面で相武国造の拠点に相応しい様相を呈している。それは六世紀末から七世紀第2四半期にかけて顕著であり、相武国造の地位がこの地域の首長に一時的に移されたことも想定できる（須藤、二〇一三）。装飾大刀と金銅装馬具が乏少であるが、篠山横穴墓群の金銅装大刀（鎺）、臼久保四号横穴墓の重層ガラス玉や、宮山中里H五号墳の装飾付須恵器子持壺などによって補完されていよう。なお、相武・師長国造管掌地域の柄頭を喪失した状態のものを含めた装飾大刀の分析によって考察できることについては別稿を用意したい。

二　境川・引地川水系の特質

1　各地首長間のネットワーク

この地域は、湘南考古学研究所による川名新林右横穴墓群（藤沢市）の発掘調査報告書（湘南考古学研究所、二〇〇八）や、藤沢市による『大地に刻まれた藤沢の歴史』シリーズの刊行により（藤沢市、二〇一四）、古墳時代中・

後期における当地域の研究に大きな進展が見られるが、本稿もそれに倣って、少々考察を加えたい。五世紀中葉以降の関連遺跡・遺物を挙げると次のようになる。まず、五世紀代の評価がある境川下流域の三遺跡が注目されるが、いずれも墳丘が調査以前に消滅して詳細は不明である。下流域左岸には砂丘上に築造されたと思われるスクモ塚古墳（藤沢市）が存在し、石棺はすべて失われてしまっていたが、出土した直刀・鉄剣・鉄鏃・鹿角製鐔・鉄鎌などから五世紀中葉の古墳であったと推測される。下流域右岸にはこれも砂丘上に若尾山古墳（藤沢市）があり、出土した土師器・鉄剣・鉄鏃・鉄斧などから五世紀後葉のものと思われる。さらに、片瀬大源太遺跡（藤沢市）からは発掘調査により、円墳周溝が発見され、これも五世紀後葉のものと考えられる（林原利明、二〇一四）。中期の集落跡は数例が確認されているだけであるが、境川下流域では本入遺跡、片瀬大源太遺跡、鵠沼藤ヶ谷遺跡（以上、藤沢市）が、引地川中流域では大庭丸山・大庭城山遺跡（以上、藤沢市）が確認されている（田尾誠敏、二〇一四）。

さて、下流域には円筒埴輪を出土した三つの遺跡があり、これらは次のような五世紀中・後葉のネットワーク（地域間交流）の存在を物語っている。片瀬大源太遺跡からは五世紀中葉の「B種横ハケ」などの定型化した技法が見える円筒埴輪片が出土し、上毛野ないしは北西武蔵で生産されたものと考えられる。朕ガ塚古墳（藤沢市）からは五世紀後葉の線刻のある円筒埴輪片が検出され、これも上毛野かまたは北西武蔵で生産されたものと推定されている。また、辺津宮境内遺跡（藤沢市）では五世紀末のものが発見され、保渡田八幡塚古墳（群馬県高崎市）と同様なものであると指摘されている（稲村繁、二〇一四）。

五世紀前葉ごろより南武蔵では上毛野の影響が及んできていると考えられ、倭王権の強力な意思が反映している野毛大塚古墳（東京都世田谷区）でもその埴輪や石製模造品に、それに続く御嶽山古墳（同世田谷区）でもその埴輪に上毛野の影響が垣間見られる（寺田良喜、二〇〇七）。一方、三浦半島の太平洋を望む海岸部に築造された長沢一号墳（横須賀市）からは滑石製玉類が出土しているが、これらは五世紀中葉ごろに上毛野や下総でさかんに製作されていることにも注意を要する（稲村、二〇一二）。

続いて図表2にみられる様相を確認すると、釆女塚古墳（鎌倉市）以降、上毛野の影響が弱まりをみせた可能性を指摘できる。この事実は、武蔵の乱で打倒された笠原直小杵側を支援した上毛野君氏に何らかの規制がかけられたことを示すとみられる。この乱は、倭王権にとっては同時期に起こったと考えられる筑紫君磐井の乱と同様の性格をもつ事件で、上毛野氏の力を抑える意図が含まれた争乱とみられる（伊藤循、二〇一六）。さらに図表2を確認すると、上毛野の影響は境川水系の資料だけでは明らかにできないが、三浦半島とその周辺の関連古墳も含めて考察すると、蓼原古墳（横須賀市）の存在はあるものの、同様に停滞する傾向にあったことを指摘できる。加部二生も、武蔵の「乱後に従来の供給関係が再編成され、生出塚埴輪窯の生産体制に上毛野の埴輪生産工人が組み入れられた結果である」と指摘する（加部、二〇一三）。武蔵の勢力との政治・経済的関係などには、さらなる実態の解明が必要であるが、注目すべき見解であろう。なお、三浦半島における集落跡では、五世紀末から六世紀中葉ごろまで、東京湾沿岸地域を中心に上毛野系と考えられる土器が主体的に検出されている事実が指摘されている（稲村、二〇一二）。

2　下流域の優位性

次いで、六世紀後葉以降の下流域の様相に注目したい。この地域は後期の遺跡については横穴墓の密度が高いことでよく知られている。なかでも川名新林右横穴墓群ではその二号墓より単鳳環頭大刀が出土し、六号墓からは金銅装大刀（鐔・鞘・鵐目）と重層ガラス玉を確認して、国造レベルの首長の存在を示している。年代は二号墓が六

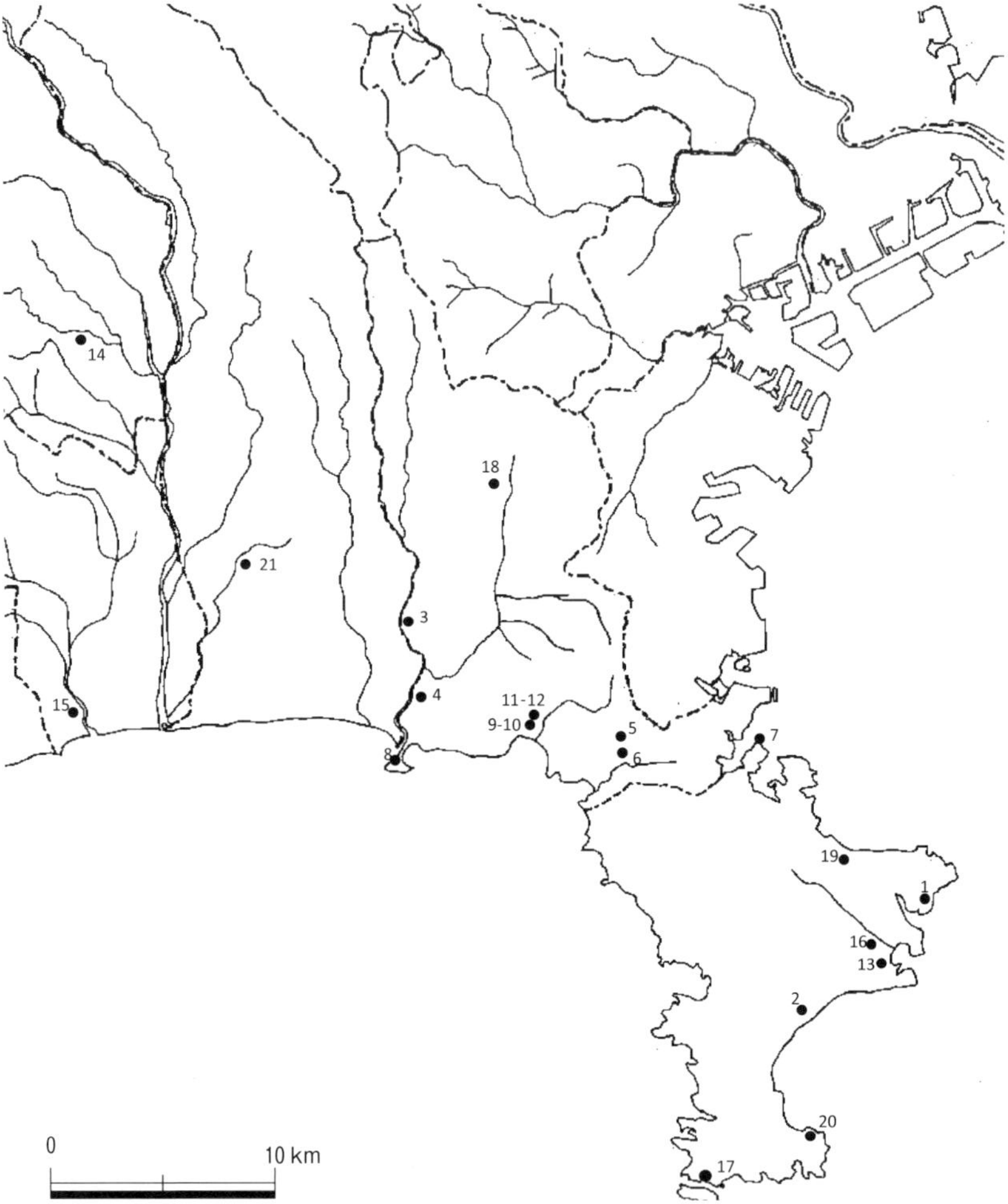

図２　東国ネットワーク関係遺跡

表２　東国ネットワーク関係遺跡

	遺跡名	墳形・規模	種　別	年　代	関係地域	備　考
1	鳥ヶ崎洞穴	洞穴	滑石製玉類	5世紀中葉	上毛野	
2	長沢1号墳	○22	滑石製玉類	5世紀中葉	上毛野～下総	
3	朕が塚古墳	○24	円筒埴輪、馬形、形象埴輪	5世紀中葉	上毛野、下毛野、北西武蔵、常陸？	
4	片瀬大源太遺跡	※	円筒、人物、馬・家・鳥形埴輪	5世紀後葉	上毛野、北西武蔵	
5	池子遺跡群	—	人物埴輪？	5世紀後葉？	不明	6遺跡に関連？
6	池子桟敷戸遺跡	—	円筒埴輪	5世紀後葉？	不明	中期土器集中内
7	吾妻崎遺跡	—	家型埴輪	5世紀後葉	上毛野	鎌倉郡域に隣接
8	辺津宮境内遺跡	※	円筒埴輪	5世紀末	上毛野	
9	釆女塚古墳	※	円筒、人物、馬形埴輪	5世紀末	上毛野	
10	和田塚古墳	○？	円筒、盾持、馬形埴輪	5世紀末	不明	
11	今小路西遺跡地点1	—	円筒埴輪	5世紀末？	不明	9・10遺跡に関連？
12	今小路西遺跡地点2	—	円筒埴輪	5世紀末？	不明	9・10遺跡に関連？
13	蓼原古墳	◎28	円筒、人物、馬・家形埴輪	6世紀前葉	上毛野	
14	登山1号墳	○	円筒、人物、家形埴輪	6世紀前葉	北武蔵	生出塚窯
15	坊池古墳	※	円筒、人物、形象埴輪	6世紀前葉	北武蔵	生出塚窯
16	八幡神社4号墳	※	円筒埴輪	6世紀前葉	北武蔵	生出塚窯
17	向ヶ崎古墳	※	円筒、人物、馬形埴輪	6世紀中葉	北西武蔵	桜山窯
18	上矢部富士山古墳	○29	円筒、盾持、馬・鳥形埴輪	6世紀中葉	常陸	
19	大津1号墳	◎31	円筒、馬・家形埴輪	6世紀後葉	上毛野、北西武蔵	
20	金堀塚古墳	※	円筒埴輪	6世紀後葉	不明	
21	臼久保1号墳	○19	須恵器（長胴無頸壺）	7世紀前葉	北関東	

＊稲村（2012）（2014）、柏木（2008）をもとに作成した。塚田（2007）、城倉（2009）説等により改変したところもある。
＊地点1＝御成小学校地点、地点2＝社会福祉センター地点
＊凡例　○＝円墳（最大径m）　◎＝前方後円墳（主軸長m）　※＝不明

世紀末から七世紀初頭で、六号墓が七世紀前葉と考えられる。梶ヶ山真理は出土人骨の特徴から、これらの被葬者を非在地系・渡来系の人物の可能性があると指摘するが（湘南考古学研究所、二〇〇八）、人骨分析の視点からの検証もさらに深められるべきである。また、斎藤あやによると、六号墓から検出された三連の重層ガラス玉はきわめて稀少性が高く（湘南考古学研究所、二〇〇八）、これを有する古墳には入手するネットワーク面での優位性を確認できる。

その他の横穴墓に目を転ずると、在地型の造付石棺を集中的に確認できる川名森久《かわなもりきゅう》横穴墓群（藤沢市）が特筆される（上田薫、二〇一四）。この南側斜面の群には十四基（全二十四基）、西側の斜面には七基（全十五基）が発見され、通常は一群に一〜二基確認できるに過ぎない造付石棺が多数集中し、きわめて特異な様相となっている。このあたりも七世紀前・中葉に特別な氏族の存在を想定せざるを得ない様相である。さらに、川名新林右横穴墓群でも同様の造付石棺を二基ほど蔵している。

引地川の中流域においては代官山横穴墓群（藤沢市）の存在に注意すべきである。とくに五・一六号墓は河内型の造付石棺を造り出し、六号墓でも銀装小刀（鋤）が確認された。七世紀初頭ごろのもので、その首長的性格や出自などが問題となる。これに続く大庭折戸横穴墓群（藤沢市）では三・四号墓で、七世紀中葉の在地型の造付石棺をともなっていることが特筆される。この流域は後の律令制下の「大庭」郷と推定される地域に発展した。

後期の拠点的な集落については、境川中流域では下鶴間甲一号遺跡（大和市）、高倉滝ノ上遺跡（藤沢市）、下流域では片瀬大源太遺跡、引地川中流域では池ノ辺遺跡、大庭城址公園遺跡（以上、藤沢市）があげられる（大上周三、一九九六）。

三　柏尾川水系および鎌倉地方の特質

1　柏尾川・鼬川《いたちかわ》流域の様相

中期後半では、古墳そのものに明確なものがなく、柏尾川下流の南岸域にある手広八反目《てびろはため》遺跡（鎌倉市）で竪穴建物が確認でき、集落関連の遺跡として注目できる。天神山城遺跡群（鎌倉市）にも注目すると、水道山戸ヶ崎遺跡（鎌倉市）より中期の土器がまとまって確認され（若松美智子、二〇〇二）、付近に竪穴建物も数棟は確認できていると思われるが実態は明確ではない。西側に隣接する川名清水遺跡（藤沢市）、北岸に対峙する宮前後河内《みやまえうしろごうち》遺跡（藤沢市）から中期の集落を確認できるが、これらの遺跡とは集落としての一体性を指摘できる。また、これより東方の台地にある台山藤源治《だいやまとうげんじ》遺跡（鎌倉市）にも集落がともない、北関東系の土師器埦の出土も知られる。

後期の土器や竪穴建物は天神山城遺跡で確認されているが（押木弘巳、二〇一六）、天神山北東裾付近からは後期の土器群が発見されており、なかには赤彩坏（比企型坏）と黒彩坏があり、前者には北武蔵〜東相模や下総に、後者には北武蔵〜上毛野南部と下総に出自を求められるものがあるという（菊川英政、一九九五）。北関東方面とのネットワークを示すものとして注目される。その他、後期については台山藤源治遺跡・津西白山遺跡（鎌倉市）に集落に通じる遺構が確認されている。

五世紀後葉には、下流南岸域を中心とする地域に有力首長が出現し、六世紀には郷レベルの首長として成長を遂げたと思われる。この上流域では六世紀前葉ごろより古墳が築造される様相を示すが、発掘調査されたものは少ない。注目されるのは、測量調査のみで主体部等は不明であるが、全長三二mの前方後円墳として富塚古墳（横浜市戸塚区）が六世紀前葉のものと推定されている。六世紀中葉の円筒・形象埴輪を出土した上矢部町富士山古墳（同戸塚区）の存在も特筆され、出土した埴輪群は常陸系であるとの指摘もあり（稲村、二〇一四）、ネットワーク的にも注意を要する存在である。さらに下流の矢倉地一号横穴墓（同戸塚区）は在地型の造付石棺を蔵するが、七世紀前葉のものであろう。鼬川流域については、まず岩瀬上耕地六号横穴墓（鎌倉市）が注目され、鉄地金張大刀（鐔・責金具）と金銅装馬具の出土により六世紀末の年代が与えられ、国造クラスの威信財を備えているといえる。宮ノ前Ａ九号横穴墓（鎌倉市）には在地型の造付石棺が造り出され、七世紀前葉の年代を示す。この地域では六世紀末以降、特徴ある横穴墓が密集する様相が確認でき、全国的に見ても特異な地域になっている。田村良照によると、棺室構造の横穴墓が一郡（鎌倉郡）程度の分布圏を示し、造付石棺を持つ横穴墓が二郡（鎌倉郡・高座郡）程度の分布圏を示す、といえるようなまとまりを見せ、この地域ならではの特質となっている（田村、二〇〇四）。この様相は二節のとおり、境川下流域でも川名森久横穴墓群や川名新林右横穴墓群などにも示され、この地域も古代の「鎌倉」の域内と考えるに相応しい様相を展開している。鎌倉之別の「鎌倉」とは律令制下の「鎌倉」郡レベルを想定してよかろう。なお、棺室構造や造付石棺をもつ横穴墓は、とくにこの地域に遍在するものであることから、非在地系・渡来系の氏族の墳墓であることを想定したい。

2　鎌倉・逗子の沖積地と周辺地域の様相

続いて、海に近い沖積地の様相を確認していこう。まず、若宮大路遺跡群（鎌倉市）からは五世紀末の𤭯が発見されたが（川又隆央、一九九九）、この年代は女子像の人物埴輪が発見された釆女塚古墳（鎌倉市）の時期にも近く、この時期に一定の政治力を備えた首長が存在したことを推測させる。この埴輪は上毛野の系統のものとしてもよく知られている（稲村、一九九九）。この近くに存在した和田塚古墳（鎌倉市）からは盾持人の人物埴輪を出土したが、この古墳と同群・同時期のものである可能性が高い。また、時期が明確にはされていないが、後期の円筒埴輪片の出土が二地点（御成小学校地点で二点・社会福祉センター地点で一点）で伝えられている今小路西遺跡（鎌倉市）は、その一部は鎌倉郡衙跡と考えられ、この周辺にミヤケの存在も推定できる（篠原幸久、二〇〇四）。なお、この南側には由比ヶ浜四－六－九地点遺跡（鎌倉市）が続き、円筒埴輪片一点を発見している。

逗子方面の関連遺跡としては池子遺跡群（逗子市）に注意したい。中期については、№1－A地点の遺跡群南端付近から西方に開く谷間で、須恵器と土師器の土器集中と石製模造品、№1－C地点では人物埴輪片などを確認でき、南側に隣接する池子桟敷戸遺跡（逗子市）でも同様の土器集中と円筒埴輪片が検出されている。この時期の古墳があったことを想定できよう。また、田越川南岸域の低台地にある持田遺跡・沼間台遺跡・菅ヶ谷台地遺跡（以上、逗子市）にも、竪穴建物が発見されている。後期においては、鈴釧を出土した新宿一九号横穴墓（逗子市）が注目されていたが、六世紀末から七世紀初頭の年代が推定される象嵌大刀を出土した久木五丁目一〇号横穴墓（逗子市）や、在地型の造付石棺を蔵している山野根Ⅱ二号横穴墓（逗子市）、山野根Ⅳ一号横穴墓が注目される。とくに後者は玄室長九m以上の長大な遺構となり、有力な首長墓としての検討が必要になる。集落については、池子遺跡群№4地点でこれに展開したと思われる竪穴建物が検出されている。この地域はのちに田越川流域を中心とする律令制下の「沼濱」郷として、まとまりのある地域を形成する（依田亮一、二〇一一）。このように見ていくと、鎌倉之別の「鎌倉」には五世紀後葉には、倭王権との関係をもっている郡レベル首長が存在し、後の律令制下の「方瀬」「鎌倉」「沼濱」の各郷レベルに拠点があったと考えられる。もちろんこれは拠点であり、周辺地域にも影響力を及ぼしていたといえる。

ここで三浦半島における他の金銅装大刀について付言すると、七世紀初頭ごろでは鳥ヶ崎横穴墓群〔横須賀市〕で出土した〔責金具〕と、信楽寺《しんぎようじ》一号横穴墓〔横須賀市〕より検出された〔鞘飾金具〕が注目され、七世紀前葉ごろの長浜《なはま》横穴墓群〔横須賀市〕で発見された二号墓の〔柄飾（柄縁）金具・鞘飾金具〕・八号墓の〔大型鵐目〕・B号墓の〔責金具・鵐目〕や、吉井城山横穴墓〔横須賀市〕で発見された〔鐔・責金具〕が特徴的で、有力な被葬者像が浮上する。七世紀中葉ごろにおいては山寄式円墳と考えられるかろうと山古墳〔横須賀市〕から出土した〔柄巻片・蟹目釘〕も特筆され、倭王権とのつながりを想定できる。象嵌大刀については、鳥ヶ崎横穴墓群と吉井城山横穴墓群で〔鐔〕が発見され、江奈2号横穴墓〔三浦市〕では〔円頭大刀〕が確認されている。

四　鎌倉之別の存在形態

1　鎌倉之別の関連氏族とネットワーク

本節では相模東部地域の一首長と考えられる鎌倉之別に関する諸問題に取り組みたい。その性格については、篠原幸久の所説を参照しながら検討したい。鎌倉之別は、『古事記』によると、倭建命を父とする足鏡別王を祖とする氏族で、小津石代之別と漁田之別とは同祖関係にある。これとの関係氏族には、「小津石代之別」との同祖関係から「尾津君」の存在が指摘され、「足鏡別王」との親子関係から「栗隈首・連」〔王の母は「山代之玖玖麻毛利比売」〕の存在を指摘することができる。両者とも水陸交通の要衝に存在する氏族であるといわれているが、尾津君の本拠地は三河国額田郡麻津郷〔現岡崎市藤川周辺〕と、伊勢国桑名郡尾津郷〔現桑名郡多度町付近〕である。どちらにも額田部の存在を確認でき、ミヤケの存在を想定できる。栗隈首・連の本拠地は山城国久世郡栗隈郷（現宇治市南部から城陽市北部にかけての地）で、この地は仁徳紀に「栗隈県」と見え、『蜻蛉日記』や『夫木和歌抄』にはミヤケの遺名も確認でき、ミヤケの存在を推定できる（篠原、二〇〇八）。

これに関連して、三河には「三川之穂別」（本拠地は宝飫《ほお》郡）が分布し、伊勢には「伊勢之別」（同伊勢国）が存在したことが認められ、前者は隣接する額田郡、後者は伊勢国桑名郡の相当地域を管掌していたと思われる。また、山代には「葛野之別」（同葛野《かどの》郡）の存在も確認できるが、葛野郡（評）は飛鳥浄御原令成立期以前には、山城盆地域として一体的であった葛野郡をはじめとする愛宕《おたぎ》・紀伊・乙訓《おとくに》・久世・宇治の諸郡（評）が一郡であった可能性が高く（黛弘道、一九八二）、久世郡域も葛野之別の管掌範囲に含まれていたと考えられる。かかる事実からも、それぞれが「鎌倉之別」（同鎌倉郡）と類似した性格を持っていたと想定できる。また、別姓氏族の分布地域を参照すると（佐伯有清、一九七〇）、別は郡から郷レベルの範囲を管掌することが多かったと思われ、国レベルのものもあるが、最低でも郷レベルは影響下においていたと思われる。

篠原は、「別」はカバネではなかったとして、六世紀以降のワケとは王族の〈分かれ〉という意味の「擬似土着王族」の首長号とする。さらに、ワケは六世紀半ばにはカバネ君の前身の一つになった地方首長の称号で、それが君の賜与後にも保持されたのはワケ氏族の出自がすべて王権の血統につながるという歴史意識の展開である、と論じている。七世紀には個人名にワケを称号として重ね、カバネ「君」を称する首長が存在した、とも指摘している（篠原、二〇〇八）。たしかに、「地名（＋之）＋別＋君（カバネ）」に含まれる「別」は、ウジ名の一部をなす称号であり、カバネではないだろう。

また、『稲荷山古墳出土鉄剣銘』には、「乎獲居臣（オワケノシン）」「多沙鬼獲居（タサキワケ）」「多加披次獲居

〔八〕（タカヒシワケ）」などの存在が確認でき、そこから考慮すると、鎌倉之別は五世紀後葉ごろより出現したと考えておきたい。考古学的には五世紀後葉にはこの初期段階の勢力が出現し、六世紀初頭ごろに郷レベルの地域を管轄できる首長に成長したものと思われる。これは国造制とは別原理で、国造制成立以前に存在した可能性がある。また、何らかの事情で国造制の及ばなかった地域におかれた可能性もあろう。なお、鎌倉之別の「鎌倉」を、相模の鎌倉であることに疑念を示す見解もあるが（鳥養直樹、二〇〇三）、鎌倉が相模であることに疑いはない。「鎌倉」は、ヤマトタケルの東征説話のなかに登場する地名で、その説話や地理的条件と整合性のあるものといえる（篠原、二〇〇八）。

2　東国の諸国造と鎌倉之別

森田喜久男は、倭王権にとっての東国における「葛飾野」の役割を考察し、これがのちの下総国葛飾郡と武蔵国豊島郡とを複合した地域であるとみて、倭王権にとっての東国進出の要になった地域であると指摘した。葛飾野をおさえることは東国全体をおさえることを意味したと、その重要性を強調した。さらに、倭王権の権威を背景にしてではあるが、この地には无邪志国造・知々夫国造など周辺地域の国造の祖先たちが参向するケースがあったことも指摘した（森田、二〇一五）。これらの見解はきわめて重要で、葛飾野を中心とした東国国造のネットワークが形成されていた事実を示している。当然のことながら、相武国造・師長国造もこれに組みこまれ、鎌倉之別もこれに準じていたはずである。

先述したような古墳などの様相から想定される物資の交流も、このような契機や場所で、国造間でその方式が定められた可能性がある。葛飾野そのものも中継点となって、荒川流域と東京湾・三浦半島が結ばれた可能性が高い。

荒川流域と南武蔵とのネットワークも、こうして形成されていったと思われる（須藤、二〇〇七）。こうして、鎌倉之別も関東の諸国造との相応な関係も持ちえた可能性がある。以上のことは、これまでに述べてきたように考古資料的に見ても指摘できる様相である。

むすびにかえて

ここで、今回問題とした相模川東岸域の様相について簡単にまとめたい。当地域は六世紀末から七世紀中葉にかけては相武国造家の本拠地となりうる地域的様相を示すが、本稿では境川水系をクローズアップさせた。この地域では中期後半に古墳が出現したが、これは上毛野から北武蔵にかけてのネットワークをもち、時期によりその影響には濃淡が認められた。後期にいたっても、南武蔵や東相模を中心とする各級首長は上毛野との関係を政治・経済的に維持し、東京湾沿岸地域である南武蔵や三浦半島東部には重層的で濃密なネットワークが結ばれていたが、相模川以西には拠点的で散発的なネットワークであった。

後期では中・上流域においては国造レベルの突出した首長は見出せないが、境川下流域では川名新林右横穴墓群より金銅装大刀や重層ガラス玉を検出し、柏尾川下流域の岩瀬上耕地横穴墓群からも金銅装大刀・金銅装馬具が出土し、国造レベルの首長のものであったといえる。ただし、二点の金銅装大刀（単鳳環頭大刀・（鐔・鎺・鳩目））や重層ガラス玉を検出し、隣接する川名森久横穴墓群に造付石棺を集中的に確認できる川名新林右横穴墓群の優位性は高く、境川と柏尾川の合流地点にある藤沢市の川名地域（律令制下の方瀬郷）では、中・後葉に倭王権と直接的な関係を持ちうる首長層の存在を想定できよう。いずれにしても、六世紀末ごろには川名地域で最有力な地域首長が形成され、鎌倉之別や相武国造にふさわしい勢力に成長していたと考えられる。

さて、鎌倉之別は五世紀後葉以降におかれ、これは鎌倉郷レベルを拠点とし、のちの鎌倉郡一帯を管掌地域とした。そして、高座郡南部・御浦郡域の各級首長にも影響力を及ぼしたという見方が可能である。これは国造制とは別の原理でおかれ、従来説のような師長国造・相武国造・鎌倉之別という三つの地域は存在したものの、関係する時代のすべての時点で並列的関係にあったのではないだろう。鎌倉之別は東海道方面と北関東方面にネットワークをもち、後の高座郡南部・鎌倉郡・御浦郡地域は、五世紀中葉から六世紀中葉は北関東方面の、六世紀後葉から七世紀代にかけては東海道方面のネットワークが主体的に機能していたと考えられる。

参考文献

東　真江、二〇一六「宮山中里古墳群出土の装飾付須恵器破片について」(『考古論叢　神奈河』二二)

伊藤　循、二〇一六「武蔵の乱をめぐる東国の国造制と部民制―「東国の調」の前提―」(『古代の天皇制と辺境』同成社)

稲村　繁、一九九九『人物埴輪の研究』(同成社)

二〇一二「古墳時代」(『新横須賀市史』通史編　自然・原始・古代・中世)

二〇一四「埴輪からわかること」(『大地に刻まれた藤沢の歴史Ⅳ―古墳時代―』)

上田　薫、二〇一四「横穴墓」(『大地に刻まれた藤沢の歴史Ⅳ―古墳時代―』)

大上周三、一九九六「相模の古墳時代後期集落」(『神奈川考古』三二)

押木弘巳、二〇一六「鎌倉市天神山城出土の古代土器」(『考古論叢　神奈河』二二)

加部二生、二〇一三「上毛野君の考古学的検討」(篠川賢・大川原竜一・鈴木正信編著『国造制の研究―史料編・論考編―』八木書店)

柏木善治、二〇〇八「副葬大刀から見た相模の地域像―後期・終末期の古墳・横穴墓出土遺物からみた地域性の予察―」（『神奈川考古』四四）
川又隆央、一九九九「若宮大路周辺遺跡群（御成町一二三番五地点）出土の古代遺物」（『鎌倉考古』四四）
菊川英政、一九九五「天神山採集の古墳時代後期の土器」（『鎌倉考古』三三）
佐伯有清、一九七〇「日本古代の別（和気）とその実態」（『日本古代の政治と社会』吉川弘文館）
篠原幸久、二〇〇四「鎌倉の屯倉をめぐる若干の問題―その所在・渡来氏族・周辺地域―」（『鎌倉』九九）
　　二〇〇八「大化前代の鎌倉地域と関係氏族」（『鎌倉』一〇五）
湘南考古学研究所、二〇〇八『藤沢市川名新林右横穴墓群発掘調査報告書』
城倉正祥、二〇〇九『埴輪生産と地域社会』（学生社）
須藤智夫、二〇〇七「古墳時代後期における南武蔵の一様相―古墳・横穴墓と氏族の動向―」（『神奈川考古』四三）
　　二〇一三「相模の国造に関する諸問題―相武国造、師長国造などの存在形態を中心に―」（篠川賢・大川原竜一・鈴木正信編著『国造制の研究―史料編・論考編―』八木書店）
田尾誠敏、二〇一四「古墳時代の集落」（『大地に刻まれた藤沢の歴史Ⅳ―古墳時代―』）
田村良照、二〇〇四「相模の横穴墓」（『考古論叢　神奈河』一二）
塚田良道、二〇〇七『人物埴輪の文化史的研究』（雄山閣）
寺田良喜、二〇〇七「南武蔵　野毛大塚古墳・御岳山古墳」（『武蔵と相模の古墳』）
鳥養直樹、二〇〇三「相武国・師長国・鎌倉之別の史料的再検討」（『神奈川地域史研究』二一）
林原利明、二〇一四「チンガ塚古墳と幻の高塚古墳」（『大地に刻まれた藤沢の歴史Ⅳ―古墳時代―』）
藤沢市、二〇一四『大地に刻まれた藤沢の歴史Ⅳ―古墳時代―』
黛　弘道、一九八二「国郡制成立史上の一問題―山背国葛野郡の分割―」（『律令国家成立史の研究』吉川弘文館）
森田喜久男、二〇一五「古代王権の東国支配―『高橋氏文』狩猟伝承の分析から―」（『歴史評論』七八六）
依田亮一、二〇一一「古代相模国における山川藪沢開発の諸相―鎌倉郡沼濱郷周辺の事例を中心として―」（『神奈川

考古』四七）
若松美智子、二〇〇二「水道山遺跡（No.20）台町四丁目一一六九番一地点」（『鎌倉市埋蔵文化財緊急調査報告書』一八）

6　東北・関東地方における主要古墳群の動向と国造制

小森哲也

はじめに

果たして古墳研究は、国造制に言及できるだろうか。列島各地に営まれた古墳のうち、地域首長墓と目される大型古墳（六世紀の前方後円墳、七世紀の円墳・方墳）を文献史学による研究成果の国造制と対比させ、「〇〇国造の奥津城□□古墳」なる歴史的評価が、諸々の論文やマスコミ報道によりかなり常態化している。筆者は、六・七世紀の古墳の動向から律令国家形成過程を探ることを研究テーマとしている（小森、二〇一五）。しかし、当然踏み込むべき文献史学からの研究成果である国造あるいはその制度としての国造制については、残念ながら積極的に言及できていない。正直なところ、国造制は領域支配を伴うのか否か、さらに、前方後円墳から組み立てられた考古学による王権論に対して、その素材となるのは王墓ではなく王宮（吉村武彦、二〇〇三）との警鐘に躊躇している面も確かにある。しかし、後期・終末期古墳と国造制の同時性については、衆目の一致するところであり（もちろん令制前の国造自体の存在に否定的な研究者も存在するが）、両者の関係を論じることは、六・七世紀の地域社会そして国家への階梯を考えるに際して、避けて通ることができない課題と強く認識している。そこで、古墳と国造の関係について考えることを筆者の課題解決への一ステップにしようと思い立った。本小考は①畿内王権による地方制度で

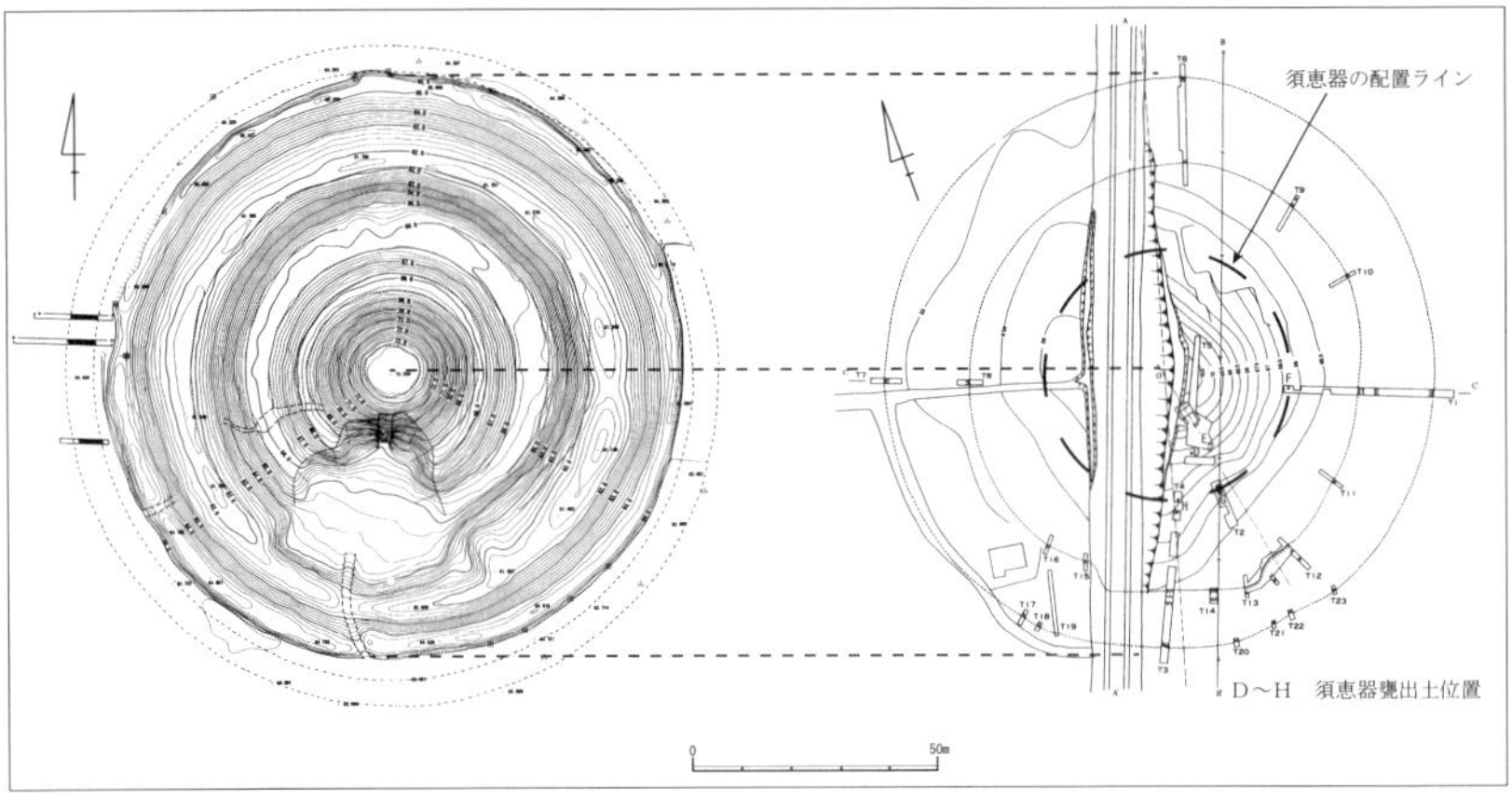

図1　壬生車塚古墳（左）と下石橋愛宕塚古墳（右）の墳丘

ある国造制が古墳造営の中に反映しているか否かを考えること、②東北・関東地方の主要古墳群の動向から読み取る首長系譜をもとに、小国造・大国造の問題について考えること、以上二点を目的とする。まずは、①に言及するため、栃木県南部の大型円墳の動向を探ることから始めよう。

一　列島最大の七世紀の円墳

―壬生車塚古墳と下石橋愛宕塚古墳―

栃木県の南部に築造された前方後円墳終焉後の古墳時代終末期の大型円墳である壬生車塚古墳と下石橋愛宕塚古墳（図1）が提起する問題について考える。両者は、直線距離で約六・五km離れて築造されており、ほぼ中間を姿川が南流する。

壬生車塚古墳は、壬生町甲にあり、黒川と恵川の合流点のすぐ東方約四〇〇m、段丘上に立地する。墳丘径は八四m、三段築成の大型円墳である。墳丘第一段は、低平な基壇となる。周湟は二重にめぐることが確認されており、二重目周湟の外縁径は一三五mに達する。凝灰岩の大型切石を用いた横穴式石室が開口している。墳丘面は葺石で覆われ、墳頂部、二段目テラスに焼成後底部穿孔の須恵器甕が並び、周堤上にも据えられていた可能性が高い。また、石室の南側から埴輪片が出土している。築造時期は、石室の編年観から七世紀前半と考えられる。

文献史学による壬生車塚古墳被葬者像については、壬生という地名に着目する論が多い。壬生部は皇太子たる厩戸皇子に付せられた部で東国と天皇家の関連の深さを示す、と位置づけられている（早川万年、一九八五）。壬生車塚古墳の被葬者は、七世紀前半に国造に仕奉した可能性が高く、被葬者のウヂ名は「壬生（部）君」だった、との評価がある（小野里了一、二〇〇七）。また、栃木県南部における主要古墳の変遷を小地域ごとに整理することによって判明した「国分寺地区の首長層から壬生地域の首長層に下毛野国造の地位が移動した要因」について、壬生地区の下毛野氏が壬生部を管理・貢納することで、急速な勢力伸長したため、と考えられている（須永忍、二〇一三）。

下石橋愛宕塚古墳は、下野市（旧石橋町）下石橋にあり、墳丘中心部は、明治二十年代に東北本線により破壊されてしまった。その後、線路の東側に東北新幹線の新設が計画され、一九七二年に残丘部分の記録保存調査が実施された。墳丘径八二m、二段築成の大型円墳（これまで帆立貝形とされてきたのは、幅〇・八〜一、五mの根切り溝を周湟と認識したため）で、破壊されていた凝灰岩切石使用石室周辺から金銅製馬具を含む多数の副葬品が出土した。墳丘面から多量に出土した須恵器甕の出土標高は、ほぼ一定で、直径五〇m前後の円形に須恵器甕がめぐっていたことが判明した。

須恵器甕は、焼成後に底部を打ち欠いて穿孔している。口縁部は十八個体分に分類され、多くの種類の須恵器甕が、墳丘の裾の基壇面に並んでいたことになる。まさに須恵器列で、円筒埴輪列を彷彿とさせるものであり、埴輪終焉後の墳丘祭祀の様相を明らかにした点で重要である。ただし、同種多量ではない点で、埴輪とは区別される。

下石橋愛宕塚古墳の時期は、出土馬具により、七世紀初頭を中心とするＴＫ二〇九型式期に位置づけられ、埴輪終焉直後の様相を示す。

両古墳の調査成果は、形が埴輪から須恵器甕に変化したが、人々の墳丘に対する、すなわち、死者に対する思いとその儀礼は、七世紀になっても一定期間変化せずに受け継がれたことを物語る。この事実から考えると、車塚古墳の墳頂部、墳丘中段テラス、中堤の三か所にめぐる底部穿孔須恵器甕と前庭部に並べられた可能性が高い埴輪が共存することは矛盾しないと判断される。

さて、壬生車塚古墳と下石橋愛宕塚古墳が提起する問題について考えてみたい。両者は、それぞれ八四m、八二mとほぼ同規模で七世紀前半における列島最大級の円墳である。築造時期もほぼ同じ、さらに直線距離で六・五kmと非常に近接して築造されている点に注目する必要がある。もし、先学が述べてきたように、壬生車塚古墳を下毛野国造の墓と位置づけるならば、ほぼ同時期に同形同大の下石橋愛宕塚古墳が造られていることになる。下石橋愛宕塚古墳は、壬生車塚古墳の石室に遜色ない大型の凝灰岩切石使用の横穴式石室をもち、金銅製馬具などの非常に優れた副葬品をもつ。下石橋愛宕塚古墳も最有力首長層の墓と位置づけられ、車塚古墳が下毛野国造なら、こちらも国造の墓と言わざるを得なくなる。ここに大きな問題が潜んでいるように思われる。古墳研究は、六・七世紀の最有力首長層の墓と考えられる古墳の被葬者の候補として、何の吟味もなしに、国造の奥津城と位置づけてこなかっただろうか。墳丘規模が大きい、埋葬施設が大きい、あるいは精美だ、そして副葬品が豪華だ、という曖昧で相対的な要素をもとにして国造を認定してきてしまったのではないだろうか。こう書くと、二つの古墳の間を流れる姿川が、領域を二分していたのだ、との異論も想定される。しかし、下毛野国造は一人であり、並存は考えづらい。さらには、壬生車塚古墳の二重周湟に大きな優位性がある、との意見も当然予想される。だが、次代の首長墓と位置づけられる七四mの大型円墳である下野市丸塚古墳や五二mの大型方墳である上三川町多功大塚山古墳の周湟は、一重である。なお、「下石橋愛宕塚古墳と車塚古墳がまったく別の支配領域を持っていたとも思えず、両者とも下毛野国造」であり下毛野地域の個性、との評価もある（日高慎、二〇一五）。筆者は、当該地域全体を墓域と考えており、本拠地は別にあると考えている（小森、二〇一五）。

国造制と領域の関係について先行研究を振り返る時、まず、取り上げるべきは、全国造を対象とした「国造統治権とその圏内における古墳文化」を作成した先駆的研究であろう（斎藤忠、一九五八）。「統治圏」なる語が示す領域支配を想定した点は、律令国の範囲＝最有力古墳＝国造の図式を提示し、以降の古墳研究に大きな影響を及ぼした論文と位置づけられる。

奇しくも同年に発表された、甘粕健によるダイナミックな構想である「武蔵の争乱と屯倉の設置」（和島誠一・甘粕健、一九五八）は、古墳の分布・動向と『日本書紀』の記事との整合性をめぐって活発な議論を巻き起こした（甘粕、一九七〇・一九九五など）。武蔵国造の乱に関わる学史については、すでに優れた先行研究がある（清水久男一九九五。城倉正祥、二〇一一など）。甘粕論に対する評価は、「武蔵国」という統一的な領域概念が当時存在したことを前提にしており、考古学的には「武蔵国」という領域が成立していたとする証左は何等見出すことはできない、との批判（渡辺卓幸、一九七八）にすでに尽きていると判断される。

筆者なりに武蔵国造の乱にまつわる論争を評価してみると、二点に整理することができる。①国造の支配領域をどのように考えるか、そもそも、そのような領域があるのか。②少し視野を広げてみると、畿内にも武蔵と同様に国造がいたはずであるが、支配領域とどうかかわるか。そうすると、古代史の重要な課題の一つである畿内制と絶対君主制の評価、あるいは両者を加味したものであった、とする論争に加わることになるだろう。期せずして同時期に発表された斎藤・甘粕の両者に通じるのは、国造と令制下の国の領域を直接的に結びつける考え方であり、現在にまで大きな影響力を及ぼすことになった。

ここで問題としたい領域に関する課題は、立評の評価によく表れていると思料される。①『常陸国風土記』をもとに、立郡申請者＝初期官人、とする説（鎌田元一、一九七七）、そしてそれに抗する②部民制の廃止と関わらせて理解すべき、との意見がある（須原祥二、二〇〇七など）。①とすれば、ある程度の領域支配を考えざるを得ないことになるだろう。古墳分布との関係性については、分布が示す在地首長層の動向が『常陸国風土記』の建評記事と対応する、と述べる意見がある（篠川賢、一九八〇）。考古学からは、常陸をフィールドとして前方後円墳の動向から在地首長層の勢力圏を復元し、のちの評の領域に対応すると述べる論がある（白石太一郎、一九九一）。両者とも古墳時代の地域首長の勢力圏が、後の評（郡）へ移行した、とする点で共通性が認められる。しかし、白石が対象とした常陸の古墳分布と郡領域との関係を再整理し、国造の「国」を単に評制へと移行させ、さらに郡領域が分割されたのではなく、七世紀を通じて古墳時代からの伝統的な領域が再編されたとする見解もある（清野陽一、二〇〇九）。須原は、建評と国造制について研究者間で共有できる見通しすら描ききれていないと手厳しく表現した（須原、二〇〇七）が、この点については、文献史学者間でもまだ評価が定まっていない。国造に任命された首長の在地支配が、いまだ族制的身分制的原理によったか、それとも令制の地方支配につながる領域的支配の先駆であったか、との問いかけ（岩永省三、二〇一二）は的確である。国造と領域支配に関わる内容に限定し、まずは文献史学の業績を振り返ってみよう。

近年、国造と領域の分野に関して活発に発言しているのは、大川原竜一である。大川原は『隋書』にみられる「軍尼」がなぜ一百二十人という人称を付して使用されたのか、と問いかける。そして「本来仮説的であった領域支配を表す国造の「クニ」を実体化させる」陥穽に陥ったと先行研究を批判し、国造制は領域支配ないし領域的支配ではなく、人的支配の側面を重視すべき、と主張した（大川原、二〇〇七）。その後、国造制下において個々の首長が自己の領域をもち、政治的に支配している「領域支配」は存在し、王権が首長隷属下の人民を統一的に区分する制度や国造の「クニ」という領域区画は認められないことを理由として国造制下に「領域的支配」はなかった、と述べた（大川原、二〇一三）。

同様な考えは、すでに先行研究にもみられる。石母田正は、やはり「軍尼」という領域を「百二十人」とする事実が端的に示しており、「国」と国造制の実体は本来在地首長層またはその結合体に他ならない、と述べている（石母田、一九七一）。石母田国造論は関東における国造制の成立を五世紀末から六世紀初頭と考え、裁判権、徴税権、勧農、祭祀権などを備えた「国造法」を考えている点に留意する必要がある。ただし、これらの権限については、「その保有者は必ずしも国造に限らない」との批判がある（舘野和己、二〇〇四）。また、国造領域的支配と領域支配を厳密に区分し、領域的支配は令制国の成立をもって確立した、とする説がある（大町健、一九七九）。これを支持する時、古墳時代には、領域的支配はないことになる。六世紀後半から七世紀の「有力」古墳の動向をもとに、国造の国や初期の評では、領域的支配がなされてなかった可能性の指摘（清野、二〇〇九）はその延長線上にある。

最後に、やや時代の下る八世紀の郡司の性格を扱った論であるが、評督の性格を考えるとき、非常に重要な指摘について記しておきたい。須原祥二は、終身官であるはずの郡司が、実は十年未満でひんぱんに交替していたことを明らかにした（須原、一九九六）。さらに注目されるのは、一つの郡のなかに郡司候補者となる有力者が複数いて、いわば郡司層を形成していたことを明らかにした点である。須原の論は、郡司を輩出するのは郡司家ともいうべき、単一系譜で固定したものではなく、複数系譜の存在を指摘した点で重要である。この複数系譜の問題については、

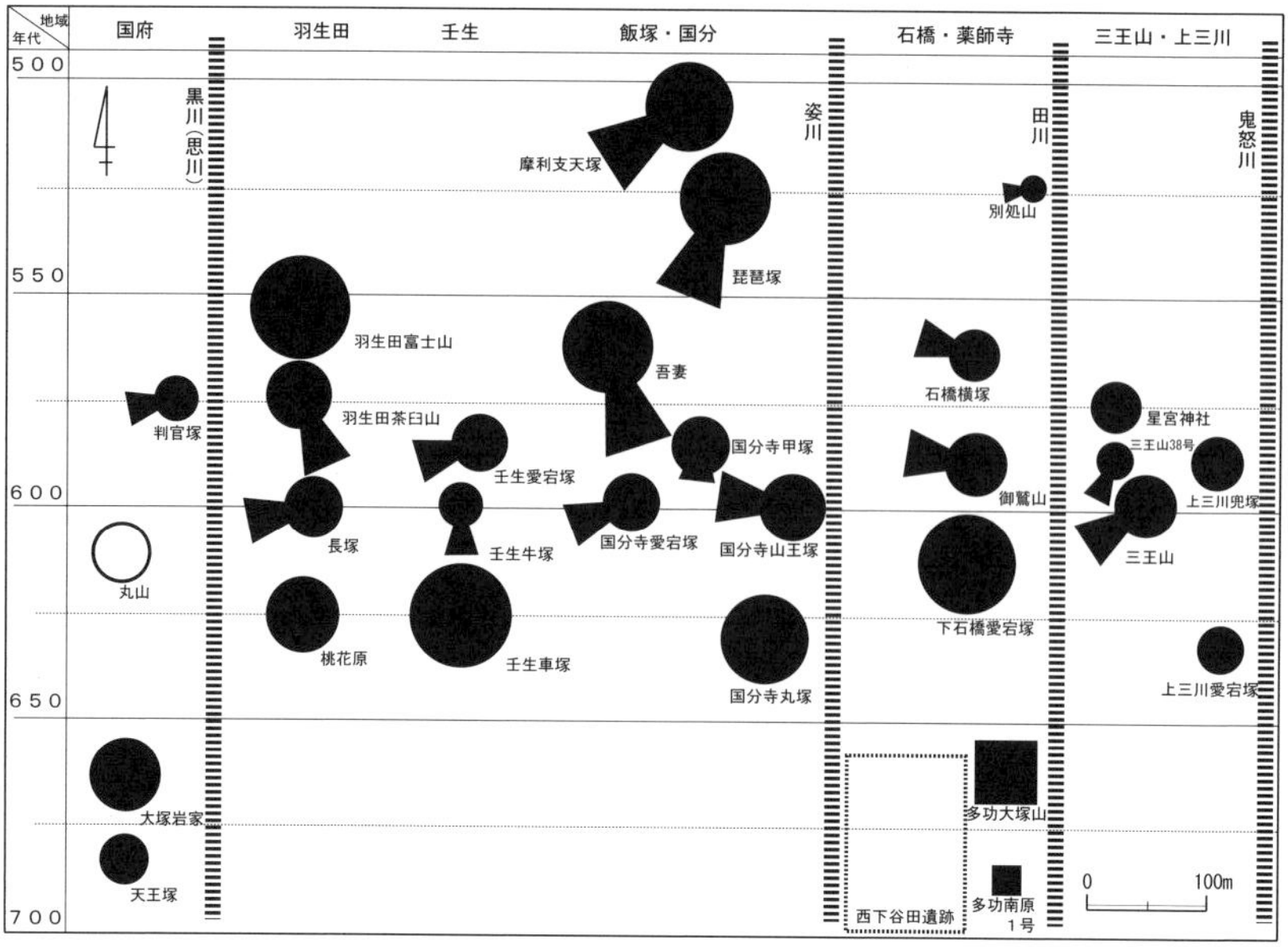

図２　しもつけ古墳群における主要古墳の編年

近年の氏族系譜研究の成果も非常に参考になる。紀伊国造の本宗である紀直氏の七～九世紀における構造と系譜意識に着目し、国造を輩出し得る複数の系統の存在を明らかにした研究である（鈴木正信、二〇一二）。

さらには、丹後においても海部氏という勢力の中に複数の系統が存在し、八世紀中葉までは各系統から祝（神祇職）が選任されたことを述べている（鈴木、二〇一六）。筆者は、このような状況を七世紀の地域社会に遡らせることも可能ではないか、と考えている。古墳の動向から復元される、首長の複数系列と整合する可能性が十分にある。ただし、郡領が短期間で交替していたとする須原論については、森公章による、①全国的な郡司任用者の集成は一部の郡に留まる、②下総国海上郡において長期間に亘る任用の継続があるので、一般化できない、との批判もある（森、二〇〇九）。即断は控えたいが、それでもなお、一つの郡の中に郡司候補者が複数存在し、「郡司層」を形成していたとの指摘は、在地の実態を伝えるもの、と理解しておきたい。古墳の動向からみた壬生車塚古墳と下石橋愛宕塚古墳の被葬者の位置づけに関して非常に参考になる考え方と言える。なぜなら、古墳研究は、栃木県南部における約一四km四方の範囲に展開する古墳群が、六地域に区分され、両墳を含んだ複数系列の首長系譜が、同時期にみられることを明らかにしているからである（図2）。

以上の検討により、文献史料からは追えない国造制の内実について、古墳研究が大いに発言できることが明らかとなった。古墳研究を抜きにした国造研究は、不十分と言わざるを得ないのである。中央においては、マヘツキミ・オホマヘツキミ制による大王位継承者決定権を含む有力氏族による合議制であった（倉本一宏、一九九七）との論は、群臣層の合議を大王権力を拘束する「貴族制的」決定機関とみなせない、とする批判（佐藤長門、二〇〇九）を経てもなお、当地の事情に合わせて地域首長決定権をもつ地方版合議制の存在を十分に予感させるのである。次に、東北・関東地方の主要古墳群の動向から読み取る首長系譜の類型化をもとに、国造制との連関について考えてみよう。

二　東北・関東地方の後期〜終末期における主要古墳の動向

五〜七世紀における東国の主要古墳群の変遷について一覧した（図3）。対象としたのは、舟田・本沼古墳群（福島県白河市）、しもつけ古墳群（栃木県下野市・壬生町・小山市・上三川町・栃木市）、総社古墳群（群馬県前橋市）、埼玉古墳群（埼玉県行田市）、内裏塚古墳群（千葉県富津市）、龍角寺古墳群（千葉県栄町）、板附古墳群（千葉県成東町）、玉里古墳群（茨城県小美玉市）の八古墳群である。それぞれの古墳群の断続と墳形転換をもとに類型化する。なお、五世紀前半から連続する古墳群は確認できない。

A類　『前方後円墳集成』編年（以下集成編年とする）8期（TK二三・四七）、遅くとも9期（MT一五・TK一〇）に築造を開始し、以降、一二期まで継続的に築造が途切れることなく連続する。前方後円墳終焉後の墳形により、二分される。

A1類…前方後円墳の終焉後、方墳に墳形転換（総社古墳群・内裏塚古墳群）

A2類…前方後円墳の終焉後、円墳に、その後方墳に墳形転換（しもつけ古墳群・埼玉古墳群）

A3類…前方後円墳の終焉後、円墳に墳形転換（玉里古墳群）

B類　集成編年一〇期（TK四三・TK二〇九）に大規模前方後円墳が画期をもって築造され始め、これが最後の前方後円墳となり、その後、方墳に墳形転換する。（龍角寺古墳群・板附古墳群）

C類　集成編年10期に開始するが、継続せず、空白期を経て12期に整美な横口式石槨を内部主体とする円墳・上円下方墳が築造される。（舟田・本沼古墳群）

A類については、集成編年8期（内裏塚古墳群では9期）に大きな画期があり、これ以降、安定して大型前方後円墳が継続して築造される。首長権の受け渡しがスムーズであり、継承システムが確立している地域と判断される。列島規模で古墳の動向を検討し、五世紀後半以降首長墓造営地の固定は、畿内勢力との密接な関係を示し、各地における国造系譜の直接的な起源につながるとする考え（土生田純之、二〇〇四）は、地方の主体性を強調しつつ、古墳研究に広い視野を提供した。その後、より具体的に論じ、五世紀後半にはじまる首長墓造営地の固定は、首長系譜固定とその後における「国造の任命」に他ならないとした（土生田、二〇〇八）。前記したように、東国の主要古墳群の断続と墳形転換の検討からは、三類型化が可能であり、そのうちの一類型（A類）に歴史的な意味付けを提供する論と位置づけられる。

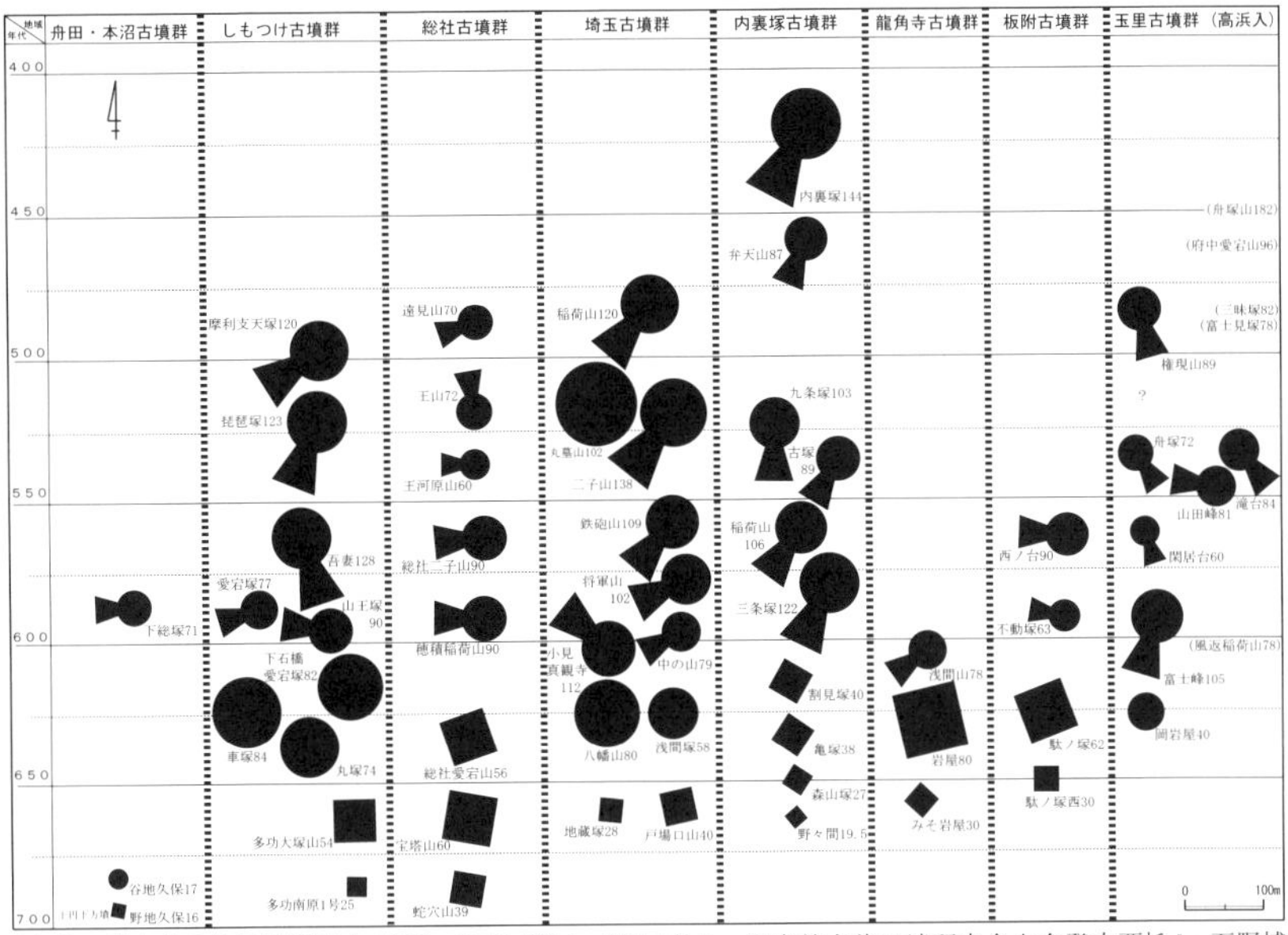

（東北・関東前方後円墳研究会 1996〜2015『第 1〜20 回東北・関東前方後円墳研究会大会発表要旨』・石野博信編 1995『全国古墳編年集成』雄山閣出版・近藤義郎編 1994『前方後円墳集成』東北・関東編　山川出版社　谷仲 2015 等をもとに作成）

図3　5〜7 世紀における東国の主要古墳群の様相

それに対して、B類は、10期に至って大型前方後円墳が新たに築造され始めた地域である。龍角寺古墳群と板附古墳群は、地域的には、前者が印波国造、後者が武射国造域に比定されている。したがって、このB類に分類される古墳群は、小国造国が含まれる可能性が高い。

C類は、古墳のあり方が、その地域と中央との関係をよく表している。10期段階で、B類と同様に前方後円墳が築造されるが、次代へ連続せず、七世紀後半になって、畿内色の強い横口式石槨をもった小規模な古墳が築造されることになる。外部からの他律的な古墳築造契機が推定される。

古墳の動向と集落の検討から導かれた五つの画期（小森、二〇一五）について略記しておきたい。

第一の画期　7期と8期の間付近（五世紀後半）。この時期以降、大型古墳が12期まで継続して築造され、首長権継承システムが確立。初期群集墳の築造、そして集落変遷の第二の画期と対応する点において、最大の画期となる。以降を初期国家段階と位置づける。五世紀中葉までに古東山道ともいうべき幹線道路が整う。

第二の画期　9期と10ａ期の間付近（六世紀後半）。社会構成の「複雑化」。後期群集墳の築造数増大。小規模前方後円墳の築造数の急増。各地の主要古墳群において、連帯感を主張する独自性の発現。埋葬施設の諸要素の地域間交流の背景に、広域の首長連合による政治的ネットワークの確立をみる。

第三の画期　10ｂ期と11期の間（七世紀初頭）。前方後円墳の終焉と大型円墳あるいは大型方墳への墳形転換。埴輪祭祀の終焉。

第四の画期　11期と12期の間付近（七世紀中葉）。社会構成の「単純化」。集落変遷の第三の画期に対応し、奈良・平安時代において地域のネットワークの拠点となる大規模集落に変遷する。畿内の影響を受けた横口式石槨の採用。東関東における小規模前方後円墳の終焉。群集墳における方墳の採用。

第五の画期　12期の中（七世紀第Ⅲ四半期後半）。社会構成の「単純化」がさらに進む。評衙の設置と寺の創建。群集墳築造数の激減。

本小考に直接関わる第二の画期について付記しておきたい。『日本書紀』継体二十一年（五二七）六月条が伝える筑紫君磐井が謀反に至る経緯のなかで、任那に派遣される近江毛野臣を遮って「今こそ使者たれ、昔は吾が伴として、肩摩り肘触りつつ、共器にして同食ひき」と磐井が述べていることに注目し、二人が共に食事をしたとすれば、王宮に上番して仕えたヤマトでしかありえない、と推断する意見がある（舘野、二〇一二など）。さらに、ヤマト王権による地方支配体制としての屯倉制、国造制については、文献史学界でほぼ定説化した感がある内容について、考古学の立場からも、追認する形で両制の整備される契機は、六世紀前葉におけるこの磐井の乱とみる見解が有力視されている（岩永、二〇一二。辻田淳一郎、二〇一二など）。つまり、ヤマト王権の九州支配は、磐井の乱平定を画期として、屯倉の設置と国造の任命を中心に展開した（亀井輝一郎、二〇一二）と位置づけられている。東国の古墳時代後期における主要古墳群の断続と墳形転換から導かれた三類型のうちのB類（TK四三型式期）が、九州と比べてやや年代が下降するが、中央による地方再編の動きに連動した可能性が高い。本論における五つの画期における第二の画期に対応させることができる。

六・七世紀における東国の主要古墳群の断続と墳形転換をもとにすると、その地域的特色は、A（A1・A2・A3）・B・C類に三大別できた。この類型は、それぞれの地域と畿内首長連合との関係および地域社会の動向を物語る。地域間を越えた共通性とそれぞれの地域の独自性を併せもつものであった。

五つの画期を経て、律令国家形成に至るが、それぞれの歩みは、古墳時代における各地域の実態に即したものであった、と言えるだろう。

三　六・七世紀における古墳の動向と大国造・小国造

前方後円墳の消長について、便宜的に旧国単位で整理してみると、その導入時期におけるバラつきとは対照的に、倭全体でほぼ一斉に終焉をむかえている。ただし、より詳細にみてみると、8ないし9期から段階的に少しずつ前方後円墳を築造しない地域がでてきていることがわかる（小森、二〇一五）。一方、千葉・茨城など東関東地方では10期以降も小規模前方後円墳の築造がみられる。遅くまで残る小規模前方後円墳は、畿内との関係で築造されたものではないと考えることができる。なぜなら、この時期にはすでに前方後円墳を通じて政治的関係を表現する時代は、過去のものとなっていたからである。11期にみられる小規模前方後円墳は、10期に拡大した地域内の首長間の関係がすぐには解消されず、その残存形態であると判断することができる。村落レベルでは、未だ前方後円墳の権威は一定の有効性をもって通用しており、そこにこだわり続ける地方有力者と、黙認することによって地方の末端に至るまで円滑な支配を目論む畿内首長連合の姿を群集墳中の小規模前方後円墳にみることができる。実は、後述するように、七世紀代まで小規模前方後円墳が残存する千葉・茨城は、小国造国なのである。

大国造・小国造については、前者が広い領域内部の首長層の結合体を代表する一個の首長であり、政治的・軍事的に大王権力の根幹をなす領域をもち、後者は、在地首長層の支配体制と領域をそのまま国造として編成したもの、とする先駆的研究がある（石母田、一九七一）。なお、大国造制の諸国にも小国造が存在することを付記し、別項（同書所収「生産関係の総括としての国家」）では、大国造制は、大国造自体が一首長にすぎず、その国内の首長が県主や小国造としてその中に編成された場合でも全体としては組織化されない首長層連合体と位置づけている。本小考では、石母田による大国造＝令制国に対応する大規模な国造、小国造＝令制下の郡に対応する小規模国造、との定義に従う。

大国造国の群馬・栃木と小国造国である千葉・茨城との違いの要因を述べる論は少ない。そのような中、久保哲三は大河川の広大な地域を領有する大国造（群馬・栃木）、中小河川の狭小な流域を領有・分立した小国造（千葉）と位置づける考えを示した（久保、一九八六）。同年、前川明久も自然条件を重視し、歴史地理的区分を目指した。東関東（常総）では中小河川や湖沼沿岸を単位として狭隘な在地首長の支配領域が割拠、西関東（毛野・武蔵）では長大な河川流域を領域としていた、と二分し（前川、一九八六）、久保と見解を共有した。さらに、古墳時代の関東地方は鬼怒川を境に東西二極構造と把握する意見（白井久美子、二〇〇二）がある。海道（総武・常総）と内陸

（上野・下野・北武蔵）で小国造と大国造を理解しようとする視点である。

私見では、小国造国である太平洋側（千葉・茨城）において、小規模前方後円墳が七世紀代になっても継続する傾向を指摘するとともに、地域相Ｂ類に小国造国が含まれる可能性が高いと考えている（小森、二〇一五）。なお、終末期の大型方墳・円墳は国造の支配領域に一ヵ所ずつ営まれたものであり、大国造が置かれた上野・下野・武蔵では、律令制の国を単位に一ヵ所、上総・下総・常陸では、律令制下の二、三郡程度の支配領域をもつ小国造が置かれた地域にあたる（白石、一九九九）。なお、小国造の問題については、「上海上国造と下海上国造の支配圏のあいだに、武社国造がはいっている」ことを根拠に、房総地域の国造制には少なくとも二段階の展開を想定する意見（吉村、二〇〇〇）に十分に目配りする必要がある。一斉施行説による、制度自体は一斉に発令されても、地域によって時間差をもって施行された、とする論はよく見かけるが、複数度の発令による国造制の展開を想定したほうが説明し易いかもしれないからである。本小考における第二・第三の画期に対応する可能性がある。

おわりに

以上、述べてきたように、一節では、国造制が古墳造営の中に反映しているか否かを考えることを目的とし、近接してほぼ同時期に営まれた大型円墳の動向と小地域の首長墓系譜の検討から、複数系譜の存在と国造と認定する難しさに言及した。さらに、二、三節では、東北・関東地方の主要古墳群の動向から読み取る首長系譜をもとに、三つの類型化と大国造、小国造の関係について考えた。その結果、王権との関わりの時期と内容の違いがそれぞれの類型に反映するとともに、これまで小国造と呼ばれてきた地域で小規模前方後円墳が七世紀代まで残ることを明らかにし、その背景に伝統を重んじる地域の主体性をみた。本小考は、古墳研究が文献史料からは追えない国造制の内実について、大いに発言できることを明らかにすることをめざした。古墳研究を経ない国造研究は、不十分と言わざるを得ないのである。改めて強調し、ささやかな成果としたい。

本論の核心に迫る問いが残されている。「壬生車塚古墳に埋葬された人物は下毛野国造か」という難問である。少し前の筆者なら躊躇なくこう応答した。「大化前代の王権による地方支配制度である国造制については、六世紀前半におけるミヤケの設置を重視し、西日本では六世紀中葉、東日本では六世紀後半に施行されたとする意見と、前方後円墳の築造停止が示す、制度的な王権の支配が地方に及んだ七世紀初頭に画期を求める二つの意見がある。いずれにしても、車塚古墳の被葬者は、墳丘と石室の規模から判断して、当地における最有力首長と判断され、下毛野国造の奥津城と考えることができる」と。しかし、現段階では、時期や古墳の内容から判断して、考古学的には国造であった可能性が高いが、断定は難しい、との返答しかできない。至近距離にある同型・同規模・同時期の下石橋愛宕塚古墳の存在をどう評価するかという問題、さらにはこれが出たら国造の奥津城とする、という証拠としての遺構・遺物が未だ確定していない、と考えるからである。参考となるのは、『日本書紀』成務五年九月条の「諸国に令して、国郡に造長を立て、県邑に稲置を置つ。並に盾矛を賜ひて表とす」との記事が伝える国造と稲置に身分の表徴として盾と矛が下賜されたとする件である。しかし、潤色もあり、遺物を確定することは難しい。身分表徴としての武器については、天智三年二月条に、身分に応じて大刀、小刀、干楯・弓矢を下賜する記事もあり、今後とも副葬武器に注目していきたい。

国造制の成立時期に関する、今後の研究の方向性としては、二つの道がある。①白石太一郎の学説による七世紀初頭説（白石、一九九一・一九九二・二〇〇七など）については、前方後円墳の終焉を一大エポックとして、推古朝における大きな変革に注目する従来の論述に加え、文献史学の成果である孝徳朝、そして天武朝の画期、さらに前方後円墳終焉後の大型円墳・方墳が存在しない地域の国造制をどう評価するのかについて考古資料をもとに考察し、画一的ではない多面的な七世紀史を構築する必要がある。その中で、領域支配の問題についても研究の深まりが図れる可能性が高い。②国造制は一斉に施行されたが、西日本では六世紀後半、東日本では六世紀末に時間差をもって成立した、とする篠川賢の学説（篠川、一九九六など）に対しては、東西それぞれの地域における古墳変遷のなかに該当する兆候が見られるか否か、そしてその背景について改めて絞り込む必要がある。現段階では、残念ながら①か②かを俄かに決する根拠に到達できていない。しかし、そのことをもって古墳研究が国造制に言及できない、とすることは安易にすぎるだろう。単純化すれば、国造制の成立については、篠川の東国六世紀末説が、『日本書紀』により、白石が、考古学的に年代、墳形転換、規模の三視点をもとに七世紀初頭に位置づけている点において、両者の歩み寄る余地はなく平行線を辿る。方法論が根本から違うのである。

このような状況のなか、初代の国造は、国造任命時にすでに在地首長であり、既存の墓制である前方後円墳を構築し、次代は国造就任と首長就任が重なるため、前方後円墳築造停止という新しい畿内の論理に歩調を合わせた、との論は篠川・白石論を繋ぎ、非常にバランス感覚に優れている（土生田、二〇〇八）。しかし、まずは違いを認めることから始め、急いで互いの考えを摺り合わせる必要性はないだろう。それぞれの研究の蓄積を大切にしながら展望をもって進めたい。在ることとそれを確認できないことは別の次元と考えるからである。

古代史の世界では、史料批判が圧倒的な重要さを持ち、史料に書かれたことをそのまま認めることはあり得ず、価値を割り引くほど手堅い研究とみなされる傾向があるという（東野治之、二〇一四）。しかし、東野はそうした手法では、硬直した歴史像しか描けないことを危惧する。さらに「残らなかったものや消されたものに思いを馳せつつ、残ったものを考えるという当たり前のことを地道に重ねること」が歴史を現代に生かすために極めて重要であることを語りかけている。今後の指針とするとともに、古墳研究からのアプローチを試みた本小考を、筆者の国造制研究の第一歩としたい。

参考文献

甘粕　健、一九七〇「武蔵国造の反乱」（『古代の日本』七　関東、角川書店）

一九九五『武蔵国造の反乱』再検討」（『武蔵国造の乱―考古学で読む『日本書紀』―』東京美術）

石母田正、一九七一『国造制および国造法の成立」（『日本の古代国家』岩波書店）

岩永省三、二〇一二「第二分科会　ミヤケ制・国造制の成立―磐井の乱と六世紀代の諸変革―」（『日本考古学協会二〇一二年度大会研究発表要旨』）

大川原竜一、二〇〇七「大化以前の国造制の構造とその本質―記紀の「国造」表記と『隋書』「軍尼」の考察を通して―」（『歴史学研究』八二九）

二〇一三「国造制研究の現状と課題」（篠川賢・大川原竜一・鈴木正信編著『国造制の研究―史料編・論考編―』八木書店）

大町　健、一九七九「律令制的国郡制の特質とその成立」（『日本古代の国家と在地首長制』校倉書房、一九八六年に所収）

小野里了一、二〇〇七「「毛野君」から上毛野・下毛野へ」（『東アジアの古代文化』一三二）

亀井輝一郎、二〇一二「ヤマト王権の地方支配」（『日本考古学協会二〇一二年度大会研究発表要旨』）

鎌田元一、一九七七「評の成立と国造」（『律令公民制の研究』塙書房、二〇〇一年に所収）

清野陽一、二〇〇九「常陸国の古墳分布と郡領域」（『古代地方行政単位の成立と在地社会』独立行政法人国立文化財機構奈良国立文化財研究所）

久保哲三、一九八六「古墳時代における毛野、総」（『岩波講座　日本考古学』五　文化と地域性、岩波書店）
倉本一宏、一九九七「氏族合議制の成立―「オホマヘツキミ－マヘツキミ」制―」（『日本古代国家成立期の政権構造』吉川弘文館）
小森哲也、二〇一五『東国における古墳の動向からみた律令国家形成過程の研究』（六一書房）
斎藤　忠、一九五八「国造に関する考古学上よりの一試論」（『古代史研究第4集　古墳とその時代（二）』朝倉書店）
佐藤長門、二〇〇九「倭王権における合議制の機能と構造」（『日本古代王権の構造と展開』吉川弘文館）
篠川　賢、一九八〇「律令制成立期の地方支配―『常陸風土記』の建郡（評）記事をとおして―」（『日本古代史論考』吉川弘文館）
　　一九九六『日本古代国造制の研究』（吉川弘文館）
清水久男、一九九五「『武蔵国造の乱』への招待」（『武蔵国造の乱―考古学で読む『日本書紀』―』東京美術）
城倉正祥、二〇一一「武蔵国造争乱―研究の現状と課題―」（『史観』一六五）
白井久美子、二〇〇二「坂東的世界の萌芽」（『古墳から見た列島東縁世界の形成』平電子印刷所）
白石太一郎、一九九一「常陸の後期・終末期古墳と風土記建評記事」（『古墳と古墳群の研究』塙書房、二〇〇〇年に所収）
　　一九九二「関東の後期大型前方後円墳」（『古墳と古墳群の研究』前掲に所収）
　　一九九九「上総・駄ノ塚古墳」（『東国の古墳と古代史』学生社、二〇〇七年に所収）
　　二〇〇七「終末期古墳と国造制」（『千葉県の歴史』通史編　原始古代一）
鈴木正信、二〇一一「『紀伊国造次第』の成立とその背景」（『日本古代氏族系譜の基礎的研究』東京堂出版、二〇一二年に所収）
　　二〇一六「『海部氏系図』の成立背景」（『日本歴史』八二二）
須永　忍、二〇一三「下毛野氏の基本的性格」（『駿台史学』一四九）
須原祥二、一九九六「八世紀の郡司制度と在地―その運用実態をめぐって―」（『古代地方制度形成過程の研究』吉川

弘文館、二〇一一年に所収）
二〇〇七「孝徳建評の再検討―常陸国風土記の立郡記事をめぐって―」（『古代地方制度形成過程の研究』
前掲に所収）
舘野和己、二〇〇四「ヤマト王権の列島支配」（『日本史講座』一、東京大学出版会）
二〇一二「第二分科会　ミヤケ制研究の現在」（『日本考古学協会二〇一二年度大会研究発表要旨』）
辻田淳一郎、二〇一二「雄略朝から磐井の乱に至る諸変動」（『日本考古学協会二〇一二年度大会研究発表要旨』）
東野治之、二〇一四「史料と史実―天皇の和風諡号を例に」（『岩波講座　日本歴史』第二巻月報五、岩波書店）
土生田純之、二〇〇四「首長墓造営地の移動と固定―畿内中心主義の克服に向けて―」（『福岡大学考古学論集―小田
富士夫先生退職記念―』小田富士夫先生退職記念事業会）
二〇〇八「終章　古墳時代の実像」（『古墳時代の実像』吉川弘文館）
早川万年、一九八五「推古朝における壬生部設定について」（『古代文化』三七―八）
日高　慎、二〇一五「車塚古墳・牛塚古墳の発掘調査成果から見えてくるもの」（『みぶ車塚古墳の時代』みぶ古墳群
シンポジウム事業実行委員会・壬生町）
前川明久、一九八六「東国の国造」（『日本古代氏族と王権の研究』法政大学出版会）
森　公章、二〇〇九「評司・国造の執務構造」（『地方木簡と郡家の機構』同成社）
谷仲俊雄、二〇一五「富士峰古墳の墳丘について」（『小美玉市史料館報』九）
吉村武彦、二〇〇〇「第一章古代の房総」（『千葉県の歴史』山川出版社）
二〇〇三「ヤマト王権の成立と展開」（『古墳時代の日本列島』青木書店）
和島誠一・甘粕　健、一九五八「第三章古墳時代　第二節武蔵の争乱と屯倉の設置」（『横浜市史』一）
渡辺卓幸、一九七八「辛亥銘鉄剣を出土した稲荷山古墳をめぐって」（『考古学研究』九九）

〔コラム〕筑紫君磐井・葛子と筑紫国造

北部九州の有力豪族・筑紫君磐井は、継体二十一年（五二七）六月、火・豊の二国に勢力を及ぼして、倭王権と戦ったと伝えられる。磐井は、「竺紫君石井」（『古事記』）や「筑紫君磐井」（『筑後国風土記』逸文）、または「筑紫国造磐井」（『日本書紀』）と表記される。ここでは筑紫君と筑紫国造の関係に留意しつつ、磐井について述べる。

その頃、韓半島では加耶地域の東の新羅と西の百済が、それぞれ加耶に侵攻していた。倭王権にとって加耶は鉄資源の供給地として重要だったので、継体天皇を首班とする倭王権は、新羅に滅ぼされた加耶東部の南加羅・喙己呑を復興させるため、近江毛野に六万の軍勢を率いさせて加耶に送ろうとした。

磐井を含む有明海沿岸の豪族は連合関係を築き、高句麗・百済・新羅・加耶諸国と独自に交流していた。この連合を象徴する阿蘇凝灰岩製の石棺は天皇陵をはじめとして西日本各地の勢力にも供給され、九州の豪族は外交と内政の双方で継体天皇の王権を支えていた（柳沢一男、二〇一四）。磐井もかつて倭王権に出仕し、毛野とも同じ器で物を食べた同輩だったという。

韓半島諸国それぞれとの交流を背景に勢力を築き上げてきた磐井にとって、百済を優遇し、新羅のみを攻撃する倭王権の外交政策は従いがたいものであり、本拠地の八女から港湾施設を保有した糟屋を結ぶ道上の勢力、同族の膳臣など豊前の勢力、新羅海辺の勢力などと協力して毛野の軍を妨害した。いっぽう胸肩君や水沼君、肥君、壱岐の豪族などは磐井に与しなかったとみられる。

継体天皇は物部麁鹿火と大伴金村（『古事記』による）に磐井を討つことを命じたが、磐井は一年半にわたって抗戦を続け、御井郡での決戦で斬られたとも、豊前に逃げたとも伝えられる。磐井の息子の葛子は糟屋の外交拠点を屯倉として献上して死罪を免

図1　福岡県八女市岩戸山古墳（南西上空から）
（九州歴史資料館写真提供）

れたといい、ここに倭王権は列島の外交権の一元化に成功した。

戦後、物部麁鹿火と大伴金村が北部九州に部民を設定し、王権の拠点である筑紫・豊・火三国の八つの屯倉も置かれたという。宣化元年（五三六）には散在する三国の屯倉を統括する那津官家（筑紫官家）が博多に置かれたと伝えられ、大宰府の起源となった。糟屋屯倉を最初として全国に屯倉が置かれ、その現地管理者として地方豪族を国造に任ずる制度が六世紀前半に創始される（大川原竜一、二〇〇九）。

筑紫国造が管理する那津官家は、三国の屯倉をも重層的に統括しており、筑紫国造の国は、律令制下の筑前国・筑後国の範囲を越えて、飛び地的に豊国や火国の一部にも及ぶものであった。『国造本紀』には、三国の屯倉が設定された範囲には、筑紫国造以外の国造がみえないことも、このことを傍証する。そして那津官家の現地管理者として初代の筑紫国造となったのが

図2　武装石人頭部　伝岩戸山古墳出土　古墳時代・6世紀
（正福寺所蔵、九州歴史資料館写真提供）

葛子である（酒井芳司、二〇〇八）。したがって、磐井の時代には国造制はまだなかったのである。

倭王権への服属と引き換えに筑紫君は勢力を保ったが、その代償として、筑紫君を含む九州の豪族と民衆は王権の新羅との戦争に動員されることになった。そして倭王権の百済偏重の外交は、天智二年（六六三）八月の白村江の敗戦で終焉する。磐井の末裔の筑紫君薩野麻も唐軍の捕虜となり、この戦争で筑紫君一族も多くの犠牲を強いられたのである。

（酒井芳司）

参考文献

大川原竜一、二〇〇九「国造制の成立とその歴史的背景」（『駿台史学』一三七）

酒井芳司、二〇〇八「那津官家修造記事の再検討」（『日本歴史』七二五）

柳沢一男、二〇一四『シリーズ「遺跡を学ぶ」〇九四　筑紫君磐井と「磐井の乱」岩戸山古墳』（新泉社）

史料編

1　部民制（伴造制）関係文献目録

大川原竜一　編

凡　例

一、本稿は、部民制（伴造制）に関する研究文献について集成した目録である。
一、採録の範囲は、明治期から二〇一五年十二月までに発表された論文とした。
一、採録の対象は、原則として部民制（伴造制）の制度全体に関する論文に限り、個別の部民については除外した。
一、記載事項は、著者名、論文名、編集者・団体名、掲載雑誌・書名、巻号、発行団体・出版社名、出版年、再録書名とした。
一、配列は、著者名の五十音順、ついで初出の出版年順とした。

部民制（伴造制）

秋沢修二「奴隷制の日本的形態」（『経済評論』三―一、叢文閣、一九三六年）
秋沢修二「上代における社会経済的構成」（渡部義通・早川二郎ほか『日本古代史の基礎問題』白揚社、一九三六年）
阿部武彦「伴造・伴部考」（坂本太郎博士還暦記念会編『日本古代史論集』上巻、吉川弘文館、一九六二年。『日本古代の氏族と祭祀』吉川弘文館、一九八四年に所収）
新井喜久夫「品部名義考」（『アカデミア』八五、南山大学、一九七二年）
石尾芳久「部民制の研究」（『日本古代天皇制の研究』法律文化社、一九六九年）
石母田正「古墳時代の社会組織―「部」の組織について―」（後藤守一編『日本考古学講座　第五巻　古墳文化』河出書房、一九五五年。「古代社会と物質文化―「部」の組織について―」と改題して『古代末期政治史序説―古代末期の政治過程および政治形態―』下巻、未来社、一九五六年、『古代末期政治史序説―古代末期の政治過程および政治形態―』未来社、一九六四年、青木和夫ほか編『石母田正著作集　第二巻　古代社会論Ⅱ』岩波書店、一九八八年に所収）
石母田正「古代史概説」（家永三郎ほか編『岩波講座日本歴史1　原始および古代1』岩波書店、一九六二年。青木和夫ほか編『石母田正著作集　第十二巻　古代・中世の歴史』岩波書店、一九九〇年に所収）
石母田正「古代の身分秩序―日本の場合についての覚書―」（石母田正ほか編『古代史講座7　古代社会の構造（下）―古代における身分と階級―』学生社、一九六三年。「古代の身分秩序」と改題して『日本古代国家論　第一部―官僚制と法の問題―』岩波書店、一九七三年、青木和夫ほか編『石母田正著作集　第四巻　古代国家論』岩波書店、一九八九年に所収）

石母田　正『日本歴史叢書　日本の古代国家』（岩波書店、一九七一年。青木和夫ほか編『石母田正著作集　第三巻　日本の古代国家』岩波書店、一九八九年、『岩波モダンクラシックス　日本の古代国家』岩波書店、二〇〇一年に所収）

井上　辰雄『古代王権と宗教的部民』（柏書房、一九八〇年）

井上　光貞「部民史論」（『新日本史講座（古代前期）』中央公論社、一九四八年。「部民の研究」と改題して『日本古代史の諸問題—大化前代の国家と社会—』思索社、一九四九年、上田正昭編『論集　日本文化の起源　第二巻　日本史』平凡社、一九七一年、『新版　日本古代史の諸問題—大化前代の国家と社会—』思索社、一九七二年、土田直鎮ほか編『井上光貞著作集　第四巻　大化前代の国家と社会』岩波書店、一九八五年に所収、「部民制の形成」と改稿して『要選書63　大化改新』要書房、一九五四年、『アテネ新書002　大化改新』弘文堂書房、一九七〇年、土田直鎮ほか編『井上光貞著作集　第三巻　古代国家の形成』岩波書店、一九八五年に所収）

岩橋　小彌太「二造考」（国学院大学史学研究室編『上代官職制度の研究』吉川弘文館、一九六二年）

上田　正昭「部民制の構造」（日本史研究会編『日本史研究』五三、創元社、一九六一年。「忌部の職能」と改題して『日本古代国家論究』塙書房、一九六八年に所収）

植松　考穆「律令制に於ける品部・雑戸の由来と大化改新」（『史観』一九、早稲田大学史学会、一九三九年）

内田　銀蔵「日本上古の氏族制度に就きて」（『史学雑誌』二五—六（二九五）、史学会、一九一四年。原勝郎校訂『内田銀蔵遺稿全集　第二輯　日本経済史の研究』下巻、同文館、一九二一年、『日本経済史の研究　合本』同文館、一九二四年に所収）

内田　繁隆「古代日本の氏族制社会について」（『社会経済史学』四—九、社会経済史学会、一九三四年）

江里口　隆信「品部考（上）」（『史泉』一二、関西大学

史学会、一九五八年）
江里口　隆信「品部考（下）」（『史泉』一三、関西大学史学会、一九五九年）
遠藤　元男「古代日本的工業生産様式」（『歴史』一六―一、歴史文化研究会、一九四一年。「日本古代の生産様式」と改題して『日本古代史』三笠書房、一九四三年、「古代前期の手工業生産様式」と改題して『日本職人史の研究　論集編』雄山閣、一九六一年、『〈日本職人史の研究Ⅱ〉古代中世の職人と社会』雄山閣出版、一九八五年に所収）
遠藤　元男「部とその周辺の諸問題」（『駿台史学』九、駿台史学会、一九五九年。『日本職人史の研究　論集編』雄山閣、一九六一年、『〈日本職人史の研究Ⅱ〉古代中世の職人と社会』雄山閣出版、一九八五年に所収）
太田　亮「部」（『日本古代氏族制度』磯部甲陽堂、一九一七年。『日本上代に於ける社会組織の研究』磯部甲陽堂、一九二九年、『全訂日本上代社会組織の研究』邦光書房、一九五五年に所収）
大橋　信弥「名代・子代の基礎的研究―部民制論序説―」（日本史論叢会編『論究日本古代史』学生社、一九七九年。『日本古代の王権と氏族』吉川弘文館、一九九六年に所収）
大場　磐雄「上代職業部の考古学的研究序説」（『国学院雑誌』六四―一（六七七）、國學院大學、一九六三年）
大山　誠一「大化改新像の再構築」（井上光貞博士還暦記念会編『古代史論叢』上巻、吉川弘文館、一九七八年）
奥田　尚「日本古代社会における「氏」と「部」の出現をめぐって―東アジア古代社会との関係から―」（『追手門学院大学文学部紀要』三二、追手門学院大学文学部、一九九七年）
押部　佳周「「甲子の宣」の基礎的研究」（井上薫教授退官記念会編『日本古代の国家と宗教』下巻、吉川弘文館、一九八〇年。「近江令の成立」の一部として『日本律令成立の研究』塙書房、一九八一年に所収）

鏡味　完二「品部・名代・子代・部民・屯倉・田荘の地名―古代前期の地名研究―」（日本地理学会編『地理学評論』二七―一一（三二三）、古今書院、一九五四年）

角林　文雄「名代・子代・部曲・無姓の民」（『続日本紀研究』二〇九、続日本紀研究会、一九八〇年。『日本古代の政治と経済』吉川弘文館、一九八九年に所収）

角林　文雄「天智三年の「民部・家部」研究」（日本歴史学会編『日本歴史』四二〇、吉川弘文館、一九八三年。「天智三年の民部・家部」と改題して『日本古代の政治と経済』吉川弘文館、一九八九年に所収）

角林　文雄「大化改新詔の歴史的意義」（『日本古代史研究』第一集、私家版、一九八三年。『日本古代の政治と経済』吉川弘文館、一九八九年に所収）

角林　文雄「無姓の民について」（『続日本紀研究』二七二、続日本紀研究会、一九九〇年）

筧　敏生「律令官司制の成立と品部・雑戸制」（横田健一編『日本書紀研究』一九、塙書房、一九九四年。『歴史科学叢書　古代王権と律令国家』校倉書房、二〇〇二年に所収）

門脇　禎二「倭政権の性格―部民制の形成をめぐって―」（『日本史研究』二七、日本史研究会、一九五六年。「ヤマト政権の性格―部民制の形成をめぐって―」と改題して『日本古代政治史論』塙書房、一九八一年に所収）

門脇　禎二「いわゆる、中大兄献上の「入部」について」（小葉田淳教授退官記念事業会編『小葉田淳教授退官記念　国史論集』小葉田淳教授退官記念事業会、一九七〇年。『「大化改新」史論』下巻、思文閣出版、一九九一年に所収）

門脇　禎二「古代社会論」（朝尾直弘・石井進ほか編『岩波講座　日本歴史2　古代2』岩波書店、一九七五年。「古代社会と国家の形成」と改題して『日本古代政治史論』塙書房、一九八一年に所収）

門脇　禎二「部民制と地域国家」（『日本古代政治史論』塙書房、一九八一年）

狩野　久「品部雑戸制の再検討」（『史林』四三―六、史学研究会、一九六〇年。「品部雑戸制論」と改題して『日本古代の国家と都城』東京大学出版会、一九九〇年に所収）
狩野　久「部民制―名代・子代を中心として―」（歴史学研究会・日本史研究会編『講座日本史　第1巻　古代国家』東京大学出版会、一九七〇年。補訂して『日本古代の国家と都城』東京大学出版会、一九九〇年、小笠原好彦・吉村武彦編『展望日本歴史4　大和王権』東京堂出版、二〇〇〇年に所収）
狩野　久「部民制再考―若倭部に関する憶説―」（奈良国立文化財研究所創立30周年記念論文集刊行会編『奈良国立文化財研究所創立30周年記念論文集　文化財論叢』同朋舎出版、一九八三年。『日本古代の国家と都城』東京大学出版会、一九九〇年に所収）
狩野　久「額田部連と飽波評―七世紀史研究の一視角―」（岸俊男教授退官記念会編『日本政治社会史研究』上、塙書房、一九八四年。補訂して『日本古代の国家と都城』東京大学出版会、一九九〇年に所収）
狩野　久「律令国家の形成」（歴史学研究会・日本史研究会編『講座日本歴史1　原始・古代1』東京大学出版会、一九八四年。補訂して『日本古代の国家と都城』東京大学出版会、一九九〇年に所収）
狩野　久「部民制・国造制」（朝尾直弘ほか編『岩波講座　日本通史　第2巻　古代1』岩波書店、一九九三年。「部民制と国造制」と改題して『発掘文字が語る古代王権と列島社会』吉川弘文館、二〇一〇年に所収）
狩野　久・門脇禎二「部民にされる民衆」（門脇禎二・甘粕健編『日本民衆の歴史1　民衆史の起点』三省堂、一九七四年）
鎌田元一「「部」についての基本的考察」（岸俊男教授退官記念会編『日本政治社会史研究』上、塙書房、一九八四年。『律令公民制の研究』塙書房、二〇〇一年に所収）
鎌田元一「王権と部民制」（歴史学研究会・日本史研究会編『講座日本歴史1　原始・古代1』東京大学出

版会、一九八四年。「部民制の構造と展開」と改題して『律令公民制の研究』塙書房、二〇〇一年に所収）

鎌田　元一「七世紀の日本列島―古代国家の形成―」（朝尾直弘ほか編『岩波講座　日本通史　第3巻　古代2』岩波書店、一九九四年。『律令公民制の研究』塙書房、二〇〇一年に所収）

川上　多助「部についての考察」（『史学』一一―一、三田史学会、一九三二年。「部の研究」と改題して『日本古代社会史の研究』河出書房、一九四七年に所収）

川上　多助「部の分化」（『東京商科大学研究年報　法学研究』四、東京商科大学、一九三九年。『日本古代社会史の研究』河出書房、一九四七年に所収）

川口　勝康「在地首長制と日本古代国家―帝紀批判と部民史論―」（歴史学研究会編『歴史学研究　別冊特集　歴史における民族の形成―一九七五年度歴史学研究会大会報告―』青木書店、一九七五年）

川崎　庸之「日本古代史の問題―津田左右吉博士及び川上多助氏の新著によせて―」（『唯物史観』二、河出書房、一九四八年）

菊地　康明「部民に関する一試論―「身分と階級」の視角より―」（歴史学研究会編『歴史学研究』三二四、青木書店、一九六七年）

岸　俊男「光明立后の史的意義―古代における皇后の地位―」（『ヒストリア』二〇、大阪歴史学会、一九五七年。『日本古代政治史研究』塙書房、一九六六年に所収）

岸　俊男「日本における「戸」の源流」（日本歴史学会編『日本歴史』一九七、吉川弘文館、一九六四年。『日本古代籍帳の研究』塙書房、一九七三年に所収）

喜田　貞吉「御名代・御子代考（上）―穂積先生の「諱に関する疑」に就いて―」（『歴史地理』三三―五（二三六）、日本歴史地理学会、一九一九年。「御名代・御子代考―穂積先生の「諱に関する疑」について―」と改題して林屋辰三郎編『喜田貞吉著作集　第三巻　国史と仏教史』平凡社、一九八一年に所収）

喜田　貞吉「御名代・御子代考（中）―穂積博士の

「諱に関する疑」に就きて―」(『歴史地理』三三―六(二三七)、日本歴史地理学会、一九一九年。「御名代・御子代考―穂積先生の「諱に関する疑」について―」と改題して林屋辰三郎編『喜田貞吉著作集　第三巻　国史と仏教史』平凡社、一九八一年に所収)

喜田　貞吉「御名代・御子代考(下ノ一)」(『歴史地理』三四―一(二三八)、日本歴史地理学会、一九一九年。「御名代・御子代考―穂積先生の「諱に関する疑」について―」と改題して林屋辰三郎編『喜田貞吉著作集　第三巻　国史と仏教史』平凡社、一九八一年に所収)

喜田　貞吉「御名代・御子代考(下ノ二)(完)」(『歴史地理』三四―四(二四一)、日本歴史地理学会、一九一九年。「御名代・御子代考―穂積先生の「諱に関する疑」について―」と改題して林屋辰三郎編『喜田貞吉著作集　第三巻　国史と仏教史』平凡社、一九八一年に所収)

喜田　貞吉「みやつこ及びやつこ名義考」(民族と歴史編輯所編『民族と歴史』八―三、日本学術普及会、一九二二年)

北村　文治「改新後の部民対策に関する試論」(『北海道大学文学部紀要』六、北海道大学、一九五七年。『大化改新の基礎的研究』吉川弘文館、一九九〇年に所収)

北村　文治「天智天皇の対氏族策について」(日本歴史学会編『日本歴史』一八一、吉川弘文館、一九六三年。論集日本歴史刊行会・鈴木靖民編『論集日本歴史2　律令国家』有精堂出版、一九七三年、「天智天皇の氏族対策について」と改題して『大化改新の基礎的研究』吉川弘文館、一九九〇年に所収)

北村　文治「カバネの制度に関する新研究序説(上)」(北海道大学教養部人文科学論集編集委員会編『北海道大学人文科学論集』三、北海道大学、一九六五年。「カバネの制度に関する新研究序説」と改題して論集日本歴史刊行会・原島礼二編『論集日本歴史1　大和王権』有精堂出版、一九七三年に所収)

北村　文治「カバネの制度に関する新研究序説(中)」

（北海道大学教養部人文科学論集編集委員会編『北海道大学人文科学論集』五、北海道大学、一九六七年。「カバネの制度に関する新研究序説」と改題して論集日本歴史刊行会・原島礼二編『論集日本歴史1　大和王権』有精堂出版、一九七三年に所収）

北村　文治「姓の成立―その制度と思想―」（『歴史公論』六―九（五八）、雄山閣出版、一九八〇年。『大化改新の基礎的研究』吉川弘文館、一九九〇年に所収）

北村　文治「律令制導入期の人民対策」（『大化改新の基礎的研究』吉川弘文館、一九九〇年）

木戸　季市「部民制の展開とその構造―天平十一年「備中国大税負死亡人帳」をてがかりとして―」（『日本史研究』一〇六、日本史研究会、一九六九年）

熊谷　公男「天武政権の律令官人化政策」（関晃教授還暦記念会編『関晃先生還暦記念　日本古代史研究』吉川弘文館、一九八〇年）

小中村　清矩「御子代御名代考」（史学会編『史学会雑誌』一―八、大成館、一八九〇年。『陽春盧雑考』一、吉川半七、一八九七年に所収）

小中村　清矩「御子代御名代考（承前）」（史学会編『史学会雑誌』一―九、大成館、一八九〇年。『陽春盧雑考』一、吉川半七、一八九七年に所収）

西郷　信綱「古事記の編纂意識について（二）―氏族系譜からの分析―」（『文学』一四―一〇、岩波書店、一九四六年。「古事記の編纂意識―氏族系譜からの分析―」と改題して『日本古代文學―古代の超克―』中央公論社、一九四八年、『西郷信綱著作集　第9巻　初期論考・雑纂　総索引』平凡社、二〇一三年に所収）

佐伯　有清「名代・子代と屯倉」（杉原荘介・竹内理三編『古代の日本　第7巻　関東』角川書店、一九七〇年。「東国地方の名代と子代」と改題して『古代史の謎を探る』読売新聞社、一九七三年に所収）

坂本　太郎「改新の結果」（『大化改新の研究』至文堂、一九三八年。坂本太郎著作集編集委員会編『坂本太郎著作集　第六巻　大化改新』吉川弘文館、一九八八年に所収）

笹川 進二郎「甲子の宣の研究―天智朝の史的位置その一―」（『立命館文学』三六二・三六三、立命館大学人文学会、一九七五年）
笹川 進二郎「部民制についての覚書」（日本史論叢会編『北山茂夫追悼日本史学論集 歴史における政治と民衆』日本史論叢会、一九八六年）
笹川 進二郎「大津宮遷都と天智朝の対氏族策」（『日本史論叢』一二、日本史論叢会、一九八九年）
志田 諄一「大化前代の社会構造」（黛弘道・鈴木英雄ほか編『有斐閣選書 概説日本史』有斐閣、一九七七年）
篠川 賢「部民制とは何か」（白石太一郎・吉村武彦編『争点日本の歴史 第二巻 古代編 I』新人物往来社、一九九〇年。「部民制」と改題して『日本古代国造制の研究』吉川弘文館、一九九六年に所収）
庄司 浩「御子代御名代について」（『立正大学文学部論叢』八、立正大学文学部、一九五八年）
須原 祥二「部民制の解体過程」（『古代地方制度形成過程の研究』吉川弘文館、二〇一一年）
関 晃「天智朝の民部・家部について」（『山梨大学学芸学部研究報告』八、山梨大学学芸学部、一九五七年。関晃著作集編集委員会編『関晃著作集 第二巻 大化改新の研究 下』吉川弘文館、一九九六年に所収）
関 晃「古代日本の身分と階級」（石母田正ほか編『古代史講座7 古代社会の構造（下）―古代における身分と階級―』学生社、一九六三年。関晃著作集編集委員会編『関晃著作集 第四巻 日本古代の国家と社会』吉川弘文館、一九九七年に所収）
関 晃「大化前代における皇室私有民―子代・御名代考―」（弥永貞三編『日本経済史大系1 古代』東京大学出版会、一九六五年。関晃著作集編集委員会編『関晃著作集 第二巻 大化改新の研究 下』吉川弘文館、一九九六年に所収）
関 晃「いわゆる品部廃止の詔について」（坂本太郎博士古稀記念会編『続日本古代史論集』上巻、吉川弘文館、一九七二年。関晃著作集編集委員会編『関晃著

作集　第二巻　大化改新の研究　下』吉川弘文館、一九九六年に所収）

関口　裕子「「大化改新」批判による律令制成立過程の再構成（上）―人民把握成立過程を中心に―」（『日本史研究』一三二、日本史研究会、一九七三年）

薗田　香融「皇祖大兄御名入部について―大化前代における皇室私有民の存在形態―」（三品彰英編『日本書紀研究』三、塙書房、一九六八年。『日本古代財政史の研究』塙書房、一九八一年に所収）

孫　大俊「日本の古代社会における「部」の形成過程について―特に朝鮮三国の部制との関連において―」（大学院紀要編集委員会編『法政大学大学院紀要』一四、法政大学大学院、一九八五年）

高橋　明裕「日本古代の「部」の史料について」（『立命館史学』一四、立命館史学会、一九九三年）

高橋　富雄「大化前代の公民について」（『下野史学』八、下野史学会、一九五六年）

高橋　富雄「部民制の基本形態―推古紀の百八十部公民解釈を通して―」（『（東北大学教養部）文科紀要』一、東北大学教養部、一九五八年）

高橋　富雄「大和国家の家産制―部体制の本質について―」（『国史談話会雑誌』二、東北大学国史談話会、一九五八年）

瀧川　政次郎「部民階級」（『日本社会史』刀江書院、一九二九年。『日本社会史』清水書房、一九三八年、『日本社会史』乾元社、一九四〇年、『創元文庫　日本社会史』創元社、一九五四年、『日本社会史』洋々社、一九五六年、『角川全書　日本社会史』角川書店、一九五九年に所収）

武廣　亮平「「人制」から「部制」へ」（歴史学研究会編『歴史学研究』九二四、青木書店、二〇一四年）

武光　誠「姓の成立と庚午年籍―部姓の起源について―」（井上光貞博士還暦記念会編『古代史論叢』上巻、吉川弘文館、一九七八年。「姓の成立と庚午年籍」と改題して『日本古代国家と律令制』吉川弘文館、一九八四年に所収）

武光　誠『研究史　部民制』（吉川弘文館、一九八一年）

武光　誠『古代史演習　部民制』（吉川弘文館、一九八二年）

武光　誠「部民」（『歴史公論』九―一二（九七）、雄山閣出版、一九八三年）

田尻　茂樹「いわゆる「名代・子代」試論」（『川内古代史論集』五、東北大学文学部国史研究室古代史研究会、一九八九年）

田名網　宏「大和国家の税制」（『日本歴史新書　古代の税制』至文堂、一九六五年）

告井　幸男「名代について」（『史窓』編集委員会編『史窓』七一、京都女子大学史学会、二〇一四年）

津田　左右吉「古語拾遺の研究（一）―附、上代の「部」についての考―」（『史学雑誌』三九―九（四六五）、史学会、一九二八年。「古語拾遺の研究」と改題して『日本上代史研究』岩波書店、一九三〇年、『日本古典の研究　下』岩波書店、一九五〇年、『津田左右吉全集　第二巻　日本古典の研究　下』岩波書店、一九六三年に所収）

津田　左右吉「古語拾遺の研究（二）―附、上代の「部」についての考―」（『史学雑誌』三九―一〇（四六六）、史学会、一九二八年。「古語拾遺の研究」と改題して『日本上代史研究』岩波書店、一九三〇年、『日本古典の研究　下』岩波書店、一九五〇年、『津田左右吉全集　第二巻　日本古典の研究　下』岩波書店、一九六三年に所収）

津田　左右吉「古語拾遺の研究（三）―附、上代の「部」についての考―」（『史学雑誌』三九―一一（四六七）、史学会、一九二八年。「古語拾遺の研究」と改題して『日本上代史研究』岩波書店、一九三〇年、『日本古典の研究　下』岩波書店、一九五〇年、『津田左右吉全集　第二巻　日本古典の研究　下』岩波書店、一九六三年に所収）

津田　左右吉「古語拾遺の研究（四）―附、上代の「部」についての考―」（『史学雑誌』三九―一二（四

六八）、史学会、一九二八年。「古語拾遺の研究」と改題して『日本上代史研究』岩波書店、一九三〇年、『日本古典の研究　下』岩波書店、一九五〇年、『津田左右吉全集　第二巻　日本古典の研究　下』岩波書店、一九六三年に所収）

津田　左右吉「上代の部についての補考（一）」（『史学雑誌』四〇―一（四七〇）、史学会、一九二九年。「上代の部の研究」と改題して『日本上代史研究』岩波書店、一九三〇年、『日本上代史の研究』岩波書店、一九四七年、『津田左右吉全集　第三巻　日本上代史の研究』岩波書店、一九六三年、上田正昭編『論集　日本文化の起源　第二巻　日本史』平凡社、一九七一年に所収）

津田　左右吉「上代の部についての補考（二）」（『史学雑誌』四〇―二（四七一）、史学会、一九二九年。「上代の部の研究」と改題して『日本上代史研究』岩波書店、一九三〇年、『日本上代史の研究』岩波書店、一九四七年、『津田左右吉全集　第三巻　日本上代史の研究』岩波書店、一九六三年、上田正昭編『論集　日本文化の起源　第二巻　日本史』平凡社、一九七一年に所収）

津田　左右吉「上代の部についての補考（三）」（『史学雑誌』四〇―四（四七三）、史学会、一九二九年。「上代の部の研究」と改題して『日本上代史研究』岩波書店、一九三〇年、『日本上代史の研究』岩波書店、一九四七年、『津田左右吉全集　第三巻　日本上代史の研究』岩波書店、一九六三年、上田正昭編『論集　日本文化の起源　第二巻　日本史』平凡社、一九七一年に所収）

津田　左右吉「子代名代の部について（一）」（『史苑』二―三、立教大学史学会、一九二九年。「上代の部の研究」と改題して『日本上代史研究』岩波書店、一九三〇年、『日本上代史の研究』岩波書店、一九四七年、『津田左右吉全集　第三巻　日本上代史の研究』岩波書店、一九六三年、上田正昭編『論集　日本文化の起源　第二巻　日本史』平凡社、一九七一年に所収）

津田　左右吉「子代名代の部について（二）」（『史苑』二―四、立教大学史学会、一九二九年「上代の部の研究」と改題して『日本上代史研究』岩波書店、一九三〇年、『日本上代史の研究』岩波書店、一九四七年、『津田左右吉全集　第三巻　日本上代史の研究』岩波書店、一九六三年、上田正昭編『論集　日本文化の起源　第二巻　日本史』平凡社、一九七一年に所収）

遠山　美都男「古代王権の諸段階と在地首長制」（歴史学研究会編『歴史学研究』五八六、青木書店、一九八八年。『古代王権と大化改新―律令制国家成立前史―』雄山閣出版、一九九九年に所収）

遠山　美都男「「部」の諸概念の再検討　覚書」（学習院史学編集委員会編『学習院史学』二七、学習院大学史学会、一九八九年）

時野谷　滋「白村江戦後の兵制―民部・家部の軍事的性格―」（軍事史学会編『軍事史学』一二、甲陽書房、一九六八年。「食封制度と民部・家部制度」と改題して『日本史学研究叢書　律令封禄制度史の研究』吉川弘文館、一九七七年に所収）

時野谷　滋「大化改新詔第一条の述作論について（上）」（『藝林』四五―一（二二四）、藝林会、一九九六年。『日本制度史論集』国書刊行会、二〇〇一年に所収）

時野谷　滋「大化改新詔第一条の述作論について（下）」（『藝林』四五―二（二二五）、藝林会、一九九六年。『日本制度史論集』国書刊行会、二〇〇一年に所収）

直木　孝次郎「部民制の一考察―大島郷孔王部を中心として―」（『人文研究』二―五、大阪市立大学文学会、一九五一年。「部民制の一考察―下総国大島郷孔王部を中心として―」と改題して北山茂夫・吉永登編『日本古代の政治と文学』青木書店、一九五六年、『日本古代国家の構造』青木書店、一九五八年に所収）

直木　孝次郎「大化前代における畿内の社会構造」（日本史研究会編『日本史研究』三五、創元社、一九五八年。『日本古代国家の構造』青木書店、一九五八年

に所収）

直木　孝次郎「伴と部との関係について」（三品彰英編『日本書紀研究』三、塙書房、一九六八年。『飛鳥奈良時代の研究』塙書房、一九七五年に所収）

中田　薫「我古典の「部」及び「縣」に就て（一）」（『国家学会雑誌』四七―九（五五九）、国家学会事務所、一九三三年。『法制史論集　第三集　債権法及雑著』岩波書店、一九四三年、『法制史論集　第三集上　債権法及雑著』岩波書店、一九七一年に所収）

中田　薫「我古典の「部」及び「縣」に就て（二・完）」（『国家学会雑誌』四七―一〇（五六〇）、国家学会事務所、一九三三年。『法制史論集　第三集　債権法及雑著』岩波書店、一九四三年、『法制史論集　第三集上　債権法及雑著』岩波書店、一九七一年に所収）

中田　興吉「人と初期の部と王権」（『大阪学院大学人文自然論叢』六三、大阪学院大学人文自然学会、二〇一一年。「「人」と初期の「部」と王権」と改題して『倭政権の構造　支配構造編』上巻、岩田書院、二〇一四年に所収）

中田　興吉「継体朝の「人」と「部」」（『倭政権の構造　支配構造編』上巻、岩田書院、二〇一四年）

中村　吉治「日本古代史の諸問題」（『人間科学叢書4　日本封建制の源流（上）　氏と村』刀水書店、一九八四年）

中村　友一「人・部制の成立と展開―氏姓制と名称の視点から―」（『駿台史学』一四八、駿台史学会、二〇一三年）

中村　直勝「御子代御名代の意味について」（加藤玄智編『日本文化史論纂』中文館書店、一九三七年。「御子代・御名代の意味に就いて」と改題して『中村直勝著作集　第二巻　社会文化史』淡交社、一九七八年に所収）

七尾　美彦「名代子代と屯倉制」（『国史談話会雑誌』八、東北大学国史談話会、一九六四年）

西本　昌弘「トモ・トモノヲに関する一考察―日本の部と中国・朝鮮の部―」（『続日本紀研究』二一七、続

日本紀研究会、一九八一年）

仁藤　敦史「七世紀後半における公民制の形成過程」（『国立歴史民俗博物館研究報告』一七八、国立歴史民俗博物館、二〇一三年）

丹羽　美穂「部民制について—職業部を中心として—」（大正大学企画広報室編『大正大学大学院研究論集』二九、大正大学、二〇〇五年）

野田　嶺志「『甲子の宣』の一考察—律令国家成立史論の前提として—」（『神戸女子薬科大学人文研究』四、神戸女子薬科大学教養課程研究室、一九七六年）

早川　庄八「律令制の形成」（朝尾直弘・石井進ほか編『岩波講座　日本歴史2　古代2』岩波書店、一九七五年。『講談社学術文庫1418　天皇と古代国家』講談社、二〇〇〇年、吉村武彦・小笠原好彦編『展望日本歴史5　飛鳥の朝廷』東京堂出版、二〇〇一年に所収）

早川　二郎「原始時代および「部」民制度の時代」（『日本歴史読本』白揚社、一九三四年。『日本歴史読本　唯物史観』光文社、一九四七年、福冨正実・加藤喜久代編『日本歴史読本—早川二郎著作集3』未来社、一九八四年に所収）

早川　二郎「上代における「部」、その内容、意義及び歴史」（『歴史科学』四—一一、白揚社、一九三五年。『日本古代史の研究』白揚社、一九四七年、吉田晶編『歴史科学大系　第2巻　古代国家と奴隷制（上）』校倉書房、一九七二年、福冨正実・加藤喜久代編『日本古代史研究と時代区分論—早川二郎著作集2』未来社、一九七七年に所収）

早川　二郎「上代における「部」、その内容、意義及び歴史」（『歴史科学』四—一二、白揚社、一九三五年。『日本古代史の研究』白揚社、一九四七年、吉田晶編『歴史科学大系　第2巻　古代国家と奴隷制（上）』校倉書房、一九七二年、福冨正実・加藤喜久代編『日本古代史研究と時代区分論—早川二郎著作集2』未来社、一九七七年に所収）

早川　二郎「上代における「部」、その内容、意義及び歴史」（『歴史科学』五—二、白揚社、一九三六年。

『日本古代史の研究』白揚社、一九四七年、吉田晶編『歴史科学大系　第2巻　古代国家と奴隷制（上）』校倉書房、一九七二年、福富正実・加藤喜久代編『日本古代史研究と時代区分論―早川二郎著作集2』未来社、一九七七年に所収）

早川　二郎「上代における「部」、その内容、意義及び歴史」（『歴史科学』五―三、白揚社、一九三六年。『日本古代史の研究』白揚社、一九四七年、吉田晶編『歴史科学大系　第2巻　古代国家と奴隷制（上）』校倉書房、一九七二年、福富正実・加藤喜久代編『日本古代史研究と時代区分論―早川二郎著作集2』未来社、一九七七年に所収）

早川　二郎「上代における「部」、その内容、意義及び歴史」（渡部義通・早川二郎ほか『日本古代史の基礎問題』白揚社、一九三六年。『日本古代史の研究』白揚社、一九四七年、吉田晶編『歴史科学大系　第2巻　古代国家と奴隷制（上）』校倉書房、一九七二年、福富正実・加藤喜久代編『日本古代史研究と時代区分論―早川二郎著作集2』未来社、一九七七年に所収）

早川　万年「『記・紀』に見える名代子代の名称をめぐって」（社会文化史学会編『社会文化史学』二〇、総合歴史教育研究所、一九八三年）

早川　万年「名代子代の研究」（井上辰雄編『古代中世の政治と地域社会―筑波大学創立十周年記念日本史論集―』雄山閣出版、一九八六年）

早川　万年「日本と朝鮮の古代政治組織―「部制」を中心に―」（『季刊考古学』三三、雄山閣出版、一九九〇年）

林屋　辰三郎「部民制の成立」（古代学協会編『西田先生頌壽記念　日本古代史論叢』吉川弘文館、一九六〇年。『古典文化の創造』東京大学出版会、一九六四年、『日本史論聚　二　古代の環境』岩波書店、一九八八年に所収）

原　秀三郎「大化改新論批判序説（上）―律令制的人民支配の成立過程を論じていわゆる「大化改新」の存在を疑う―」（日本史研究会編『日本史研究』八六、創

元社、一九六六年。『日本古代国家史研究—大化改新論批判—』東京大学出版会、一九八〇年に所収)

原　秀三郎「大化改新論批判序説（下）—律令制的人民支配の成立過程を論じていわゆる「大化改新」の存在を疑う—」(日本史研究会編『日本史研究』八八、創元社、一九六七年。『日本古代国家史研究—大化改新論批判—』東京大学出版会、一九八〇年に所収)

原　秀三郎「律令国家の権力基盤—日本古代国家成立過程の再検討—」(原秀三郎ほか編『大系・日本国家史1　古代』東京大学出版会、一九七五年。『日本古代国家史研究—大化改新論批判—』東京大学出版会、一九八〇年に所収)

原　秀三郎「民部について」(『日本古代国家史研究—大化改新論批判—』東京大学出版会、一九八〇年)

原島　礼二「名代子代の概念についての一解釈」(日本歴史学会編『日本歴史』一四一、吉川弘文館、一九六〇年)

原島　礼二「御名代と子代の再検討」(歴史学研究会編『歴史学研究』三八七、青木書店、一九七二年。『歴史科学叢書　日本古代王権の形成』校倉書房、一九七七年に所収)

原島　礼二「大和王権と古代国家」(日本放送協会編『NHK大学講座　歴史2　古代日本と東アジア』NHKサービスセンター、一九七三年。「倭王権と古代国家」と改題して『歴史科学叢書　日本古代王権の形成』校倉書房、一九七七年に所収)

原島　礼二「御名代について」(原始古代社会研究会編『原始古代社会研究』1、校倉書房、一九七四年。『歴史科学叢書　日本古代王権の形成』校倉書房、一九七七年に所収)

原島　礼二「伴・部（トモ・べ）制」(上田正昭・直木孝次郎ほか編『ゼミナール日本古代史　下　倭の五王を中心に』光文社、一九八〇年)

平野　邦雄「「部」に関する若干の修正的研究」(『九州工業大学研究報告（人文・社会科学）』三、九州工業大学、一九五五年。「「部」の本質とその諸類型」と改

稿して『日本史学研究叢書　大化前代社会組織の研究』吉川弘文館、一九六九年に所収）

平野　邦雄「部民制の構造と展開」（歴史教育研究会編『歴史教育』一〇―四、日本書院、一九六二年）

平野　邦雄「大化前代の社会構造」（家永三郎ほか編『岩波講座　日本歴史2　古代2』岩波書店、一九六二年）

平野　邦雄「日本古代の「氏」の成立とその構造」（『古代学』一二―一、古代学協会、一九六五年。「「氏」の成立とその構造」と改題して『日本史学研究叢書　大化前代社会組織の研究』吉川弘文館、一九六九年に所収）

平野　邦雄「子代と名代について―古代宮廷領有民の諸形態―」（『九州工業大学研究報告（人文・社会科学）』一四、九州工業大学、一九六六年。「子代と名代」と改題して『日本史学研究叢書　大化前代社会組織の研究』吉川弘文館、一九六九年に所収）

平野　邦雄「族長と部民」（竹内理三編『古代の日本第1巻　要説』角川書店、一九七一年）

平野　邦雄「ヤマト王権と朝鮮」（朝尾直弘・石井進ほか編『岩波講座　日本歴史1　原始および古代1』岩波書店、一九七五年。『日本史学研究叢書　大化前代政治過程の研究』吉川弘文館、一九八五年に所収）

平野　邦雄「〝甲子宣〟の意義―大化改新後の氏族政策―」（井上光貞博士還暦記念会編『古代史論叢』上巻、吉川弘文館、一九七八年。「大化改新と〝甲子宣〟」と改題して『日本史学研究叢書　大化前代政治過程の研究』吉川弘文館、一九八五年に所収）

平野　邦雄「大化改新と天武朝」（『日本史学研究叢書　大化前代政治過程の研究』吉川弘文館、一九八五年）

平林　章仁「名代・子代考」（『龍谷史壇』七九、龍谷大学史学会、一九八一年）

本位田　菊士「子代と御名代と屯倉―大化前代における「公地・公民」の概念と実体―」（『日本史研究』二七四、日本史研究会、一九八五年）

本庄　栄治郎「氏族制度の社会」（『日本社会史』改造

社、一九二四年。『改造文庫　第一部第百二十九篇　日本社会史』改造社、一九三七年、『改造選書　日本社会史』改造社、一九四七年、『本庄栄治郎著作集　第五冊　日本社会史　日本人口史』清文堂出版、一九七二年に所収）
前川　明久「日本古代氏姓制の形成過程」（歴史学研究会編『歴史学研究』二九八、青木書店、一九六五年。「古代氏姓制の形成過程」と改題して『叢書・歴史学研究　日本古代氏族と王権の研究』法政大学出版局、一九八六年に所収）
前川　明久「5、6世紀の氏姓制と部民制」（歴史学研究会編『歴史学研究』三〇四、青木書店、一九六五年）
前島　省三「大化前代の部民型奴隷社会」（『日本古代社会』日本科学社、一九四九年）
前之園　亮一「古代の部姓」（『研究史　古代の姓』吉川弘文館、一九七六年）
松木　俊曉「「祖名」と部民制―大和政権における人格的支配の構造―」（史学会編『史学雑誌』一一一―三、山川出版社、二〇〇二年。「「祖名」と部民制―多元的な統属関係Ｉ」と改題して『山川歴史モノグラフ11　言説空間としての大和政権―日本古代の伝承と権力』山川出版社、二〇〇六年に所収）
溝口　優樹「人制・部制と地域社会」（『日本古代の地域と社会統合』吉川弘文館、二〇一五年）
湊　敏郎「カバネ姓の「部」字の有無について」（田村圓澄先生古稀記念会編『東アジアと日本　歴史編』吉川弘文館、一九八七年。『姓と日本古代国家』吉川弘文館、一九八九年に所収）
湊　敏郎「私民制から公民制へ」（『姓と日本古代国家』吉川弘文館、一九八九年）
宮崎　道三郎「部曲考」（『法学協会雑誌』二五―三、法学協会事務所、一九〇七年）
宮崎　道三郎「部曲考補遺」（『法学協会雑誌』二五―四、法学協会事務所、一九〇七年）
村山　光一「甲子の宣の「民部・家部」と天武四年詔

の「部曲」について（Ⅰ）」（『史学』五六―二、三田史学会、一九八六年）

村山光一「甲子の宣の「民部・家部」と天武四年詔の「部曲」について（Ⅱ）」（『史学』五六―四、三田史学会、一九八七年）

村山光一「甲子の宣の「民部・家部」と天武四年詔の「部曲」について（Ⅲ）」（『史学』五七―二、三田史学会、一九八七年）

村山光一「甲子の宣の「民部・家部」と天武四年詔の「部曲」について（Ⅳ）」（『史学』五七―三、三田史学会、一九八七年）

森　公章「民官と部民制―石神遺跡出土の木簡に接して―」（『弘前大学国史研究』一一八、弘前大学国史研究会、二〇〇五年）

森　公章「国造制と屯倉制」（大津透ほか編『岩波講座日本歴史　第2巻　古代2』岩波書店、二〇一四年）

八木　充「部民制の解体過程」（『山口大学文学会志』一五―二、山口大学文学会、一九六四年。「品部制の解体過程」と改題して『律令国家成立過程の研究』塙書房、一九六八年に所収）

八木　充「天武紀の部曲について」（『山口大学文学会志』一七―二、山口大学文学会、一九六六年）

八木　充「大化の改新」（竹内理三編『古代の日本　第1巻　要説』角川書店、一九七一年。「大化改新と部民制」と改題して『日本古代政治組織の研究』塙書房、一九八六年に所収）

八木　充「いわゆる名代・子代について―大和国家の王室所属民とその発展―」（『山口大学文学会志』二二―一、山口大学文学会、一九七一年。「いわゆる名代・子代について」と改題して『日本古代政治組織の研究』塙書房、一九八六年に所収）

八木　充「部姓者と「豪族部民」」（『山口大学文学会志』三四、山口大学文学会、一九八三年。『日本古代政治組織の研究』塙書房、一九八六年に所収）

八木　充「律令制民衆支配の成立過程」（岸俊男教授退官記念会編『日本政治社会史研究』上、塙書房、一九

八四年。『日本古代政治組織の研究』塙書房、一九八六年に所収）

山尾　幸久「日本古代国家の形成過程について（下）」（『立命館文学』二七九、立命館大学人文学会、一九六八年）

山尾　幸久「甲子の宣の基礎的考察」（『日本史論叢』三、日本史論叢会、一九七三年）

山尾　幸久「部について」（『古代学研究』七七、古代学研究会、一九七五年）

山尾　幸久「七世紀前半期の国家権力―部民制の再検討を中心に―」（『日本史研究』一六三、日本史研究会、一九七六年）

山尾　幸久『岩波新書（黄版）13　日本国家の形成』（岩波書店、一九七七年）

山尾　幸久「孝徳紀の品部廃止詔について」（日本史論叢会編『北山茂夫追悼日本史学論集　歴史における政治と民衆』日本史論叢会、一九八六年）

山尾　幸久「孝徳紀の皇太子奏請文について」（『立命館文学』五二三、立命館大学人文学会、一九九二年）

山尾　幸久「品部廃止詔の検討」（『「大化改新」の史料批判』塙書房、二〇〇六年）

山尾　幸久「皇太子奏請文の内容」（『「大化改新」の史料批判』塙書房、二〇〇六年）

山本　信吉「伴造制から伴部制へ―「百八十部」の解釈をめぐって―」（歴史教育研究会編『歴史教育』一〇―四、日本書院、一九六二年）

吉田　晶「国造制に関する二・三の問題」（『日本史研究』一二四、日本史研究会、一九七二年）

吉田　晶「大化前代の社会構造」（吉田晶・永原慶二ほか編『有斐閣選書　日本史を学ぶ1　原始・古代』有斐閣、一九七五年）

吉田　晶「中央権力による地域社会の支配―部・国造・ミヤケ・県―」（『古代日本の国家形成』新日本出版社、二〇〇五年）

吉村　武彦「倭国と大和王権」（朝尾直弘ほか編『岩波講座　日本通史　第2巻　古代1』岩波書店、一九九

三年）

若月　義小「「御名代」の実態について」（『日本史論叢』八、日本史論叢会、一九八〇年）

渡部　義通「日本「古代社会」の構造―特に「大化改新」前に就いて―」（『唯物論全書27　日本古代社会』三笠書房、一九三六年。『唯物論全書26　日本古代社会改版』三笠書房、一九四七年、『校倉歴史選書　新版日本古代社会』校倉書房、一九八一年に所収）

渡部　義通「上代の社会組織」（渡部義通・伊豆公夫・秋沢修二・三沢章『日本歴史教程（第二冊）国土統一より大化改新まで』白揚社、一九三七年。渡部義通・伊豆公夫・秋沢修二・三沢章『日本歴史教程』第２冊上、人民社、一九四八年に所収）

渡部　義通「日本「上代」社会の特質―上代に於ける奴隷制の研究―」（『古代社会の構造―古代社会の生成・発展・没落の法則と、その日本的形態に関する研究―』伊藤書店、一九四八年。『三一選書　古代社会の構造』三一書房、一九七〇年、「日本上代社会の特質―上代における奴隷制の研究―」と改題して吉田晶編『歴史科学大系　第2巻　古代国家と奴隷制（上）』校倉書房、一九七二年に所収）

2　部民制（伴造制）関係史料集

鈴木正信
堀川徹
紅林怜　編

凡例

一、本史料集は、伴造、品部、名代・御名代、子代・御子代・皇子代、部曲・民部に関する史料を古代の文献より採録したものである。

一、史料の文字・訓点は次の文献を参考とした。
『古事記』『日本書紀』『播磨国風土記』…日本古典文学大系
『続日本紀』…新日本古典文学大系
『日本三代実録』…新訂増補国史大系
『先代旧事本紀』…神道大系
『住吉大社神代記』…沖森卓也・佐藤信・矢嶋泉編『古代氏文集』（山川出版社、二〇一二年）
木簡…『木簡研究』『藤原宮木簡』『平城宮発掘調査出土木簡概報』『秋田城出土文字資料集』

一、長文の史料は適宜省略した。

一、用字は原則として常用漢字に統一した。

一　伴造

○『日本書紀』雄略二年十月丙子条

大倭国造吾子籠宿禰。貢二狭穂子鳥別一。為二宍人部一。臣連伴造国造又随続貢。

○『日本書紀』雄略十六年十月条

詔。聚二漢部一。定二其伴造者一。賜レ姓曰レ直。一云。賜。漢使主等。賜レ姓曰レ直也。

○『日本書紀』雄略二十三年八月丙子条

臣・連・伴造。毎日朝参。国司・郡司。随レ時朝集。

○『日本書紀』清寧元年正月壬子条

命二有司一。設二壇場於磐余甕栗一。陟天皇位。遂定レ宮焉。尊二葛城韓媛一。為二皇太夫人一。以二大伴室屋大連一為二大連一。平群真鳥大臣為二大臣一。並如レ故。臣連伴造等。各依二職位一焉。

○『日本書紀』顕宗二年三月上巳条

幸二後苑一曲水宴。是時。喜集二公卿大夫・臣連国造伴造一。為レ宴。群臣頻称万歳。

○『日本書紀』欽明元年（五三九）八月条

高麗・百済・新羅・任那。並遣レ使献。並修二貢職一。召二集秦人・漢人等。諸蕃投化者一。安二置国郡一。編二貫戸籍一。秦人戸数。総七千五十三戸。以二大蔵掾一。為二秦伴造一。

○『日本書紀』敏達十二年（五八三）是歳条

日羅対言。天皇所㆔以治㆓天下㆒政。要須護㆓養黎民㆒。何抛興㆑兵。翻将失滅。故今合㆘議者仕㆓奉朝列㆒。臣連二造。（二造者。国造伴造也。）下及㆓百姓㆒。悉皆饒富。令㆖㆑無㆑所㆑乏。

○『日本書紀』推古十年（六〇二）二月己酉条

来目皇子為㆘撃㆓新羅㆒将軍㆖。授㆓諸神部及国造伴造等。并軍衆二万五千人㆒。

○『日本書紀』推古二十八年（六二〇）是歳条

皇太子嶋大臣共議之。録㆓天皇記及国記。臣連伴造国造百八十部并公民等本記㆒。

○『日本書紀』皇極二年九月丙午条

罷㆘造㆓皇祖母命墓㆒役㆖。仍賜㆓臣連伴造帛布㆒。各有㆑差。

○『日本書紀』皇極二年十月己酉条

饗㆓賜群臣伴造於朝堂庭㆒。而議㆓授㆑位之事㆒。遂詔㆓国司㆒。如㆓前所㆑勅。更無㆓改換㆒。宜之㆓厥任㆒。慎㆓爾所㆑治。

○『日本書紀』皇極四年（六四五）六月戊申条

中大兄即入㆓法興寺㆒。為㆑城而備。凡諸皇子諸王諸卿大夫臣連伴造国造。悉皆随侍。

○『日本書紀』孝徳即位前紀

于時。大伴長徳（字馬飼。）連。帯㆓金靫㆒。立㆓於壇右㆒。犬上建部君。帯㆓金靫㆒。立㆓於壇左㆒。百官臣連国造伴造百八十部。羅列匝拝。

○『日本書紀』大化元年（六四五）七月己卯条

天皇詔㆓阿倍倉梯麻呂大臣・蘇我石川万侶大臣㆒曰。可㆘歴問㆗大夫与㆓百伴造等㆒。以㆑悦使㆑民之路㆖。

○『日本書紀』大化元年（六四五）八月庚子条

又国司等。在レ国不レ得レ判レ罪。不レ得下取二他貨賂一。令上レ致二民於貧苦一。上レ京之時。不レ得三多従二百姓於己一。唯得レ使レ従二国造・郡領一。（略）若有二求レ名之人一。元非二国造・伴造・県稲置一。而輙詐訴言。自二我祖時一。領二此官家一。治二是郡県一。汝等国司。不レ得三随レ詐便牒二於朝一。審得二実状一而後可レ申。（略）是日。設二鍾匱於朝一。而詔曰。若憂訴之人。有二伴造一者。其伴造。先勘当而奏。有二尊長一者。其尊長先勘当而奏。若其伴造尊長。不レ審レ所レ訴。収レ牒納レ匱。以二其罪一々之。

○『日本書紀』大化元年（六四五）八月癸卯条

遣二使於大寺一。喚二聚僧尼一。而詔曰。於磯城嶋宮御宇天皇十三年中。百済明王。奉レ伝二仏法於我大倭一。是時。群臣倶不レ欲レ伝。而蘇我稲目宿禰。独信二其法一。天皇乃詔二稲目宿禰一。使レ奉二其法一。於訳語田宮御宇天皇之世。蘇我馬子宿禰。追遵二考父之風一。猶重二能仁之教一。而余臣不レ信。此典幾亡。天皇。詔二馬子宿禰一。而使レ奉二其法一。於小墾田宮御宇天皇之世。馬子宿禰。奉二為天皇一。造二丈六繡像・丈六銅像一。顕二揚仏教一。恭二敬僧尼一。朕更復思下崇二正教一光中啓大猷上。故以二沙門狛大法師・福亮・恵雲・常安・霊雲・恵至・寺主僧旻・道登・恵隣・恵妙一。而為二十師一。別以二恵妙法師一。為二百済寺々主一。此十師等。宜能教二導衆僧一。修二行釈教一。要使レ如レ法。凡自二天皇一至二于伴造一。所レ造之寺。不レ能レ営者。朕皆助作。今拝三寺司等興二寺主一。巡二行諸寺一。験二僧尼・奴婢・田畝之実一。而尽顕奏。即以二来目臣。闕レ名。三輪色夫君・額田部連甥一。為二法頭一。

○『日本書紀』大化元年（六四五）九月甲申条

遣二使者於諸国一。録二民元数一。仍詔曰。自レ古以降。毎二天皇時一。置二標代民一。垂二名於後一。其臣連等・伴造国造。各置二己民一。恣レ情駆使。又割二国県山海・林野・池田一。以為二己財一。争戦不レ已。或者兼二并数万頃田一。或者全無二容針少地一。

○『日本書紀』大化二年（六四六）正月甲子条

即宣㆓改㆑新之詔㆒曰。其一曰。罷㆓昔在天皇等所立子代之民・処々屯倉。及別臣連伴造国造村首所有部曲之民。処々田荘㆒。仍賜㆓食封大夫以上㆒。各有㆑差。降以㆓布帛㆒。賜㆓官人百姓㆒。有㆑差。（略）其二曰。（略）凡郡以㆓四十里㆒為㆓大郡㆒。三十里以下四里以上為㆓中郡㆒。三里為㆓小郡㆒。其郡司。並取㆘国造性識清廉。堪㆓時務㆒者㆖。為㆓大領・少領㆒。強幹聡敏。工㆓書算㆒者。為㆓主政・主帳㆒。

○『日本書紀』大化二年（六四六）二月戊申条

天皇幸㆓宮東門㆒。使㆓蘇我右大臣詔㆒曰。明神御宇日本倭根子天皇。詔㆓於集侍卿等臣連国造伴造及諸百姓㆒。

○『日本書紀』大化二年（六四六）三月甲子条

詔㆓東国々司等㆒曰。集侍群卿大夫及臣連国造伴造。并諸百姓等。咸可㆑聴之。

○『日本書紀』大化二年（六四六）三月辛巳条

詔㆓東国朝集使等㆒曰。集侍群卿大夫及国造伴造。并諸百姓等。咸可㆑聴之。以㆓去年八月㆒。朕親誨曰。莫㆘因㆓官勢㆒。取㆗公私物㆖。可㆑喫㆓部内之食㆒。可㆑騎㆓部内之馬㆒。若違㆑所㆑誨。次官以上。降㆓其爵位㆒。主典以下。決㆓其笞杖㆒。入㆑己物者。倍而徴之。詔既若㆑斯。今問㆓朝集使及諸国造等㆒。国司至㆑任。奉㆑所㆑誨不。於是。朝集使等。具陳㆓其状㆒。（略）宜㆑罷㆓官司処々屯田。及吉備嶋皇祖母処々貸稲㆒。以㆓其屯田㆒。班㆓賜群臣及伴造等㆒。又於㆓脱㆑籍寺㆒。入㆓田与㆑山。

○『日本書紀』大化二年（六四六）三月壬午条

皇太子使㆑々奏請曰。昔在天皇等世。混㆓斉天下㆒而治。及㆓逮于今㆒。分離失㆑業。謂㆓国業㆒也。属㆘天皇我皇。可㆑牧㆓万民之運㆖。天人合応。厥政惟新。是故。慶之尊之。頂戴伏奏。現為明神御八嶋国天皇。問㆓於臣㆒曰。其群臣連及伴造国造所有。昔在天皇日所置子代入部。皇子等私有御名入部。皇祖大兄御名入部。謂二彦人大兄一也。及其屯倉。猶如二古代一。而置以不。臣即恭承レ所レ詔。奉答而曰。天無二双日一。国無二二王一。是故。兼二并天下一。可レ使二万民一。唯天皇耳。別以二入部及所封民一。簡二充仕丁一。従二前処分一。自余以外。恐私駆役。故献二入部五百廿四口・屯倉一百八十一所一。

○『日本書紀』大化二年（六四六）八月癸酉条

詔曰。原夫天地陰陽。不レ使二四時相乱一。惟此天地。生二乎万物一。々々之内。人是最霊。々々之間。聖為二人主一。是以。聖主天皇。則レ天御寓。思二人獲レ所。暫不レ廃レ胸。而始二王之名々一。臣連伴造国造。分二其品部一。別二彼名々一。復。以二其民品部一。交雑使レ居二国県一。遂使二父子易レ姓。兄弟異レ宗。夫婦更互殊レ名。一家五分六割。由レ是。争競之訟。盈レ国充レ朝。終不レ見レ治。相乱弥盛。粤以。始二於今之御寓天皇一。及二臣連等一。所有品部。宜三悉皆罷。為二国家民一。其仮二借王名一為二伴造一。其襲二拠祖名一為二臣連一。斯等。深不レ悟レ情。忽聞二若是所レ宣。当思。祖名所レ借名滅。由レ是。預宣。使レ聴二知朕所レ懐。王者之児。相続御寓。信知下時帝与二祖皇名一。不上可レ見レ忘二於世一。而以二王名一。軽掛二川野一。呼二名百姓一。誠可畏焉。凡王者之号。将随二日月一遠流。祖子之名。可下共二天地一長往上。如是思故宣之。始二於祖子一。奉仕卿大夫臣連伴造氏々人等。或本云。名々王民。咸可二聴聞一。今以二汝等一。使仕状者。改二去旧職一。新設二百官一。及著二位階一。以二官位一叙。今発遣国司。并彼国造。可二以奉聞一。去年付二於朝集一之政者。随二前処分一。以二収数田一。均給二於民一。勿レ生二彼我一。凡給レ田者。其百姓家。近接二於田一。必先二於近一。如レ此奉レ宣。凡調賦者。可レ収二男身之調一。凡仕丁者。毎二五十戸一一人。宜観二国々壃堺一。或書或図。持来奉レ示。国県之名。来時将定。国々可レ築レ堤地。可レ穿レ溝所。可レ墾レ田間。均給使レ造。当三聞二解此所レ宣。

○『日本書紀』大化三年（六四七）四月壬午条

既而頃者。始二於神名・天皇名々一。或別為二臣連之氏一。或別為二造等之色一。由レ是。率土民心。固執二彼此一。深生二我汝一。各守二名々一。又拙弱臣連伴造国造。以二彼為レ姓神名王名一。逐二自心之所レ帰。妄付二前々処々一。前々。猶謂二人々一也。爰以三神名王名。為二人賂物一之故。入二他奴婢一。穢二汚清名一。遂即民心不レ整。国政難レ治。

○『日本書紀』白雉元年（六五〇）二月甲申条

夫明聖之君。獲二斯祥瑞一。適其宜也。朕惟虚薄。何以享レ斯。蓋此専由下扶翼公卿臣連伴造国造等。各尽二丹誠一。奉中遵制度上之所レ致也。是故。始二於公卿一。及二百官等一。以二清白意一。敬二奉神祇一。並受二休祥一。令レ栄二天下一。

○『日本書紀』天智三年（六六四）二月丁亥条

天皇命二大皇弟一。宣下増二換冠位階名一。及氏上・民部・家部等事上。其冠有二廿六階一。大織・小織・大縫・小縫・大紫・小紫・大錦上・大錦中・大錦下・小錦上・小錦中・小錦下・大山上・大山中・大山下・小山上・小山中・小山下・大乙上・大乙中・大乙下・小乙上・小乙中・小乙下・大建・小建。是為二廿六階一焉。改二前花一曰レ錦。従レ錦至レ乙加二十階一。又加二換前初位一階一。為二大建・小建。二階一。以レ此為レ異。余並依レ前。其大氏之氏上賜二大刀一。小氏之氏上賜二小刀一。其伴造等之氏上賜二干楯・弓矢一。亦定二其民部・家部一。

○『日本書紀』天武二年（六七三）五月乙酉条

詔二公卿大夫及諸臣連并伴造等一曰。夫初出身者。先令レ仕二大舎人一。然後。選二簡其才能一。以充二当職一。又婦女者。無レ問二有レ夫無レ夫及長幼一。欲二進仕一者聴矣。其考選准二官人之例一。

○『日本書紀』天武五年（六七六）四月辛亥条

又外国人欲二進仕一者。臣連伴造之子。及国造子聴之。唯雖二以下庶人一。其才能長亦聴之。

○飛鳥京木簡（『木簡研究』二五—四六頁—（三四））

造酒司解伴造廿六人

(141)×19×5　019

○『先代旧事本紀』序文

夫先代旧事本紀者。聖徳太子且所レ撰也。于レ時小治田豊浦宮御宇豊御食炊屋姫天皇即位廿八年歳次庚辰春三月甲午朔戊戌。摂政上宮厩戸豊聡耳聖徳太子尊命・大臣蘇我馬子宿禰等。奉レ勅撰定。宜レ録二先代旧事・上古国記・神代本紀・神祇本紀・天孫本紀・天皇本紀・諸王本紀・臣連本紀・伴造国造百八十部公民本紀一者。

○『先代旧事本紀』巻五「天孫本紀」

高皇産霊尊児天富命率二諸斎部一。擎二天璽鏡剣一。奉二安正殿一矣。天児屋命児天種子命。奏二神代古事天神壽詞一也。宇摩志麻治命率二内物部一乃竪二矛楯一。厳増二威儀一。道臣命帥二来目部一。帯レ仗掌二期開闔一。衛二護宮門一矣。並使下四方之国一以観中天位之貴上。並俾下率土之民一以示中朝廷之重上者也。于レ時。皇子大夫率二臣連伴造国造一而賀正朝拝矣。凡厥建レ都。即位践祚。賀正。如レ是之儀。並始二此時一也。

○『先代旧事本紀』巻七「天皇本紀」神武元年正月庚辰条

于レ時皇子大夫率二群官臣連伴造国造等一。元正朝賀礼拝也。

○『先代旧事本紀』巻八「神皇本紀」清寧元年正月壬子条

尊二葛城韓媛一為二皇太夫人一。葛城円大臣女也。大伴室屋大連。平群真鳥大連。並如レ故。臣連伴造等各依二職位一焉。

○『先代旧事本紀』巻九「帝皇本紀」推古二十八年（六二〇）二月甲辰条

上宮厩戸豊聡耳皇太子命二大臣蘇我馬子宿禰一。奉レ勅撰二録先代旧事天皇紀及国記。臣連伴造国造百八十部公民等本紀一也。

二　品　部

○『日本書紀』垂仁三十九年十月条
五十瓊敷命。居二於茅渟菟砥川上宮一。作二剣一千口一。因名二其剣一。謂二川上部一。亦名曰二裸伴一。裸伴。此云二阿箇潘娜我等母一。蔵二于石上神宮一也。是後。命二五十瓊敷命一。俾レ主二石上神宮之神宝一。一云。五十瓊敷皇子。居二于茅渟菟砥河上一。而喚二鍛名河上一。作二大刀一千口一。是時。楯部・倭文部・神弓削部・神矢作部・大穴磯部・泊橿部・玉作部・神刑部・日置部・大刀佩部、并十箇品部。賜二五十瓊敷皇子一。其一千口大刀者。蔵二于忍坂邑一。然後。従二忍坂一移之。蔵二于石上神宮一。是時。神乞之言。春日臣族。名市河令レ治。因以命二市河一令レ治。是今物部首之始祖也。

○『日本書紀』大化二年（六四六）八月癸酉条
（前掲372頁）

○『続日本紀』養老五年（七二一）七月庚午条
詔曰。凡膺二霊図一。君二臨宇内一。仁及二動植一。恩蒙二羽毛一。故周孔之風。尤先二仁愛一。李釈之教。深禁二殺生一。宜下其放鷹司鷹・狗。大膳職鸕鷀。諸国雞・猪。悉放二本処一。令上レ遂二其性一。従レ今而後。如有レ応レ須。先奏二其状一待レ勅。其放鷹司官人。并職長上等且停レ之。所レ役品部並同二公戸一。

○『続日本紀』天平宝字三年（七五九）九月戊寅条
乾政官奏。百姓輸レ調。其価不レ同。理須三折中以均二賦役一。又停二廃品部一。混二入公戸一。其世業相伝者。不レ在二此限一。伏聴二天裁一。奏可。事在二別式一。

○『日本三代実録』天安二年（八五八）十一月二十六日癸未条
左京職言。毎年進二鍛冶戸百済品部戸等計帳一。無レ益二於公家一。有レ煩二於職吏一。請除棄而不レ進。従レ之。

三　名代・御名代

○『古事記』仁徳段

此天皇之御世。為二大后石之日売命之御名代一。定二葛城部一。亦為二太子伊邪本和気命之御名代一。定二壬生部一。亦為二水歯別命之御名代一。定二蝮部一。亦為二大日下王之御名代一。定二大日下部一。為二若日下部王之御名代一。定二若日下部一。

○『古事記』仁徳段

天皇恋二八田若郎女一。賜二遣御歌一。其歌曰。

夜多能　比登母登須宜波　古母多受　多知迦阿礼那牟　阿多良須賀波良　許登袁許曽　須宜波良登伊波米　阿多良須賀志売

爾八田若郎女。答歌曰。

夜多能　比登母登須宜波　比登理袁理登母　意富岐弥斯　与斯登岐許佐婆　比登理袁理登母

故。為二八田若郎女之御名代一。定二八田部一也。

○『古事記』允恭段

於レ是天皇。愁二天下氏氏名名人等之氏姓忤過一而。於二味白檮之言八十禍津日前一。居二玖訶瓮一而。玖訶二字以レ音。定二賜天下之八十友緒氏姓一也。又為二木梨之軽太子御名代一。定二軽部一。為二大后御名代一。定二刑部一。為二大后之弟。田井中比売御名代一。定二河部一也。

○『古事記』雄略段

天皇。娶二大日下王之妹。若日下部王一。无レ子。又娶二都夫良意富美之女。韓比売一。生御子。白髪命。次妹若帯比売命。二柱故。為二白髪太子之御名代一。定二白髪部一。又定二長谷部舎人一。又定二河瀬舎人一也。

○『古事記』清寧段

此天皇。無二皇后一。亦無二御子一。故。御名代定二白髪部一。

○『日本書紀』大化二年（六四六）三月壬午条

（前掲371頁）

○藤原宮木簡（『藤原宮木簡』三―一一八八）

・安芸国安芸□□〔郡カ〕里

・倉椅部□□〔名代カ〕調□〔塩カ〕三斗　(138)×(9)×4　039

○長屋王家木簡（『平城宮発掘調査出土木簡概報』二八―一一下（三九一））

米一升　久米名代

十二月廿　091

○山崎上ノ南遺跡出土木簡（『木簡研究』二〇―一二二頁―（一））

檜前マ名代女上寺稲肆拾束

宝亀二年十月二日税長大伴国足　(182)×37×5　019

四　子代・御子代・皇子代

○『古事記』垂仁段

伊久米伊理毘古伊佐知命。坐二師木玉垣宮一。治二天下一也。（中略）次伊登志和気王者。（因レ無レ子而。為二子代一定二伊登部一。）

○『古事記』武烈段

小長谷若雀命。坐二長谷之列木宮一。治二天下一捌歳也。此天皇。无二太子一。故。為二御子代一。定二小長谷部一也。御陵在二片岡之石坏岡一也。

○『日本書紀』大化二年（六四六）正月甲子条

（前掲371頁）

○『日本書紀』大化二年（六四六）正月是月条

天皇御二子代離宮一。遣二使者一。詔二郡国一修二営兵庫一。蝦夷親附。（或本云。壊二難波狭屋部邑子代屯倉一。而起二行宮一。）

○『日本書紀』大化二年（六四六）二月乙卯条

天皇還レ自二子代離宮一。

○『日本書紀』大化二年（六四六）三月壬午条

（前掲371頁）

○『播磨国風土記』揖保郡越部里条

越部里（旧名皇子代里）土中々。所三以号二皇子代一者。勾宮天皇之世。寵人。但馬君小津。蒙レ寵賜レ姓。為二皇子代君一而。

造二三宅於此村一。令二仕奉一之。故曰二皇子代村一。後。至下上野大夫結二卅戸一之時上。改号二越部里一。一云。自二但馬国三宅一越来。故号二越部村一。

○『先代旧事本紀』巻五「天孫本紀」

弟物部大別連公。此連公。難波高津宮御宇天皇御世。詔為二侍臣一。奉レ斎二神宮一。軽嶋豊明宮御宇天皇太子菟遅稚郎子同腹妹矢田皇女。難波高津宮御宇天皇立為二皇后一。而不レ生二皇子一之時。詔二侍臣大別連公一。為二皇子代一后号為レ氏。便為二氏造一。改賜二矢田部連公姓一。

○『先代旧事本紀』巻八「神皇本紀」仁徳八十二年二月乙巳条

詔二侍臣物部大別連公一曰。皇后久経二数年一不レ生二皇子一。以二爾大別一定二皇子代一。后号為レ氏以為二氏造一。改賜二矢田部連公姓一。

○『住吉大社神代記』三五　河辺郡為奈山

一。河辺郡為奈山。別名、坂根山。

四至。限二東為奈川并公田一。限二南公田一。限二西御子代国堺山一。限二北公田并羽束国堺一。

（略）御子代国。今謂二武庫国一訛。

○市辺遺跡出土木簡（『木簡研究』二二―七三頁―（一一））

□子代□□　　(150)×30×5　081

○秋田城出土木簡（『秋田城出土文字資料集』二―三三）

「　　丈人□

〈子代長□

・〈千□万呂　師〈子當成　×
子□〔男カ〕□□□　家万呂
□　〈万□
・「□□□□　合　×
□

(118)×53×3　019

五　部曲・民部

○『日本書紀』雄略十七年三月戊寅条
詔二土師連等一。使レ進下応レ盛二朝夕御膳一清器上者。於是。土師連祖吾笥。仍進二摂津国来狭々村。山背国内村・俯見村。伊勢国藤形村及丹波・但馬・因幡私民部一。名曰二贄土師部一。

○『日本書紀』雄略二十三年八月丙子条
大連等。民部広大。充二盈於国一。皇太子。地居二儲君上嗣一。仁孝著聞。以二其行業一。堪レ成二朕志一。以レ此。共治二天下一。朕雖二瞑目一。何所二復恨一。一本云。星川王。腹悪心麁。天下著聞。不幸朕崩之後。当レ害二皇太子一。汝等民部甚多。努力相助。勿レ令二侮慢一也。

○『日本書紀』安閑元年閏十二月壬午条

行二幸於三嶋一。大伴大連金村従焉。天皇使二大伴大連一問二良田於県主飯粒一。県主飯粒。慶悦無レ限。謹敬尽レ誠。仍奉二献上御野・下御野・上桑原・下桑原。并竹村之地。凡合肆拾町一。大伴大連。奉レ勅宣曰。率土之下。莫レ匪二王封一。普天之上。莫レ匪二王域一。故先天皇。建二顕号一垂レ鴻名一。広大配二乎乾坤一。光華象二乎日月一。長駕遠撫。横逸二乎都外一。瑩二鏡区域一。充二塞乎無レ垠。上冠二九垓一。旁済二八表一。制レ礼以告レ成レ功。作レ楽以彰二治定一。福応允致。祥慶符二合於往歳一矣。今汝味張。率土幽微百姓。忽爾奉レ惜二王地一。軽二背使乎宣旨一。味張自レ今以後。勿二預郡司一。於是。県主飯粒。喜懼交レ懐。廼以二其子鳥樹一献二大連一。為二僮竪一焉。於是。大河内直味張。恐畏求悔。伏レ地汗流。啓二大連一曰。愚蒙百姓。罪当二万死一。伏願。毎レ郡。以二钁丁春時五百丁。秋時五百丁一。奉二献天皇一。子孫不レ絶。藉レ此祈レ生。永為二鑑戒一。別以二狭井田六町一。賂二大伴大連一。蓋三嶋竹村屯倉者。以二河内県部曲一為二田部一之元。於是乎起。

○『日本書紀』皇極元年（六四二）是歳条

蘇我大臣蝦夷。立二己祖廟於葛城高宮一。而為二八佾之舞一。遂作レ歌曰。

野麻騰能。飫斯能毘稜栖鳴。倭柁羅務騰。阿庸比陀豆矩梨。挙始豆矩羅符母。

又尽発二挙レ国之民。并百八十部曲一。預造二双墓於今来一。一曰二大陵一。為二大臣墓一。一曰二小陵一。為二入鹿臣墓一。望死之後。勿レ使レ労レ人。更悉聚二上宮乳部之民一。乳部。此云二美父一。役二使瑩垗所一。於是。上宮大娘姫王。発憤而歎曰。蘇我臣。専擅二国政一。多行無礼。天無二二日一。国無二二王一。何由任レ意悉役二封民一。自レ茲結レ恨。遂取二倶亡一。

○『日本書紀』大化二年（六四六）正月甲子条

（前掲371頁）

○『日本書紀』天智三年（六六四）二月丁亥条

（前掲373頁）

○『日本書紀』天武四年（六七五）二月己丑条

詔曰。甲子年諸氏被レ給部曲者。自レ今以後。皆除之。又親王諸王及諸臣。并諸寺等所レ賜。山沢嶋浦。林野陂池。前後並除焉。

○『先代旧事本紀』巻五「天孫本紀」

第十三世孫尻綱根命。（略）品太天皇御世。賜二尾治連姓一。為二大江大連一。勅二尾綱連一。曰汝自レ腹所産十三皇子等。汝率養日足奉耶。時連為二大歓喜一之。己子稚彦連外妹毛良姫二人定二壬生部一。于レ今奉レ人三口。此連名請。連名談。二人以二字辰枝中一。今案二此民部三孫一。今在二伊与国一云云。

あとがき

編者である篠川賢・大川原竜一・鈴木正信の三名は、二〇一〇～一二年度に科学研究費補助金基盤研究（C）の交付を受け、国造制と地域社会に関する共同研究を実施し、その成果の一部を盛り込み『国造制の研究―史料編・論考編―』（八木書店、二〇一三年）を刊行した。この研究課題を発展的に継承するため、つづく二〇一四～一六年度にふたたび科学研究費補助金基盤研究（C）の交付を受け、第二期となる共同研究を実施した。この研究では、国造制にくわえて部民制（伴造制）を視野に入れ、両者の実態および関係性を検討するとともに、「部民制（伴造制）関係文献目録」「部民制（伴造制）関係史料集」を作成した。

「部民制（伴造制）関係文献目録」は、二〇一五年十二月までに発表された、部民（伴造）の制度について考察した論文を集成したものである。部民制（伴造制）の研究は律令制国家成立以前の政治史や身分制の分析に重要な役割を果たしてきた。その研究史の整理は、これまで武光誠『研究史 部民制』（吉川弘文館、一九八一年）などにおいてなされているが、これら以降も研究は進められてきたため、今後の日本古代史の研究に資するべく、文献の収集を行い採録した。本来であれば、個別の部民についての論文も収載すべきであるが、研究そのものが細分化・目的化される近年の状況において、部民制（伴造制）を改めて古代史全体の流れのなかに位置づける必要性があると考え、今回は制度全体についての論文に限った。

「部民制（伴造制）関係史料集」は、伴造、品部、名代・御名代、子代・御子代・皇子代、部曲・民部に関する史料を、古代の主要文献より採録したものである。同主旨の史料集には、これまでにも武光誠『古代史演

習　部民制』（吉川弘文館、一九八二年）が刊行されていたが、今回改めて諸史料を整理し、近年の発掘調査の進展を踏まえて出土文字資料を増補した。作成に当たっては、堀川徹・紅林怜両氏の協力を得た。ここに記して謝意を表したい。

この「部民制（伴造制）関係文献目録」と「部民制（伴造制）関係史料集」は、当初は簡易製本などの形で公開する予定であったが、前書と同様、国造研究会（「はしがき」参照）の活動成果を論文集としてまとめる企画が持ち上がり、調整の結果、これらを一冊とし、『国造制・部民制の研究』と題して刊行することとした。本書が今後の国造制・部民制（伴造制）の研究に、さらには律令制以前の支配制度や地域史の研究に、少しでも寄与するところがあれば幸いである。

本書は、二〇一四～一六年度科学研究費補助金基盤研究（C）「日本古代における国造制と伴造制の比較研究」（課題番号二六三七〇七七三）による研究成果の一部である。

二〇一七年七月

大川原竜一
鈴木　正信

執筆者紹介（執筆順）

【編者】

篠川　賢（しのかわ　けん）

成城大学文芸学部教授。日本古代史（王権、地方支配制度）。〔主な著作〕『日本古代国造制の研究』（吉川弘文館、一九九六年）・『日本古代の王権と王統』（吉川弘文館、二〇〇一年）・『物部氏の研究』（雄山閣、二〇〇九年）

大川原竜一（おおかわら　りゅういち）

高志の国文学館主任・学芸員。日本古代史（地域史）。〔主な著作〕『国造制の研究―史料編・論考編―』（共編著、八木書店、二〇一三年）・「『越中石黒系図』と利波臣氏」（加藤謙吉編『日本古代の王権と地方』大和書房、二〇一五年）・「出雲国造と古代王権―神賀詞奏上儀礼の成立と杵築大社の創建をめぐって―」（『国史学』二一二、二〇一四年）

鈴木正信（すずき　まさのぶ）

文部科学省教科書調査官。日本古代史（氏族、地方支配制度）。〔主な著作〕『日本古代氏族系譜の基礎的研究』（東京堂出版、二〇一二年）・『Clans and Genealogy in Ancient Japan』（Routledge, UK, 二〇一七年）・『日本古代の氏族と系譜伝承』（吉川弘文館、二〇一七年）

紅林　怜（くればやし　れい）

成城大学大学院文学研究科日本常民文化専攻博士課程後期。日本古代史（氏族）。〔主な著作〕「但馬君氏と但馬国の有力氏族」（『常民文化』三九、二〇一六年）・「近江毛野臣と近江臣氏」（『常民文化』四〇、二〇一七年）

小野里了一（おのざと　りょういち）

桐生市立図書館調査係主査。日本古代史（氏族、地方支配制度）。〔主な著作〕「「毛野君」から上毛野・下毛野君へ」（『東アジアの古代文化』一三二、二〇〇七年）・「六世紀前半における倭王権の変質と磐井の乱」（篠川賢・大川原竜一・鈴木正信編著『国造制の研究―史料編・論考編―』八木書店、二〇一三年）・「「吉備臣」氏の系譜とその実像」（加藤謙吉編『日本古代の王権と地方』大和書房、二〇一五年）

中村友一（なかむら ともかず）

明治大学文学部専任講師。日本古代史（政治史、法制度史）。〔主な著作〕『日本古代の氏姓制』（八木書店、二〇〇九年）・「出雲国の氏族の地域性―『出雲国風土記』を中心に―」（『地方史研究』三五六、二〇一二年）・「恩智神主氏について」（『日本古代学』四、二〇一二年）

堀川 徹（ほりかわ とおる）

日本大学文理学部助手。日本古代史（地域支配制度）。〔主な著作〕「評制の史的前提と史的意義に関する覚書」（『古代文化研究』二二、二〇一四年）・「ミヤケ制研究の射程―研究史の到達点と課題―」（『史叢』九二、二〇一五年）・「武蔵国造の乱と橘花ミヤケ―七世紀以前の南武蔵―」（『史叢』九五、二〇一六年）

須永 忍（すなが しのぶ）

高崎市教育委員会行政嘱託・成城大学非常勤講師。日本古代史（東国史）。〔主な著作〕「律令以後における上毛野氏・下毛野氏―豊城入彦命系譜の中心氏族として―」（『群馬文化』三一〇、二〇一二年）・「下毛野氏の基本的性格―古代東国の中心的氏族として―」（『駿台史学』一四九、二〇一三年）・「古代山武地域の氏族とヤマト王権」（『千葉史学』六五、二〇一四年）

永田 一（ながた はじめ）

成城大学非常勤講師。日本古代史（東北史、蝦夷・俘囚）。〔主な著作〕「俘囚の節会参加について―隼人・吉野国栖との比較を通じて―」（『延喜式研究』二三、二〇〇七年）・「西海道俘囚の再検討」（『弘前大学國史研究』一三六、二〇一四年）・「俘囚の節会参加と近衛府」（『ヒストリア』二五五、二〇一六年）

渡部敦寛（わたなべ あつのり）

上智大学大学院文学研究科史学専攻博士前期課程。

日本古代史（家政機関）。〔主な著作〕「氏族名門号について―衛門府門部の負名氏を切り口に―」（『紀尾井論叢』三、二〇一五年）

小川宏和（おがわ ひろかず）

御食国若狭おばま食文化館非常勤学芸員。日本古代史（文化史）。〔主な著作〕「天平改元以前の仏典・仏菩薩等一覧」（共著、新川登亀男編『仏教文明の転回と表現―文字・言語・造形と思想―』勉誠出版、二〇一五年）・「平安時代の貢鶴と供御鶴飼の成立」（『史観』一七四、二〇一六年）

加藤謙吉（かとう けんきち）

成城大学・中央大学非常勤講師。日本古代史（氏族）。〔主な著作〕『大和政権と古代氏族』（吉川弘文館、一九九一年）・『大和政権とフミヒト制』（吉川弘文館、二〇〇二年）・『ワニ氏の研究』（雄山閣、二〇一三年）

三舟隆之（みふね たかゆき）

東京医療保健大学医療保健学部教授。日本古代史（寺院史、地域史）。〔主な著作〕『日本古代地方寺院の成立』（吉川弘文館、二〇〇三年）・『日本古代の王権と寺院』（名著刊行会、二〇一三年）・『『日本霊異記』説話の地域史的研究』（法藏館、二〇一六年）

溝口優樹（みぞぐち ゆうき）

日本学術振興会特別研究員（ＰＤ）。日本古代史（地域史、氏族）。〔主な著作〕『日本古代の地域と社会統合』（吉川弘文館、二〇一五年）・「円仁の行者、丁雄万」（佐藤長門編『遣唐使と入唐僧の研究』高志書院、二〇一五年）・「古代河内の石津―倭王権による河内進出の一端―」（『地方史研究』三八〇、二〇一六年）

東　真江（あずま まさえ）

大磯町役場主任主事。日本考古学（古墳時代）。〔主な著作〕「神奈川県西部の古墳時代後期における地域勢力の変遷と師長国造」（共著、篠川賢・大川原竜一・鈴木正信編著『国造制の研究―史料編・論考編―』八木書店、二〇一三年）・「神奈川県秦野市市尾尻八幡神社前遺跡出土「丈直」刻書土器について」（東海大学文学部考古学研究室編『日々の考古学』二、六一書房、二〇〇九

年）・「安来地域における横穴墓被葬者の階層構造について―松江地域と比較して―」（『出雲古代史研究』一七、二〇〇七年）

須藤智夫（すどう　ともお）

神奈川県立津久井浜高等学校総括教諭。日本古代史（地域史、考古学）。〔主な著作〕「古墳時代相模の軍事基盤に関する覚書」（『考古学の世界』八、一九九二年）・「第一章　古代　第一節～第三節」（『大磯町史』六〔通史編〕、二〇〇四年）・「相模の古墳・横穴墓と古代氏族」（神奈川県考古学会編『平成十六年度考古学講座　神奈川の横穴墓』二〇〇五年）

小森哲也（こもり　てつや）

元栃木県立埋蔵文化財センター職員。日本考古学（古墳時代）。〔主な著作〕「地域間交流としての石棺式石室―中九州・山陰そして東国の動向―」（『日本考古学』三四、二〇一二年）・「横穴式木室考―先行研究の整理と分布・構造からみた地域間交流―」（『考古学雑誌』九七―四、二〇一三年）・『東国における古墳の動向からみた律令国家成立過程の研究』（六一書房、二〇一五年）

酒井芳司（さかい　よしじ）

九州歴史資料館学芸調査室技術主査・学芸員。日本古代史（地域史、出土文字資料）。〔主な著作〕「那津官家修造記事の再検討」（『日本歴史』七二五、二〇〇八年）・「倭王権の九州支配と筑紫大宰の派遣」（『九州歴史資料館研究論集』三四、二〇〇九年）・「九州地方の軍事と交通」（舘野和己・出田和久編『日本古代の交通・交流・情報Ⅰ　制度と実態』吉川弘文館、二〇一六年）

国造制《こくぞうせい》・部民制《べみんせい》の研究《けんきゅう》

2017年10月10日　初版第一刷発行　定価（本体10,000円＋税）

編著者　篠川　賢
大川原竜一
鈴木正信

発行所　株式会社　八木書店　古書出版部
代表　八木乾二
〒101-0052 東京都千代田区神田小川町3-8
電話 03-3291-2969（編集）-6300（FAX）

発売元　株式会社　八木書店
〒101-0052 東京都千代田区神田小川町3-8
電話 03-3291-2961（営業）-6300（FAX）
https://catalogue.books-yagi.co.jp/
E-mail pub@books-yagi.co.jp

印刷　精興社
製本　牧製本印刷
用紙　中性紙使用

ISBN978-4-8406-2222-6